W0389856

Rachel van Kooij

Die weltwichtigste Briefmarke

Rachel van Kooij
wurde 1968 in Wageningen in den Niederlanden geboren. Im Alter von zehn Jahren übersiedelte sie nach Österreich. Nach der Matura studierte sie Pädagogik und Heil- und Sonderpädagogik an der Universität Wien.
Rachel van Kooij lebt in Klosterneuburg und arbeitet als Behindertenbetreuerin und Autorin.

Folgende Bücher von Rachel van Kooij sind bei Jungbrunnen lieferbar:
Der Kajütenjunge des Apothekers (2005), Klaras Kiste (2008), Menschenfresser George (2012, nur als E-Book), Die andere Anna (2014, nur als E-Book), Beim Kopf des weißen Huhns (2016), Herr Krähe muss zu seiner Frau (2019)

Gefördert durch

KULTUR NIEDERÖSTERREICH

ISBN 978-3-7026-5971-4
1. Auflage 2022

Einbandgestaltung: b3k
© 2022 Verlag Jungbrunnen Wien
Alle Rechte vorbehalten – printed in Europe
Druck und Bindung: FINIDR, Český Těšín

Wir legen Wert auf nachhaltige Produktion unserer Bücher und arbeiten lokal und umweltverträglich: Unsere Produkte werden nach höchsten Umweltstandards gedruckt und gebunden. Wir verwenden ausschließlich schadstofffreie Druckfarben und zertifizierte Papiere.

Rachel van Kooij

Die weltwichtigste Briefmarke

Jungbrunnen

Sieh ab Seite 333 nach, wenn dir ein Wort nicht vertraut ist.

April 1918: Eine Nacht an der Grenze

Der Totendraht hat kein Loch

„Der Totendraht hat gar kein Loch“, dachte Thierry entsetzt, als ihm klar wurde, dass sie den ganzen Abschnitt, den ihnen Langer Franz so penibel beschrieben hatte, vergeblich auf und ab gegangen waren. Jeden einzelnen Meter hatten sie kontrolliert, aber das versprochene Loch unter dem Zaun zwischen der Weggabelung und der niedergebrannten Scheune hatten sie nicht gefunden. Mittlerweile hatte er jegliches Zeitgefühl verloren. Die Angst, dass ihnen die Zeit bis zur Entdeckung wie Sand in der Sanduhr unaufhaltsam davonrann, wurde immer größer und drückender. Kurz nach Mitternacht waren sie aufgebrochen. Langer Franz hatte sie ein Stück weit in Richtung Grenze geführt und ihnen dann noch eine Taschenlampe in die Hand gedrückt.

„Für euch. Die hat ein Soldat nach einer Einquartierung liegen lassen. Aber seid um Gottes Willen vorsichtig damit. Wer sieht, kann auch gesehen werden. Also immer schön nach unten auf den Boden richten.“ Langer Franz hatte so fürsorglich geklungen.

Nach Elsies Plan hätten sie jetzt längst drüben sein müssen. Panik stieg in Thierry hoch und verstärkte das bleierne, müde Gefühl in seinen Beinen. Seine Kleidung klebte tropfnass vom Regen an seinem Körper. Er fror. Was konnten sie jetzt noch machen?

„Genau hinter den Weiden“, hatte Langer Franz gesagt. „Nicht zu verfehlen, wenn man weiß, dass es da ist.“ Mit seinem ehrlichen, freundlichen Gesicht hatte er sie angelogen. Weiden gab es hier überall. Wie dunkle, zwielichtige Gestalten standen sie grüppchenweise Wache, nicht weit von dem schmalen Wassergraben entfernt, der die Grenze zwischen Belgien und Holland markierte.

„Früher“, dachte Thierry, „hat sich keiner darum geschert.“

Bestimmt hatten die Bauern links und rechts vom Wassergraben ihre Felder. Früher war es egal gewesen, wo die Kühe das Gras fraßen. Früher sprangen Kinder wie Elsie und er mit einem Hüpfer unbekümmert zwischen den beiden Ländern hin und her.

Er wünschte sich, es wäre wieder wie früher. Aber sofort verbannte er diesen Gedanken aus seinem Kopf. Nur kleine Kinder und vielleicht Albert glaubten, dass man sich so etwas Albernes wünschen konnte. So verdammt albern war das, dass ihm die Tränen in die Augen schossen. Wütend wischte er sie mit dem Handrücken weg, dann warf er einen raschen Blick zu Elsie. Hatte sie es gesehen? Er glaubte nicht. Obwohl das flackernde Licht der Taschenlampe zwischen ihnen das Grau der Nacht bloß etwas heller färbte, konnte er erkennen, dass sie auf den Graben und den Zaun davor starrte, der ihnen den Weg in die Freiheit versperrte.

Heute war dieser schmale Graben die Grenze zwischen Tod und Leben. Und damit keiner, der aus Belgien abhauen musste, dem Tod einfach so mit einem kurzen Anlauf und einem beherzten Sprung ein Schnippchen schlagen konnte, hatten die Deutschen hinter dem Wassergraben den Totendraht errichtet.

Die Deutschen waren seit mehr als drei Jahren die Herren über Leben und Tod in Belgien. Und Albert, der seit zwei Nächten und einem Tag gehorsam wie ein Hund hinter Elsie her trottete, war dem Tod versprochen.

Obwohl sie den Grenzstein, der die Stelle mit dem Loch markierte, nicht gefunden hatten, waren sie dennoch wegen Albert an allen möglichen anderen Stellen bis zum Zaun gekrochen, ängstlich darauf bedacht, den Draht ja nicht zu berühren. Eigentlich waren es sogar drei Drahtzäune hintereinander, aber nur der Mittlere zählte, denn der stand unter Strom und war tödlich. Die davor und dahinter sollten wohl nur die Milchkühe davon abhalten, sich selbst umzubringen.

Jedes Mal waren Elsie oder er vorsichtig unter dem ersten Drahtzaun ein Stück durchgekrochen, nur um zu sehen, dass es vor dem zweiten Zaun kein Loch im Boden gab. Sie waren beide mittlerweile schlammverschmiert, kein Wunder bei dem Regen, der seit Stunden wie aus Eimern vom Himmel fiel. Wenigstens war es nahezu ausgeschlossen, bei diesem Wetter von einer deutschen Patrouille überrascht zu werden. Und jetzt schien dennoch alles umsonst gewesen zu sein!

In diesem Augenblick hasste Thierry Albert. Er hasste dessen Wunderfinger, die auf winzigen Stückchen Papier Kunstwerke erschufen. Diese Wunderfinger, die ihn dazu verleitet hatten, Alberts Leben aufs Spiel zu setzen. Thierry wusste, dass das ungerecht war. Aber es fiel ihm leichter, Albert und seine Wunderfinger zu hassen, als sich selbst.

Oktober bis Dezember 1917: Geraardsbergen

Als der Tod auf dem Markt lauerte

Die Bomben fielen um zehn Uhr vormittags auf den Marktplatz, aus zwei Flugzeugen, die wie übergroße Libellen hoch oben über der Stadt schwirrten.

Alle hatten überrascht die Köpfe in den Nacken gelegt, aber der dichte Bodennebel ließ eine Sicht auf den strahlend blauen Novemberhimmel nicht zu. Nur das brummende Geräusch der Flugzeugmotoren war deutlich zu hören. Sogar die beiden deutschen Soldaten, die über den Markt flanierten, als gäbe es keinen Krieg, hatten die Gefahr nicht kommen sehen. Als ein Kind auf die schwarzen Schatten zeigte, die plötzlich den Nebel durchdrangen, war es für die Marktbesucher bereits zu spät gewesen, noch Deckung zu suchen.

Frau van Klaarsbeeck hatte gerade vor dem Gemüsestand einen Grünkohl bezahlen wollen. Sie hatte die Geldbörse schon in der Hand und während sie die passenden Münzen aus der Börse zusammensuchte, dachte sie besorgt, wie sehr die Preise in den letzten Wochen wieder in die Höhe geschnellt waren. Für diesen Betrag hätte sie im letzten Herbst noch einen Korb voll Gemüse und einen Laib Brot einkaufen können.

Nach dem Bombenabwurf musste man der Toten die Finger verbiegen, um die Geldbörse aus der Hand herauszulösen.

„Die Bomben fielen aus heiterem Himmel wie Taubenschiss", erzählte die Bäckersfrau später, obwohl sie gar nicht dabei gewesen war. Ein Taubenschiss, der die Marktstände und zwei Häuser zertrümmerte und sechzehn Menschen tötete.

Normalerweise hätte Mama gar nicht dort sein sollen. Normalerweise wäre Dina gegangen, das Mädchen aus dem Waisenhaus der Nonnen, das ihr im Haushalt zur Hand ging. Aber Dina war unpässlich gewesen und hatte stöhnend mit einem warmen Ziegelstein im Bett gelegen.

Seitdem eine Nachbarin ihm weinend über die Bomben und Mamas Tod berichtet hatte, konnte Thierry an nichts anderes mehr denken. Sogar Mamas Stimme hallte noch als Echo in seinem Kopf, wie sie nach dem Frühstück verschmitzt gesagt hatte: „Meine zwei Männer müssen doch jeden Tag reichlich und gesund essen“, bevor sie resolut mit dem Korb am Arm das Haus verlassen hatte und dem Tod entgegengegangen war, ohne es zu ahnen.

„Meine zwei Männer“, auch diese Worte taten Thierry noch immer weh. Großvater und er waren damit gemeint. Denn einen Vater hatte er seit der Wegführung im letzten Jahr nicht mehr. Da hatten die Deutschen auf dem Hof der Catharinenschule mehrere hundert Männer zusammengetrieben und zur Zwangsarbeit abgeführt. Die meisten waren Arbeiter. Einige von ihnen hatten die Besatzer direkt aus der Zündholzfabrik in der Gentsestraat abgeführt. Papa in seinem Laborkittel war ihnen im Auftrag des Direktors hastig nachgelaufen, um sie freizubitten. Wie sollte denn ein Krieg ohne Zündhölzer auskommen? Das mussten die Deutschen doch einsehen. Aber da hatte der Direktor sich geirrt. Für ihn war das nicht weiter schlimm gewesen. Papa jedoch hatten die Deutschen einfach auch mitgenommen. Einen Chemiker konnte man im Krieg gut gebrauchen. Die Männer müssten, so hieß es, unter schrecklichen Bedingungen an der Front Gräben ausheben und viele von ihnen wären nach einem Jahr so geschwächt, dass sie sich kaum mehr auf den Beinen halten konnten. Die Frau des Bäckers prophezeite mittlerweile jedem, der es hören wollte, dass nur ein Wunder diese Männer noch vor dem gewissen Tod retten könne.

Der Großvater mahnte Thierry und seine Schwiegertochter mehrmals, dass sie nicht auf das lose, dumme Mundwerk der Bäckersfrau achten sollten.

„Gewiss“, behauptete er, „ist mein Sohn als studierter Chemiker viel zu wichtig, um mit einer Schaufel im Schlamm zu stehen.“ Nein, der Arzt Doktor van Klaarsbeeck zweifelte keinen Augenblick daran, dass sein Sohn in Deutschland in einem Labor arbeitete und dass er ihn nach dem Krieg wieder heil und gesund in die Arme schließen würde.

„Als ob das gut wäre!“, dachte Thierry genauso hartnäckig. Wusste Großvater denn nicht, was die Menschen so redeten über jene, die den Deutschen halfen? Was würden alle anderen sagen? Was würden Joseph, Henri und Félicien sagen, wenn sie wüssten, dass Thierrys Vater in einem geheizten, trockenen Labor für den Feind forschte, während ihre eigenen Väter im Dreck jämmerlich verreckten? Und Gaston erst. Sie hatten seinen siebzehnjährigen Bruder Martin mitgenommen, und niemand hatte mehr etwas von ihm gehört.

„Aber tot ist er bestimmt nicht. Das soll keiner behaupten. Der ist kräftiger, als er ausschaut“, sagte Gaston ein wenig zu oft. Niemand widersprach ihm, aber jeder, auch Gaston selbst, wusste, dass Martin es immer schon mit der Lunge gehabt hatte.

Thierry würde es niemals laut sagen, aber einen Vater, der, wenn auch gezwungen, dazu beitragen musste, den Deutschen zum Kriegserfolg zu verhelfen, so einen Vater wollte er eigentlich nicht zurückhaben. Er war kein ahnungsloses Kind mehr. Er wusste, was Chemiker forschten und wozu sie jetzt im Krieg gebraucht wurden. Das hatte nichts mit der richtigen Beschichtung von Zündholzköpfen zu tun. Nein, so naiv war er nicht. Da ging es um Gas und Bomben.

Gleich nach der schrecklichen Nachricht war Thierry blindlings hinauf in sein Zimmer gerannt. Dina, durch das Rufen der Nachbarin aus dem Bett geholt, hatte wenig später zu ihm hineingeschaut. Tränenüberströmt berichtete sie, dass die Nachbarin versprochen hatte, sogleich jemanden ins Lazarett zu Doktor van Klaarsbeeck zu schicken.

„Er wird bestimmt bald da sein“, hatte sie geschluchzt. Thierry hatte betäubt genickt, und Dina hatte unschlüssig noch einen Augenblick auf der Türschwelle ausgeharrt. Aber als Thierry stumm geblieben war, hatte sie die Tür geschlossen. Sie war erst sechzehn und wäre jetzt gerne davongelaufen. Doktor van Klaarsbeeck hatte sie vor elf Monaten auf Empfehlung der Nonnen aus dem Waisenhaus geholt, und Dina wusste, dass sie dorthin nicht mehr zurückkehren konnte. Also hatte sie sich eine Weile auf die Treppe gesetzt, sich die Tränen immer wieder aus dem Gesicht gewischt und gelauscht, ob der Junge nicht doch anfing zu weinen. Dann, nahm sie sich vor, wollte sie zu ihm gehen und ihn in die Arme schließen. Im Waisenhaus hatte sie das auch gemacht, wenn ein neues Mädchen um seine Eltern weinte. Aber hinter der Tür blieb es still. Schließlich ging sie in die Küche hinunter und fing an, Kartoffeln für das Abendessen zu schälen, obwohl sie sich nicht vorstellen konnte, dass jemand sie heute Abend essen würde.

Thierry saß oben auf der Bettkante und wartete darauf, dass sein Großvater endlich kam. Warum dauerte es so lange? Er hatte das Gefühl, dass das Haus um ihn herum immer kälter und kälter wurde. Irgendwann fror er so stark, dass er sich in die Bettdecke hüllte. Unten in der Küche würde es warm sein. Aber dort war Dinas Reich, und weil er nicht wusste, was er mit dem heulenden Hausmädchen reden sollte, blieb er lieber oben.

Wenige hundert Meter vom stattlichen Haus von Doktor van Klaarsbeeck entfernt traf Oberleutnant Schwarz, deutscher Kommandant von Geraardsbergen, nach dem Bombenabwurf rasch seine Entscheidungen.

Vierzehn Einheimische und auch zwei deutsche Soldaten, die sich zufällig ein wenig die Beine am Markt vertreten hatten, waren auf der Stelle tot gewesen. Die vierzehn Belgier bedeuteten ihm nichts, aber dass zwei seiner Männer umgekommen waren, konnte er nicht so einfach hinnehmen.

Zwarte Lieske, die als Übersetzerin für die Deutschen auf der Kommandantur arbeitete, wusste später zu berichten, dass Oberleutnant Schwarz das Teeservice, das eigentlich den Nonnen des Mädchenpensionats gehörte, zerschlagen hatte. „Scherben überall“, erzählte sie. „Ich hatte sogar Angst, dass er mir vor Wut eine Tasse an den Kopf wirft.“

Kein aufrechter, das Vaterland liebender Bürger der Stadt konnte Zwarte Lieske leiden, aber als Quelle verlässlicher Auskünfte über die Besatzer war sie für alle unentbehrlich. Oder wie die Frau des Bäckers gerne ein wenig philosophisch sagte: „Nach dem Krieg werden wir unsere Hühnchen mit ihr rupfen, aber bis dahin soll sie uns gefälligst die Eier legen."

Das Teeservice konnte die Empörung des Kommandanten nicht mildern. Deshalb ließ er durch die beiden Gendarmen Ramdohr und Zahn zwanzig Männer verhaften und abführen. Genau für solche Vorfälle hatte er schließlich in seiner Schreibtischschublade längst eine Liste bereitliegen mit Namen von jenen Männern, die immer wieder in der kleinen Stadt für Unruhe sorgten. Wohin er die zwanzig Männer bringen ließ, erfuhr keiner, nicht einmal Zwarte Lieske.

Zehn für den einen Soldaten und zehn für den anderen. So wurde im Krieg gerechnet. Zehn und zehn machte zwei. Es war eine Rechnung, die Thierry, als er Tage später davon hörte, wie ein ständiges Echo über all seinen Gedanken und Gefühlen liegen bleiben sollte. Eine Rechnung, die für Thierry mit der Zeit zu einer weiteren Rechnung führte. Wenn das Leben zweier Soldaten nur mit zwanzig Leben aufgewogen werden konnte, sollte es der Gerechtigkeit halber auch andersrum gelten. Dann müssten für vierzehn Belgier hundertvierzig deutsche Soldaten geradestehen.

An jenem Nachmittag allerdings wusste Thierry nur, dass seine Mama niemals wiederkommen würde, und als er nach ein paar Stunden anfing zu fürchten, dass vielleicht auch etwas Schreckliches mit seinem Großvater geschehen war, hörte er endlich dessen schwere Schritte auf der Treppe. Jeder Schritt klang wie ein langsamer, dumpfer Trommelschlag.

Es fiel Doktor van Klaarsbeeck unendlich schwer, die Stufen hinaufzusteigen. Was sollte er dem Jungen sagen? Wie konnte er sich um ihn kümmern, wenn er täglich von früh bis spät im Lazarett versuchte, Verwundete am Leben zu erhalten? Am liebsten wäre er jetzt auch dort gewesen. Wenn er operierte, hatte er keine Zeit, an etwas anderes zu denken als an die Verletzungen, die er vor sich auf dem Operationstisch sah.

„Ich bedauere es zutiefst", hatte der deutsche Arzt Werner Plötzl am frühen Nachmittag müde zu ihm gesagt, „aber ohne Ihre Kenntnisse und Fähigkeiten am Operationstisch sind diese vier Männer verloren. Der Krieg fordert nun einmal von uns allen grausame Opfer, Klaarsbeeck. Ich kann es Ihnen leider nicht ersparen."

Im ersten Augenblick war Doktor van Klaarsbeeck wütend gewesen. So eine Herzlosigkeit war kaum zu fassen. Aber mit jedem Schnitt, den er an diesem Tag noch setzte, mit jeder Naht, die er knüpfte, musste er sich mehr und mehr eingestehen, dass er froh war, dass die Deutschen es ihm nicht gestattet hatten, gleich nach Erhalt der schrecklichen Botschaft nach Hause zu eilen.

Doktor van Klaarsbeeck war ein pflichtbewusster Mann. Während er langsam die Treppe hinaufstieg, war er sich im Klaren, dass er jetzt seinen eigenen Kummer und sein Entsetzen zur Seite schieben musste, um seinen Enkel trösten zu können. Er holte Luft, überwand mit drei raschen Schritten die letzten Stufen und klopfte an. Als Thierry nichts erwiderte, drückte Doktor van Klaarsbeeck die Tür auf.

Der Junge saß auf der Bettkante, eingewickelt in die Decke, und starrte bewegungslos zu dem kleinen Fenster hinüber. Nicht einmal den Kopf drehte er. Doktor van Klaarsbeeck ging auf ihn zu und blieb neben ihm stehen. Er merkte, dass seine sonst so feste Hand zitterte. Deshalb legte er sie lieber nicht auf die Schultern seines Enkels. Er musste jetzt stark sein. Er musste ihm sagen, dass das Leben trotz allem weitergehen würde. Der Junge schaute nicht auf. Doktor van Klaarsbeeck räusperte sich.

„Thierry." Doktor van Klaarsbeeck bemühte sich, seine Stimme überzeugend klingen zu lassen. „Thierry, es ist ganz schnell gegangen. Zu schnell, als dass sie es richtig spüren konnte. Das musst du mir glauben, mein Junge. Sie hat nicht gelitten. Es war vorbei, bevor sie es wusste."

Das, was er da sagte, klang selbst in seinen eigenen Ohren unpassend. Aber er wusste nicht, wie er seine Gefühle in Worte fassen sollte. Der Junge war erst mit seiner Mutter zu ihm ins Haus gezogen, als sein Sohn nach Deutschland verschleppt worden war. Eigentlich kannte er ihn gar nicht richtig. Was so ein Junge in diesem Alter wohl dachte? Überfordern durfte er ihn nicht. Vielleicht hätte er besser zuerst Pfarrer Raamaker um Rat fragen sollen. Der Geistliche wusste bestimmt besser, wie man einem Kind über den Tod seiner Mutter hinweghelfen konnte. Aber für diese Erkenntnis war es jetzt zu spät.

In seinem Kopf grub er nach Sätzen. Doch Sätze, die wirklich trösten würden, fielen ihm nicht ein. Deshalb wiederholte er ein wenig lauter: „Thierry, sie hat nicht gelitten. Wirklich nicht." Er sagte es immer und immer wieder, bis Thierry schließlich den Kopf zu ihm wandte und ihn anschaute.

Thierry sah, dass das Gesicht seines Großvaters blass war und dass seine schmalen, aber kräftigen Chirurgenhände zitterten.

„Hör auf zu reden! Geh weg! Ich will, dass Mama zu mir kommt", wollte Thierry ihm entgegenschreien, aber es war so eng und heiß in seiner Brust, dass er keinen Ton herausbrachte.

„Sie hat nichts gespürt, Junge. Wirklich nichts. Das kannst du mir glauben."

Doktor van Klaarsbeeck hatte es schon so oft gesagt, dass er nicht verhindern konnte, dass es nun ein wenig ungeduldig klang.

„Er glaubt es selbst nicht", dachte Thierry. „Aber er will, dass ich es glaube." Er zwang sich, seinen Kopf auf und ab zu bewegen. Wenn Großvater es so wollte, konnte er es als „Ja" deuten.

Doktor van Klaarsbeeck war erleichtert. Endlich hatten seine Worte den Jungen erreicht und beinahe hätte er sich jetzt auf die Bettkante neben ihn gesetzt und ihn fest umarmt. Aber ihm fiel rechtzeitig ein, dass er sich noch nicht die Zeit genommen hatte, saubere Kleidung anzuziehen. Denn obwohl er bei den Operationen immer einen langen Kittel trug, gelangten dennoch Blutspritzer auf seine Hosen.

„Vielleicht solltest du jetzt schlafen gehen. Brauchst du noch etwas?", sagte er stattdessen.

Thierry verneinte es wortlos. Das, was er brauchte, würde nie wiederkommen.

„Ich werde Dina sagen, dass sie dir eine Wärmflasche bringen soll und eine Tasse warmer Milch." Doktor van Klaarsbeeck erinnerte sich, dass seine Frau das immer gemacht hatte, wenn eines der Kinder krank gewesen war.

„Danke", flüsterte Thierry. Der Brocken in seiner Kehle brannte, aber weil sein Großvater nicht weinte, konnte er es auch nicht, und weil Großvater ihn nicht in die Arme nahm, verschränkte Thierry seine eigenen Arme vor der Brust. Eigentlich wünschte er sich nur, dass Großvater endlich aufhörte zu reden und verschwände. Dann könnte er sich ganz unter die Decke verkriechen und versuchen einzuschlafen. Im Schlaf gab es keinen Krieg. Im Schlaf, so hoffte er, würde er ein paar Stunden vergessen können, dass er ab heute keine Mutter mehr hatte.

„Jetzt müsste ich den Jungen umarmen", dachte Doktor van Klaarsbeeck im selben Moment. Aber das hatte er noch nie gemacht, und so, wie das Kind in die Bettdecke gehüllt auf der Bettkante dasaß, schien es so unnahbar zu sein wie ein kleiner Igel. Außerdem sollte er sich wirklich zuerst umziehen. Nicht auszudenken, wenn der Junge gerade in dieser Situation die unvermeidlichen Blutspritzer auf seiner Hose bemerken würde. Deshalb sagte er bloß heiser: „Ich gebe Dina Bescheid. Sie wird dir gleich alles bringen." Er zögerte und fügte unbeholfen hinzu: „Also, dann ... schlaf gut."

Doktor Plötzl

Drei Tage später standen sie nebeneinander, und doch jeder für sich ganz allein, am offenen Grab, zwei versteinerte Figuren, eine groß und eine klein. Eine überschaubare Traube von Menschen hatte sich in einigem Abstand hinter ihnen zusammengefunden. Der Himmel war wolkenverhangen und es regnete. Tropfen fielen auf Thierrys Haare und Gesicht, kullerten wie Tränen, die er selbst nicht weinen konnte, seine Wangen hinunter.

Pfarrer Raamaker sprach salbungsvoll von einer Tragödie und dass nur Gott wisse, warum er einem Kind zuerst für unbestimmte Zeit den sorgsamen Vater und nun auch für immer die liebende

Mutter genommen habe. Ein kleiner Ministrant, es war Gaston, Thierrys Schulfreund, stand neben dem Pfarrer und hielt den Weihwasserkessel umklammert. Er hätte Thierry gerne zugenickt, vielleicht auch zugelächelt. Aber er verkniff es sich. Es gehörte sich nicht auf einem Begräbnis. Der Pfarrer wählte ihn doch gerade deswegen aus, weil keiner der anderen Ministranten so rührend traurig dreinschauen konnte.

Als der Sarg endlich von vier Totengräbern in die Grube hinabgesenkt worden war, regnete es in Strömen. Rasch schoben sich die wenigen Trauergäste an Doktor van Klaarsbeeck und seinem Enkel vorbei und murmelten ihr Beileid, bevor jeder von ihnen nach Hause eilte. Als nur mehr Thierry und sein Großvater übrig waren, legte dieser eine Hand auf die Schulter des Enkels.

„Gehen wir nach Hause“, sagte er müde.

„Nach Hause“, dachte Thierry bitter. „Das gibt es doch gar nicht mehr.“

In diesem Augenblick trat ein älterer Mann in deutscher Uniform hinter einem Grabstein hervor. Offenbar hatte er in einiger Entfernung, unsichtbar für die anderen, dem Begräbnis beigewohnt. Mit langsamen Schritten kam er auf sie zu. Es war Doktor Plötzl, der deutsche Arzt aus dem Lazarett.

„Was hat der hier zu suchen“, schoss es Doktor van Klaarsbeeck durch den Kopf. Gleich darauf begriff er, dass Plötzl wohl aus Respekt für den Kollegen gekommen war. Etwas, was in Friedenszeiten, als es noch nicht diese schreckliche Einteilung in Feind und Freund gegeben hatte, selbstverständlich gewesen war. In seiner eigenen Jugend hatte er in Aachen in einem Krankenhaus gearbeitet. Niemals wäre er damals auf die Idee gekommen, dass die Menschen um ihn herum eines Tages seine Feinde werden würden. Er nahm sich vor, Thierry bald etwas darüber zu erzählen. Der Junge sollte sein Herz nicht mit Hass vergiften. Er sollte verstehen, dass nicht ganze Völker gut oder böse waren, sondern dass es immer auf den einzelnen Menschen ankam.

Er wollte ihm aber nicht nur davon erzählen. Er musste ihm ein Vorbild sein, auch wenn es ihm heute am Grab seiner Schwiegertochter schwerfiel. Es wäre besser gewesen, wenn der deutsche

Arzt nicht auf dem Friedhof aufgetaucht wäre. Aber das ließ sich nun nicht mehr ändern. Doktor van Klaarsbeeck straffte sich, überwand den Widerwillen, den er dennoch spürte, und streckte die Hand aus. Während Doktor Plötzl seinen Regenschirm über die tropfnasse Gestalt seines belgischen Chirurgen hielt, ergriff er dessen Hand und schüttelte sie.

„Mein Beileid", sagte er ernst auf Französisch, obwohl sein Kollege auch Deutsch verstand. „Für uns Ärzte ist so ein Tod besonders sinnlos und grausam." Er sprach langsam. Er hasste den Krieg, und er bereute längst den Tag, an dem er sich trotz seines Alters noch freiwillig für den Dienst im Lazarett gemeldet hatte.

„Es geht mir einzig und allein darum, Leben zu retten", hatte er seiner Frau gesagt. „Wie kann ich den Menschen hier zu Hause noch in die Augen schauen, wenn ich weiß, dass ich ihre Söhne in der Fremde retten könnte."

„Der Krieg wird dich herzlos machen", hatte sie ihm prophezeit. Sie hatte recht behalten. Das hatte er gespürt, als er Doktor van Klaarsbeeck vor drei Tagen verbieten musste, sofort nach Hause zu gehen. Der Händedruck heute war sein Versuch, sich dafür zu entschuldigen.

„Danke, Herr Doktor", erwiderte Doktor van Klaarsbeeck seinerseits förmlich auf Deutsch, und er war erleichtert, als sein deutscher Kollege seine Hand freigab.

Thierry, der die längste Zeit seine Schuhspitzen in der immer größer werdenden Regenpfütze betrachtet hatte, blickte auf, als er die deutschen Worte hörte, und konnte es nicht fassen. Ein Deutscher in Uniform und sein Großvater schüttelten sich die Hände. Von einem Augenblick zum anderen verschwand sein Kummer und er wurde wütend. Ausgerechnet an diesem Tag musste sein Großvater freundlich sein zu einem Deutschen. Schämen sollte er sich! Ohne sich zu überlegen, was er da tat, spuckte er dem Deutschen vor die Füße und rannte davon.

„Er ist noch ein Kind", sagte Doktor van Klaarsbeeck erschrocken zu Doktor Plötzl. Dieser nickte nachdenklich und sagte: „Es waren zwei englische Flugzeuge. Das sollten Sie ihm sagen."

Zum Wolf werden

In den ersten beiden Wochen nach dem Begräbnis versuchten Großvater und Thierry, so gut es ging, miteinander zu leben. Doktor van Klaarsbeeck bemühte sich, nicht bis spät am Abend im Lazarett zu bleiben. Aber auch wenn er zum Abendessen schon zu Hause war, merkte Thierry nur zu deutlich, dass dieser mit den Gedanken meistens noch bei seinen Kranken und Verwundeten verweilte.

Wenn Großvater abends überhaupt etwas zu ihm sagte, tat er es erst, wenn sie zu zweit an dem viel zu langen Tisch saßen. Es waren Sätze wie: „Ich finde, Dina hat sich mit dem Essen Mühe gegeben", „Die Suppe schmeckt gut" oder „Wie kommst du in der Schule voran? Kann ich dir bei etwas helfen?" Thierry antwortete jedes Mal nur einsilbig mit „Ja" und „Nein". Oft sagte Thierry, sobald er den letzten Bissen gekaut und geschluckt hatte: „Kann ich auf mein Zimmer gehen?" Großvater schaute ihn dann an, aber er fragte nicht „Warum?", sondern sagte bloß „Natürlich, geh nur." Thierry vermutete, dass Großvater genauso froh war, wieder allein zu sein, wie er selbst.

Mit Mama hatte sich das große Haus seines Großvaters wie ein Zuhause angefühlt. Jetzt kam er sich wie ein Gast in einem Hotel vor, ein Gast, der nicht besonders gern gesehen wurde.

Noch schlimmer waren die Sonntage, wenn Großvater ihn förmlich bat, nach dem Mittagessen mit ihm in den Salon zu wechseln. Großvater ließ sich von Dina einen Kaffee und für Thierry eine Limonade bringen, dann räusperte er sich und fing an zu erzählen. Beim ersten Mal meinte Thierry sich zu verhören. Großvater sprach von seiner Zeit als Assistenzarzt in einem deutschen Spital.

„Vielleicht hat es", dachte Thierry, „früher, als Großvater jung war, tatsächlich ein paar nette deutsche Menschen gegeben, aber die, die es heute gibt, sind böse und gemein. Da kann Großvater erzählen, was er will."

Zum Glück stellte Großvater keine Fragen und erwartete keine Antworten. Es genügte ihm offenbar, diese Geschichten wie eine

Predigt in der Kirche vorzutragen, und Thierry lernte, seine Limonade zu trinken und währenddessen an andere Sachen zu denken.

Dina, die nun den Haushalt führte und mit sechzehn noch kaum eine Ahnung davon hatte, sagte zur Bäckersfrau: „Es täte dem jungen Herrn gut, wenn der Herr Doktor ihn mal fest umarmen würde. So ein Kind muss doch endlich mal weinen können."

Die Bäckersfrau nickte und meinte: „Und auch dem Doktor würde es nicht schaden. Es ist wahrlich keine Schande für einen Mann, um seine Schwiegertochter zu trauern."

Aber Thierry konnte nicht weinen. Dabei versuchte er es spät nachts mit dem Kopf unter dem Kissen. Mehr als ein leises Wimmern brachte er nicht zustande. Zu groß war die Angst, dass Großvater es hören könnte und ins Zimmer kommen würde.

Und dann? Thierry konnte sich vorstellen, dass Großvater diese Tränen übertrieben fände. Schließlich war er ein Arzt in einem Lazarett und sah täglich die schrecklichsten Tode. Im Vergleich dazu war ein lautes Wehklagen in seinen Augen vermutlich maßlos übertrieben. Denn Mama war auf der Stelle tot gewesen. Sie hatte nicht wie diese Soldaten furchtbar gelitten.

„Wenn das Wundbrandfieber sich unaufhaltsam in den Körper frisst", hatte er Großvater einmal zu Mama sagen hören, „ist nichts mehr zu machen. Da stehe ich neben dem Bett eines solchen armen Menschen und muss ohnmächtig zuschauen, wie er elend zugrunde geht."

Damals, als Mama noch gelebt hatte, war Thierry beeindruckt gewesen von der tiefen Betroffenheit in Großvaters Worten. Jetzt war er klüger und er hatte längst selbst die Rechnung, die Kommandant Schwarz angestellt hatte, zu Ende gerechnet. Hundertvierzig Soldaten bräuchte es. Aber seinem Großvater schien dieser so naheliegende Gedanke überhaupt nicht zu kommen. Hundertvierzig wurde für Thierry eine magische Zahl. Die Zahl der Gerechtigkeit. Was Thierry sich nicht eingestehen wollte, war, dass er es tunlichst vermied, sich diese Zahl genauer vorzustellen, aber manchmal ertappte er sich bei Gedanken darüber. Hundertvierzig: So viele Menschen würden sonntags die Kirche zur Hälfte füllen oder hundertvierzig Schüler würde man in vier Klassen unterrichten. Aber Soldaten durfte man nicht mit dieser Zahl vergleichen. Hundertvierzig Soldaten waren eine dunkle, böse, gesichtslose Masse.

In den ersten Wochen wartete Thierry darauf, dass Großvaters unausgesprochene Trauer in Wut umschlagen würde. Er war überzeugt, dass er eines Abends von seiner Arbeit im Lazarett nach Hause kommen und mit Genugtuung in der Stimme über den Tod deutscher Soldaten berichten würde. Viele Verwundete starben schließlich, auch, wenn Großvater sie noch operieren konnte.

Aber Abend für Abend aßen sie zusammen, ohne dass sein Großvater auch nur ein Wort darüber verlor, wie er sich fühlte, und an den Sonntagnachmittagen im Salon zählte nur die Vergangenheit, in der Großvater offenbar wunderbar glückliche Tage in einem deutschen Spital verbracht hatte.

„Es ist“, dachte Thierry zunehmend verzweifelt über diese Gefühllosigkeit, „als hätte es die Bombe und Mama nie gegeben.“ Es war, als verstünde Großvater nicht, dass die Deutschen letztendlich an allem schuld waren.

Schließlich hielt er es nicht mehr länger aus. „Müssen jetzt viele Verwundete im Lazarett sterben?“, fragte er geradeheraus.

„Ja“, antwortete Großvater einsilbig und blickte nicht einmal von seinem Teller auf. Stur kaute er das Fleisch. Seine Kiefer mahlten.

„Auch deutsche Soldaten?“, ließ Thierry nicht locker. „Oder nur unsere? Ich meine unsere, die Briten und die Franzosen. Sterben die etwa mehr, weil du gezwungen wirst, dich immer zuerst um die Deutschen zu kümmern?“

Großvater schluckte zuerst noch den Bissen hinunter und schaute ihn dann lange an. Thierry hielt seinem Blick stand und hoffte, dass Großvater jetzt endlich einsah, dass Mama nur deshalb tot war, weil die Deutschen diesen Krieg begonnen hatten. Aber alles, was Großvater schließlich bedächtig sagte, war: „Junge,

Gott fragt an der Himmelstür nicht, woher du kommst. Warum sollte ich es denn tun?"

Das war zu viel.

„Gott ist überhaupt nicht so. Hat er nicht die Erde unter Wasser gesetzt, als die Menschen ihm unerträglich wurden? Hat er nicht die Kinder der Ägypter getötet?", rief Thierry aufgebracht über Großvaters gleichgültige Milde. Warum wollte Großvater es denn nicht einsehen, dass diese Deutschen bestraft gehörten für all das Leid, das sie nicht nur ihnen, sondern ganz Belgien zufügten?

Doktor van Klaarsbeecks Mund verzog sich zu einem bitteren Lächeln. Ihm wurde plötzlich bewusst, dass der Junge trotz all der Sonntagnachmittage nichts verstanden hatte von dem, was er ihm hatte vermitteln wollen. Dabei hatte er geglaubt, wie ein geduldiger Gärtner die Samen der Nächstenliebe und der Achtung vor dem Leben in Thierrys Herz zu säen, damit sie dort keimen und einen guten Menschen aus ihm machen würden. Vergebens war das gewesen.

„Ich sollte ihm jetzt direkt sagen, dass Trauer nicht durch Hass getröstet wird und dass ein solcher Hass nur das eigene Herz vergiftet. Ich muss ihm dafür die Augen öffnen, bevor es ihn kaputt macht", dachte Doktor van Klaarsbeeck. Aber die Arbeit im Lazarett war so schrecklich und mit niemandem konnte er darüber reden. Er war, gestand er sich ein, zu müde und zu alt, um sich richtig um ein Kind zu kümmern.

Deshalb sagte er bloß: „Ah, du kennst deine Bibel recht ordentlich, Thierry. Aber hast du auch das Neue Testament so fleißig studiert? Und hörst du nicht Pfarrer Raamaker am Sonntag bei der Predigt aufmerksam zu?"

Dann nahm er die Gabel wieder zur Hand und aß Bissen für Bissen schweigend weiter. Alles, was Thierry begriff, war, dass sein Großvater die Trauer lieber hinunterschluckte.

Was den Pfarrer betraf, fiel es Thierry leicht, sich ein eigenes Urteil zu bilden. In der Sonntagsmesse predigte dieser zwar unermüdlich über die Nächstenliebe, aber Thierry war überzeugt, dass der ängstliche Mann das deshalb so übertrieben tat, weil ihm nicht nur die Gemeinde, sondern auch der deutsche Oberleutnant Schwarz zuhörte. Breitbeinig saß dieser an jedem Sonntag in Uniform in der vordersten Reihe, während irgendwo weiter hinten „der Weiße“ und „die Brille“ alles im Auge behielten.

„Der Weiße“ und „die Brille“, so wurden die beiden deutschen Gendarmen genannt. Der junge, große, weißblonde Max Ramdohr und der ältere, schmale, kleine Ernst Zahn mit seinen kreisrunden Augengläsern ließen keine Gelegenheit aus, in Geraardsbergen Verstöße gegen die zahlreichen Verordnungen aufzuspüren und streng zu bestrafen.

„Die verstehen doch kein Wort Flämisch. Da kann der Pfarrer ruhig mal deutlicher werden“, sagte Thierry nach einer Messe zu Gaston. Der müsste ihn verstehen. Schließlich hatten die Besatzer seinen großen Bruder weggeführt.

„Was meinst du?“

„Ich meine, dass Gott es nicht gut finden kann, wenn ihretwegen meine Mutter und andere getötet wurden. Ich meine, dass ein Pfarrer laut darum beten sollte, dass die, die diesen Krieg nach Belgien gebracht haben, bestraft werden. Ja, das meine ich. In der Hölle sollte er sie schmoren lassen.“

Die Wut zuzulassen und endlich auch auszusprechen, tat so gut.

Gaston riss die Augen auf und schaute sich hastig um. Zum Glück standen der Weiße und die Brille nicht in ihrer Nähe.

„Wenn er das laut sagt und die verstehen ihn doch, wird er erschossen“, flüsterte er.

„Er ist feige“, urteilte Thierry hart. „Und ich sage dir was: Wenn ein Pfarrer zu so etwas nur schweigt, statt Gott um eine Strafe zu bitten, müssen die Menschen eben selbst handeln.“

„Was hast du vor?“ Gaston wollte die Antwort lieber gar nicht wissen, aber er fragte trotzdem.

„Weiß ich noch nicht genau“, gestand Thierry. „Aber ich schwöre dir, mir wird schon etwas einfallen. Jeden Abend denke ich darüber nach. Zwanzig Männer haben sie verhaftet und weiß der Teufel wohin gebracht. Vielleicht sind sie längst tot. Zwanzig für zwei Soldaten. So rechnen die und so rechne ich auch. Für meine Mutter und die dreizehn anderen sollen deshalb hundertvierzig von ihnen büßen müssen. Und wenn kein anderer dafür sorgt, werde ich es tun."

„Was wird dein Großvater dazu sagen?", flüsterte Gaston beklommen. Thierry wusste doch auch, dass, wer etwas gegen die Deutschen unternahm und dabei erwischt wurde, ein schreckliches Schicksal hatte. Eine Gefängnisstrafe war da noch das Harmloseste.

„Rede nicht von meinem Großvater. Der ist genauso feige wie der Pfarrer. Dabei hätte er im Lazarett genug Gelegenheit, es unauffällig selbst zu erledigen. Ein Schnitt zu tief bei einer Operation, einen verschmutzten Verband nicht rechtzeitig wechseln, zu viel, zu wenig oder die falsche Medizin. Zu alledem bräuchte er nicht einmal großen Mut, nur manchmal ein bisschen Geschick und meistens würde es auch genügen, einfach nichts zu tun. Aber mein Großvater versucht stattdessen, jedes Mal dem Tod auch noch die Todgeweihten aus den Armen zu reißen."

„Er muss das doch. Er ist Arzt", traute sich Gaston zu widersprechen. Er hatte große Achtung vor dem freundlichen, alten Doktor.

„Finde ich nicht. Was passiert denn, wenn er die deutschen Soldaten gesund macht? Hast du darüber schon mal nachgedacht? Die werden deshalb keine guten Menschen. Nein, die setzen sich in einen Zug, fahren wieder an die Front und kämpfen weiter gegen uns. Großvater sollte sie lieber ihrer gerechten Strafe zuführen. Aber weißt du, was er mir Sonntag für Sonntag sagt?" Thierry war froh, dass er es jemandem erzählen konnte.

„Nein?" Gaston wäre jetzt viel lieber nach Hause gelaufen, aber Thierry war sein Freund und als solchen wollte er ihn nicht einfach stehen lassen.

„Er behauptet, dass die Deutschen nicht immer so schrecklich gewesen sind, und dass ein Krieg die Menschen, egal woher sie kommen, in Wölfe verwandelt."

„Wölfe? Das sagt er?"

„Ja, aber das stimmt überhaupt nicht. Die Deutschen sind gemeiner und niederträchtiger als die Belgier, Franzosen und Engländer. Das kannst du doch mit eigenen Augen sehen. Glaubst du etwa, dass Martin oder dein Vater, wenn sie Soldaten wären, auf unschuldige Menschen schießen würden, wie die Deutschen es tun?“

Gaston schüttelte den Kopf. „Niemals.“

„Siehst du“, sagte Thierry. „Die würden nicht zu Wölfen werden. Die hätten sich nicht in ein Flugzeug gesetzt, um über einem Marktplatz voll mit Menschen Bomben abzuwerfen.“

Dass die Bomben, die seine Mutter getötet hatten, aus einem britischen Flugzeug abgeworfen worden waren, wollte Thierry nicht gelten lassen. Es waren die Deutschen, die mit dem Krieg angefangen hatten. Ohne sie müssten auch englische Flugzeuge keine Bomben abwerfen.

Gaston fand es beeindruckend, dass Thierry sich so viele Gedanken über den Krieg gemacht hatte, während er selbst immer nur an die ganz alltäglichen Sachen in seinem Leben gedacht hatte.

„Du willst wirklich gegen die Deutschen kämpfen?“, fragte er ungläubig. „So richtig?“

Thierry nickte entschlossen. „Ich muss mir nur noch überlegen wie. Ich möchte in ein Flugzeug steigen und es Bomben regnen lassen. Oder heimlich die Front im Süden überqueren und mich freiwillig unseren Truppen anschließen. Ich kann bestimmt mit einem Gewehr umgehen.“

Er sagte das so überzeugt, dass Gaston es sich im ersten Moment tatsächlich auch vorstellen konnte. Dann aber sah er, wie absurd das war. Kinder wie Thierry und er konnten höchstens Soldaten spielen, mit Stöcken als Gewehre und Schulkappen als Helme.

„Das geht doch nicht“, sagte er vernünftig.

„Das weiß ich auch“, antwortete Thierry verdrossen. „Aber warte ab. Irgendetwas wird mir schon einfallen.“

Unsichtbare kleine Mörder

Während er Gaston seine Gedanken mitgeteilt hatte, war Thierry bewusst geworden, dass er einen Plan brauchte, den er selbst ohne Hilfe von anderen ausführen konnte. Seine abendlichen Fantasien, dass er in ein Flugzeug stieg und Bomben abwarf oder heimlich die Front querte, schob er zur Seite. Das war Kinderkram. Stattdessen fing er an, sich ernsthaft zu überlegen, welche Möglichkeiten er tatsächlich hatte.

Dina aber war es, die ihn schließlich auf die richtige Spur führte.

„In deinem Alter", schimpfte sie, als sie ihn wieder einmal ertappte, wie er mit erdigen Schuhen über ihre frisch gewischten Fliesen stapfte, „habe ich längst im Waisenhaus zupacken müssen. Statt zu spielen musste ich die Kleinen versorgen, sie waschen, ihre Schlafsäle putzen und ihre Kleidung flicken. Sogar die Nachttöpfe habe ich ausgeleert. Ich habe mit zwölf Jahren bereits genauso hart gearbeitet wie heute die Krankenschwestern in den Lazaretten. Das kannst du mir glauben."

Thierry zuckte mit den Schultern.

„Beim nächsten Mal kannst du den Schmutz selbst wegputzen!", drohte sie. „Es würde dir nicht schaden zu spüren, was harte Arbeit ist."

„Du wirst dafür bezahlt, und ich bin kein Waisenmädchen", sagte Thierry ungerührt, aber gleichzeitig hatte er das Gefühl, dass Dina soeben etwas Nützliches gesagt hatte.

„Na warte!", rief Dina empört und drohte ihm mit der Bürste. „Das werde ich deinem Großvater erzählen. Wenn es nach mir ginge, solltest du ab jetzt hier im Haushalt mitarbeiten, statt nach der Schule draußen herumzulaufen und den Dreck nach Hause zu tragen."

Das war es. Mitarbeiten! Thierry strahlte Dina an. „Danke für deinen Vorschlag!", rief er und ohne weiter auf sie zu achten, rannte er die Treppe hinauf in sein Zimmer. Er warf sich auf sein Bett, ohne sich um seine schmutzigen Socken und Hosenbeine zu kümmern. Jetzt wusste er, was er tun konnte. Er musste nur noch alles genau planen.

„Ich möchte dir bei der Arbeit helfen“, sagte Thierry eines Abends, als er überzeugt war, dass sein Plan keine Schwachstellen mehr hatte.

Großvater ließ den Löffel überrascht zurück in die Suppe sinken. „Helfen?“

„Im Lazarett. Ich möchte von dir lernen.“ Die Lüge kam Thierry glatt über die Lippen, so gut hatte er sie geübt.

„Lieb von dir, aber da kannst du nicht helfen und gefährlich ist es auch. Diese teuflische Influenza geht um, mein Junge“, antwortete Großvater freundlich. Es lag ihm auf der Zunge hinzuzufügen, was er wirklich sagen wollte: „Schrecklich, wenn dir auch noch etwas passiert. Was soll ich dann deinem Vater sagen, wenn er wieder da ist.“ Aber er durfte den Jungen nicht verängstigen. Der hatte schon viel zu viel mitgemacht für ein Kind seines Alters. Andererseits freute er sich auch. Seine Befürchtung, dass sein Enkel die Deutschen hassen würde, hatte sich also doch nicht bewahrheitet. Dennoch, das Lazarett war kein Ort für Kinder. Thierry konnte sich nicht vorstellen, mit welch grauenhaften Verwundungen und tragischen Schicksalen sein Großvater täglich konfrontiert wurde.

„Ich kann auf mich aufpassen. Ich weiß, wie man sich vor Ansteckung schützt. Das hast du mir beigebracht!“ Thierry hoffte, dass sein Großvater, der selbst so weit weg von jeglichen wölfischen Gedanken war, nicht durchschaute, was er in Wahrheit plante: dass er nämlich genau diese seltsamen Verursacher der Influenza, diese unsichtbaren, winzig kleinen Mörder, wie Großvater sie nannte, in den Betten der deutschen Soldaten platzieren wollte, damit sie daran krepierten.

„Wahrscheinlich fühlt sich der Junge in diesem großen Haus ein wenig einsam und sehnt sich nach Abwechslung.“ Doktor van Klaarsbeeck meinte, Thierrys Wunsch richtig zu deuten. „Vielleicht erhofft er sich auch, von den Verletzten spannende Heldengeschichten zu hören.“

Was der Grund auch sein mochte, es kam nicht in Frage, dass Thierry im Lazarett mithalf, und so sehr dieser darum bat, mitkommen zu dürfen, so hartnäckig lehnte sein Großvater es ab.

„Thierry, mein Nein bleibt ein Nein und jetzt reden wir nicht mehr darüber", beendete Doktor van Klaarsbeeck schließlich die Sache.

Mit rotem Kopf fuhr Thierry von seinem Stuhl auf, so dass dieser zu Boden fiel.

„Ich darf auch gar nichts! Du hast ja keine Ahnung, wie es ist, wenn du jeden Tag diesen Mördern auf der Straße begegnen musst!", schleuderte er seinem Großvater entgegen und rannte vom Esstisch weg.

Doktor van Klaarsbeeck schaute seinem Enkel entgeistert nach und zuckte zusammen, als oben im zweiten Stock die Tür zum Kinderzimmer krachend zugeschlagen wurde.

„Ich dachte, er wollte helfen?", murmelte er verwirrt. Was, um Gottes Willen, hatte er da missverstanden? Er faltete umständlich seine Serviette und legte sie neben den Teller. Auch ihm schmeckte das Essen nicht mehr. „Vielleicht", dachte er, „sollte ich mit dem Pfarrer sprechen. In einem Internat unter Gleichaltrigen ist der Junge möglicherweise besser aufgehoben."

Die zwölf verwegensten Jungen Belgiens

Thierry hätte nichts davon erfahren, wenn sich Gaston nicht in einer Schulpause verplappert hätte.

„Haben sie dich auch gefragt?" Gaston trat vor Aufregung von einem Bein auf das andere. Schon gestern, nachdem Robert ihn nach der Schule auf dem Nachhauseweg beiseite genommen hatte, wäre er am liebsten sofort zu Thierry gerannt. Aber die Vorstellung, vor dem großen vornehmen Haus des Doktors zu stehen, zu klingeln und dann bestimmt einer Dienstbotin sein Anliegen vorbringen zu müssen, hatte ihn davon abgehalten. Daheim in der kleinen Wohnung neben dem Bahnhof hatten sie zu sechst nur zwei Zimmer und eine Küche. Das Klo teilten sie sich mit drei anderen Familien und gebadet wurde reihum am Samstagabend in der Wanne vor dem Küchenherd. Auch wenn sie in der Schule Freunde waren, so lebten sie doch in völlig unterschiedlichen Welten.

„Was?“ Thierry schaute seinen Freund überrascht an.

„Dich haben sie nicht gefragt? Ich habe gedacht ... Weil du dich doch ...“ Gaston geriet ins Stocken. Robert hatte ihm dreimal gesagt, dass es sich bei der Sache um eine höchst geheime Angelegenheit einiger weniger Eingeweihter handelte. Aber Gaston war davon ausgegangen, dass Thierry auf jeden Fall zu diesem kleinen Kreis der Mitwisser gehörte.

„Was gefragt?“

„Das darf ich eigentlich nicht sagen. Ehrlich, Thierry, wenn du nicht dabei bist, will ich auch nicht. Ich habe doch bloß Ja gesagt, weil ich dachte, dass du auch ...“ Gaston stotterte herum. Wie konnte es sein, dass sie ihn schon und Thierry nicht gefragt hatten? Der war doch der kräftigere, der mutigere von ihnen beiden. Während er selbst, der schüchterne Gaston, so gar nicht dafür geeignet war, bei solch gefährlichen und geheimen Dingen mitzumachen.

„Jetzt red schon!“ Thierry packte ihn grob am Arm.

„Aua! Ich kann doch nichts dafür.“

Thierry ließ den Kleineren los. Gaston schaute sich verstohlen um. Sie standen etwas abseits im Schulhof, und keiner der anderen Jungen achtete auf sie.

„Wir sollen uns wehren“, flüsterte er. „Es gibt einen geheimen Plan.“

Thierry fühlte eine Welle der Aufregung durch sich hindurchströmen. Endlich jemand, der handeln wollte.

„Wer ist wir?“, fragte er hastig.

„Ich weiß nicht, ob ich dir das verraten darf, wenn sie dich nicht gefragt haben“, zweifelte Gaston.

„Komm schon, wer ist wir?“, zischte Thierry, und Gaston wusste, dass er keine Chance hatte. Wenn er nicht den Mund aufmachte, würde Thierry ihn in den Schwitzkasten nehmen. Deshalb zeigte er auf einen der älteren Jungen und hauchte: „Marcel van Waeyenberg. Er hat eine Truppe gegründet. Und Robert darf mitmachen.“

Robert war Marcels jüngerer Bruder und ging mit Thierry und Gaston in dieselbe Klasse.

„Marcel hat dich gefragt?“ Thierry konnte das nicht ganz glauben. Marcel war vierzehn, hatte bereits ein paar Härchen über der Lippe und gab sich grundsätzlich nicht mit den Jüngeren ab.

Gaston schüttelte den Kopf. „Nein, nicht Marcel. Robert. Weil ... Ach, ich weiß doch auch nicht, warum ich mitmachen soll. Ich, ich dachte, dass er dich zuerst gefragt hatte und du vielleicht gesagt hättest, dass ich auch dabei sein soll. Na ja, und dann wollte ich nicht ...“

Gaston stand da wie ein Häufchen Elend. Ein Widerstandskämpfer, der bei der erstbesten Gelegenheit seine Bande verriet. Pfui! Was würde Robert dazu sagen und Marcel erst?

„Nein, er hat mich nicht gefragt.“ Thierry ärgerte sich. Er hatte doch genauso gute Gründe, gegen die Deutschen zu kämpfen wie Gaston. Nein, sogar bessere. Seine Mama war tatsächlich tot, bei Gastons Bruder vermuteten das alle nur.

„Gehen wir zu Robert“, forderte Thierry den Freund auf. „Ich muss auch in diese Truppe.“

„Ich weiß nicht, ob es eine gute Idee ist, sich selbst anzumelden. Ich glaube, das geht so nicht“, gab Gaston zu bedenken.

Aber Thierry hatte ihn bereits stehengelassen und war zu Robert hinübergelaufen. Er zog ihn von ein paar anderen Jungen weg.

„Ich weiß von Marcels Truppe“, sagte er ohne Umschweife. „Ich will auch dabei sein.“

Robert nickte überrumpelt, dabei war es sein Bruder, der die Entscheidungen traf.

Wenig später betrachtete Marcel Thierry nachdenklich in einer stillen Ecke des Schulhofes. Gaston hatte er nur deswegen ausgesucht, weil dieser ihm Informationen über die Züge verschaffen sollte, und Robert durfte mitmachen, weil sie Brüder waren. Aber mehr von den kleinen Jungen wollte er eigentlich nicht dabeihaben. Die anderen waren alle schon mindestens dreizehn. Zwölf war zu jung.

„Lass mich auch mitmachen. Ich habe schließlich einen guten Grund. Meine Mutter ist tot, oder?“ Thierry schaute Marcel herausfordernd an.

Dieser überlegte. Es stimmte. Thierrys Mutter war beim Bombenabwurf umgekommen. Außerdem war er Gastons Freund. Marcel war klug genug, um zu ahnen, dass der ängstliche Gaston die Schwachstelle in seinem Plan darstellte. Thierry hatte Einfluss auf Gaston und konnte verhindern, dass der Kleine schlapp machte.

„Na, gut. Aber nur, wenn du auf mich hörst", verlangte er. „Ich allein gebe hier die Befehle. Ich bin euer Kommandant. Du gehorchst mir ohne Widerrede."

„Sicher", sagte Thierry rasch. „Ich mache alles, was du sagst. Da kannst du dich drauf verlassen."

Dass Marcel selbst noch ein Schüler war, spielte keine Rolle. Wenn er als Einziger bereit war, gegen die Deutschen etwas zu unternehmen, würde Thierry ihm dabei helfen.

Am nächsten Nachmittag nach der Schule trafen sich die Jungen im Wäldchen hinter der Abtei von Hunnegem. Auf der anderen Seite der hohen Mauer konnten sie die hellen Stimmen der Mädchen hören, die dort im Pensionat waren, damit sie von den Nonnen zu Damen der Gesellschaft erzogen wurden.

Marcel ließ sie in einer Reihe vor der Mauer antreten und musterte sie wie ein Offizier seine Soldaten.

„Keiner weiß, dass ihr hier seid?", vergewisserte er sich.

Sie schüttelten die Köpfe.

„Höchste Geheimhaltung über das, was ich euch jetzt sage. Verstanden?"

Sie nickten. Das gefiel Marcel nicht. Er hatte viel Zeit damit verbracht, die Deutschen zu beobachten. Er wusste, wie ein Offizier seine Mannschaft führte.

„Ich möchte was hören! Ab jetzt bin ich euer Kommandant, und ihr seid meine Soldaten. Ihr müsst antworten ‚Jawohl, mein Kommandant'", verlangte er.

Die Jungen warfen sich verstohlene Blicke zu. Sie wussten nicht genau, ob Marcel das wirklich ernst meinte. Er war doch auch nur einer von ihnen.

„Ich höre nichts!", blaffte Marcel.

Robert starrte ihn an. Er kannte seinen Bruder: Er meinte es todernst. Wenn er sich jetzt nicht durchsetzen konnte, würde er die ganze Sache bleiben lassen und beleidigt davon marschieren. Dann war es aus mit diesem aufregenden Plan. Dann war er selbst in Marcels Augen wieder nur der nutzlose Kleine.

Deshalb straffte er sich, stand ganz stramm und brüllte: „Jawohl, mein Kommandant!“ Die anderen taten es ihm nach und versuchten ihn noch an Lautstärke zu übertreffen. Auf der anderen Seite der Mauer verstummten die Mädchenstimmen und gleich darauf keifte eine Nonne: „Schert euch weg von der Mauer, ihr Lümmel, oder muss ich rüberkommen und euch Beine machen!“

Die Jungen lachten, aber Marcel legte einen Finger an die Lippen und deutete mit dem Kopf in Richtung Wäldchen. Er marschierte los, und sie folgten ihm. Bei den ersten Bäumen blieb er stehen. Zufrieden registrierte er, dass sie sich ohne Aufforderung wieder in Reih und Glied aufstellten.

„Also, passt auf“, sagte er. „Es kann verdammt gefährlich werden. Kämpfen ist etwas für Männer und nicht für Kinder.“ Dabei schaute er besonders Gaston, Thierry und Robert an, die am Ende der Reihe nebeneinanderstanden, alle drei mindestens einen Kopf kleiner als die anderen.

„Ihr Kleinen, ihr könnt noch nach Hause gehen. Ich bin euch nicht böse.“

Das war gelogen. Gut, auf Robert und Thierry konnte er verzichten. Sie waren zwar ganz offensichtlich sehr begierig darauf, dabei zu sein, aber wer wusste, ob sie sich nicht in die Hose machten, wenn es zur Sache ging. Gaston jedoch brauchte er für seinen Plan. Ohne ihn würde es kompliziert werden, wenn nicht sogar unmöglich. Zu dumm, dass ausgerechnet er so ängstlich war. Allein die Art und Weise, wie er sich an Thierry drängte, zeigte das offensichtlich.

„Du hast gesagt, wir dürfen dabei sein“, unterbrach ihn Robert böse.

„Ich habe nicht mal vor dem Teufel höchstpersönlich Angst“, prahlte Thierry, „Und Gaston übrigens auch nicht. Der ist viel tapferer, als er ausschaut", fügte er hinzu, weil er es gewohnt war, für seinen Freund mitzureden.

Gaston sagte nichts. Er wollte nach Hause laufen, aber das ging nicht. Er hatte das Gefühl, dass Thierrys deutliche Begeisterung für diese unbekannte gefährliche Sache auch ihn festhielt.

„Ruhe Robert, und den Teufel lässt du mal schön in der Hölle, Thierry", befahl Marcel. „Ich habe übrigens nicht gesagt, dass ihr gehen müsst. Ihr könnt bleiben, aber ab jetzt heißt es mitgefangen, mitgehangen. Haben das alle verstanden?"

„Jawohl, mein Kommandant!", riefen alle bis auf Gaston gleichzeitig. Dieser machte zwar den Mund auf, brachte aber keinen Laut über die Lippen.

„Wir gehen folgendermaßen vor." Marcel senkte seine Stimme zu einem dramatischen Flüstern. Er hatte es heimlich vor dem Spiegel geübt, und es verfehlte bei den Jungen nicht die Wirkung. Sie beugten sich alle angespannt nach vorne, sogar Gaston.

„Wir werden einen Zug mit Soldaten entgleisen lassen."

Er genoss das ungläubige Staunen der anderen.

„Ja, ihr hört richtig. Wir werden einen Zug entgleisen lassen. Ich habe alles geplant."

Marcel legte eine Hand auf Gastons Arm. Der kleine Junge schaute ihn verschreckt an.

„Gaston", sagte er ernst.

„Ja?" Gaston zwinkerte nervös mit den Augen.

„He, du brauchst dich nicht zu fürchten." Marcel lächelte ihm zu. „Für dich habe ich eine besondere Aufgabe. Sie ist sehr wichtig, aber nicht gefährlich. Du wirst jeden Abend deinen Vater nach den Zügen für den nächsten Tag aushorchen. Das ist nicht schwer, oder? Nur ein bisschen reden."

Marcel bemühte sich, es besonders harmlos und einfach klingen zu lassen.

„Ich?" Gastons Augen weiteten sich.

„Ja, wer sonst." Ein ungeduldiger Tonfall stahl sich in Marcels Stimme. „Dein Vater ist doch ein Bahnwärter. Der weiß das. Wir brauchen einen Transportzug, der ganz in der Früh voll mit Soldaten vorbeifährt."

„Aber ich frage meinen Vater nie nach den Zügen. Das wird ihm vielleicht komisch vorkommen." Gaston konnte das Zittern in seiner Stimme nicht länger verbergen.

„So eine Memme", dachte Marcel abschätzig, aber er lächelte aufmunternd weiter.

„Dann wirst du dich ab jetzt eben für Züge interessieren. Frag ihn halt auch nach anderen Sachen, wie ... wie nach unterschiedlichen Arten von Lokomotiven, und wie viel Kohle so ein Zug braucht. Das wird deinem Vater gefallen und so nebenbei stellst du dann unauffällig die Frage nach den Zügen in der Früh."

So wie Marcel es sagte, klang es auch für Gastons Ohren einfach. Aber dieser kannte seinen Vater nicht. Der kam abends nach Hause, ließ sich die Schuhe von den geschwollenen Füßen ziehen und setzte sich mit der Zeitung zum Ofen. Wenn seine Mutter etwas fragte, was sie nicht oft tat, bekam sie, solange er die Zeitung nicht ausgelesen hatte, als Antwort meistens nur eine knappes „Ja", „Nein", „Mach nur" oder oft auch bloß ein desinteressiertes Knurren. Gaston konnte sich nicht vorstellen, dass es bei ihm anders sein würde. Nein, es wäre besser zu warten bis nach dem Abendessen. Da war sein Vater gesprächiger. Dann erzählte er gerne, was er gerade aus der Zeitung erfahren hatte. Ob er sich da auch in ein Gespräch über Züge verwickeln ließe? Es war so kompliziert. Gaston hätte gerne laut geseufzt, aber das traute er sich nicht.

„Du schaffst das schon", flüsterte Thierry ihm zu, der es schade fand, dass er das nicht statt Gaston erledigen konnte.

„Das ist deine Aufgabe, Soldat, verstanden? Wir alle verlassen uns auf dich", sagte Marcel.

Gaston sah, dass die anderen Jungen eifrig nickten.

„Ja", stimmte er zögerlich zu und schluckte das „aber" hinunter.

„Gut! Dann der nächste Punkt." Marcel wandte sich wieder allen zu. „Wir brauchen die richtigen Waffen, um den Zug außer Gefecht zu setzen. Robert und ich besorgen uns Zangen aus der Werkstatt meines Vaters. Damit werden wir die Signaldrähte durchschneiden. Ihr müsst eine Menge großer Steine sammeln, männerfaustgroße. Hinten im Wäldchen legen wir ein geheimes

Munitionsdepot an. Ich zeige euch die Stelle. Mit diesen Steinen werden wir die Weichen blockieren. Außerdem müssen wir das Anschleichen üben und auch das Überwinden von Hindernissen und das Verstecken, falls man uns nachher verfolgt. Los geht's!"

Er rannte los, ohne auf seine Soldaten zu warten. Diese blickten sich überrascht an und dann liefen sie hinter ihm her. Thierry versuchte, der Schnellste zu sein. Marcel sollte sehen, dass es die richtige Entscheidung gewesen war, ihn in die Truppe aufzunehmen.

„Und das Gute ist", erklärte Marcel selbstsicher, nachdem er seine Truppe eine Stunde lang im Wäldchen hinter der Abtei von Hunnegem über Stock und Stein gejagt hatte und nun alle um ihn herum auf der Erde saßen und sich ausruhten, „dass sie niemals Kinder verdächtigen werden. Denn deutsche Kinder sind feige. Deshalb kommen sie nicht auf die Idee, dass wir belgische Kinder den Mut mit der Muttermilch getrunken haben."

Alle elf Jungen nickten eifrig, sogar Gaston. Beim Laufen und Schleichen und Ducken und Springen war er genauso gut wie die anderen gewesen. Marcel hatte ihn sogar ein paar Mal besonders gelobt.

„Vielleicht", dachte Gaston überrascht über sich selbst, „ist das Soldatsein doch auch etwas für mich. Vielleicht steckt, ohne dass ich es ahne, tief in mir drinnen ein tapferes Soldatenherz, das bis zu dieser Stunde bloß noch nicht die Gelegenheit gehabt hat, sich zu zeigen."

„Wir sind jetzt eine richtige Truppe", verkündete Marcel großspurig, weil keiner an diesem Nachmittag an seiner Offiziersrolle gezweifelt hatte. „Wir werden alles vorbereiten und dann zuschlagen." Als hätte er bereits ein echtes Gewehr mit einem aufgesetzten Bajonett in der Hand, tat Marcel so, als würde er links und rechts vor ihm feindliche Soldaten erschießen. Robert fing unwillkürlich an zu kichern, weil es in seinen Augen so ausschaute, als ob sein Bruder wie eine Kuh mit ihrem Schwanz die Fliegen verscheuchte. Marcel fuhr zu ihm herum.

„Wenn du noch immer glaubst, dass wir hier nur die Soldaten spielen, irrst du dich. Dann kannst du jetzt gleich nach Hause gehen und an Mutters Rockzipfel hängen!"

„Nein, nein, Marcel!" Robert schaute ihn erschrocken an. „Ich weiß, dass es kein Spiel ist, ehrlich. Schick mich nicht nach Hause. Ich will ein richtiger Soldat sein."

„Dann benimm dich wie einer", schimpfte Marcel, und, den anderen drohend, fügte er hinzu: „Glaubt vielleicht noch einer, dass wir bloß spielen wollen?"

Sie schüttelten alle heftig die Köpfe. Marcel ließ sie aufstehen und die Hand auf die Brust legen. „Wir", sagte er, „wir sind die zwölf verwegensten Jungen Belgiens."

„Wir sind die zwölf verwegensten Jungen Belgiens!", wiederholten sie, und Thierry spürte, wie gut diese Worte taten. Er hatte das Gefühl, plötzlich um ein paar Zentimeter zu wachsen.

Mit erhobenen Häuptern liefen sie danach als geschlossene Gruppe hinter Marcel her zurück in die Innenstadt, quer über den Markt auf das Gebäude der Kommandantur zu. Es war ein Umweg, aber es musste so sein. In seiner Fantasie sah sich Marcel als Feldherr, der seine Männer furchtlos in das Herz des feindlichen Gebiets führte. Seiner Vorstellung nach sollte die Truppe im Gleichschritt mit schwingenden Armen wie echte Soldaten marschieren, aber das zu befehlen, traute er sich dann doch nicht.

Als sie auf Höhe der Kommandantur waren, drehte er sich kurz zu ihnen um und lächelte verschwörerisch. „Die haben keine Ahnung da drinnen, was ihnen blühen wird", meinte das Lächeln. Thierry erwiderte es, und als sie weiterrannten, ließ er seine Füße ein bisschen fester als notwendig auf dem Straßenpflaster aufstampfen.

An diesem Abend fragte Thierry Großvater nicht, ob er auf sein Zimmer gehen durfte. Nein, er holte sein Buch von oben und setzte sich zu ihm in den Salon.

Während Großvater seine Illustrierte Zeitung studierte – eine deutsche Zeitung, denn man müsse alle Seiten der Berichterstattung kennen, um sich ein ausgewogenes Urteil über etwas bilden zu können, hatte Großvater ihm erklärt –, tat Thierry, als würde er lesen. In Wahrheit jedoch konnte er nur an das denken, was Marcel ihnen nachmittags erklärt hatte. Sobald sie erfuhren, wann ein Zug in aller Frühe voll mit Soldaten an Geraardsbergen vorbeifahren würde, würden sie in der Nacht davor die Signaldrähte durchschneiden und die Weichen mit Steinen blockieren. Das war ganz allein Marcels Idee gewesen. Kein Erwachsener hatte seine Finger dabei im Spiel gehabt.

Thierry warf einen Blick auf seinen Großvater. Dieser schien in den letzten Wochen kleiner geworden zu sein, kleiner und älter. Ihm wurde klar, dass er auf Großvater nicht böse sein musste. Er war nicht feige, sondern einfach zu alt, um noch gegen die Deutschen zu kämpfen. Das war jetzt Thierrys Aufgabe geworden und nach dem Krieg – irgendwann mussten die Deutschen ihn verlieren – würde man ihn und die anderen Jungen dafür ehren. Dann würden sie zwischen den Kriegshelden stehen, die an der Front gekämpft hatten.

Thierry merkte erst, dass er seinen Großvater anlächelte, als dieser das Lächeln erwiderte. Rasch senkte er seinen Blick wieder in das Buch. Großvater sollte nicht anfangen, Fragen zu stellen.

Die Heldentat

Gaston redete tapfer jeden Abend mit seinem verwunderten, aber auch ein wenig geschmeichelten Vater – „Junge, dass du dich auf einmal dafür interessierst!" – über Züge, Schienen und Bahnhöfe. Es dauerte allerdings drei lange Wochen, bis Gaston erfuhr, dass am nächsten Tag in aller Frühe mit einem Transportzug gerechnet wurde.

„Sieben Waggons sollen es sein", meldete er seinem Kommandanten aufgeregt. Er kam sich ungeheuer wichtig vor. „Sieben", wiederholte er.

Marcel klopfte ihm anerkennend auf die Schulter. „Gut gemacht, Soldat!"

Gastons Wangen glühten vor Stolz.

„Sieben Waggons. Das sind mindestens vierhundert Soldaten“, überschlug Marcel im Kopf.

„Und weiter als bis Geraardsbergen werden sie nicht kommen. Da ist dann Endstation“, dachte Thierry, und er konnte es kaum erwarten, dass es Nacht wurde.

Sie trafen sich, wie ausgemacht, um Mitternacht wieder hinter der Abtei von Hunnegem. Marcel hatte angeordnet, dass alle dunkle Kleidung tragen und einen Kartoffel- oder Kohlesack dabeihaben mussten. Wer blonde Haare hatte, sollte sich eine Mütze aufsetzen, die bis über die Ohren reichte. Die anderen durften ihre Schulkappen tragen. Außerdem sollten sie Socken über die Schuhe ziehen.

„Dadurch dämpft man verräterische Geräusche“, hatte Marcel seinen Soldaten erklärt. Das Wissen darüber stammte aus einem Buch, das er gelesen hatte.

Thierry hatte zuerst versucht, seine eigenen Socken über die Schuhe zu streifen, aber die waren zu klein. Deshalb hatte er sich nachmittags in Großvaters Zimmer geschlichen, die Laden der Kommoden durchsucht und schließlich ein Paar grobgestrickte, braune Wollsocken entwendet.

Mit diesen über den Schuhen stand er nun zwischen den anderen Jungen und ließ sich von Marcel inspizieren. Gaston wurde gerügt, weil sein blonder Schopf nicht gut genug von der Mütze verdeckt wurde.

„Soll ich nach Hause gehen?“, flüsterte er und Thierry, der neben ihm stand, ahnte, dass sein Freund das viel lieber getan hätte, als bei diesem Plan mitzumachen.

„Nee, ist nicht notwendig“, brummte Marcel gnädig und griff in einen Sack, den sein kleiner Bruder wichtigtuerisch bereithielt.

„Ich habe feuchte Asche mitgebracht“, verkündete er. „Die schmiere ich dir halt nicht nur ins Gesicht, sondern du kriegst auch eine Extraportion für deine Haare.“ Schon verteilte er flink die graue Asche auf Gastons Kopf.

„Ihr müsst auch“, flüsterte Robert, der sich einbildete, als Bruder des Anführers mindestens den Rang eines Feldwebels zu haben. „Immer zu zweit, nicht wahr, Marcel?“

„Genau und ordentlich! Wir haben genug Asche, um einen Schimmel in einen Rappen zu verwandeln.“

Sie kicherten nervös und schmierten sich gegenseitig die feuchte, graue Masse ins Gesicht.

„Bah, du hast auch meinen Mund erwischt!“ Félicien spuckte Asche aus.

„Pass auf!“ Philemon rieb sich ein Auge. „Du hast voll was rein geschmiert.“

„Mach die Augen halt richtig zu“, flüsterte Thierry. „Da muss man auch schmieren. Sonst schaust du aus wie die Katze des Küsters, überall schwarz, nur bei den Augen nicht. Dann kann dich ein Deutscher aus hundert Metern Entfernung erspähen und dein Gesicht als Zielscheibe nehmen.“

„Warte, bis ich dran bin und dir das eklige Zeug ins Gesicht schmiere!“, drohte Philemon.

„Seid leise!“, zischte Marcel. „Bestimmt schicken die nachts auch Patrouillen durch die Gassen.“

Erschrocken verstummten sie und begriffen plötzlich, dass das, was sie jetzt vorhatten, kein Abenteuerspiel war, sondern bitterer Ernst.

Alle konnten sie sich noch an die Augusttage von 1914 erinnern, als die Deutschen gekommen waren. Da wurde ein Bauernknecht erschossen, weil er mit einer Scheibtruhe an einer Gruppe Soldaten vorbeimusste und nicht stehen geblieben war, als diese ihm etwas zuriefen.

„Der arme Kerl soll taub gewesen sein“, wusste die Bäckersfrau. „Er hat den Zuruf gar nicht gehört und schon eine Kugel im Rücken.“

Es dauerte eine ganze Weile, bis Marcel mit dem Aussehen aller zufrieden war. Félicien schmierte er noch eine Handvoll Asche in den Nacken und Thierry musste es sich gefallen lassen, dass ihm noch die Ohrmuscheln geschwärzt wurden.

Endlich passte alles. Marcel trat einige Meter zurück. Die elf

Jungen vor ihm, keiner älter als vierzehn, verschmolzen nahezu mit der Backsteinmauer des Klosters, so perfekt war ihre Tarnung.

„Also“, sagte Marcel, auch seine Stimme klang jetzt heiser vor Aufregung, „Wir halten Abstand voneinander. Ich gehe voraus. Wenn irgendjemand etwas Verdächtiges hört, versuchen wir uns alle zu verstecken. Und ...“ Er stoppte und schaute jeden einzelnen an. „Wenn einer erwischt wird, schweigt er und gibt sein Leben für die anderen, klar?“

Gaston zuckte unter diesen Worten zusammen und griff nach Thierrys Hand. Thierry drückte fest zu.

„Sie werden uns nicht erwischen“, dachte er. „Niemals. Nicht uns.“

Als Marcel sich umdrehte und losmarschierte, beugte Thierry sich rasch zu Gaston. „Ich passe auf dich auf“, versprach er flüsternd.

Gaston schnitt eine komische Grimasse, in der Angst und Aufregung sich vermischten. „Glaubst du, die Deutschen sind hier in der Nähe?“, fragte er.

„Nee. Das hier ist doch ein Mädchenpensionat. Die ehrwürdigen Schwestern würden dem Kommandanten die Hölle heiß machen, wenn seine Soldaten hier herumlungerten.“

Wie war ihm dieser Blödsinn so rasch eingefallen? Aber er erfüllte seinen Zweck. Gaston konnte ein Grinsen nicht verkneifen. „Meine Schwester besucht hier die Strickschule, und sie sagt, dass Schwester Hippolyta Haare auf den Zähnen hat.“

„Siehst du“, sagte Thierry. „Da traut sich kein Soldat heran. Und jetzt los, Marcel nach.“

Als letzte schlichen sie die Klostermauer entlang, liefen geduckt über die kleine Wiese bis zum Wäldchen, das sich zwischen der Abtei und der Dender erstreckte, dem kleinen Fluss, der sich durch Geraardsbergen schlängelte.

Zwischen den Bäumen war es so finster, dass sie kaum ein paar Meter weit sehen konnten. Sie gingen jetzt doch lieber eng hintereinander, um sich nicht zu verlieren. Marcel spähte angestrengt nach vorne und zählte dabei konzentriert seine Schritte. Zweiundfünfzig, dreiundfünfzig ... Bei hundertzehn müssten sie das

Munitionsdepot erreichen. Heute Nachmittag hatte er nochmals alles kontrolliert und auch die beiden Zangen, sorgfältig eingeschlagen in ein Wachstuch, dazugelegt. Er hatte sie aus dem Werkzeugschrank seines Vaters geklaut. Außerdem hatte er eine Kerze vor der Heiligen Jungfrau in der Kapelle am Oudenberg angezündet. Der Plan konnte nicht schief gehen.

Neunundneunzig, hundert, hunderteins, ...

Bei hundertsieben stieß er mit seinem Fuß die kleine Steinpyramide um, die er als Erkennungszeichen aufgestellt hatte. Drei Schritte links daneben, gut versteckt im Gebüsch hinter einer großen Eiche, lag das Depot.

„Jeder von euch steckt Steine ein, aber nur so viele, wie ihr noch gut tragen könnt“, befahl Marcel. „Robert und ich nehmen die Zangen.“

Der Reihe nach krochen sie in das Gebüsch hinein und füllten ihre Säcke mit Steinen. Thierry steckte sogar noch je einen Stein links und rechts in seine Hosentaschen.

„Jetzt weiter. Nicht vergessen, wenn wir aus dem Wäldchen heraus sind, geduckt gehen und wieder Abstand halten. Nächster Treffpunkt, die Schienen. Los!“

Schon war Marcel voraus.

„Thierry“, flüsterte Gaston. „Bleibst du bei mir?“

„Ja. Keine Bange. Komm schon. Sonst sind wir die letzten.“ Er fasste Gastons Hand und zog ihn mit.

Sie liefen die Dender entlang, immer auf der Hut vor einer Patrouille. Sie hatten Glück und begegneten niemandem. Als sie beinahe das kleine Dorf Overboelare erreicht hatten, bogen sie vom Flüsschen weg und rannten über einen Acker bis zu den Schienen, die sich an dieser Stelle verzweigten. Neben den Gleisen ließen sie sich ins Gras fallen. Sie keuchten vor Aufregung.

„Also“, flüsterte Marcel. „Robert und ich knöpfen uns die Signaldrähte vor und ihr blockiert mit den Steinen die Weiche. Wenn dann in der Früh der Zug kommt, wird er an dieser Stelle entgleisen, und auch wenn ein Bahnwärter es rechtzeitig bemerkt, kann er keinen Alarm auslösen, da wir die Signaldrähte abgezwickt haben.“

Er wickelte eine Zange aus dem Tuch und Robert tat es ihm nach.

„Also dann, Männer. An die Arbeit."

Thierry hatte das Gefühl, dass in seinem Inneren ein Feuer brannte. Jetzt war die Stunde der Rache gekommen. Er sprang auf und rannte zu den Gleisen. Dort leerte er seinen Sack aus und fing an, die Steine zu verteilen. Die anderen Jungen taten es ihm gleich.

Sie hatten viel zu viele Steine gesammelt. Deshalb legten sie die übrigen einfach so auf die Schienen. Mit den leeren Säcken kehrten sie zu Marcel und Robert zurück.

„Alles erledigt", meldete Thierry stolz und erst dann fiel ihm auf, dass Gaston noch immer an derselben Stelle im Gras lag. War er gar nicht zu den Schienen gelaufen oder war er vor lauter Angst viel schneller als die anderen gewesen? Aber bevor Thierry ihn fragen konnte, hörten sie in einiger Entfernung das Motorengeräusch eines Automobils. Das konnten nur deutsche Soldaten sein. Schließlich gab es für alle anderen eine strenge Abendglocke. Nach acht Uhr durfte keiner mehr hinaus auf die Straße. Wer es dennoch tat, riskierte verhaftet und streng bestraft oder, noch schlimmer, einfach erschossen zu werden.

Sie warfen sich auf den Boden. Die Straße war zwar einige hundert Meter weit weg, aber eine Gruppe Jungen war nicht zu übersehen. Sie lauschten, bis der Lärm des Motors abebbte.

„Nichts wie weg hier", flüsterte Marcel erleichtert. „Jeder geht auf dem schnellsten Weg nach Hause. Wir treffen uns morgen nach der Schule an der Mauer." Er wartete gar nicht erst die Antworten der anderen ab, sondern packte Roberts Hand und lief los, den kleinen Bruder hinter sich her zerrend. Thierry spürte, dass Gaston neben ihm zitterte. Obwohl er selbst auch lieber auf direktem Weg nach Hause gelaufen wäre, wusste er, dass er Gaston nicht allein lassen durfte. Der Freund würde vor Angst wahrscheinlich keinen Schritt machen können und einfach liegenbleiben, bis man ihn entdeckte.

„Komm. Es ist vorbei. Du hast dich genauso tapfer geschlagen wie die anderen", redete er ihm zu, während die anderen Jungen sich schon davongemacht hatten. „Steh auf. Wenn du willst, begleite ich dich nach Hause."

„Ja?", hauchte Gaston.

„Ja. Ich habe dir doch versprochen, dich nicht allein zu lassen!"

Thierry stand gebückt auf und streckte Gaston die Hand entgegen.

„Meine Beine sind ganz weich", klagte Gaston.

„Das wird besser, wenn du aufstehst und losmarschierst. Mach schon. Ich will hier weg sein, bevor uns die Waggons um die Ohren fliegen."

Mühsam rappelte sich Gaston hoch. Sein aschegefärbtes Gesicht, das konnte Thierry sogar in der Dunkelheit erkennen, hatte helle Tränenspuren, und der Sack, den Gaston noch immer festhielt, war schwer. Gaston fing Thierrys Blick auf und zuckte zusammen, als würde er geschlagen werden.

„Ehrlich, Thierry. Ich wollte sie hinlegen", gestand er. „Aber ich konnte es einfach nicht. Meine Beine wollten nicht zu den Gleisen hinüberlaufen."

„Ist schon gut. Wir hatten sowieso zu viele Steine", sagte Thierry.

„Alle werden jetzt sagen, dass ich ein Feigling bin."

„Es weiß ja keiner davon und von mir erfährt es niemand", tröstete ihn Thierry. „Feige bist du auch nicht. Du hast nicht gekniffen und hast mitgemacht. Du hättest auch im Bett liegenbleiben und später sagen können, dass du eingeschlafen bist."

„Meinst du?" Gaston wagte ein zittriges Lächeln

„Ja, und jetzt komm." Thierry stupste ihn freundschaftlich.

„Du bist der beste Freund, den man sich wünschen kann", sagte Gaston dankbar. „Und ein Held bist du auch."

„Du übertreibst", wehrte sich Thierry, aber er freute sich.

„Doch, doch, ein echter Held", versicherte Gaston ernst. „Die anderen sind weggerannt, die hätten mich hier liegen lassen, damit die Deutschen mich finden. Aber du, du bringst mich bis nach Hause, obwohl du ganz woanders wohnst."

„Jetzt hör auf damit", schimpfte Thierry gutmütig und dann packte er Gastons Hand fester und zog ihn mit, weil diese Heldentat in Wahrheit erst dann vollbracht war, wenn er den Freund nach Hause begleitet hatte und selbst auch wieder sicher in seinem Bett lag.

Ein Geständnis

Thierry wachte erst auf, als Dina, die bereits zwei Mal die Treppe von der Küche hinaufgestiegen war und angeklopft hatte, beim dritten Mal verärgert das Zimmer betrat.

„Himmelherrgott", schimpfte sie, während sie den Vorhang vor dem Fenster zur Seite schob. „Wenn du nicht sofort aufstehst, musst du ohne Frühstück in die Schule."

Thierry streckte verschlafen sein Gesicht unter der Decke heraus.

„Wie schaust du denn aus!", schrie Dina entsetzt auf. Erst da fiel Thierry ein, dass er völlig vergessen hatte, sich die Asche aus dem Gesicht zu waschen, als er durch die Hintertür zurück ins Haus geschlichen war. Er versuchte, sein Gesicht hinter den Händen zu verbergen, aber dafür war es zu spät. Mit drei Schritten war Dina neben seinem Bett und riss die Decke weg.

„Und das Laken ist auch voll mit Dreck und Grasflecken! Dabei habe ich es erst vor zwei Tagen gewechselt. Glaubst du, dass ich zu wenig Arbeit habe? Alles muss ich hier allein schaffen. Warte nur, bis ich das dem Herrn Doktor am Abend erzähle."

Der Schreck fuhr Thierry in die Glieder.

Am Abend war der entgleiste Zug bestimmt schon Stadtgespräch, und Großvater war nicht dumm. Er würde eins und eins zusammenzählen. Er musste rasch eine plausible Erklärung finden. Er hätte sich gestern Nacht noch eine überlegen müssen. Aber hätte er denn ahnen können, dass sie ihre Gesichter mit Asche schwärzen mussten?

„Dina, nein. Du darfst ihm nichts sagen, weil ... weil ... weil es eine Überraschung sein soll für Großvater."

Dina schaute ihn einen Augenblick lang verständnislos an, dann verengten sich ihre Augen. Sie war zwar von klein auf in einem Waisenhaus der Nonnen und nicht in einer Familie aufgewachsen, aber dass Überraschungen für Großväter nicht mitten in der Nacht mit viel Dreck gemacht wurden, war ihr klar.

„Was für eine Überraschung?", fragte sie misstrauisch. „Versuch erst gar nicht, mich anzulügen."

„Doch, eine ... eine Überraschung für seinen Geburtstag", bekräftigte Thierry, obwohl er keine Ahnung hatte, was er ihr als Überraschung glaubhaft präsentieren konnte. Er wusste nicht einmal, wann sein Großvater Geburtstag hatte. „Bitte Dina, du verdirbst alles, wenn du es ihm verrätst. Und ich, ich habe mir so viel Mühe gegeben."

Thierrys Gestammel war eindeutig, und auch wenn sie wegen der grauen Dreckschicht nicht sehen konnte, ob er rot anlief, wusste Dina doch, dass sie angelogen wurde. Da gab es keinen Zweifel.

„Dann ist die Überraschung am Abend eben vorbei. Denn dass ich es deinem Großvater erzähle, ist so sicher, wie dass der Regen vom Himmel fällt", sagte sie ungerührt.

„Bitte nicht. Er reißt mir die Ohren ab und, und ..."

„Das hättest du dir vorher überlegen sollen." Sie schaute ihn streng an. Gleichzeitig dachte sie, dass es gut wäre, wenn der Doktor endlich merkte, dass der Junge mehr brauchte als ein Dach über dem Kopf, Gewand und Essen. Man konnte den Nonnen so manches vorwerfen, fand Dina, aber nicht, dass sie die Mädchen in ihrer Obhut nicht zu ehrlichen Christenmenschen erzogen. Sie wusste, was richtig und falsch war, und Thierry hatte sich eindeutig trotz Ausgangssperre in der Nacht draußen irgendwo herumgetrieben. So etwas konnte einen Jungen leicht in die falsche Gesellschaft und auf die schiefe Bahn bringen. Es war höchste Zeit, dass der Doktor sich mal richtig um das Kind kümmerte.

„Willst du nicht wissen, was ich gemacht habe?", fragte Thierry, weil er spürte, dass Dina sich nicht umstimmen lassen würde.

„Nee", sagte Dina nicht ganz wahrheitsgetreu. Sie hätte nur zu gerne gewusst, was Thierry in der Nacht angestellt hatte, aber sie kannte ihre Pflichten. „Hebe deine schönen Worte für deinen Großvater auf."

„Ich werde es dir trotzdem sagen“, fasste Thierry einen Entschluss. Die Wahrheit war vielleicht das Einzige, das Dina veranlassen konnte zu schweigen, und wenn nicht, war er auch nicht schlimmer dran.

„Das wird dir nichts nützen“, antwortete Dina. „Man braucht keine Brille, um zu sehen, dass du Dreck am Stecken hast, und ich habe meine Prinzipien. Was falsch ist, ist falsch. Da fährt die Eisenbahn drüber.“

Thierry fing an, nervös zu lachen. Er konnte nicht anders.

„Was gibt es da jetzt auch noch zu lachen?“, schimpfte Dina, empört darüber, dass ihre mahnenden Worte offenbar keinen Eindruck auf Thierry machten.

„Dass du ausgerechnet Eisenbahn sagst.“ Thierry kicherte.

„Was hast du mit der Eisenbahn?“, fragte Dina.

„Warst du heute schon draußen?“, wich Thierry der Frage aus.

„Wie denn, wenn du noch nicht einmal aufgestanden bist“, konterte Dina. Es beschlich sie das unangenehme Gefühl, dass es womöglich gar kein harmloses Abenteuer gewesen war. Was für einen Streich hatte Thierry ausgeheckt und in der Nacht durchgezogen? Er war im Gesicht ganz grau. Hatte er irgendwo Farbe verschmiert? An der Kirche etwa? Einmal hatte jemand, wahrscheinlich irgendwelche Jungen, an die Hausmauer des Waisenhauses genau neben der Tür mit Farbe „billig zu haben“ geschrieben. Die Nonnen waren empört gewesen. Schwester Klara Virgilia hatte einen Eimer mit Lauge geschnappt und höchstpersönlich die Schrift weggeschrubbt. Thierry würde sie so etwas durchaus auch zutrauen.

„Hast du vom Küchenfenster aus gesehen, dass irgendwelche Deutschen durch die Straße gerannt sind?“ setzte Thierry fort. Das Haus des Doktors lag zwischen der Kommandantur und dem Bahnhof.

„Was hast du mit den Deutschen zu tun?“, fragte Dina erschrocken.

„Wenn ich es dir sage, darfst du nicht petzen.“

Dina fasste ihn grob am Arm. „Komm mir jetzt nicht mit solchen Sachen. Was hast du angestellt?“ Die Angst in ihrer Stimme war so deutlich zu hören, dass Thierry selbst auch ein mulmiges Gefühl bekam.

„Was, wenn die Deutschen uns draufkommen?“, dachte er. Nein, das konnte nicht sein. Kinder verdächtigen die nicht, hatte Marcel gesagt. Und wenn doch?

„Willst du meine Hand spüren?“, drohte Dina.

„Ein Transportzug könnte heute früh entgleist sein“, gestand Thierry.

„Was?!“

„Heute Nacht hab...“, Thierry bedachte sich noch rechtzeitig. Es war wohl besser, wenn er nicht preisgab, wer noch aller dabei gewesen war, „habe ich Steine auf die Schienen gelegt. Heute Früh sollte ein Transportzug mit deutschen Soldaten für die Front vorbeifahren. Na ja, und der müsste entgleist sein.“

Dina starrte ihn mit weit aufgerissenem Mund an.

„Niemand hat mich gesehen“, beruhigte Thierry sie, „und wenn du auch nichts sagst ...“

Dina ließ ihn nicht ausreden. „Steh auf. Ich muss das Bett abziehen, das Laken, den Kissenbezug. Wo ist dein Gewand? Du musst dich waschen. Rasch. Wir müssen alle Spuren beseitigen. Oh, Gott, was hast du dir nur dabei gedacht. Wenn das einer erfährt! Einen ganzen Zug.“ Sie rang die Hände. „Die Deutschen werden gewiss jedes Haus durchsuchen.“

Daran hatte Thierry nicht gedacht. Aber konnte es denn stimmen? So viele Soldaten waren nicht in der Stadt stationiert. Nein, es war unwahrscheinlich, dass die Deutschen jedes Haus durchsuchen konnten. Die Brille und der Weiße würden zwar überall herumschnüffeln, aber solange sich keiner aus der Truppe verplapperte, würden die beiden Gendarmen niemals auf ihre Spur kommen. Dennoch war es besser, auf Nummer sicher zu gehen. Er sprang aus dem Bett. In der Waschschüssel auf der Kommode war noch Wasser. Es war eiskalt. Mit Seife versuchte er seine Hände und sein Gesicht zu säubern, während Dina die Wäschestücke hektisch zusammenraffte.

Ein Blick in den Spiegel zeigte ihm, dass er die Asche nur noch mehr verteilt hatte.

„Es geht nicht weg“, sagte er.

„Wir brauchen heißes Wasser. Komm runter in die Küche. Ich mache dir eine Wanne voll. Am besten du badest. Das Zeug – was ist es eigentlich? – klebt auch in deinen Ohren.“

„Asche“, sagte Thierry. „Wir haben uns die Gesichter mit Asche geschwärzt, damit niemand uns im Dunkeln erkennen kann.“ Es war draußen, bevor er es zurückhalten konnte.

„Wir?!“

Thierry biss sich auf die Lippen.

„Wer war aller ...“ Dina stockte. „Nein, sag es mir nicht. Ich will es nicht wissen. Was ich nicht weiß, kann ich nicht verraten.“

„Und wirst du es nun am Abend Großvater erzählen?“, traute sich Thierry zu fragen.

Dina schaute ihn entgeistert an. „Bin ich denn verrückt? Der hat doch täglich mit ihnen zu tun. Wer weiß, vielleicht hat er jetzt schon welche am Operationstisch liegen. Nein, auf keinen Fall darf er etwas davon erfahren. Wenn ihm bei der Arbeit etwas herausrutscht, stellen die ihn sofort an die Wand und erschießen ihn und nachher knöpfen sie sich uns vor. Ich habe nicht vor, deinetwegen zu sterben.“ Sie funkelte ihn böse an.

„Ich habe es geschafft“, dachte Thierry, als er in der Wanne saß und sich von Dina von Kopf bis Fuß so lange abschrubben ließ, bis seine Haut feuerrot war und brannte. Auch die Angst, die Dina ihm mit ihrer Panik gemacht hatte, löste sich im warmen Wasser auf. Langsam fing er an, sich als ein Held zu fühlen. Später am Nachmittag, für die Schule war es jetzt längst zu spät, würde er die anderen an der Klostermauer treffen. Sie waren jetzt die zwölf verwegensten Jungen Belgiens. Noch musste es ihr Geheimnis bleiben, mussten sie heimlich ihren Sieg feiern. Aber nach dem Krieg würden sie ihre Orden offen auf der Brust tragen.

„Wenn deine gute Mama das wüsste, sie wäre verzweifelt.“ Plötzlich drang Dinas Stimme zu ihm durch. Die ganze Zeit hatte sie geseufzt und gejammert, und er hatte nicht hingehört. Doch dieser Satz brachte es auf den Punkt und erinnerte ihn wieder daran, warum er mitgemacht hatte.

„Nein, sie wäre stolz", fiel er Dina ins Wort. „Denn wegen der Bomben hat Schwarz für jeden der beiden toten Soldaten zehn Männer verhaftet und wer weiß, was er mit ihnen gemacht hat. Ich habe jetzt dafür gesorgt, dass für Mama und für die anderen belgischen Opfer auch jeweils mindestens zehn deutsche Soldaten büßen müssen. Aber ich glaube, es werden viel mehr sein, vielleicht sogar siebenhundert."

Siebenhundert. Das waren doch eigentlich beinahe tausend. Das musste ihnen einmal einer nachmachen. Der König persönlich sollte ihnen den Orden an das Hemd heften. Er legte den Kopf in den Nacken und blickte zu Dina hinauf. Bestimmt hatte sie nie geglaubt, einmal einem echten Helden den Rücken sauber zu waschen. Dina ließ die Bürste ins Wasser fallen und trat erschrocken einen Schritt zurück. Vor ihr in der Wanne saß plötzlich kein kleiner, zwölfjähriger Junge, der unbedacht Blödsinn gemacht hatte, sondern ein Wesen, das ihr mit seiner Gefühllosigkeit Angst machte.

„Da sind vielleicht viele Menschen gestorben. Ihr habt sie getötet", sagte sie.

Thierry spürte Dinas Entsetzen und in ihm drinnen erhob sich mahnend eine Stimme, die ihm sagte, dass sie recht hatte. Aber er durfte nicht darauf hören. Er musste stark bleiben. Im Krieg durfte man nicht so denken.

„Soldaten, Dina, deutsche Soldaten. Um die ist es nicht schade. Ich hoffe, dass sie gestorben sind!", antwortete er schroff.

„Wie kannst du so etwas sagen! Das ist herzlos."

„Es ist doch wahr. Alle hassen die Deutschen, du auch. Ihr traut euch nur nicht, euch zu wehren. Aber wir, wir haben es getan." Seine Stimme überschlug sich.

„So stimmt das nicht. Ich ..." Dina schüttelte den Kopf. Auf einmal konnte sie ihn nicht länger ertragen. Sie rannte aus der Küche.

Thierry blieb noch einen Augenblick in der Wanne sitzen, dann stieg er hinaus und trocknete sich ab.

„Du wirst schon sehen. Nach dem Krieg bist du genauso stolz auf mich wie die anderen", murmelte er trotzig.

Ramdohr und Zahn

Thierry war viel zu früh am Treffpunkt bei der Klostermauer. Er lehnte sich an die Ziegelsteine. Die Sonne schien ihm trotz des kalten Wintertages warm ins Gesicht. Oder war es die Aufregung, die seine Wangen von innen wärmte?

Der Erste, der auftauchte, war Félicien. „Ich war nicht in der Schule“, sagte er statt einer Begrüßung.

„Ich auch nicht. Ich habe verschlafen.“

„Ich habe gesagt, dass ich Bauchweh habe.“

Sie grinsten sich verschwörerisch an.

„Hast du ...“

„Weißt du ...“, fingen sie beide gleichzeitig mit einer Frage an.

„Ja?“

„Nein, du zuerst.“

„Hast du etwas gehört?“, fragte Félicien.

„Nein. Das wollte ich dich auch fragen.“

„Glaubst du, der Zug ist gar nicht entgleist?“

Thierry überlegte. Den ganzen Tag über hatte er bei allem, was er gemacht hatte, mit einem Ohr nach draußen gelauscht. Dina hatte ihn nicht auf die Straße hinausgelassen. Erst als er vor einer Stunde gesagt hatte, dass man es verdächtig finden würde, wenn er nicht so wie immer mit den anderen Jungen draußen spielte, hatte sie es erlaubt.

„Wahrscheinlich nicht. Sonst hätte es bestimmt irgendeine Aufregung in der Stadt gegeben. Aber alles war ruhig, als ich hierherkam“, sagte er zu Félicien.

„Oh, schade. Dann war alles umsonst.“ Félicien war enttäuscht.

„Vielleicht aber“, gab Thierry zu bedenken, „war es auch so schlimm, dass die Deutschen es geheim halten, weil sie nicht wollen, dass die Menschen erfahren, was für eine Niederlage sie erlitten haben.“

„Glaubst du?“ Féliciens Gesicht erhellte sich.

„Möglich ist es. Wenn die anderen kommen, wissen sie bestimmt mehr.“

Aber keiner tauchte auf. Gaston nicht, Marcel und Robert auch nicht, niemand.

„Mir gefällt das nicht", gestand Félicien. „Vielleicht wurden sie erwischt. Ich gehe lieber nach Hause." Er nickte Thierry zu und rannte davon.

Auch Thierry wurde es mulmig. Warum waren die anderen nicht erschienen? Hatten Félicien und er den Ort und die Zeit des Treffens missverstanden? Nein, das konnte nicht sein. Vielleicht hatten die anderen in der Schule einen neuen Treffpunkt ausgemacht? Ja, das war wahrscheinlich. So eine Wiese neben einer Klostermauer war doch eigentlich auch nicht der richtige Ort, um einen Sieg zu feiern. Thierry beschloss, bei Gaston vorbeizuschauen. Er konnte sich vorstellen, dass dieser, nachdem Thierry nicht in der Schule gewesen war, viel zu ängstlich war, um allein zum Treffpunkt mit den anderen zu kommen. Wahrscheinlich saß er daheim und glaubte, dass Thierry etwas zugestoßen war.

Thierry machte sich auf den Weg. Als er auf der Höhe des „Goldenen Hahns" war, des Gasthauses, das Herrn de Vlaeminck, Philemons Vater, gehörte, stand der Wirt mit einem grimmigen Gesicht vor dem Eingang. Er hielt einen Besen in der Hand, kehrte aber nicht. Normalerweise war das auch Philemons Aufgabe. Als Herr de Vlaeminck Thierry erkannte, rief er ihm zu: „He du, komm mal her."

Thierry bremste ab.

„Ja?" So wie Philemons Vater klang, verhieß es nichts Gutes.

„Herkommen, habe ich gesagt", wiederholte Herr de Vlaeminck.

Widerwillig gehorchte Thierry. Kaum war er in Reichweite, packte ihn Philemons Vater am Ohr.

„Du warst auch dabei!" Es war keine Frage, sondern eine Feststellung. „Rein mit dir." Er zog Thierry in die Gaststube hinein, in der, obwohl es Nachmittag war, kein Mensch saß.

Warum hatte Philemons Vater mitten unter der Woche sein Gasthaus geschlossen? Herr de Vlaeminck ließ Thierry keine Zeit darüber nachzudenken, sondern versetzte ihm einen harten Stoß in den Rücken.

„Nach hinten, in die Spülküche!" Thierry stolperte durch den menschenleeren Raum, an der Theke vorbei in die Küche hinein. Drinnen saß Frau de Vlaeminck mit verweintem Gesicht am Küchentisch.

„Hier ist noch einer", sagte ihr Mann zu ihr.

„Heilige Mutter Maria, Junge! Was habt ihr euch dabei gedacht!", schrie sie auf.

„Still. Nicht so laut", wies ihr Mann sie zurecht und zu Thierry: „Ab in die Spülküche." Um seinen Worten Nachdruck zu verleihen, versetzte er ihm einen weiteren Stoß.

In dem kleinen Raum mit der großen Spüle und den Regalen für die Töpfe und Pfannen kauerten Philemon und Félicien am Boden.

„Der nächste", sagte Herr de Vlaeminck.

„Was soll das? Ich habe gar nichts gemacht", protestierte Thierry, aber als er Philemons verweintes Gesicht sah, wusste er, dass es keinen Zweck hatte. Der Junge hatte seinem Vater alles gebeichtet. Aber warum bloß? Hatte er sich verplappert? Oder ... Ein schrecklicher Gedanke kam ihm. Der Plan hatte nicht funktioniert, und man war ihnen bereits auf die Schliche gekommen. Thierry wurde plötzlich eiskalt.

Philemons Vater schloss die Tür hinter sich.

„Also", sagte er mit einer Stimme, die so unheimlich ruhig klang, dass man dahinter die Wut spüren konnte. „Nochmals für alle drei ..."

„Ich will nach Hause zu meiner Mama", schluchzte Félicien. Er gab sich keine Mühe, die Tränen wegzuwischen, die ihm über die Wangen liefen.

Herr de Vlaeminck schnaubte. „Wenn nicht ein Wunder geschieht, wird es dauern, bis du sie wiedersiehst", sagte er.

„Nein, nein!"

„Halt's Maul, oder willst du wie Philemon meine Hände spüren?"

Félicien zuckte zusammen.

Herr de Vlaeminck wischte sich mit einem Taschentuch über das Gesicht. Er schwitzte.

„Herrgott, nochmal. Ich versuche doch selbst, einen Ausweg zu finden“, brach es plötzlich aus ihm heraus, und es klang, stellte Thierry fest, gar nicht mehr wütend, sondern verzweifelt. Das machte ihm mehr Angst als die Wut.

„Heute früh, als ich gerade erst eine halbe Stunde für die Kundschaft aufgesperrt hatte, kam einer der Bahnwärter herein, nicht Gastons Vater. Er ließ sein Fahrrad einfach vor dem Eingang fallen und stürzte an die Theke“, fing Herr de Vlaeminck an zu erzählen.

Ein Bahnwärter! War es also doch gelungen? Thierry traute sich nicht, zu Philemon, der es doch schon wissen müsste, hinüberzuschauen.

„‚Vlaeminck, einen Pernod für den Schreck‘, rief er mir zu. Ich schenkte ihm ein, und als er das Glas in einem Zug leerte, sah ich, dass seine Hand zitterte. Er bemerkte meinen Blick und sagte: ‚Ich hab gerade ein verdammt großes Unglück verhindert.‘ Und dann berichtete er, was sich zugetragen hatte. Auf dem Weg in die Arbeit fährt er immer mit dem Rad die Schienen entlang. Da entdeckte er, dass Steine auf den Gleisen lagen. Er stieg ab und machte zwei weitere unangenehme Entdeckungen. Die Steine blockierten auch die Weichen, und die Signaldrähte waren durchgezwickt. ‚Ich bin die schnellste Radfahrt meines Lebens gefahren, um in der Station den Zug noch anzuhalten. Es war ein Transportzug, der von der Front kam. Hundert Tote hätte es geben können, wenn es mir nicht gelungen wäre‘, prahlte er. Die Gaststube war schon recht voll mit den üblichen frühen Vögeln. Alle hörten es, und ihm fiel auf, dass keiner ihn beglückwünschte. ‚Schaut mich nicht so an. Auch das sind nur junge Kerle, die daheim eine Mutter haben‘, rief er aufgebracht. ‚Ich wollte keine Unannehmlichkeiten.‘“ An dieser Stelle unterbrach Herr de Vlaeminck seinen Bericht und warf Philemon einen vorwurfsvoll bösen Blick zu. „Also sagte ich zu dem Mann: ‚Du trinkst jetzt besser aus und machst dich wieder an deine Arbeit.‘ Ich wollte ihn rasch hinauskomplimentieren, aber da musste mein Sohnemann, der, bevor er in die Schule marschiert, nur die Kohle nachfüllen sollte, die Dummheit seines Lebens begehen. Er sagte laut, dass es alle hören konnten …“ Wieder unterbrach Herr de Vlaeminck seinen Bericht. „Was hast du gesagt? Sprich!“, fuhr er seinen Sohn an.

„Es ist mir herausgerutscht, Vater. Ich wollte …“

„Was hast du gesagt?“ Jetzt überwog wieder die Wut in Herrn de Vlaeminck's Stimme.

Philemon schluckte und flüsterte tonlos: „Pfui, wer so denkt, ist kein aufrichtiger Belgier. Diese Jungen haben eine Heldentat vollbracht.“ Er hatte es an diesem Tag schon mehrmals sagen müssen.

Herr de Vlaeminck nickte.

„Genau, und alle hörten es. Der Bahnwärter und die Gäste. Ich hatte noch die Geistesgegenwart ihm eine Ohrfeige zu verpassen und ihn zu schimpfen, dass ich mir keine solchen Fantastereien anhören möchte. Aber ich sage euch, irgendeiner von denen wird sich jetzt längst fragen, welche Jungen mein Sohn denn gemeint hat und warum mein Sohn überhaupt etwas darüber weiß.“

Herr de Vlaeminck fuhr sich abermals mit dem Taschentuch über die Stirn.

„Ich weiß, wie ihr Jungen denkt“, wandte er sich zu Thierry. „Er wollte euch nicht verraten. Ich musste ihm den Hintern versohlen. Ich bin auch nicht stolz darauf. Aber ich musste die Namen der anderen wissen. Die zwölf verwegensten Jungen Belgiens.“ Herr de Vlaeminck stieß einen Laut aus, der nichts mit einem Lachen zu tun hatte. „Die zwölf dämlichsten Jungen, wenn ihr mich fragt. Und wenn ich diesen Marcel erst in die Finger kriege … obwohl, das wird sein Vater wahrscheinlich selbst erledigen wollen.“

Ein Klopfen an der Tür der Spülküche ließ alle zusammenzucken.

„Kein Wort!“ Herr Vlaeminck legte einen Finger an die Lippen, dann drehte er sich zur Tür und öffnete sie einen Spalt. Er sah das Gesicht seiner Frau.

„Kundschaft ist da“, hauchte sie.

„Sag ihnen, wir haben geschlossen“, knurrte Herr de Vlaeminck.

Frau de Vlaeminck schüttelte mit erstarrter Miene den Kopf,

ein kleines rasches Zucken. Ihre Lippen formten das Wort „Deutsche."

Herr de Vlaeminck schob sich durch den Spalt und verschloss die Tür. Thierry, Félicien und Philemon schauten sich entsetzt an.

„Ich ... wir müssen hier raus", dachte Thierry. Die Spülküche war eine Falle. Aber das einzige Fenster befand sich über der Spüle und diese war voll mit schmutzigem Geschirr vom gestrigen Abendgeschäft. Herr de Vlaeminck hatte das Mädchen, das in der Früh immer den Abwasch erledigte, sofort wieder nach Hause geschickt, als es auftauchte. Es würde einen Heidenlärm machen, wenn sie versuchten, die Teller, das Besteck, die Bierkrüge und alle anderen Geschirrstücke aus der Granitspüle zu entfernen, damit sie aus dem Fenster klettern konnten.

Auf der anderen Seite der Spülküchentür holte Herr de Vlaeminck tief Luft, querte die Küche und betrat die Gaststube.

„Wir haben heute geschlossen", sagte er tapfer, als er die beiden Gendarmen Ramdohr und Zahn erblickte, die an der Theke lehnten. Er wiederholte den Satz auf Französisch, weil die beiden wohl kein Flämisch verstanden.

„Ah, geschlossen also", sagte Zahn bedächtig in derselben Sprache und nahm seine Brille ab, um sie zu putzen. „Darf man fragen, wieso?"

Herr de Vlaeminck schloss kurz die Augen.

„Ein Todesfall in der Familie", sagte er heiser. „Wir ... wir haben es erst heute früh erfahren. Bertha!"

Frau de Vlaeminck kam aus der Küche heraus. Ihr verweintes Gesicht sollte den Trauerfall bestätigen.

„Aha", sagte Zahn und setzte die Brille wieder auf. „Wer ist denn gestorben, wenn man fragen darf?"

„Dürfen Sie, dürfen Sie", wiederholte Herr de Vlaeminck, um etwas Zeit zu gewinnen.

„Eine Cousine", sagte Frau de Vlaeminck, „hat ihr Kleines verloren. Gerade mal zwei Jahre auf der Welt, hat Gott es nun als kleinen Engel zu sich geholt."

„Ja", bestätigte Herr de Vlaeminck und griff nach den Händen seiner Frau und drückte sie dankbar. Ihm wäre das nie so schnell eingefallen. Der Tod eines unschuldigen Kindes musste auch diese beiden Gendarmen rühren.

„Ach", sagte Zahn, der selbst drei Kinder zu Hause hatte. „Eine Krankheit?"

„Ein Unfall." Frau de Vlaeminck schaute Zahn an. „Der Kleine wurde im Stall von einer Kuh getreten." Das war nicht einmal gelogen, nur dass dieser Unfall vor sieben Monaten passiert war.

„Name", mischte sich Ramdohr ein, den der Tod eines Kindes nicht sonderlich aus der Fassung brachte.

„Lucas", sagten Herr und Frau de Vlaeminck gleichzeitig. „Lucas van der Meers."

„Wie schon gesagt", ergänzte Herr de Vlaeminck, der Mut schöpfte, dass die beiden doch nicht seinem Philemon auf der Spur waren, sondern es nur befremdlich fanden, dass das Wirtshaus geschlossen war. „Heute erst haben wir es erfahren. Die Post funktioniert nicht so zuverlässig. Ist schon ein paar Wochen her, aber der Schock war für meine Frau groß, und sie ist nicht so robust, wissen Sie."

Frau de Vlaeminck nickte. „Ich habe selbst vor Jahren ein Kleines in der Schwangerschaft verloren. Deswegen nimmt mich das sehr mit." Das stimmte nicht, aber eine Fehlgeburt vor Jahren war kaum zu überprüfen, fand sie.

Ramdohr holte sein gefürchtetes Notizbuch heraus und notierte etwas.

„Wenn Sie wollen, richte ich Ihnen etwas zu trinken", bot Herr de Vlaeminck an.

„Danke, nein", sagte Zahn und wollte schon gehen, als Ramdohr ihn zurückhielt.

„Wir hätten noch eine Frage."

„Bitte, bitte, die Herren." Herr de Vlaeminck versuchte, seine Nervosität zu verbergen.

„Heute früh wurde versucht, einen Zug entgleisen zu lassen."

Also doch! Man war Philemon und den anderen Jungen auf der Spur.

„Ich verstehe Sie nicht", sagte Herr de Vlaeminck, der sehr

wohl alles verstand, langsam und runzelte angestrengt die Augenbrauen. „Verzeihen Sie, mein Französisch ist nicht ganz so gut. Entgleisen, was meinen Sie damit?“

„Sabotage“, verdeutlichte Ramdohr. „Unbekannte haben versucht, den Zug aus den Schienen springen zu lassen.“

Frau de Vlaminck fing plötzlich an, haltlos zu weinen.

„Sie müssen meine Frau entschuldigen“, sagte Herr de Vlaeminck nervös. „Das ist zu viel für sie.“

Er nahm sie in die Arme und sie drückte ihren Kopf gegen seine Brust.

„Bertha, was sollen die beiden Herren denken“, ermahnte er sie, weil sie es nun nach seiner Meinung mit der Trauer ein wenig übertrieb.

„Noch mehr Tote, nicht noch mehr Tote. Diese armen Menschen“, schluchzte seine Frau gut vernehmlich und dann rutschte sie langsam an ihm hinunter, bis sie gekrümmt am Boden lag.

Herr de Vlaeminck war aufrichtig erschrocken. Das war nicht gespielt. Seine Bertha war zusammengebrochen.

„Wir müssen sofort einen Arzt holen“, sagte er.

„Sie machen jetzt gar nichts“, bestimmte Ramdohr ungerührt.

„Komm, Max“, unterbrach ihn Zahn. „Es ist nicht wahrscheinlich, dass sie uns weiterhelfen können.“

Ramdohr ignorierte ihn: „Bei den Gleisen wurde eine Drahtzange gefunden. Im Stiel sind zwei Buchstaben eingraviert. V und W. Vlaeminck vielleicht?“

Herr de Vlaeminck spürte den lauernden Blick des Gendarmen. Aber er besaß überhaupt keine Drahtzange.

„Max!“ Zahn war es unangenehm. Der Rock der Wirtin war so weit hinaufgerutscht, dass er ihre Strumpfbänder sehen konnte. Wenn seine Frau so da liegen würde!

„Zeigen Sie uns Ihre Werkzeugkiste. Vielleicht fehlt da etwas“, befahl Ramdohr. Obwohl Zahn um einiges älter war, schien er das Sagen zu haben.

Herr de Vlaeminck war trotz allem erleichtert. Sie waren nicht da, weil der Bahnwärter oder einer der Gäste etwas verraten hatten. Nein, sie hatten ein Werkzeug gefunden, mit den Initialen V und W. V für Vlaeminck hatten sie sich gedacht. Aber sein Vorname war Paul und das wenige Werkzeug, das er besaß, war nicht markiert.

„Ich hole die Kiste, einen Augenblick. Ich habe sie draußen im Hof im Schuppen", sagte er eifrig. Und dann sollten sie verschwinden. Er musste sich um seine Frau kümmern. Was war mit ihr los? Sie war immer so robust. Wenn er mutiger wäre, würde er jetzt hinaus auf die Straße rennen, um einen Arzt zu holen, oder wenigstens neben ihr knien. Stattdessen bot er an, diese vermaledeite Kiste mit Werkzeug zu holen. Er drehte sich um, aber Ramdohr stoppte ihn und sagte kurz angebunden: „Nicht notwendig. Vorname?"

„Paul Martin de Vlaeminck."

„Paul Martin de Vlaeminck", wiederholte Ramdohr und notierte es. Dann klappte er sein Notizbuch zu und sagte: „Keine weiteren Fragen, aber halten Sie sich zur Verfügung."

Herr de Vlaeminck nickte und dachte: „Jetzt verschwindet, bitte verschwindet endlich!" Er hielt es kaum mehr aus, seine Frau am Boden liegen zu sehen.

„Wenn Sie etwas wissen oder etwas über diese Sache erfahren sollten und es uns nicht mitteilen, wird das Folgen haben. Verstehen Sie?", warnte Ramdohr.

„Ja, ja, sehr gut. Sollte ich von meinen Gästen etwas aufschnappen, werde ich es umgehend melden", versprach Herr de Vlaeminck.

„Da sind Sie gut beraten."

Nachdem die Tür hinter den beiden zugefallen war, kniete sich Herr de Vlaeminck neben seine Frau.

„Bertha, Bertha!" Seine Hände umfassten ihren Kopf. Frau de Vlaeminck öffnete ihre Augen und lächelte, zittrig aber doch.

„Das habe ich gut hingekriegt, oder?", fragte sie.

„Was?"

Sie richtete sich auf und zog ihren Rock wieder über die Knie.

„Maria Magdalena. Das ist schon zwanzig Jahre her. Aber ich habe es nicht verlernt. Du hast mir damals selbst gesagt, dass ich ein Talent für die Bühne hätte. Heute war ich bestimmt besser als Annie Bos. Du weißt schon, die, die aus dem brennenden Haus gerettet wird. Der Film, den wir uns gemeinsam vor dem Krieg in Dendermonde angeschaut haben."

Maria Magdalena, Annie Bos. Herr de Vlaeminck konnte es nicht fassen. Wie war seine Frau bloß auf die Idee gekommen, den beiden Gendarmen etwas vorzuspielen? Niemals hätte er selbst den Mut dazu gehabt.

„Sie sind weg. Sie sind weg, Bertha", war alles, was er sagen konnte.

„Jetzt sperren wir die Tür zu und dann kümmern wir uns um diese Bengel", übernahm Frau de Vlaeminck das Ruder. „Die sind bestimmt schon halbtot vor Angst."

Die Jungen! Jetzt, wo der Schreck überwunden war, fiel Herrn de Vlaeminck wieder ein, wer ihm all diese Scherereien eingebrockt hatte. Sein Blick verdüsterte sich.

„Schau nicht so. Es sind Kinder, und es hilft nichts, wenn du sie windelweich schlägst", schimpfte seine Frau. „Paul, der Zug ist nicht entgleist. Bis jetzt hat weder der Bahnwärter noch einer der Gäste etwas gemeldet, obwohl sie gewiss genug Zeit dafür gehabt hätten. Und diese Zange gehört uns nicht. Mit etwas Glück verläuft die Sache in ein paar Tagen im Sand."

„Du hast gut reden. Dieser Ramdohr ist hartnäckig. Der verbeißt sich in die Sache und lässt nicht locker. V und W. Wie lange werden die wohl brauchen, um den Besitzer zu finden?"

„V und W, das können viele sein. Das muss nicht van Waeyenberg heißen. Die denken bei V bestimmt an einen Vornamen. Vincent, Viktor. Ach, was weiß ich."

Frau de Vlaeminck ging zur Eingangstür und versperrte sie. „Was haben wir davon, wenn wir uns vor Furcht verrückt machen?", sagte sie über die Schulter zu ihrem Mann.

Ein Beweisstück

Herr de Vlaeminck hatte Philemon, Thierry und Félicien aus der Spülküche herausgelassen. Jetzt saßen sie zu fünft um den Küchentisch. Frau de Vlaeminck hatte darauf bestanden, den Jungen ein Glas Wasser einzuschenken.

„Verwöhnen auch noch“, hatte Herr de Vlaeminck gemurmelt, und dann begonnen, den dreien den Auftritt der beiden Gendarmen zu schildern. Die Jungen sollten verstehen, in was für eine entsetzliche Gefahr sie alle gebracht hatten. Schließlich stand schon auf das Fortgehen nach der Ausgangssperre oder auf das Entlanggehen neben den Gleisen eine Gefängnisstrafe von bis zu fünfzehn Jahren, auf den Besitz von Waffen sogar die Todesstrafe. Wer weiß, wie die Deutschen die Drahtzange einordnen würden. All das ging Herrn de Vlaeminck durch den Kopf und veranlasste ihn, besonders strenge Worte für die Jungen zu finden. Nach seiner Meinung hatten sie nicht einmal das Glas Wasser verdient.

Thierry hatte es in einem Zug ausgetrunken, Félicien klammerte sich daran wie an einen Rettungsring, und Philemon hatte es von sich weggeschoben. Er wollte seinen Vater nicht noch wütender machen.

„Zum Glück für euch sind die beiden weg, ohne etwas herausgefunden zu haben“, beendete Herr de Vlaeminck ein wenig milder seinen Bericht. Als Philemon sich jedoch ein vorsichtiges Lächeln gestattete, fuhr ihn sein Vater an. „Die können jederzeit wieder auftauchen, du Lümmel. V und W, van Waeyenberg, dafür muss man kein Genie sein. Und wenn die mal Marcel und Robert in die Mangel nehmen, seid ihr die nächsten. Und wir auch. Hast du einen Augenblick lang daran gedacht, dass die deine Mutter deswegen an die Wand stellen und erschießen können?“

Félicien fing wieder an zu heulen. „Das wollte ich nicht. Die dürfen meine Mama nicht erschießen!“

„Jetzt hör aber auf damit, Paul“, schalt ihn Frau de Vlaeminck. „Wer redet denn gleich von erschießen. Der Zug ist überhaupt nicht entgleist und keiner ist verletzt.“

Sie legte eine Hand auf Féliciens Arm. „Kein Grund zu weinen.

Wasch dir an der Spüle die Tränen ab und dann geht ihr beide schnurstracks nach Hause. Kein Wort zu irgendjemandem. Verstanden? Ihr benehmt euch so wie immer. Und du", sie wandte sich wieder ihrem Mann zu, „du gehst zu van Waeyenberg und warnst ihn. Er muss schleunigst sein eigenes Werkzeug verschwinden lassen. Der Mann hat wahrscheinlich jedes Teil markiert." Sie überlegte kurz. „Nein, verschwinden lassen genügt nicht. Als Installateur braucht er welches. Er muss jedes Stück ersetzen, sonst fällt es auf."

„Alles neu kaufen ist aber genauso verdächtig", gab Herr de Vlaeminck besorgt zu bedenken. „Da fragen sie bestimmt im Geschäft, was denn mit seinem alten Werkzeug passiert ist."

„Gestohlen. Er sagt, es sei ihm gestohlen worden", schlug Frau de Vlaeminck vor.

„Bist du von Sinnen. Auf keinen Fall. Dann will die Polizei alles genau wissen. Wann und wie? Da kannst du dir sicher sein, dass Ramdohr und Zahn auch davon erfahren."

Thierry dachte an seinen Vater. Der hatte eine gut ausgestattete Werkzeugkiste.

„Wenn unser Haus leer steht, werden die Deutschen es vielleicht bald für sich beanspruchen, deshalb nehmen wir lieber alles mit, was nicht niet- und nagelfest ist", hatte seine Mutter gesagt, bevor sie zum Großvater gezogen waren. Die Werkzeugkiste war bei Großvater auf dem Dachboden gelandet. Es wäre kein richtiger Diebstahl, wenn er das Werkzeug nähme und Herrn van Waeyenberg borgte. Solange der Krieg dauerte, würde sein Vater nicht zurückkommen und es beanspruchen. Und nachher? Was sein Vater jetzt für die Deutschen arbeiten musste, war schlimmer als das Wegnehmen der Kiste ohne zu fragen.

„Herr de Vlaeminck", sagte er leise.

„Ja?"

„Ich habe zu Hause eine Werkzeugkiste von meinem Vater. Die Deutschen haben ihn letztes Jahr weggebracht. Ich ... er würde bestimmt wollen, dass Herr van Waeyenberg sie bekommt. Ich kann sie ihm vorbeibringen."

„Das ist eine gute Idee", rief Frau de Vlaeminck, noch bevor ihr Mann etwas erwidern konnte. „Während Thierry das Werkzeug holt, wirst du zu Waeyenberg gehen und ihm die Lage erklären. Jetzt fällt mir ein Stein vom Herzen. Los, je schneller, alles erledigt ist, desto besser."

Es war nicht weiter schwierig, die Holzkiste mit Werkzeug unbeobachtet vom Dachboden zu holen. Großvater war noch im Lazarett und dem Essensduft aus der Küche zufolge war Dina beim Kochen.

Damit niemand auf der Straße sehen konnte, was er bei sich trug, beschloss Thierry, die einzelnen Werkzeuge zwischen Wäschestücken in einem von Dinas Wäschekörben zu verbergen. Er schlich sich in den Kellerraum, wo Dina und die Wäschefrau, die jeden Dienstag vorbeikam, schwitzend und mit vom Dampf roten Gesichtern in zwei großen Kesseln die Wäsche wuschen. Er schaute sich um. Ganz hinten entdeckte er einen verstaubten Korb. Als er hineinschaute, zuckte er zusammen. Drinnen lagen vergessen ein paar Kleidungsstücke seiner Mutter. Nie wieder würde sie diesen blauen Rock, die hellgelbe Küchenschürze oder die weiße Bluse mit den bestickten Blumen tragen. Es kostete ihn Überwindung, das Werkzeug aus der Kiste darin einzuwickeln. Aber es war die beste Lösung, weder Großvater noch Dina würden diese Kleidung vermissen, und, dem Staub nach zu schließen, würde das Verschwinden des Wäschekorbes auch nicht weiter auffallen.

Mit dem Korb in den Armen betrat er die Straße. Jetzt, am späten Nachmittag, eilten die Menschen von der Arbeit nach Hause und keiner beachtete ihn. So rasch er konnte, lief er den Kilometer nach Overboelare zum Haus der van Waeyenbergs. Dabei kam er nahe an der Stelle vorbei, wo sie in der Nacht die Weiche blockiert hatten. Er schaute über das Brachland zwischen Straße und Schienen. Kein Bauer durfte mehr einen Acker so nahe an den Gleisen bestellen. Deutsche Soldaten waren nicht zu sehen, trotzdem vermied er es, stehenzubleiben und genauer hinzuschauen. Wer weiß, vielleicht überwachten sie gut versteckt mit einem Fernglas den Ort, und jeder, der sich in irgendeiner Weise auffällig benahm, war verdächtig und würde Besuch von den zwei Gendarmen erhalten.

Beim Haus der van Waeyenbergs klopfte er an. Frau van Waeyenberg öffnete ihm. Als er in ihr erschrockenes Gesicht schaute, wusste er, dass Herr de Vlaeminck schon alles erzählte hatte.

„Ich habe das Werkzeug", sagte er hastig. „Hier drinnen." Er hielt ihr den Korb hin.

Frau van Waeyenberg nickte wortlos und nahm ihn entgegen. Gleich darauf schloss sich die Tür. Thierry atmete tief durch. Für Außenstehende, fand er, hatte es so ausgesehen, als hätte er Wäsche vorbeigebracht. Mit etwas Glück würde alles gut werden.

Verrat

Es war nicht der Bahnwärter, der sie verriet, und auch keiner der Gäste, der nach ein paar Bier eine zu lose Zunge gehabt hatte. Es war Zwarte Lieske. Als Ramdohr und Zahn zurück auf der Kommandantur waren, legten sie eine Drahtzange auf ihren Schreibtisch.

„Was soll ich damit?", fragte sie.

„Wegsperren", ordnete Ramdohr an.

„Ich habe Wichtigeres zu tun", antwortete Zwarte Lieske selbstbewusst. Sie arbeitete nun schon seit drei Jahren für den Oberleutnant Schwarz und fand, dass es den beiden Gendarmen nicht zustand, ihr auf diese Art Befehle zu geben.

„Der Ton macht die Musik", hatte ihre Mutter immer gesagt, und das war kein schlechter Ratschlag gewesen.

„Ich bin kein Fundbüro, und dieser Bericht kann nicht warten", fügte sie hinzu.

Ramdohr lief rot an und wollte losbrüllen, aber Zahn ließ ihn nicht zu Wort kommen.

„Fräulein Lieske, es handelt sich nicht, wie Sie denken, um ein belangloses Fundstück, sondern um ein Beweismittel in einer äußerst ernsten Sache. Solange wir nicht wissen, wer der Besitzer ist, müssen wir sicherstellen, dass es nicht abhandenkommt."

Zwarte Lieske betrachtete die Zange näher.

„Davon gibt es bestimmt Dutzende hier in Geraardsbergen", bemerkte sie. „Mein Vater hat auch so eine."

Zahn lächelte. Detektivarbeit machte ihm Spaß. Er hatte alle Sherlock Holmes-Bücher verschlungen und insgeheim – es wäre kindisch es laut zu sagen – fühlte er sich wie Holmes, und Ramdohr war sein Doktor Watson, ein wenig einfältiger und grober, aber für die unangenehmen Details der Polizeiarbeit bestens geeignet.

„Fräulein Lieske, dieses Stück hier hat eine Gravur. Zwei Initialen."

Zahn hob die Zange hoch und zeigte ihr die Stelle, wo das V und W eingraviert waren.

„Na, so was", rutschte es Zwarte Lieske heraus.

Zahn stutzte.

„Sie erkennen diese Zange?", fragte er.

„Nein, nein", beeilte sich Zwarte Lieske zu sagen. Sie arbeitete für die Kommandantur. Daran war auch nichts Schlechtes. Vor dem Krieg hätte keiner daran etwas auszusetzen gehabt. Im Gegenteil, da hatten alle hier die deutschen Gäste, die auf der Durchreise zur Küste waren, hofiert. Aber jetzt war Krieg. Zwarte Lieske wusste, wie man hinter ihrem Rücken über sie redete. Sie tat es mit einem Schulterzucken ab. Schließlich hatte sie sich nichts vorzuwerfen. Sätze von einer Sprache in eine andere Sprache zu übersetzen war nicht verwerflich. Aber eine Spionin für die Deutschen war sie deshalb noch lange nicht.

„Nein. Im ersten Augenblick dachte ich es. Aber jetzt, wo ich die Buchstaben genauer sehe, irre ich mich."

„Woran dachten Sie?" Ramdohr übernahm und Zahn war froh. Es war nicht zu übersehen, dass Zwarte Lieske die Zange erkannt hatte.

„Ach." Zwarte Lieske versuchte auszuweichen. „Vor ein, ein paar Wochen, glaube ich, da habe ich – aber mir fällt beim besten Willen nicht mehr ein wo – einen, einen Hammer gesehen. In dessen Stiel waren auch zwei Buchstaben eingraviert. Bei näherer Betrachtung aber waren es ein M und ein A." Sie legte den Kopf ein wenig schief und tat so, als nähme sie die Zange nochmals unter die Lupe. „Ja, genau, ein M und ein A. Beim A war allerdings der Querbalken nur mehr vage erkennbar. Deshalb hat es auf den Kopf gestellt wohl zuerst wie das V und W auf dieser Zange ausgeschaut. Das hat mich kurz verwirrt."

Zwarte Lieske hatte das unangenehme Gefühl, sich um Kopf und Kragen zu reden.

„Es tut mir leid, dass ich Ihnen doch nicht weiterhelfen kann. Was ist denn eigentlich passiert?", fragte sie, um die Gedanken der beiden Gendarmen von der Zange wegzuführen.

„Sabotageversuch", sagte Ramdohr knapp. Seine Stimme wurde lauter und drohend. „Da verstehen wir keinen Spaß. Sie können sich Ihre unbeholfenen Ausflüchte sparen. Dafür ist die Sache zu ernst. Sagen Sie mir jetzt sofort, woher Sie dieses Werkzeug kennen, sonst muss ich ganz andere Saiten aufziehen."

„Ich will keine Gerüchte in die Welt setzen und ich habe mich tatsächlich geirrt."

Zwarte Lieske lächelte Zahn krampfhaft an. Dieser war doch immer freundlicher und reifer. Der sollte verstehen, dass sie nicht einfach jemanden beschuldigen wollte. Aber Zahn erwiderte ihr Lächeln nicht.

„Es ist besser, Fräulein Lieske, wenn Sie es uns sagen."

Diese leise, ruhige Antwort machte ihr mehr Angst als Ramdohrs Tirade.

„Der Installateur van Waeyenberg markiert sein Werkzeug so. Aber er ist ein gottesfürchtiger Mann. Bestimmt gibt es dafür eine Erklärung. Vielleicht hat man ihm das Werkzeug gestohlen."

„Van Waeyenberg." Schon stand der Name in Ramdohrs Notizbuch. „Adresse?"

Zwarte Lieske war den Tränen nahe. In all diesen Kriegsjahren hatte sie niemals selbst einen Namen genannt, obwohl sie genug hörte, was man anzeigen sollte. Ehrlich für die Deutschen zu arbeiten, war eine Sache, Landsleute zu denunzieren eine ganz andere. Sie schämte sich.

„Adresse", wiederholte Ramdohr.

„Max, das finden wir auch so heraus. Fräulein Lieske, vielen

Dank für die Hilfe. Wir wollen Sie nicht länger bei der Arbeit stören", fiel ihm Zahn ins Wort.

„Es ist ihm bestimmt gestohlen worden. Ich kann mir nicht vorstellen, dass er in Sabotage verwickelt ist. Er hat fünf Kinder." Zwarte Lieske sah Zahn flehend an. Ihr war bewusst geworden, dass sie gar nicht wusste, welcher Art von Sabotage der Besitzer der Drahtzange beschuldigt wurde.

„Das werden wir klären", sagte Zahn. „Und wenn dem so ist, hat er nichts zu befürchten." Es klang freundlich, aber mehr auch nicht.

Ramdohr nahm die Zange vom Tisch. „Auf zu diesem Waeyenberg", sagte er tatendurstig. Er wartete nicht, ob Zahn ihm folgte.

Zwarte Lieske beugte sich stumm über ihre Schreibarbeit, aber die Buchstaben verschwammen vor ihren Augen.

Zahn verspürte Mitleid mit ihr. „Glauben Sie mir, wir hätten es auch so herausgefunden. Vielleicht nicht heute oder morgen, aber bald", sagte er, bevor er das Zimmer verließ.

Ein Abendessen wird nicht zu Ende gegessen

Thierry saß mit seinem Großvater am langen Tisch im Speisezimmer. Die dunklen Vorhänge waren bereits zugezogen. Dina in ihrem schwarzen Kleid mit der weißen Schürze servierte wortlos die Speisen, aber ihre Bewegungen waren fahrig und sie kleckerte, als sie die Kartoffeln aus der Terrine in Thierrys Teller schöpfte. Auch die große Standuhr zwischen den beiden Fenstern tickte in Thierrys Ohren lauter als gewöhnlich.

Als Thierry eine halbe Stunde zuvor in das Haus seines Großvaters zurückgekehrt war, hatte er kurz überlegt, ob er Dina in die Sache mit der Zange und dem Wäschekorb einweihen sollte. Aber er hatte sich dagegen entschieden. Etwas nicht zu wissen war in diesen Zeiten und unter diesen Umständen besser.

„Hast du heute in der Schule ordentlich gelernt?" Die Frage seines Großvaters ließ Thierry aus seinen eigenen Gedanken hochschrecken.

„Wie?“

„War der Lehrer mit dir zufrieden?“, wiederholte Doktor van Klaarsbeeck seine Frage. Er hatte sich heute auf dem Heimweg vorgenommen, sich ab jetzt ein wenig mehr mit seinem Enkel zu beschäftigen.

Thierry nahm rasch noch einen Bissen und kaute darauf herum, um Zeit zu gewinnen, sich eine Antwort zurechtzulegen.

„Entschuldigen Sie“, sagte Dina, die dem Doktor nochmals die Schüssel mit den Kohlsprossen hinhielt. „Ich habe Thierry heute nicht in die Schule gehen lassen. Ich wollte es Ihnen nach dem Essen berichten.“

Doktor van Klaarsbeeck Augenbrauen zogen sich verärgert zusammen. Wie kam das Mädchen auf die Idee, solche eigenmächtigen Entscheidungen zu treffen? Wenn der Junge krank war, sollte er das Bett hüten und nicht hier mit ihm zu Abend essen.

„Warum?“, fragte er und schaute dabei nicht das Hausmädchen, sondern Thierry an.

„Durchfall“, schoss es Thierry durch den Kopf. „Nein, nicht gut. Bei Durchfall sollte ich nicht bei Tisch sitzen und Speck, Kartoffeln und Kohlsprossen essen. Aber was dann?“

„Ich ...“, setzte er an.

„Ich wollte es Ihnen lieber unter vier Augen sagen“, fiel ihm Dina ins Wort. „Aber ich musste ihn heute früh in die Wanne stecken und die Bettwäsche waschen.“

Thierry lief rot an. Wie kam Dina auf die Idee anzudeuten, dass er ins Bett genässt hatte? Das hatte er seit mindestens sieben Jahren nicht mehr gemacht!

„Er war auch ganz verschwitzt und durcheinander, als ich ihn weckte. Vielleicht hatte er einen Albtraum“, setzte Dina fort. Sie vermied es, Thierry anzuschauen. „Im Waisenhaus ist das öfter passiert, wenn Kinder ihre Mama vermisst haben.“

Thierry beugte sich tief über seinen Teller. Das war so peinlich. Nie wieder würde er Dina oder seinen Großvater normal anschauen können. Doktor van Klaarsbeeck räusperte sich. Sein Entschluss, sich mehr mit dem Jungen zu beschäftigen, wankte. Wie sollte er mit ihm über die tote Mutter reden?

„Ist es das erste Mal?“, fragte er Dina widerwillig.

Dina nickte. „Ja, aber manchmal habe ich ihn schon seufzen und weinen gehört im Schlaf“, log sie.

„Ach, Herrje“, murmelte Doktor van Klaarsbeeck. Eine Beinamputation, Gesichtsverbrennungen, Lähmungen – damit kannte er sich aus, aber die Gefühle eines Kindes, das seine Mutter verloren hatte, überforderten ihn. Was sollte er sagen? Was sollte er jetzt tun?

Das laute Schellen der Türglocke erlöste ihn. Dina stellte die Schüssel ab.

„Ich öffne“, sagte sie und eilte aus dem Zimmer. Im Gehen knüpfte sie die Schürze auf.

„Jemand, der dringend einen Arzt braucht“, dachte Doktor van Klaarsbeeck. Aber das war ungewöhnlich. Als Chirurg im Lazarett machte er keine Hausbesuche. Vielleicht war es ein Notfall, und die Hausärzte brauchten ihn für eine heikle Operation?

Es schellte wieder, noch lauter und ungeduldiger als zuvor. Doktor van Klaarsbeeck riss sich die Serviette vom Hals. „Thierry, meine Chirurgentasche steht im Arbeitszimmer. Trag sie zur Haustür“, sagte er zu seinem Enkel. „Ich ziehe mir nur rasch meine Jacke wieder an.“

Thierry sprang erleichtert auf.

„Mache ich“, rief er und rannte zur Tür hinaus. Als er in den Flur einbog, fiel sein Blick auf die geöffnete Eingangstür. Auf dem Gehsteig im Licht der Gaslaterne standen der Weiße und die Brille. Thierry erkannte sie sofort.

„Sie können jetzt nicht stören“, hörte er Dina tapfer sagen.

„Flämisch verstehen die nicht“, musste Thierry unwillkürlich denken. „Sie sollte sagen ‚le docteur mange.‘“

Im selben Augenblick begriff er, wie dumm es war, hier im Flur zu stehen. Er sollte davonlaufen, bei der Hintertür hinaus. Aber wohin? Wo sollte er Zuflucht suchen? In der Kirche? Beim Pfarrer? Der würde ihn nicht beschützen, der hatte doch Angst vor den Deutschen.

Hinter ihm war nun auch Großvater aus dem Speisezimmer getreten.

„Meine Herren, was ist hier los?", verlangte Doktor van Klaarsbeeck auf Deutsch zu wissen.

Ramdohr schob Dina grob zur Seite und marschierte ins Haus hinein. Seine Stiefel hallten laut auf den Steinfliesen, während Zahn auf der Türschwelle stehenblieb.

„Meine Herren, was kann ich um diese Zeit noch für Sie tun?" Großvaters Stimme klang komisch.

Zu höflich. Er ging an Thierry vorbei.

„Werde ich im Lazarett gebraucht? Ein Notfall?"

Thierry duckte sich im Schatten seines Großvaters und hielt den Atem an.

„Doktor van Klaarsbeeck", wechselte Ramdohr vom Französischen ins Deutsche. Es war eine Feststellung.

„Ja."

„Wir suchen Thierry van Klaarsbeeck. Er wohnt hier." Noch eine Feststellung.

„Er fragt, obwohl er mich doch gesehen haben muss", dachte Thierry beklommen. Er kam sich vor wie eine Maus zwischen den Krallen einer verspielten Katze.

„Was wollen Sie von ihm?", fragte Doktor van Klaarsbeeck ruhig, aber Thierry sah, dass die Finger der Hand, die Großvater hinter seinem Rücken hielt, nervös zuckten.

„Wir werden ihn mitnehmen", sagte Ramdohr anstelle einer Antwort.

„Mitnehmen?" Jetzt klang Großvater beunruhigt, und Dina stieß einen kleinen Schrei aus.

„Auf die Kommandantur."

„Aber wozu? Er ist ein Kind. Er gehört jetzt ins Bett", protestierte Doktor van Klaarsbeeck. Es gelang ihm nicht mehr, seine Besorgnis zu verbergen. „Wenn Sie Fragen an ihn haben, hat das gewiss auch bis ..."

„Wir nehmen ihn jetzt mit." Ramdohr ließ Doktor van Klaarsbeeck nicht zu Ende reden.

„Dann komme ich auch mit", sagte Doktor van Klaarsbeeck, der sich beim besten Willen nicht vorstellen konnte, warum die Deutschen seinen Enkel auf die Kommandantur bringen wollten.

Hatte der Junge etwas angestellt? Er war doch gar nicht in der Schule gewesen.

„Das muss ein Irrtum sein", sagte er. „Mein Enkel war heute den ganzen Tag zu Hause. Darf ich Sie bitten, nochmals bei Oberleutnant Schwarz nachzufragen?"

Ramdohr beachtete ihn nicht einmal.

„Komm hinter deinem Großvater hervor, oder muss ich dich holen?", sagte er jetzt wieder auf Französisch, damit Thierry es verstand.

Thierry schob sich an seinem Großvater vorbei, der ihm die Hand auf die Schulter legte und ihn festhielt.

„Mitkommen", befahl Ramdohr nochmals.

„Ich begleite ihn", sagt Doktor van Klaarsbeeck, aber seine Stimme hatte jegliche Autorität verloren.

„Nein! Lassen Sie ihn los. Machen Sie uns keine weiteren Schwierigkeiten. Sie hören von uns." Wie zufällig wanderte Ramdohrs Hand hinunter in Richtung Hüfte. Es war allen klar, dass eine Pistole in der Tasche seiner Jacke steckte. Doktor van Klaarsbeeck ließ Thierrys Schulter langsam los.

„Geh mit, Junge", sagte er leise auf Flämisch. „Ich hole Hilfe. Ich komme nach. Keine Angst. Es kann nichts Schlimmes sein."

„Du weißt doch gar nicht, was ich getan habe", dachte Thierry. „Wie willst du da helfen können?"

Er hätte Großvater jetzt gerne alles erzählt, aber dafür blieb keine Zeit. Ramdohr packte ihn am Arm. Als Thierry an Dina, die zurückwich, vorbei gezerrt wurde, schlug diese die Hände vors Gesicht und fing an, haltlos zu weinen.

Draußen warteten nicht nur Zahn, sondern auch vier Soldaten auf ihn, die ihre Gewehre grimmig auf eine Gruppe von Jungen gerichtet hielten, als wären diese gefährliche Schwerverbrecher. Philemon, Félicien, Robert, Marcel, Gaston. Thierry brauchte sie nicht zu zählen, um zu wissen, dass er der letzte der zwölf verwegensten Jungen Belgiens war, den Ramdohr und Zahn abgeholt hatten.

„Vielleicht weil ich am nächsten zur Kommandantur wohne",

dachte er, als Ramdohr ihn mit einem Stoß in den Rücken zwischen die anderen Jungen beförderte.

„Abmarsch", befahl Zahn, der bis jetzt geschwiegen hatte.

„Wenn einer versucht zu flüchten, wird sofort geschossen", warnte Ramdohr auf Französisch für alle unüberhörbar.

Es war noch nicht lange her, dass sie als stolze Truppe angeführt von Marcel durch die Straßen Geraardsbergens gerannt waren. Jetzt trieben die Soldaten mit dem Gewehr im Anschlag ein zitterndes Häufchen verängstigter Kinder bis zum Feldgericht in der Lessensestraße. Da die abendliche Sperrstunde schon angefangen hatte, waren die Straßen leergefegt, aber in vielen Häusern bewegten sich verräterisch die Vorhänge hinter den Fenstern.

„Wie Lämmer zum Schlachthof", erzählte die Bäckersfrau am nächsten Tag in ihrem Geschäft.

Doktor van Klaarsbeeck saß an diesem Abend noch lange zusammengesunken in seinem Lehnstuhl. Dina hatte ihm unter Tränen gestanden, was sie wusste. Ihm wurde klar, dass er bei seinem Enkel völlig versagt hatte. Je länger er darüber nachdachte, desto mehr wurde ihm bewusst, dass der Junge aus unheilbarem Kummer über den sinnlosen Tod seiner Mutter heraus ein leichtes Opfer dieser größeren Jungen geworden sein musste. Niemals, davon war er überzeugt, wäre ein Zwölfjähriger von sich aus auf diese lebensgefährliche Idee gekommen. Er musste Thierry da herausholen. Er nahm seine Füllfeder in die Hand und setzte einen kurzen Brief in deutscher Sprache auf, in dem er alles erklärte und um Thierrys Freilassung bat. Dina sollte ihn morgen noch vor dem Frühstück auf der Kommandantur abgeben. Da er zweifelte, ob das genügen würde, beschloss er gleich in der Früh im Lazarett Doktor Plötzl anzuflehen, sich für Thierry bei Oberleutnant Schwarz einzusetzen. Der Arzt musste verstehen, dass Thierry schamlos manipuliert worden war.

„Wenn es sein muss", dachte er, „werde ich behaupten, dass die Angst um mein Enkelkind mich daran hindert zu operieren. Wie können meine Finger sicher und rasch ein Skalpell führen, wenn sie zittern? Wie können meine Augen Granatsplitter aufspüren, wenn sie mit Tränen gefüllt sind? Ja, das werde ich behaupten. Er muss mir helfen. Er weiß, wie viele Soldatenleben ich für ihn gerettet habe."

Es war lange nach Mitternacht, als er schließlich ins Bett ging.

Im Keller

„Hier drinnen könnt ihr mal bis morgen früh schmoren", verkündete Ramdohr. Er gab sich nicht die Mühe, französisch zu sprechen. Aber der Klang seiner Stimme genügte, um den Jungen noch mehr Angst einzujagen.

„Bonne nuit – gute Nacht." Ramdohr knallte die schwere Eisentür zu und versperrte sie. Das Licht, das soeben noch vom Kellergang in den kahlen Raum hineingeleuchtet hatte, verschwand schlagartig. Um die Jungen herum war es nun stockdunkel.

Sie kauerten am Boden. Ein Junge fing an zu weinen. Thierry erkannte das zittrige Wimmern Gastons. Er streckte seine Hand in seine Richtung, berührte eine andere suchende, kleine Hand. Ihre Finger verflochten sich ineinander. Ob es Gaston war, wusste Thierry nicht.

„Wer hat was gesagt?", durchdrang eine brummige, heisere Stimme unvermittelt die Dunkelheit. Es war François. Er war nach Marcel der älteste Junge. Keiner antwortete, aber Thierry nahm eine unruhige Bewegung irgendwo seitlich von sich wahr.

„Wer hat was gesagt! Wer hat uns verraten?" François' tiefe Stimme überschlug sich.

Schweigen, bis auf ein tiefes, stoßweises Ausatmen.

„Ich war es nicht! Ehrlich nicht", rief Philemon schluchzend in diese Stille hinein. „Und mein Vater war es auch nicht! Er hat es aus mir herausgeprügelt, aber er hat es nicht den Deutschen weitererzählt."

„Na, warte!" Das war François. Ein Gedränge entstand im Kellerverlies. Offensichtlich versuchte François Philemon im Dunkeln zu finden. „Wenn ich dich in die Finger kriege, wirst du was erleben!"

„Nein, ich war es nicht!“, schrie Philemon abermals. „Félicien und Thierry können es bezeugen. Die waren dabei. Und mein Vater ist dann zu Waeyenberg, um ihn zu warnen, wegen der Zange. So war es. Ehrlich. Ich habe euch nicht verraten. Thierry, Félicien, helft mir! Sagt doch etwas.“

„Was ist das für eine Scheiße. Wer von euch hat denn noch aller geredet?“ François brüllte es wie ein waidwundes Tier hinaus in die Dunkelheit.

Eine misstrauische Stille breitete sich im Keller aus.

„Hör auf, François. Philemon war es nicht.“ Marcels Stimme klang komisch belegt. „Und auch kein anderer.“

„Und warum hocken wir dann alle hier in diesem Kellerloch von einem Gefängnis?“, fragte François. „Kann mir das mal einer sagen?“

„Genau, warum?“, riefen andere auch.

„Weil ...“, Marcel stockte. Die ganze Zeit, von der Verhaftung zu Hause bis hierher, hatte er die Hand seines kleinen Bruders nicht losgelassen. Nun drückte er sie noch fester.

„Weil der Kleine, ich meine Robert, die Zange bei den Gleisen liegen gelassen hat, und ich nicht darauf geachtet habe. So war es. Keiner hier ist ein Verräter.“ Das Letzte sagte Marcel nahezu unhörbar.

„Was?!“ François konnte es nicht fassen. Man hatte sie aufgespürt, weil Robert die Zange vergessen hatte?

„Woher wussten die, wem die Zange gehört? Das muss doch einer ausgeplaudert haben. Das gibt es doch nicht.“

„Weil ...“, Marcel fiel es schwer, die Wahrheit zuzugeben. „Weil mein Vater sein ganzes Werkzeug mit V und W markiert, damit keiner es ihm klaut.“

„Van Waeyenberg.“ François sagte, was die anderen wohl auch dachten.

„Ja, aber wer das den Deutschen verraten hat, weiß ich nicht. Das schwöre ich bei der Heiligen Jungfrau Maria“, brach es aus Marcel heraus. „Thierry hat noch das Werkzeug von seinem Vater vorbeigebracht und mein Vater hat sein eigenes versteckt.“

Robert neben ihm fing laut zu weinen an. Marcel zog ihn rasch an sich und drückte seinen Kopf in seinen Schoß. Der Kleine musste jetzt den Mund halten.

„Aber der Weiße und die Brille waren einfach zu schlau", setzte er fort. „Sie kamen hereingeplatzt und legten die Zange wortlos auf den Esstisch zwischen Teller und Suppentopf. Die stellten keine Fragen mehr. Die haben vorher schon gewusst, dass sie uns gehört."

Dass Ramdohr eine Pistole an die Schläfe der Mutter gehalten hatte, um den Vater zu zwingen, das Leugnen aufzugeben, und dass es Robert gewesen war, der panisch vor Angst um das Leben seiner Mutter seine Schuld hinausgeschrien hatte, konnte er ihnen nicht erzählen. Aber das war kein Verrat gewesen. Die anderen hätten gewiss auch alles zugegeben, wenn man ihre Mütter auf diese Weise bedroht hätte.

„Jetzt wisst ihr Bescheid", beendete Marcel seine Beichte. „Und François, wenn du also unbedingt mit den Fäusten auf jemanden losgehen musst, bin ich es."

François brummte eine unverständliche Antwort, und dann schwiegen alle wieder.

Im Keller war es eisig kalt und deshalb rückten sie enger und enger aneinander, bis sie schließlich wie ein Haufen junger Welpen verschlungen am Boden lagen, eine Hand um den Bauch eines anderen, Kopf an Kopf. Um sich herum hörte Thierry unterdrücktes Weinen, unterbrochen von einzelnen rauen Schluchzern. Als die Stunden vergingen – er hatte jegliches Zeitgefühl verloren –, verstummten auch diese Geräusche allmählich, weil einer nach dem anderen schließlich erschöpft vor Angst einschlief. Sein letzter Gedanke war, dass Dina nun nur mehr für eine Person kochen musste, und Großvater sich seine sonntäglichen Geschichten endlich sparen konnte.

Einzig Marcel fand in dieser ersten Nacht im Keller keinen Schlaf.

„Irgendwann", konnte er nicht aufhören zu denken, „kapieren die anderen, dass die Zange nicht erklärt, warum nicht nur Robert und ich, sondern alle zwölf verhaftet wurden."

Als Thierry aufwachte, tat ihm jeder einzelne Knochen weh, und er wusste sofort wieder, was passiert war. Widerwillig schlug er die Augen auf. Der Raum war nicht mehr ganz so finster. Hoch oben in einer Wand entdeckte er einen helleren Fleck. Es war ein kleines, vergittertes Fenster. Das Gitter, stellte er fest, bestand allerdings nicht aus dicken Eisenstäben wie man es sich in einem richtigen Gefängnis vorstellte, sondern aus einem Stück Blech, in das viele kleine Löcher gestanzt waren. Genauso eine Öffnung gab es auch bei Großvater zu Hause im Kohlenkeller. Von der Straße aus konnte der Kohlenmann das Blech entfernen und aus seinen Säcken die Kohle durch das Loch hinein in den Keller schütten. Durch dieses löchrige Blech drang nun das erste fahle Licht der Morgendämmerung und tauchte den Raum in dunkles Grau. Viel heller sollte es in den nächsten Stunden auch nicht werden. Aber immerhin konnten sie sich jetzt als Schatten sehen.

Gaston und Thierry setzten sich nebeneinander.

„Werden wir hier sterben?“, flüsterte Gaston.

„Nein“, antwortete Thierry, obwohl er es eigentlich nicht ausschließen konnte. „Wir sind doch Kinder. Die wollen uns jetzt nur hart bestrafen.“

„Wirklich?“

„Bestimmt. Wir sollen so einen Schrecken bekommen, dass wir uns nie wieder trauen, den Deutschen etwas anzutun.“ Woher er diese Zuversicht nahm, wusste Thierry nicht. Aber es tat ihm selbst auch gut zu hören, wie sein Freund erleichtert aufatmete.

„Vielleicht sind wir am Abend schon wieder zu Hause“, flüsterte Gaston hoffnungsvoll. „Einen Tag halte ich es hier unten schon aus. Das schaffe ich. Ich werde jetzt nicht mehr weinen.“

Er lächelte tapfer.

„Ich auch nicht.“

Sie drückten einander die Hände.

Auch die anderen Jungen schienen sich gefasst zu haben, und François beschwerte sich sogar: „Ein Frühstück könnten die uns schon geben. Oder ein Mittagessen. Wenigstens Brot und Wasser.“

„Nee, das gehört sicher zur Strafe“, sagte Philemon abgeklärt. Er wurde zu Hause öfter ohne Essen ins Bett geschickt, wenn er etwas angestellt hatte. Einmal musste er sogar eine kalte Nacht in der Spülküche verbringen, weil sein Vergehen in den Augen seiner Eltern unverzeihlich gewesen war. Damals hatte er die teure Porzellanpuppe seiner kleinen Schwester in einem selbstgebauten Boot auf eine Fahrt ohne Rückkehr die Dender hinuntergeschickt. „Kein Essen und kein Trinken. Damit kenne ich mich aus."

Wie er es so ernsthaft sagte, klang es unfreiwillig witzig. Alle kicherten, und Marcel, der bis dahin geschwiegen hatte, traute sich zu sagen: „Wie Männer werden wir das ertragen. Die können uns nicht brechen. Die haben keine Ahnung, aus welchem Holz belgische Jungen geschnitzt sind."

Das brach den Bann. Anfänglich zögernd, dann immer lauter fingen sie an zu prahlen, wer welche Untaten begangen und elterliche Bestrafungen ausgehalten hatte. Sogar Gaston beteiligte sich daran und Thierry, bei dem zu Hause Strafen, außer einer eindringlichen Ermahnung durch den Vater, nicht üblich gewesen waren, dachte sich etwas aus, um mitzuhalten.

Völlig unerwartet wurden plötzlich die Riegel der Kellertür zur Seite geschoben und ein Schlüssel drehte sich geräuschvoll im Schloss. Augenblicklich verstummten sie und starrten auf die Tür, die aufgeschwungen wurde.

War es das Ende ihrer Gefangenschaft oder der Anfang unbekannter Schrecken? Am Gang stand ein Soldat.

„Klaarsbeeck", blaffte er.

Alle Blicke wandten sich Thierry zu. Dieser rappelte sich leichenblass hoch.

Warum er? War es wegen seiner Mutter? Er hatte am Schulhof mehrmals laut verkündet, dass er ihren Tod rächen wollte. Hielt man ihn deshalb jetzt für den Rädelsführer?

Er merkte gar nicht, dass er noch immer Gastons Hand festhielt und diesen jetzt auch mit in die Höhe zerrte. Gaston wehrte sich aus aller Kraft dagegen. Der Soldat, der merkte, dass zwei Jungen aufstanden, rief: „Nur Klaarsbeeck. Alle anderen sitzen bleiben." Er sprach Deutsch, aber seine Gestik war unmissverständlich.

Gaston befreite seine Hand mit einem Ruck, ließ sich zurück auf den Boden fallen und machte sich so klein wie möglich.

Thierry war nun der Einzige, der aufrecht stand. Die anderen rückten von ihm weg, als wäre er aussätzig.

„Komm!“ Der Soldat wurde ungeduldig. Mit gesenktem Kopf ging Thierry auf den Kellergang hinaus. Gleich darauf schlug die Tür wieder zu und wurde verschlossen und verriegelt.

Der Soldat ließ Thierry vor sich her durch den kalten, düsteren Gang zur Treppe gehen, die aus dem Keller hinauf ins Erdgeschoß führte. Links und rechts des Ganges gab es weitere Eisentüren, alle mit vorgeschobenen, schweren Riegeln.

„Ob da auch Menschen eingesperrt sind?“, dachte Thierry im Vorbeigehen. Seit Kriegsbeginn gab es eine Liste von Vorschriften, die monatlich länger wurde. Wer sich nicht an die zahlreichen Regeln hielt oder Verbote missachtete, wurde zu Geldbußen und auch zu Gefängnisstrafen verurteilt. Ein Bauer, der Vater eines Schulkameraden, hatte einen Teil seiner Kartoffeln unter der Hand weiterverkauft, statt die ganze Ernte gegen eine lächerlich geringe Rückvergütung abzugeben. Viele taten das, aber ihn hatte man dabei erwischt. Der Richter hatte ihn zu tausend Mark Strafe oder einem Jahr Gefängnis verurteilt. Deutsche Mark statt belgische Franken, das war auch so eine Gemeinheit. Die Deutschen hatten einfach bestimmt, dass die Belgier die Strafen in der fremden Währung begleichen mussten.

„Für vierzig Kilogramm Kartoffeln ein Jahr hinter Gittern!“, hatte Pieter mit vor Empörung schriller Stimme den anderen Jungen am Schulhof erzählt. Pieters Vater hatte das Geld zum Glück noch irgendwie aufbringen können. Wie, hatte Pieter nicht preisgeben wollen, aber seine Geschwister und er reihten sich schweigsam in die immer länger werdende Schlange jener Kinder und Erwachsenen ein, die von einer Suppenküche gespeist wurden, und als seine Schuhe löchrig wurden, bekam er keine neuen.

Sie erreichten die Treppe. Ohne es richtig zu merken, wurde Thierry langsamer. Was würde ihn dort oben erwarten? Der Soldat gab ihm nicht die Zeit, darüber nachzudenken. Er versetzte Thierry eine Reihe grober Stöße in den Rücken, sodass dieser die

Stufen hinaufstolperte. Im Erdgeschoss wurde er in einen kahlen Raum geführt. Ein Tisch und zwei Stühle waren das einzige Mobiliar. Der Soldat deutete stumm auf einen Stuhl und Thierry nahm nervös Platz. Ihm schwante, dass er verhört werden sollte. Von wem? Etwa von der Brille und dem Weißen? Vor Zahn hatte er nicht so viel Angst. Der hatte gestern am Abend ruhig draußen gestanden. Aber der Gedanke an Ramdohr versetzte ihn in Panik. Er musste daran denken, wie dieser ganz nebenbei die Hand auf seine Jackentasche gelegt hatte. Es war eine unmissverständliche Drohung gewesen.

Obwohl Thierry auf dem Stuhl bequem hätte sitzen können, traute er sich nicht sich anzulehnen. Seine Blicke wanderten von Wand zu Wand. Auf den gelben Tapeten, stellte er fest, gab es einzelne rechteckige, dunklere Flecken. Da hatten früher, als das Haus noch nicht von den Deutschen requiriert worden war, wahrscheinlich Gemälde gehangen. Wohin man die wohl gebracht hatte? Hatte der Besitzer – Thierry wusste, dass dieser noch rechtzeitig mit der Familie nach England geflüchtet war – sie mitnehmen können oder irgendwo versteckt? Und was war mit den übrigen Gegenständen geschehen? Gewiss war dieser Raum wie bei Großvater ein vornehmer Salon gewesen, mit Teppichen, Sofas, Lehnstühlen und hohen Vitrinen, gut gefüllt mit Porzellan oder Büchern. Vielleicht hatte es auch ein Klavier gegeben. Jetzt standen hier nur die beiden Stühle und der leere Tisch. Sonst nichts.

Die Minuten verstrichen. Thierry wurde immer unruhiger. Was würde man von ihm wissen wollen? Was durfte er verraten, weil Ramdohr und Zahn es bereits wussten, und was musste er unter allen Umständen verschweigen? Er wollte kein Verräter sein. Würden sie ihn schlagen, um an die Geheimnisse heranzukommen? Und warum hatten sie nicht Marcel als ersten aus dem Verlies geholt? Diese Frage beschäftigte ihn am meisten. Marcel war der älteste der Jungen, und seinem Vater gehörte die Zange. Es musste Ramdohr und Zahn doch klar sein, dass nicht Thierry, sondern Marcel oder vielleicht auch François der Anführer gewesen war.

Ramdohrs Methoden

Thierry wusste nicht, wie lange er schon allein mit wachsender Angst in diesem Raum gesessen hatte, als die Tür aufgerissen wurde. Ramdohr kam mit großen Schritten hereingestürmt. Sein blasses Gesicht war rot angelaufen und sein Adamsapfel schien aus seinem Hals explodieren zu wollen. Thierry sprang zutiefst erschrocken von seinem Stuhl auf. Ramdohr schmiss ein Blatt Papier auf den Tisch. Thierry starrte darauf, aber die Angst machte aus den Buchstaben schwarze, unleserliche Kleckse. Ramdohr stellte sich so nah hinter ihn, dass Thierry seinen Atem im Nacken spüren konnte.

„Parle", befahl der Gendarm auf Französisch.

„Je, ich ..." Thierry stockte. Alle französischen Wörter, die er gebraucht hätte, waren plötzlich wie aus seinem Gedächtnis gelöscht. Er beugte sich nach vorne in der Hoffnung, dass doch etwas auf dem Papier ihm einen Anhaltspunkt dafür geben würde, was er sagen konnte. Sofort packte ihn eine Hand am Haarschopf und riss ihn ruckartig zurück, sodass er wieder auf dem Stuhl landete und sein Kopf nach hinten überstreckt wurde. Über ihm schwebte das wutverzerrte Gesicht des Gendarmen.

„Au!" Thierry konnte den Schrei nicht verhindern.

„Parle!" Ramdohr spuckte das Wort aus und drehte den Stuhl mit einer einzigen Bewegung um. Hätte Thierry sich nicht mit den Händen an die Kanten der Sitzfläche geklammert, wäre er seitlich zu Boden gestürzt. Ramdohr beugt sich über ihn, packte seinen Hemdkragen und zog ihn daran ein Stück in die Höhe.

„Jetzt pack aus! So ein Brief wird dir auch nichts nützen." Ramdohr sagte es auf Deutsch. Trotzdem begriff Thierry, dass er den Mund aufmachen sollte. Aber was durfte er denn erzählen? Er wollte kein Verräter sein.

„Ich ... ich weiß nichts", antwortete Thierry auf Flämisch, obwohl Ramdohr das nicht verstehen würde. Das Gesicht des Gendarmen kam noch näher.

„Ich lasse dich da unten im Keller verrecken, wenn du mir nicht sagst, wer dahintersteckt."

Der Sinn dieser Worte blieb Thierry verschlossen, aber der drohende Tonfall allein genügte, um sein Herz rasen zu lassen und aus seinen Augen quollen Tränen der Ohnmacht. Er fing an zu weinen.

Der Schlag in sein Gesicht kam völlig unerwartet und auch die nächsten beiden Schläge, die unmittelbar folgten, konnte er nicht abwehren. Erst dann gelang es ihm, die Hände schützend vor das Gesicht zu halten. Das stachelte die Wut des Gendarmen offenbar nur noch mehr an. Die nächsten Hiebe galten Thierrys Bauch.

„Du – wirst – re – den." Jede einzelne Silbe wurde von einem Faustst0ß begleitet.

Thierry brüllte vor Schmerzen.

Die Tür zum Zimmer wurde ein zweites Mal aufgerissen und Zahn kam herein.

„Max! Hör auf damit!", befahl er. Ramdohr hielt inne und drehte sich um. Er keuchte.

„Der will nicht reden!", rechtfertigte er sich. „Aber ich prügle es schon noch aus ihm heraus. Der hier soll ein ängstlicher, kleiner Mitläufer sein."

„Was willst du denn verstehen, wenn er redet?", fragte Zahn. „Du kannst doch kaum ein Wort Flämisch. Und ich glaube nicht, dass so ein Kleiner ordentlich Französisch spricht. Der wird nicht viel älter als elf sein. Jetzt geh mal und hole Zwarte Lieske aus dem Büro, damit sie uns übersetzen kann."

„Das brauchst du mir nicht zu sagen. Das hätte ich beizeiten schon noch gemacht."

Ramdohr schaute Zahn zornig an. „Ich gebe ihm bloß einen Vorgeschmack auf das, was ihm noch blühen wird."

„Ist gut, Max. Aber jetzt hol Zwarte Lieske, damit wir zu einem brauchbaren Ergebnis kommen."

Ramdohr warf Thierry einen drohenden Blick zu.

„Du hast Glück gehabt. Aber ich bin gleich wieder da und mache weiter, wo ich aufgehört habe", knurrte er.

Als Ramdohr aus dem Zimmer verschwunden war, klappte Thierry nach vorne. Er drückte seine Hände auf den Bauch. Ihm war schlecht, auf seinen Lippen schmeckte er warmes Blut und sein rechtes Auge fühlte sich seltsam an. Er hatte nichts von dem verstanden, was Zahn und Ramdohr geredet hatten, außer die beiden Worte „Zwarte Lieske". Er kannte sie nicht, hatte nur von ihr gehört. Wie Großvater arbeitete sie für die Deutschen, und es hieß, dass sie es nicht ungern tat. Von ihr durfte er sich wohl keine Hilfe erwarten.

Zahn betrachtete den Jungen einen Moment lang. Das Kinn des Kindes war blutverschmiert und sein rechtes Auge war blau und schwoll zu. Er hasste Blut, deshalb holte er ein Taschentuch aus der Jackentasche seiner Uniform. Er ging vor Thierry in die Hocke. Als sich seine Hand mit dem Taschentuch Thierrys Gesicht näherte, zuckte dieser entsetzt zusammen.

„Na, halt still. Ich tu dir nichts", murmelte Zahn auf Französisch und tupfte mit spitzen Fingern das Blut von der aufgeplatzten Lippe weg. Es half nicht wirklich. Als das Taschentuch zu blutig wurde, drückte er es Thierry in die Hand.

„Halte es gegen deine Lippe, damit die Blutung stoppt", sagte er.

Thierry gehorchte.

„Ah, verstehst mich also?", bemerkte Zahn.

Thierry nickte vorsichtig. Zahn lächelte, und Thierry schöpfte Hoffnung.

„Bitte, bitte. Lassen Sie mich nach Hause gehen." Seine Lippe brannte beim Reden. Zahn kam aus der Hocke hoch und warf ihm einen Blick zu, den Thierry nicht deuten konnte.

„Du bist kein Dummer! Ich gebe dir jetzt einen vernünftigen Rat", sagte der Gendarm betont langsam auf Französisch. „Mit Ramdohr ist nicht zu spaßen. Der kann nicht mit Kindern umgehen und schon gar nicht mit Burschen wie euch. Er wird gleich wieder da sein und dann wirst du ihm alles erzählen. Zwarte Lieske wird es übersetzen. Also brav deinen Mund aufmachen, sonst ..."

Dieses „Sonst" blieb in der Luft hängen.

Thierry schluckte. „Ich, ich weiß aber nichts", traute er sich zu flüstern. „Ehrlich." Er schaute Zahn flehend an.

Dieser schüttelte gespielt enttäuscht den Kopf. „Ich hätte dich für klüger gehalten. Wie sagt man so schön? Wer nicht hören will, muss fühlen."

Er lächelte, aber die Augen hinter den kreisrunden Brillengläsern blieben ausdruckslos.

Doktor van Klaarsbeeck muss um einen Gefallen bitten

Sie standen sich im Arztzimmer des Lazaretts gegenüber. Es war ein karg eingerichteter Raum mit einem Schreibtisch, ein paar Stühlen, einem kleinen Regal, auf dem medizinische Bücher verstaubten, und vor dem Fenster einem abgewetzten Sofa, auf dem unordentlich eine graue Armeedecke lag. Hier schlief Doktor Plötzl von Zeit zu Zeit, wenn er zu beschäftigt oder zu müde war, um sich spät abends noch in sein Quartier zu begeben. Auch die letzte Nacht hatte er im Lazarett verbracht. Als er sich gerade sein Hemd zugeknöpft hatte, war Doktor van Klaarsbeeck, eine Stunde früher als üblich, hereingekommen.

Normalerweise wechselten sie in der Früh ein paar belanglose Worte über das Wetter, Doktor Plötzl teilte die Operationen ein und dann machten sie sich unverzüglich an die Arbeit. Es gab so viele Verletzte, und es war ihnen beiden ein Anliegen, Leben zu retten, so gut sie es unter den schlechten Bedingungen konnten, die mittlerweile im Lazarett herrschten. Es mangelte an allen Ecken und Enden an Material und Medikamenten. Obwohl die Schwestern unermüdlich die Verbände auskochten, wurde das Gewebe von Tag zu Tag grauer und fleckiger. Zwischen den Operationen blieb oft keine Zeit, den Saal gründlich zu säubern, und so operierten die beiden Chirurgen in ihren Galoschen und mussten im Laufe des Tages immer mehr aufpassen, auf den blutigen Fliesen nicht ins Rutschen zu kommen.

In den Krankensälen roch es nach Urin und Tod, und es verging kein Tag, ohne dass der Leichenwagen, ein Karren gezogen von einem alten, abgemagerten Pferd, beim Hintereingang vorfuhr, und rasch zusammengeschreinerte Kisten aus rohem Holz aufgeladen wurden. Es war kein Ort für ein Kind, aber nun, da Doktor van Klaarsbeeck für seinen Enkel bei Doktor Plötzl vorsprechen musste, dachte er unwillkürlich, dass es vielleicht doch besser gewesen wäre, wenn Thierry sich an den Nachmittagen nach der Schule im Lazarett nützlich gemacht hätte. Angesichts des Elends hätte der Junge bestimmt verstanden, warum Gewalt keine Lösung war. Seine eigenen, sonntäglichen Erzählungen über die Vergangenheit vor dem Krieg, in der es keine Feindschaft zwischen den beiden Völkern gegeben hatte, waren ganz offensichtlich wirkungslos an Thierry abgeprallt.

„Wie so manches Mal im Leben", dachte Doktor van Klaarsbeeck bitter, „ist man leider erst im Nachhinein klüger."

Er wartete, bis Doktor Plötzl die Einteilung der Operationen festgelegt hatte und die Besprechung wie immer mit den Worten „Gehen wir es in Gottes Namen an" beendete.

„Einen Augenblick noch", sagte Doktor van Klaarsbeeck.

Doktor Plötzl blickte überrascht auf. Der belgische Arzt war sonst immer schweigsam; freundlich, aber schweigsam.

„Ja, bitte?"

Er sah, wie sein Gegenüber plötzlich nervös die Ärmel seines weißen Kittels glattstrich.

„Haben Sie etwas auf dem Herzen, van Klaarsbeeck?"

Doktor van Klaarsbeeck nickte. „Es fällt mir schwer, die richtigen Worte zu wählen", begann er. „Haben Sie gestern vielleicht mitbekommen, dass eine Gruppe von Jungen, eigentlich noch Kinder, verhaftet wurde?"

Doktor Plötzl schüttelte den Kopf. „Nein, ich habe auch die Nacht im Lazarett verbracht. Dem jungen Engländer, den wir vor einer Woche operiert haben, ging es schlechter. Ich wollte ihn nicht allein lassen. Komisch, aber es ging mir nahe. Wahrscheinlich, weil er mich an Friedrich, meinen Enkelsohn, erinnerte. Dasselbe rötliche Haar. Er schien, wie gesagt, bereits über den Berg, ..." Doktor Plötzl brach ab. „Da rede ich wieder von mir, und dabei wollten Sie mir etwas mitteilen", entschuldigte er sich. „Was ist mit diesen Jungen? Verhaftet, sagten Sie?"

„Ja, Kinder sind es noch. Sie haben eine Dummheit gemacht."

Doktor van Klaarsbeeck hatte sich in den langen, wachen Stunden der vergangenen Nacht sorgfältig die Worte zurechtgelegt, dennoch kamen sie ihm nicht leicht über die Lippen. „Mein Enkel, er ist einer von ihnen. Erst knapp zwölf Jahre alt und ohne Mutter, wie Sie wissen. Und ich den ganzen Tag im Lazarett. Er wollte hierher mitkommen, helfen. Ich habe es ihm verwehrt. Dachte mir, dass er das Leid hier nicht sehen soll. Da ist er …“ Doktor van Klaarsbeeck stockte und atmete tief durch. „Da ist er wohl in die falsche Gesellschaft einiger älterer Jungen geraten. Sie haben Steine auf die Gleise gelegt und die Signaldrähte durchgeschnitten.“

Jetzt war es heraus. Er sah, wie Doktor Plötzl die Augenbrauen hob und ein abweisendes Gesicht machte.

„Ich weiß, man muss es Sabotage nennen“, beeilte er sich zu sagen. „Aber es wurde rechtzeitig entdeckt. Nichts Schlimmes ist passiert, und es sind doch noch Kinder. Der Älteste ist auch erst vierzehn. Der Krieg verroht die Menschen. Das wissen Sie so gut wie ich.“

„Ja“, stimmte Doktor Plötzl zu. „Da haben Sie recht. Aber …“

„Ich weiß, dass es vermessen ist. Aber ich dachte mir, ich hoffte, ich möchte Sie bitten … könnten Sie ein gutes Wort für meinen Enkel auf der Kommandantur einlegen? Es ist der einzige Enkel, den ich habe. Der Kummer über den Tod seiner Mutter, die Abwesenheit des Vaters und die Tatsache, dass ich kaum Zeit für ihn habe …“ Seine Worte versiegten. Hilflos schaute er Doktor Plötzl an.

Dieser legte eine Hand auf den Arm seines Kollegen. „Ich verstehe“, sagte er mitfühlend. „Ich verstehe Sie wirklich.“

„Bitte. Ich bitte Sie. Wie soll ich denn operieren, wenn …“

Jetzt hatte er auch die versteckte Drohung ausgesprochen. Würde es etwas nützen? Er spürte den forschenden Blick des Arztes auf sich ruhen.

„Gut, ich werde schauen, was sich machen lässt. Wie heißt der Junge?“ Doktor Plötzls Tonfall wurde sachlich und knapp.

„Thierry van Klaarsbeeck“, antwortete Doktor van Klaarsbeeck rasch und er hoffte, dass er den deutschen Arzt nicht mit seiner Andeutung verärgert hatte.

„Können Sie die erste Operation übernehmen? Die Armamputation? Doktor Riemers kann Ihnen dabei assistieren. Er hat sich in der letzten Woche gut eingearbeitet."

„Ja, selbstverständlich. Danke, vielen Dank." Doktor van Klaarsbeeck schaute den Arzt erleichtert an.

„Machen Sie sich keine allzu großen Hoffnungen. Oberleutnant Schwarz ist ein strenger Mann, aber ich werde ihm berichten, wie viel Sie hier für die Soldaten leisten, und dass ein Operateur eine ruhige Hand und keinen vom Schmerz getrübten Blick braucht."

Doktor van Klaarsbeeck fühlte sich durchschaut und schämte sich, dass er den Mann, den er als Arzt schätzte, auf diese Weise unter Druck gesetzt hatte. „Ich werde hier auch weiterhin mein Bestes geben", versprach er. „Das können Sie auf der Kommandantur berichten, und meinen Enkel werde ich übrigens zu meiner Schwester ins Generalgouvernement schicken. Hier im Etappengebiet ist der Krieg zu nah. Außerdem kann sich meine Schwester besser um ihn kümmern. Und ich könnte noch mehr Stunden ..."

„Na, na, versprechen Sie nicht zu viel." Doktor Plötzl hob abwehrend die Hand. „Fangen Sie nun an mit den Vorbereitungen für die erste Operation, und ich mache mich auf den Weg."

Er zog seinen weißen Kittel aus und die Uniformjacke an.

Einzelhaft

Hinter Ramdohr betrat Zwarte Lieske den Salon, der als Verhörzimmer diente. Der Gendarm, stellte sie fest, dachte nicht daran, ihr höflich den Vortritt zu lassen. Mit knappen Worten hatte er ihr im Büro die Anweisung gegeben, seine Fragen an den verstockten Häftling und alle seine Äußerungen Wort für Wort zu übersetzen. Als Zwarte Lieske das Kind auf dem Stuhl sah, war sie verwirrt, und es dauerte ein paar Sekunden, bis sie begriff, dass dieser kleine, verängstigte Junge mit dem blauen Auge und dem blutverschmierten Gesicht der Häftling war, den Ramdohr mit ihrer Hilfe verhören wollte.

„Das geht doch nicht!" Sie wollte es laut rufen, aber sie tat es nicht.

„Fangen wir an", sagte Ramdohr. „Wer hat dich und die anderen beauftragt? Ich will Namen hören und keine Lügen, dass ihr das alles selbst geplant habt. Übersetzen Sie das."

Zwarte Lieske war sich nicht ganz sicher, ob Ramdohr oder eher Zahn nicht doch einige flämische Wörter verstand, deshalb beschloss sie im breitesten Dialekt mit dem Kind zu reden.

„Junge, was ist denn passiert? Hat er dich so zugerichtet?"

Thierry hob stumm den Kopf, schaute sie einen Augenblick lang an und sank dann wieder in sich zusammen.

„Sagen Sie ihm, dass es keinen Sinn hat zu schweigen. Er wird hier nicht rauskommen, bevor ich nicht die Namen habe", verlangte Ramdohr.

„Du musst reden. Sie lassen dich vorher nicht gehen. Es gibt unten in den Zellen Männer, die seit Wochen bei Brot und Wasser ausharren. Wer schweigt, bleibt. Du hast keine Chance."

Zwarte Lieske sah, dass der Junge die aufgeplatzten Lippen bewegte.

„Ich kann ihn nicht verstehen", sagte sie zu den beiden Gendarmen. „Darf ich?" Sie deutete mit dem Kinn in Thierrys Richtung. Zahn nickte.

Zwarte Lieske ging auf Thierry zu und beugte sich zu ihm hinunter. Ihre Gesichter waren nun so nah zusammen, dass sie sich sicher war, dass weder Zahn noch Ramdohr die Mimik des Kindes sehen konnte.

Der Junge bewegte noch immer nahezu lautlos die Lippen. Sie horchte.

„Ich will nach Hause. Bitte, ich will nach Hause." Immer wieder derselbe Satz. Wie ein Gebet flüsterte er es.

Zwarte Lieske seufzte innerlich. Dieser Wunsch würde nicht in Erfüllung gehen, wenn das Kind keine Namen nannte.

„Wer hat euch denn diesen dummen, gefährlichen Auftrag gegeben?", fragte sie sanft. „Sag es mir, und ich werde mein Bestes tun, dass du heute Abend schon wieder in deinem warmen, weichen Bett liegst."

„Ich will nach Hause, bitte, ich will nach Hause."

Der Junge würde nichts anderes sagen. Vielleicht stimmte es auch, und es gab keine Anstifter. Zwarte Lieske kam aus der Hocke hoch. „Er sagt, er weiß nichts", sagte sie. „Und er möchte nach Hause", fügte sie hinzu, obwohl sie wusste, dass es dem Jungen nichts nützen würde.

„Nach Hause!", schnaubte Ramdohr. „Er kommt in eine Einzelzelle und dann werden wir uns den Nächsten vorknöpfen. Mal schauen, ob der uns dasselbe erzählt oder ob er uns ein anderes Märchen auftischt. Ich sage dir, Ernst, eine ordentliche Tracht Prügel kann für die Wahrheitsfindung nur förderlich sein."

Zwarte Lieske schluckte und setzte zum Übersetzen an, aber Zahn unterbrach sie.

„Sie können gehen, Fräulein Lieske", sagte er. „Und sagen Sie dem Soldaten im Flur, dass er den Jungen wieder einsperren kann."

„Einzelzelle", ergänzte Ramdohr.

Zwarte Lieske wandte sich zum Gehen.

„Nein, warten Sie. Übersetzen Sie dem Jungen noch folgenden Satz: Du kommst in eine Einzelzelle, während wir überprüfen, wie richtig deine Aussagen sind. Du bist ja nicht der einzige Kleine, der plaudern möchte."

Zwarte Lieske gehorchte und übersetzte. Aber hörte das Kind ihr überhaupt zu?

„Vielleicht ist es doch besser, wenn du die Wahrheit sagst. Für Kinder ist das hier doch nichts", redete sie ihm zu. „Du bist kein Verräter, wenn du alles erzählst. Sie werden es früher oder später sowieso herausfinden."

Der Junge reagierte nicht.

„Ich werde versuchen zu erreichen, dass ein Arzt zu dir kommen darf", sagte sie schließlich.

Jetzt schaute der Junge auf. „Mein Opa ist Arzt", flüsterte er. „Im Lazarett bei den Deutschen."

„Was sagt er?" Ramdohrs schneidende Stimme ließ Thierry verstummen.

„Er sagt, sein Opa sei Arzt", übersetzte Zwarte Lieske wahrheitsgetreu. „Im Lazarett."

„Und was haben Sie vorher so lange geredet?"

„Der Junge ist so durcheinander, dass ich ihm Ihre Worte mehrmals auf verschiedene Art übersetzt habe. Ich weiß aber nicht, ob er es wirklich verstanden hat. Ich meine, er braucht dringend einen Arzt."

„Ihre Meinung interessiert mich nicht, Fräulein Lieske", schnauzte Ramdohr die Sekretärin an. „Gehen Sie zurück an Ihre Arbeit und schicken Sie den Wachsoldaten rein."

Zwarte Lieske schaute zu Zahn hinüber. Dieser hatte sein Notizbuch wieder aufgeschlagen und studierte die beschriebene Seite. Es schien ihr, als wolle er ihrem Blick ausweichen.

„Das Kind ist verletzt. Es hat Schmerzen, und sein Großvater ist Arzt", betonte sie.

Zahn klappte verärgert sein Buch zu. „Lassen Sie das mal unsere Sorge sein", sagte er.

Die Zelle, in die der Soldat Thierry einsperrte, war winzig und kaum breiter als ein Kleiderschrank. In dem kurzen Augenblick, als noch trübes Licht vom Gang aus durch die offene Tür in den Raum drang, konnte Thierry einen dünnen Strohsack am Boden, einen Emailkrug und einen Kübel daneben ausmachen. Die Zelle stank nach Schweinestall.

Dann wurde die Tür hinter ihm geschlossen und absolute Finsternis umhüllte ihn. Er ließ sich auf alle Viere nieder und kroch mit den Händen am Boden vorwärts. Etwas schepperte und fiel um. Thierry tastete danach. Es war der Krug und rundherum griff er mit den Fingern in eine Wasserlache. Er kroch weiter, bis er den Strohsack berührte. Er legte sich gekrümmt darauf. Sein Bauch tat von den Faustschlägen noch immer weh. Das rechte Auge konnte er nicht mehr öffnen, so stark war es angeschwollen, und er hatte Kopfschmerzen. Mit seiner Zunge fuhr er wieder und wieder über die blutverkrusteten Lippen. Er tastete nach dem Krug, hob ihn an den Mund. Aber bis auf ein paar Schlucke war das Wasser verschüttet und in dem Boden aus gestampfter Erde versickert.

„Wenn bloß Großvater da wäre“, war alles, was Thierry denken konnte. „Wenn bloß Großvater da wäre.“

Die Stunden vergingen. Einmal hörte er draußen am Gang ein Kind gellend aufschreien und ebenso plötzlich verstummen. War es Gaston oder Robert?

Hatte Zwarte Lieske nicht gesagt, dass die beiden Gendarmen alle verhören wollten? Es fiel Thierry schwer, sich die genauen Einzelheiten seines Verhörs ins Gedächtnis zu rufen, als würde die Dunkelheit um ihn herum die Bilder der Erinnerung schwärzen, und je mehr er es versuchte, desto mehr pochte es hinter seinen Schläfen. Hatte er etwa die anderen verraten? Eines war gewiss, Gaston würde nicht schweigen, wenn sie ihn auf diese Weise verhörten. Er würde alles haarklein erzählen. „Und was dann?“, überlegte Thierry. Ihm fiel Pieters Vater ein. Wenn ein Bauer tausend Mark bezahlen oder für ein Jahr ins Gefängnis musste, weil er ein paar Säcke Kartoffeln nicht ablieferte, wie würde dann der Versuch, den Zug entgleisen zu lassen, bestraft werden? Die Antwort hatte er oft genug bei den Ankündigungen auf den hölzernen Anschlagtafeln auf dem Markt gelesen: Todesstrafe! Auf Sabotage stand die Todesstrafe!

Kein anderer Gedanke hatte mehr Platz in seinem Kopf. Gaston würde bestimmt reden. Ihm wurde bewusst, dass die Rachepläne in seinem Kopf, die ihm so richtig und heldenhaft erschienen waren, in Wirklichkeit alles andere als das waren. Man würde sie aus diesem Keller ans Tageslicht herausführen und sie nebeneinander vor einer Mauer aufstellen. In den Ausgaben der Illustrierten Zeitung, die bei Großvater im Salon herumlagen, gab es genug Bilder davon. Soldaten zweireihig aufgestellt, die vorderen kniend, die hinteren aufrecht stehend, die Gewehre im Anschlag. Seitlich ein Offizier, der die Hand hebt und das Zeichen zum Schießen gibt.

Thierry hatte beim Durchblättern sogar Zeichnungen gesehen, auf denen genau der Augenblick festgehalten wurde, in dem die tödlichen Kugeln die Männer an der Wand durchsiebten. Damals war er fasziniert davon gewesen. Aber jetzt? Er schloss die Augen, obwohl es rund um ihn herum stockfinster war.

„Das kann nicht passieren“, flüsterte er wie ein Gebet. „Kinder erschießt man nicht.“ Auf den Zeitungsbildern hatte er immer nur Männer gesehen, die man so bestraft hatte. Dieser Gedanke beruhigte ihn so weit, dass er sogar manchmal auf dem Strohsack einnickte, nur um nach unbestimmter Zeit aus wirren Albträumen hochzuschrecken und wieder an Todesstrafe, Mauer und Erschießen zu denken.

„Nicht Kinder. Ganz bestimmt keine Kinder“, murmelte er dann jedes Mal so lange, bis sein Atem wieder ruhiger wurde. Hunger verspürte er nicht, obwohl er seit dem gestrigen Abendessen keinen Bissen mehr bekommen hatte. Aber durstig war er, schrecklich durstig.

Irgendwann ging die Tür auf und ein Soldat schob wortlos eine Blechschüssel mit wässriger Suppe und ein Stück Brot herein. Die Suppe war salzig, sodass sein Durst nur im ersten Augenblick gestillt war, um nachher umso quälender zurückzukehren.

Schließlich hielt er es nicht mehr aus. „Ich habe Durst. Bitte, ich habe Durst“, krächzte er heiser. Niemand hörte ihn, oder wenn ihn jemand hörte, kam er nicht. „Ich werde jetzt alles sagen, die ganze Wahrheit!“, rief Thierry zur Tür, so laut er konnte, weil es mittlerweile egal war. Bestimmt hatte Gaston auch schon alles zugegeben. Aber würde es etwas nützen? Ramdohr wollte ja gar nicht glauben, dass sie alles ohne Erwachsene ausgedacht und durchgeführt hatten. Er würde es Gaston nicht glauben und ihm auch nicht. Sogar wenn sie alle zwölf dieselbe Wahrheit sagten, würde Ramdohr es weiterhin für eine Lüge halten. Er würde sie prügeln, bis sie irgendwelche Namen nannten. Und dann?

Der Lehrer hatte ihnen einmal von einer Zeit erzählt, in der Menschen beschuldigt wurden, Hexen zu sein. Diese Menschen wurden gefoltert, bis sie die unmöglichsten Sachen zugaben, wie das Fliegen auf Besen oder das Verhexen von Kühen, sodass diese Kröten statt Kälber geboren hätten. Sie hatten alle darüber gelacht. Der Lehrer hatte ihnen weiters geschildert, wie diese Menschen durch die Folter gezwungen wurden, die Namen anderer Hexen zu bekennen, und schließlich halb wahnsinnig vor Angst und Schmerz irgendwelche Namen nannten. Sie hatten dem Lehrer nicht geglaubt, dass man jeden Menschen so weit bringen konnte, sondern großspurig gemeint, dass sie selbst niemals Unschuldige belasten würden.

In dieser Zelle mit seiner Angst und seinen Schmerzen alleingelassen, begriff Thierry, dass der Lehrer recht gehabt hatte. Ja, er würde jetzt Namen nennen, wenn ihm jemand verspräche, ihm im Tausch dafür die Freiheit wieder zu geben. Thierry ertappte sich sogar dabei, dass er sich bereits Namen überlegte. Keine Freunde oder Menschen, die er mochte, aber der Bahnwärter zum Beispiel, der ihre Pläne durchkreuzt hatte, oder der Direktor der Zündholzfabrik, der, statt selbst zu gehen, seinen Vater zu den Deutschen geschickt hatte, um die Arbeiter frei zu bitten.

Mitten in diesen Überlegungen wurde die Tür abermals geöffnet. Thierry setzte sich auf. Mit seinem unverletzten Auge sah er einen Soldaten als Schattenriss abwartend in der Türöffnung stehen.

„Ich sage alles“, krächzte er. „Alles. Tout.“

Er versuchte aufzustehen, aber der Soldat hob abwehrend die Hand. Dann streckte er die andere aus. Thierry erkannte, dass ihm eine weitere Blechschüssel gereicht wurde. Kaum hatte er sie entgegengenommen, zeigte der Soldat auf die leere Schüssel am Boden neben dem Strohsack. Thierry hob sie auf und hielt sie dem Soldaten entgegen.

„Bitte, ich sage alles. Je dis tout“, wiederholte Thierry.

Aber der Soldat wollte bloß die Schüsseln austauschen und verschwand wortlos. Die Tür knallte er hinter sich zu und versperrte sie wieder. Enttäuscht sackte Thierry in sich zusammen.

Erst als er längst wieder allein in der Dunkelheit saß, führte er die Schüssel an den Mund. Es war keine Suppe, stellte er fest. Er tastete mit einem Finger hinein und spürte eine kalte und klebrige Masse. Er schleckte den Finger ab. Es schmeckte nach nichts, aber es löschte den quälenden Durst ein wenig. Hastig stopfte er mit der ganzen Hand den Brei in den Mund.

War es ein Frühstücksbrei? Hatte er bereits einen Tag und eine Nacht in der Zelle verbracht? Hatte er stundenlang geschlafen, ohne es zu merken? Er kroch zur Tür und legte sein Ohr an die

Eisenplatte. Nichts war draußen zu hören.

„Hallo!“, flüsterte er.

Es blieb still.

„Hallo“, traute er sich leise zu rufen.

Keine Antwort.

„Hallo!“ Jetzt schrie er laut. „Hört mich denn niemand? Gaston! Robert! Marcel!! Wo seid ihr?“

Er lauschte. War da etwas? Schritte?

Thierry erschrak. Was, wenn man ihn jetzt wieder schlug, nur weil er gerufen hatte? Hastig kroch er zurück auf seinen Strohsack und drückte sich gegen die feuchte, kalte Wand, die Beine bis zur Brust hochgezogen. Die Schritte näherten sich. Es war mehr als eine Person. Vor der Tür hielten sie an. Der Schlüssel drehte sich im Schloss, die Riegel wurden zur Seite geschoben. Dann wurde die Tür aufgestoßen. Thierry hielt schützend seine Arme vor das Gesicht.

Eine Anordnung von Oberleutnant Schwarz

Doktor Plötzl starrte in die Zelle hinein. Er hatte vom Gefängnis im Keller des Feldgerichts gehört, die Zellen aber nie gesehen. Der düstere Raum vor ihm war winzig, und der Geruch, der ihm entgegenschlug, ließ ihn würgen. Dabei war er doch von den Krankensälen her einiges gewohnt. Eigentlich unvorstellbar, dass hier drinnen ein zwölfjähriges Kind sein sollte. Wieder einmal dachte er an die bitteren Worte seiner Frau, dass der Krieg unweigerlich einen Unmenschen aus ihm machen würde. Sie sollte nicht recht bekommen.

„Ich werde den Jungen hier herausholen“, dachte er und verdrängte gleichzeitig den Gedanken, dass es irgendwo hier unten noch elf weitere Kinder gab, die nicht das Glück hatten, einen Lazarettchirurgen als Großvater zu haben.

„Ich brauche Licht“, sagte er zu dem Soldaten, der ihn begleitet hatte. Dieser reichte ihm eine Taschenlampe. Doktor Plötzl leuchtete in die Zelle hinein. Das Kind saß zusammengekauert auf einem Strohsack. Es drückte seinen Körper in die Mauer hinein und versteckte das Gesicht hinter seinen Händen.

Doktor Plötzl wollte die Zelle schon betreten, als er sich besann. Als ersten Schritt musste er den Jungen aus dem Kellerverlies herausbekommen.

Er drehte sich um und sagte in einem Tonfall, der keine Widerrede duldete: „Bringen Sie mir den Gefangenen hinauf. Sie können nicht von mir erwarten, dass ich ihn unter diesen Umständen untersuche."

„Aber ...", protestierte der Soldat schwach. Die Gendarmen hatten ihm aufgetragen, den Jungen die nächsten drei Tage in strenge Einzelhaft zu stecken.

„Das ist ein Befehl, Soldat, keine Bitte!", schnauzte Plötzl.

Thierry wurde von dem Soldaten über eine Hintertreppe in einen kleinen Raum im ersten Stock des Feldgerichts geführt, der ebenso kahl war wie das Zimmer, in dem er verhört worden war. Dort durfte er sich auf einen Stuhl setzen. Doktor Plötzl betastete vorsichtig sein Gesicht, reinigte die Wunde an der Lippe und legte einen Salbenverband über das Auge. Auch den Bauch untersuchte er, da er die gekrümmte Haltung des Jungen beobachtet hatte.

„Eine starke Prellung", sagte er auf Französisch, „du hast Blut erbrochen."

Thierry wollte das schon verneinen, als er bemerkte, dass es keine Frage, sondern eine Feststellung war.

„Außerdem ist der Augapfel verletzt", setzte Doktor Plötzl ernst fort. „Die Umstände der Haft werden dazu führen, dass du auf diesem Auge blind wirst. Und die innere Blutung in deinem Bauch kann eine Bauchfellentzündung mit tödlichem Ausgang verursachen." Er gestattete sich ein Augenzwinkern. Der Junge stutzte, aber dann schien er zu begreifen, denn er krümmte sich noch mehr und stöhnte leise.

Doktor Plötzl wandte sich an den Soldaten. „Der Junge muss sich sofort hinlegen können. Er braucht ein sauberes Bett, Flüssigkeit muss ihm jede Viertelstunde in kleinen Mengen vorsichtig eingeflößt werden. Haben Sie eine Krankenschwester und ausreichend sauberes Verbandsmaterial, um die Augenkompresse zweistündlich zu wechseln?"

Der Soldat schaute erschrocken. „Die Zelle ..."

„Dorthin kann er auf keinen Fall zurück. Erkundigen Sie sich bitte bei Ihrem Vorgesetzten, wo sich hier ein geeignetes Krankenzimmer befindet."

„Ich glaube nicht, dass wir hier für die Gefangenen ..."

Die Tür wurde erneut aufgestoßen. Ramdohr trat ein. „Was geht hier vor? Warum wurde der Gefangene aus der Zelle herausgelassen?", verlangte er aufgebracht zu wissen.

Doktor Plötzl schaute ihn ruhig an. „Ich habe den Auftrag von Oberleutnant Schwarz, den Jungen zu untersuchen und notwendige Maßnahmen in die Wege zu leiten. Das Kind hat eine schwere innere Bauchverletzung und ohne entsprechende Behandlung wird es am rechten Auge erblinden. Ich brauche ein Krankenzimmer und eine Schwester für seine Pflege."

„Das Kind", Ramdohr spuckte das Wort verächtlich aus, „ist ein dringend Tatverdächtiger in einem dreisten Versuch von Sabotage. Wenn wir die Tat nicht verhindert hätten, wäre Ihr Lazarett jetzt randvoll gefüllt mit schwerverletzten Soldaten."

„Mein Lazarett ist immer gefüllt mit schwerverletzten Soldaten", erwiderte Doktor Plötzl eisig. „Und der Großvater dieses Jungen operiert täglich und rettet vielen dadurch das Leben. Der Junge braucht medizinische Behandlung. Wenn Sie das nicht hier vor Ort anbieten können, werde ich ihn mitnehmen."

„Er ist ein Gefangener. Niemand nimmt so einfach einen meiner Gefangenen mit!"

Ramdohr gab sich keine Mühe, seine Wut zu verbergen. Er hasste nichts mehr als Menschen, die sich ihm gegenüber so herablassend kühl benahmen und die offensichtlich in ihm nur den jungen Studenten sahen. Aber es war Krieg, und er war hier in Geraardsbergen als Gendarm für die Aufdeckung krimineller Machenschaften verantwortlich. Ernst Zahn und ihm allein war es zu verdanken, dass in dieser kleinen Stadt alle Verordnungen befolgt wurden, Verstöße sofort bestraft und Anschläge durch

Franktireurs, diese feigen Saboteure, die sich anmaßten heldenhafte Widerstandskämpfer zu sein, bisher erfolgreich verhindert worden waren. Dass dieser Doktor ungestört arbeiten konnte und dass dem Lazarett genug Lebensmittel für die verletzten Soldaten zugeteilt werden konnten, dafür sorgte er, Max Ramdohr.

Doktor Plötzl öffnete seine Arzttasche, zog wortlos ein Schriftstück heraus und reichte es seinem Gegenüber. Ramdohr überflog es betont flüchtig, als hätte so ein Schreiben eigentlich keine Bedeutung für ihn. Dabei war es eine knappe Anordnung von Oberleutnant Schwarz, dem Jungen Thierry van Klaarsbeeck bis zum Prozess ordentliche Haftbedingungen zu gewähren. Mehr hatte Doktor Plötzl nicht erreichen können, und schon dieses Zugeständnis hatte ihn mehr als einen halben Tag und viel Überredungskunst gekostet. Die Verletzungen des Jungen waren deshalb für den Arzt ein Segen.

„Ich werde ihn in eine Zelle mit Fenster und Pritsche verlegen lassen." Ramdohr war noch nicht gewillt, sich geschlagen zu geben.

„Das reicht unter diesen Umständen leider nicht mehr aus. Wie ist es denn eigentlich zu diesen Verletzungen gekommen?"

„Hier steht nichts von Entlassung", überging Ramdohr die Frage.

„Ich weiß, aber der Junge braucht ein warmes, gelüftetes Krankenzimmer und eine Krankenschwester, die ihn pflegt. Ich glaube nicht, dass der Oberleutnant erfreut sein wird, wenn der Junge in der Haft stirbt. Und das wird unweigerlich passieren, wenn sich die Umstände nicht sofort und drastisch ändern", log Doktor Plötzl.

Ramdohr wusste, dass er verloren hatte.

„Sie können ihn mitnehmen. Aber er bleibt ein Gefangener, und sobald sich sein Zustand gebessert hat, muss er zurück in Haft."

„Selbstverständlich", beeilte sich Doktor Plötzl zu antworten, bevor Ramdohr auf die Idee kommen konnte, von ihm ein Ehrenwort zu verlangen, das er nicht brechen konnte.

Ramdohr schnaubte etwas Unverständliches und verließ grußlos den Raum. Doktor Plötzl packte Thierry am Arm und führte ihn aus dem Zimmer, die Treppe hinunter und hinaus in die Freiheit, wo ein Automobil auf sie wartete.

Eine überstürzte Abreise

Thierry lag in seinem eigenen Bett. Noch nie war ihm aufgefallen, wie sehr das Leintuch nach Sauberkeit duftete, noch nie war das Kissen so weich gewesen und die Decke so angenehm warm. Die letzte Stunde war wie in Nebel gehüllt. Der deutsche Doktor, den er am Grab der Mutter so beschimpft hatte, hatte ihn aus der Zelle geholt und nach Hause gebracht. Dina hatte ihn vorsichtig und mit dutzenden lieben Worten im warmen Wasser von Kopf bis Fuß gewaschen und in einen frischen Pyjama gesteckt. Sie hatte ihn gefüttert mit in Milch eingeweichten süßen Brotstückchen und ihm einen wohlschmeckenden Kräutertee zu trinken gegeben. Die schrecklichen Stunden in der Zelle schienen hier in seinem Bett mehr und mehr in weite Ferne zu rücken, solange er nicht über die anderen Jungen nachgrübelte. Schließlich übermannte ihn die Müdigkeit und er schlief ein.

Als er wieder aufwachte, war es um ihn herum finster. Thierry schnappte erschrocken nach Luft und versuchte sich aufzurichten. War seine Freiheit nur ein Traum gewesen? War er wieder in der Zelle? Sofort spürte er eine Hand auf seiner Brust, die ihn sanft zurück auf die Matratze drückte und ein Licht wurde aufgedreht. Mit seinem nicht verbundenen Auge erkannte er, dass sein Großvater auf einem Stuhl neben dem Bett saß.

„Wach?“, fragte dieser.

Thierry nickte. Das rasche Schlagen seines Herzens verlangsamte sich wieder.

„Es tut mir leid“, sagte er, obwohl er nicht genau sagen konnte, was ihm eigentlich leidtat.

„Scht, mein Junge“, sagte Großvater sanft. „Ich muss mir Vorwürfe machen. Ich hätte dich nicht so viel allein lassen dürfen.

Da hast du dich zu dummen, gefährlichen Plänen verleiten lassen. Aber das wird sich jetzt ändern. Morgen früh werde ich dich nach Geel fahren. Dort wohnt meine Schwester, deine Großtante. Sie wird sich um dich kümmern."

Er sollte weg?! Zu einer Großtante, die er nicht kannte?

„Ich will bei dir bleiben!", protestierte Thierry.

„Das geht nicht. Du müsstest zurück ins Gefängnis, sobald du gesund genug bist. Diese Gendarmen werden darauf bestehen. In Geel wirst du wahrscheinlich vor ihnen in Sicherheit sein. Ich hoffe, dass man sich von höherer Stelle aus nicht die Mühe machen wird, dich von dort wieder abzuholen."

„Kommst du mit?"

„Ich bringe dich hin. Aber dann muss ich gleich zurück. Du weißt, sie brauchen mich im Lazarett", sagte Doktor van Klaarsbeeck.

Doktor Plötzl hatte ihm zuvor Grund zur Hoffnung gegeben: „Solange Sie, van Klaarsbeeck, als ausgezeichneter Chirurg vor Ort sind, wird Oberleutnant Schwarz keinen Grund sehen, den Jungen zur Rechenschaft zu ziehen. Schließlich hat er noch elf andere Kinder, an denen er ein Exempel statuieren kann."

Aber das durfte er dem Jungen nicht sagen.

Thierry schloss enttäuscht die Augen. Der Tonfall des Großvaters war deutlich genug gewesen. Er wurde in die Fremde geschickt, und es hatte keinen Sinn, dagegen zu protestieren.

„Ich kenne sie nicht einmal", flüsterte er dennoch.

„Thierry, das Einzige, was jetzt wirklich zählt, ist, dass du wieder in Freiheit bist. Deine Großtante ist zwar alt, aber wenn du dich wie ein höflicher, aufmerksamer, junger Mann benimmst – und nicht weniger erwarte ich von dir –, wird sie dich rasch liebgewinnen", versuchte Doktor van Klaarsbeeck seinem Enkel Mut zu machen. Dass er seine Schwester seit Jahren nicht gesehen hatte und dass ihre letzten Zusammenkünfte kühl verlaufen waren, erwähnte er nicht. Er konnte dem Kind auch schwerlich sagen, dass er die eigene Schwester für eine geizige, selbstsüchtige Frau hielt. Er würde morgen in Geel an ihrer Tür klingeln und ihr einen ansehnlichen Betrag für den Unterhalt des Jungen zur Verfügung stellen. Wenn er sie richtig einschätzte, würde sie das Geld annehmen und den Jungen gut versorgen, wenn auch ohne ihm besondere Zuneigung entgegenzubringen.

Einen kurzen Augenblick lang hatte er auch überlegt, ein Internat für den Jungen zu finden. Doch er war rasch zu dem Schluss gekommen, dass Thierry dort auch nicht liebevoller aufgehoben wäre und inmitten vieler Jungen schien die Gefahr größer, dass er sich wieder zu unbesonnenen Taten verführen ließ.

Thierry machte ein abweisendes Gesicht.

„Komm, sei ehrlich." Doktor van Klaarsbeeck bemühte sich, eine zuversichtliche Miene aufzusetzen, obwohl Thierry noch immer die Augen geschlossen hatte. „Du bist doch auch froh, dass ich dich da rausholen konnte. Diese Zellen sollen schrecklich sein, und wie ich sehen kann, hat man dich misshandelt."

Diese Sätze riefen Thierry mit plötzlicher Wucht in Erinnerung, dass sein Freund Gaston und die anderen Jungen noch im Gefängnis saßen. Er machte das eine Auge auf und schaute seinem Großvater direkt ins Gesicht.

„Was ist mit Gaston und den anderen?", fragte er und seine Stimme zitterte.

Großvater schüttelte bedauernd den Kopf. „Ich konnte nur für dich etwas tun. Schließlich hat dieser Marcel euch zu etwas angestiftet, das sehr böse hätte enden können. Einen Zug entgleisen lassen, was habt ihr euch bloß dabei gedacht?!" Er konnte den Vorwurf in seiner Stimme nicht unterdrücken.

„Die haben Mama umgebracht!", brach es trotzig aus Thierry heraus. „Es wäre gerecht gewesen."

„Der Tod ist nie gerecht", widersprach Doktor van Klaarsbeeck, und plötzlich war er froh, die Verantwortung für Thierry abgegeben zu haben. Im Generalgouvernement war der Krieg nicht so unmittelbar spürbar. Da gab es weitaus weniger Verordnungen, und die Soldaten waren nicht so allgegenwärtig und feindselig wie hier im Etappengebiet.

„Es war ein Transportzug. Gaston hat es von seinem Vater erfahren. Wir wollten verhindern, dass wieder neue Soldaten zum Kämpfen an die Front gebracht werden. Verstehst du das nicht?"

Thierry war es plötzlich wichtig, von seinem Großvater verstanden zu werden.

Doktor van Klaarsbeeck schwieg einen Moment lang, bevor er leise sagte: „Euer Transportzug fuhr nicht zur Front, sondern kam von der Front, Thierry. Er war voll mit Verwundeten. Auch britische und französische Soldaten waren darunter, nicht nur deutsche. Du hättest alle auf dem Gewissen gehabt."

„Das habe ich nicht gewusst", murmelte Thierry.

„Thierry, die Zeiten sind verstörend, aber ich bin nun mal als Arzt immer dem Leben verpflichtet, egal in welchem Körper. Jeder Mensch ...", versuchte Doktor van Klaarsbeeck noch einmal zu seinem Enkel durchzudringen, aber Thierry ließ ihn nicht ausreden.

„Du flickst die Deutschen zusammen, damit sie wieder kämpfen können!"

„Jetzt hör mal ..."

„Nein!" Thierry drehte sich von seinem Großvater weg auf die Seite. Er wollte es nicht zugeben, aber das, was dieser soeben gesagt hatte, verstörte ihn. Wenn es ihm und den anderen Jungen gelungen wäre, den Zug entgleisen zu lassen, wären auch britische und französische Soldaten gestorben, Menschen, die für die Freiheit seines Landes gekämpft hatten. Das konnte er jetzt nicht einfach von sich wegschieben.

„Thierry. Die Engländer haben die Bomben abgeworfen, die deine Mutter töteten. Der Krieg bringt Menschen dazu, entsetzliche Dinge zu tun. Dinge, die in Friedenszeiten nie passieren würden. Sogar du und die anderen Jungen, ihr hättet ebenso Schreckliches verbrochen. Es ist ein Segen, dass euer Plan misslungen ist."

Thierry unterdrückte ein Schluchzen.

„Du bist frei und irgendwann wird alles auch wieder gut." Großvaters Hand streichelte seinen Rücken. „Irgendwann gibt es wieder Frieden."

„Großvater hat recht, ich bin frei", dachte Thierry und die Erleichterung darüber war groß. Aber Gaston, der eigentlich gar nicht hatte mitmachen wollen, saß noch in der Zelle. Was würde mit ihm passieren, wenn Ramdohr und Zahn herausfanden – und das würden sie zweifellos, wenn sie es nicht bereits hatten –, dass Gaston die Informationen über den Zug für die Gruppe beschafft hatte? Was würde in der Folge mit Gastons Vater geschehen? Und was mit den anderen? Wieder hallte das Wort Todesstrafe in seinem Kopf.

Er wälzte sich auf den Rücken, stützte sich auf und flehte: „Großvater, wenigstens Gaston. Er hat nur mitgemacht, weil ich es unbedingt wollte. Ich habe ihn gezwungen. Bitte, geh zu Doktor Plötzl. Er kann doch nochmals …" Thierry brach ab, als er den verzagten, hilflosen Ausdruck in Großvaters Augen sah.

„Glaube mir, ich würde es tun, aber …"

„Wenn du ihnen versprichst, noch besser zu operieren?"

Doktor van Klaarsbeeck schüttelte den Kopf.

„Versuch jetzt zu schlafen. Morgen früh fahren wir gleich nach Sonnenaufgang los."

Ohne die nächtliche Ausgangssperre wäre er gleich aufgebrochen. Wer konnte schon mit Sicherheit sagen, ob Oberleutnant Schwarz seine Meinung nicht plötzlich wieder ändern würde? Oder was würde passieren, wenn Ramdohr aus einem der anderen Kinder ein Geständnis herauspresste, das Thierry so stark belastete, dass er ihn erneut verhaften ließ? Allein Plötzls drängende Frage, ob es ihm gelingen würde, ein Fahrzeug zu organisieren, hatte ihm klar gemacht, wie wichtig es war, Thierry ohne Aufschub aus Geraardsbergen fortzuschaffen.

Eine Nacht im April 1918: An der Grenze

Thierry, der Mörder?

„Wenn der Zaun beinahe unhörbar leise summt“, hatte Langer Franz sie eindringlich gewarnt, „ist er eingeschaltet. Dann Finger weg davon. Macht, in Gottes Namen, keine Dummheiten. Wer an ihm ankommt, auch wenn es bloß mit der allerkleinsten Fingerspitze ist, wird elektrifiziert. Wie eine Vogelscheuche hängt dann so einer im Draht. Ich habe ein paar solcher Unglücksraben sehen müssen. Abscheulich! Da dreht es einem den Magen um.“

Elektrifiziert! Thierry wusste, was das bedeutete: Man wurde wie durch einen Blitz mit Elektrizität aufgeladen und verbrannte innerlich. Das Herz, die Leber, alles im Körper würde dann zu Asche werden. Wer den Zaun berührte war tot. So einfach war das. Deshalb mussten sie das versprochene Loch unbedingt finden. Zurückgehen war keine Option. Denn Umdrehen hieße, dass er zum Mörder werden würde.

Niemand würde es laut sagen, aber alle in Geel würden es denken. Am Markttag, in der Warteschlange beim Bäcker, nach der Sonntagsmesse am Kirchplatz. Zuerst noch hinter vorgehaltener Hand, aber wenn dann alle wussten, was er getan hatte, würden sie es ganz offen sagen.

„Thierry, ja genau dieser Junge da, der erst zugezogen ist, hat unseren Albert auf dem Gewissen.“

„Unseren Abert? Was du nicht sagst!“

„Ja! Er hat ihn ins offene Messer laufen lassen, unseren Albert.“

Unseren Albert, so nannten sie ihn in Geel. In Geel gab es nämlich die Einheimischen und die Gäste. Die Gäste hießen „unser Albert“, „unser Jan“, „unser Dirk“, „unsere Ria“.

Aber wie sollte er Albert retten, wenn der Zaun ihnen den Weg versperrte?

„Da ist kein Loch", flüsterte Thierry.

„Wir müssen hinüber", betonte Elsie.

Thierry konnte ihr Gesicht im Mondlicht nur schemenhaft ausmachen, aber er musste es nicht sehen, um zu wissen, wie sie dreinschaute.

Es wäre derselbe Blick, mit dem sie vor zwei Tagen vor Großtante Sidonias Haustür gestanden und energisch die Klingel gezogen hatte. Klara, das Dienstmädchen, hatte ihr aufgemacht.

„Besuch für dich, Thierry", hatte Klara vorwurfsvoll die Treppe hinauf gerufen.

„Wer ist es denn, Klara? Der Milchmann, der kommt doch nie um diese Zeit. Oder der Pastor? Sag ihm, ich habe kein Geld für seine Armen, schließlich muss ich den Jungen jetzt auch noch durchfüttern." Großtante Sidonias klagende Stimme hatte nahezu gleichzeitig aus dem Salon getönt.

„Es ist ein Kind!" Die Missbilligung in Klaras Tonfall war nicht zu überhören gewesen.

„Ein Kind?! Warum denn ein Kind?" Tante Sidonias Stimme war sofort um etliche Nuancen schriller geworden. „Kinder haben hier nichts zu suchen. Schick es fort."

„Dieses Mädchen, das vor Wochen die Kartoffeln gebracht hat. Sie sagt, sie kommt für den Jungen."

„Für den Jungen?!" Wenn die beiden über Thierry redeten, war er immer nur der Junge.

Oben in seinem winzigen Gästezimmer hatte Thierry das Buch zugeschlagen und war schuldbewusst die Treppe hinuntergekommen. Warum wollte Elsie ihn besuchen? Sie hatte ihn doch nicht mehr sehen wollen?

Am Fuß der Treppe angekommen, begleitet von Großtante Sidonias Wehklagen, hatte Thierry sich an Klara vorbeigeschoben. Tatsächlich, draußen auf den Stufen stand Elsie.

„Sie suchen Albert", sagte sie hastig. Mehr nicht. Sie suchen Albert. Aber ihr Blick verriet ihm alles. Er sagte ihm, dass er schuld daran war. Und später, als Elsie ihm alles erzählt hatte, hatte er verstanden, was sie nicht laut sagte, aber sehr wohl dachte: dass er an Alberts Tod schuld sein würde. Dass er drauf und dran war, ein Mörder zu werden.

Thierry hatte sich nicht von Tante Sidonia und Klara verabschiedet. Sie würden ihn ohnehin nicht wirklich vermissen. Vielleicht waren sie sogar erleichtert, dass er nicht mehr da war, wenn die Gendarmen kamen, um ihn zu verhaften.

„Ich wollte nicht, dass es so ausgeht", dachte Thierry. Er spürte den Drang, Elsie das noch einmal zu sagen, aber er ließ es bleiben. So ein Satz entschuldigte schließlich nichts und machte auch nichts wieder gut.

Jetzt, in dieser Gewitternacht, ein paar Meter vom Totendraht entfernt, wurde ihm klar, dass es keinen Unterschied machte, ob einer der Blitze, die immer wieder über den Himmel zuckten, oder der Zaun ihn tötete. Ob es Thierry van Klaarsbeeck gab oder nicht, war der Welt, so wie sie war, egal. Der Donnerschlag, der die Blitze begleitete, klang in seinen Ohren bereits wie der zustimmende Applaus Schaulustiger.

Einer muss es versuchen

„Da ist kein Loch, Elsie", wiederholte Thierry und versuchte die hochsteigende Panik, die ihm schon die Kehle zuschnürte, hinunterzuschlucken. „Langer Franz hat uns belogen. Er wollte uns loswerden und hat uns belogen. Da ist kein Loch. Da ist niemals eines gewesen, wenn du mich fragst."

Elsie schwieg.

„Ich kann doch nichts dafür", sagte Thierry, und seine Stimme machte einen komischen Hickser.

Albert räusperte sich nervös.

„Leise sein, Albert", wies Elsie ihn flüsternd zurecht. „Niemand darf uns hören. Hast du das vergessen?"

„Pssst", zischelte Albert aufgeregt.

„Genau", lobte Elsie.

Und zu Thierry mit eisiger Stimme: „Was schlägst du jetzt vor?"

Er wollte nichts vorschlagen müssen. Aber Elsie würde das nicht gelten lassen.

„Wenn der Zaun ganz leise summt, ist er eingeschaltet“, stotterte Thierry stattdessen.

Elsie nickte und legte den Kopf schief. Er machte es ihr nach. Sie horchten in die Nacht hinein. Sie hörten nichts, aber vielleicht war das Prasseln des Regens zu laut, um ein leises Summen überhaupt wahrnehmen zu können.

„Ich glaube, er ist nicht eingeschaltet. Langer Franz hat gesagt, dass das von Zeit zu Zeit vorkommt“, mutmaßte Thierry zögerlich.

Elsie schnaubte. „Er hat auch gesagt, dass da ein Loch für uns sein wird, oder?“

„Das ist wieder typisch Geel“, stellte Thierry verärgert fest. Wer einmal lügt, lügt immer. So dachten die Leute in Geel. In Geel wusste man immer ganz genau, was richtig und was falsch war. Wer in Geel wohnte, hielt sich an die Regeln des guten Zusammenlebens. Nur für „unsere Alberts“ „unsere Jans“ und „unsere Rias“ galt das nicht. Da war man großzügig in Geel. Die konnten mitten auf der Straße wild herumschreien, am Markt beim Gemüsehändler einfach einen Apfel mitgehen lassen, bei der Sonntagsmesse aus der Bank heraus die Orgel dirigieren oder behaupten, dass sie den König für einen Scheißkerl hielten.

„Wenn er nicht eingeschaltet ist, könnten wir den Stacheldraht auseinanderbiegen und durchschlüpfen“, sagte Thierry.

„Gut“, antwortete Elsie. „Dann mach mal.“

Thierry starrte auf den Zaun, als könne er ihn zwingen, ihm dadurch eine eindeutige Antwort zu geben. Er war sich nicht annähernd sicher, dass der Draht ausgeschaltet war. Viel wahrscheinlicher war es doch, dass der Regen das Summen übertönte. Er bemerkte, dass seine Hände zitterten und versenkte sie rasch in die Hosentaschen, wo die Finger durch den dünnen Futterstoff auf seine Oberschenkel klopften.

„Vielleicht summt die Elektrizität so leise, dass wir sie nicht hören“, flüsterte er.

„Wir können nicht zurück.“

„Ich weiß.“ Seine Kehle brannte plötzlich und Tränen stachen in seinen Augen.

„Einer von uns beiden muss es herausfinden", verlangte Elsie eigensinnig.

Thierry wusste sofort, dass er der Eine sein sollte. Schließlich hatte er Albert in diese missliche Lage gebracht. Er versuchte, seine Beine in Bewegung zu setzen, aber sie wollten ihm nicht gehorchen.

Hier oben im Norden, im sogenannten Generalgouvernement, hatten die doch keine Ahnung, was sich in der Etappe abspielte. Hier waren die Deutschen lästig und unerwünscht wie Hausfliegen, aber in der Etappe waren sie Hornissen, die nur darauf warteten, die Menschen zu bestrafen und zu quälen. Hier war der Himmel, die Etappe war das Fegefeuer, und wer im Himmel wohnte, konnte sich das Fegefeuer nicht vorstellen.

Wenn Großvater ihn nicht fortgebracht hätte ... Ob die anderen Jungen mittlerweile auch aus dem Gefängnis entlassen worden waren? Bilder tauchten ungewollt in seinem Kopf auf. Die kalte finstere Zelle, Gastons Weinen, Ramdohrs Schläge, Zahns ruhige Stimme, die ihm dennoch Angst einflößte ... In Geel waren sie verblasst. Warum kamen sie ausgerechnet jetzt wieder zurück?!

Neben ihm flüsterte Elsie: „Ich lasse Albert nicht im Stich. Ich nicht."

Bevor er sie zurückhalten konnte, kroch sie auf den Zaun zu und Albert folgte ihr wie ein Hund. Ein neuerlicher Blitz, der diesmal quer über den ganzen Himmel seine zackige Spur zog, beleuchtete die beiden.

Thierrys Magen krampfte sich zusammen. Er durfte Elsie nicht gehen lassen. Sie durfte den Zaun nicht berühren. Auf sie wartete ein Zuhause, eine Mutter, ein Vater und ein Bruder. Auf ihn wartete keiner so richtig.

„Wenn es bei dir schief geht", meldete sich irgendwo in seinem Kopf ungefragt eine leise Stimme, „ist es ja nicht so schlimm, oder?"

Die Stimme klang freundlich, ein bisschen so, wie die Frau des Fleischers daheim, die ihn, als er klein war, immer gefragt hatte, ob er eine Scheibe Leberwurst haben wollte. Er hatte dann zu Mama aufgeschaut und erst, wenn diese nickte, hatte er seine Hand ausgestreckt und schrecklich verlegen geflüstert: „Ja, bitte. Dankeschön."

Mama! Wenn er den Zaun berührte und dieser geladen war, würde er wieder bei ihr sein. Dann wäre auch der Krieg für ihn vorbei.

„Elektrifiziert. Ob das weh tut?", stellte er sich selbst die Frage. Die Stimme in seinem Kopf gab ihm darüber keine Auskunft und der Donner lachte darüber.

„Vielleicht nur ganz kurz", dachte er. „Und dann ist alles vorbei und ich ..."

„Wenn du wartest, ist es zu spät", warnte die Stimme. „Los. Und ein Held bist du dann übrigens auch, egal wie es ausgeht. Dann musst du dir keine Gewissensbisse mehr machen, dass du deine Freunde im Stich gelassen hast. Ein Held läuft nämlich nicht davon. Ein Held opfert sich für andere. Jetzt hast du deine zweite Chance. Vermassle die nicht auch noch. Im Leben kriegt man keine dritte Chance."

Das gab den Ausschlag. „Elsie, Elsie", rief Thierry flüsternd. „Warte!"

Sie hielt inne. Kaum mehr als ein Meter lag zwischen ihr und dem Zaun.

„Ich mache es. Rühr dich nicht."

Während er hastig zu ihr kroch, versuchte er, dieses Gefühl nicht loszulassen, dass es herrlich wäre, Mama bald wieder zu umarmen. Außerdem gab es die winzige, aber doch nicht völlig unwahrscheinliche Möglichkeit, dass der Zaun in diesem Augenblick nicht geladen war. Dann konnten sie nach Holland schlüpfen und Albert retten.

„Immer vorwärts!", feuerte ihn die leise Stimme an. „Vorwärts. Du kannst doch noch ein Held sein wie Gaston und die anderen."

Winter 1917/1918: Geel

Pflichterfüllung

„Deshalb kann ich mich nicht länger um ihn kümmern, Sidonia. Bald bin ich Tag und Nacht im Lazarett, so viele Verletzte brauchen meine Hilfe.“ Doktor van Klaarsbeeck schaute seine Schwester ernst an. Er hatte sie überrumpelt. Das wusste er. Aber er hatte keine andere Wahl gehabt.

„Ein Hospital so nahe an der Front ist nun mal kein Aufenthaltsort für ein Kind, Sidonia, und schon gar nicht in diesen Zeiten“, setzte er fort. Er wählte seine Worte mit Bedacht. Es war ihm nur recht, dass er damit bei ihr den Eindruck erweckte, dass der Junge sich womöglich auch im Lazarett aufhalten musste.

„Aber …“, protestierte Tante Sidonia und ihre Hände zitterten, so aufgebracht war sie über das unerhörte Ansinnen ihres jüngeren Bruders. Wie kam er denn eigentlich dazu, plötzlich mit seinem Enkel an ihrer Türschwelle aufzutauchen? Schon die Art, wie dieser Junge mit hängenden Schultern und verdrossener Miene dastand, warnte sie, dass er kein einfaches Kind war. Das blaue Auge und die aufgeplatzte Lippe bestätigten dieses Urteil.

„Aber, das geht unmöglich. Ich …“ Sie hatte selbst nie Kinder gehabt, und sollte jetzt in ihrem Alter noch damit anfangen?

„Sidonia, ich habe schlichtweg keine andere Wahl. Thierry kann nicht länger bei mir bleiben. Ich komme selbstverständlich für alle Unkosten auf“, schnitt Doktor van Klaarsbeeck seiner Schwester das Wort ab. Er hatte keine Zeit, noch länger mit ihr darüber zu debattieren, und wie er es sich gedacht hatte, führte die Aussicht auf Geld dazu, dass bei seiner Schwester die Mauer der Ablehnung nun plötzlich rasch bröckelte. Er langte in seine Manteltasche und holte ein prall gefülltes Kuvert heraus. Er sah, wie sie ihre Augen darauf richtete.

Fräulein van Klaarsbeeck schüttelte den Kopf. Meinte ihr Bruder wirklich, dass Kindererziehung sich mit Geld regeln ließe?

„Natürlich gibt es Kosten. Ich müsste auch den obersten Stock einheizen. Und die Kohlenpreise steigen und steigen. Ich weiß auch nicht, ob Klara die Extraarbeit schaffen wird. Sie ist nicht mehr die Jüngste", sagte sie lahm, weil sie nicht wusste, wie sie seine Bitte ablehnen konnte.

„Selbstverständlich werde ich das berücksichtigen, Sidonia", bemühte sich Doktor van Klaarsbeeck freundlich zu bleiben. Seine Schwester war nicht unvermögend und auch wenn durch den Krieg die Lebenskosten in die Höhe geschossen waren, konnte er sich nicht vorstellen, dass sie am Hungertuch nagte. Er streckte ihr das Kuvert entgegen.

„Hier. Das wird für die ersten Wochen wohl reichen, und Thierry hat mir versprochen, sich vorbildlich zu benehmen. Gewiss kann er Klara einiges an Arbeit abnehmen. Die Kohle aus dem Keller herausholen, zum Beispiel."

Fräulein van Klaarsbeeck entging es nicht, wie der Junge, beim letzten Satz zusammenzuckte. Er war es bestimmt nicht gewohnt zuzupacken. Sie seufzte.

„In Gottes Namen, dann lasse ihn da. Ich werde mich gut um den Jungen kümmern. Das verspreche ich dir", gab sie nach. Ihr Bruder hatte immer schon seinen Willen durchgesetzt. „Allerdings hoffe ich sehr, dass er sich wirklich zu benehmen weiß. Es geht nicht, dass er sich hier auch mit den Gassenjungen prügelt."

Sie warf Thierry einen vielsagenden Blick zu.

„Thierry ist oben an der Treppenkante gestolpert und unglücklicherweise beim Versuch, das Schlimmste zu verhindern, mit dem Gesicht genau am Eckpfosten des Geländers aufgeprallt." Doktor van Klaarsbeeck fand es besser, seiner Schwester nichts von den Vorfällen in Geraardsbergen zu erzählen. Das würde ihr nur Angst machen.

Thierry hörte stumm zu. Das Wenige, was ihm Großvater auf der Fahrt nach Geel über seine Großtante erzählt hatte, hatte ihn schon darauf vorbereitet, dass es bei ihrer ersten Begegnung keine herzlichen Umarmungen und Küsse geben würde. Sie sei es als alte, unverheiratete Frau nicht gewohnt – wie Großvater es ausgedrückt hatte –, mit einem lebhaften Kind in einem Haushalt zu wohnen. „Aber“, hatte er gesagt, „du wirst mit Zuvorkommenheit, gutem Benehmen und Geduld gewiss das Herz der alten Dame erweichen.“

Unglücklich starrte Thierry die zwei grauhaarigen Damen an, die wie zwei Wachposten den Eingang ins Haus blockierten. Aber während seine Großtante zierlich wie eine Porzellanfigur wirkte und ein blasses, kantiges Gesicht hatte, verfügte ihre Dienstbotin über eine füllige Gestalt, die sie mit Mühe in ein bauschiges Kleid gestopft hatte, und sie hatte bis auf „Warten Sie bitte hier, ich verständige Fräulein van Klaarsbeeck“ keine weiteren Worte geäußert. Aber ihre verärgerte Miene und die bösen Blicke, mit denen sie die Sätze ihrer Dienstgeberin untermalte, sprachen Bände.

„Also, Thierry.“ Doktor van Klaarsbeeck wandte sich an seinen Enkel. „Alles ist besprochen. Ich muss jetzt rasch fahren, damit ich rechtzeitig vor der Sperrstunde zu Hause bin. Sei fleißig in der neuen Schule und ...“ – er drückte seine Hand auf Thierrys Schulter – „und bringe dich nicht in Schwierigkeiten. Versprochen?“

Thierry nickte stumm und die Hand auf seiner Schulter lockerte sich.

„Guter Junge. Ich weiß, dass ich mich auf dich verlassen kann.“

Doktor van Klaarsbeeck schob Thierry mitsamt dem kleinen Koffer über die Türschwelle, während die beiden Frauen zurückwichen.

„Ich danke dir von Herzen, Sidonia“, sagte er zu seiner Schwester. Als er sich vorbeugte, hielt sie ihm zwar die Wange hin, aber ihr Gesichtsausdruck wurde noch leidender, als er ohnehin schon gewesen war. Er drückte einen raschen Kuss auf ihre Wange.

„Vielleicht ist der Krieg bald vorbei“, sagte er.

„Wir wollen es hoffen“, antwortete sie dünnlippig.

Als die Eingangstür hinter Doktor van Klaarsbeeck ins Schloss gefallen war, wurde Thierry von den Augen der Großtante und ihrer Dienstbotin regelrecht durchbohrt, bis Erstere schließlich sagte: „In Gottes Namen, geh fürs Erste einmal mit Klara in die

Küche. Sie wird dich in die Wanne stecken und gründlich abschrubben. Dann besprechen wir alles Weitere." Zu Klara gewandt fügte sie hinzu: „Tu einen ordentlichen Schuss Karbol ins Wasser. Weiß der Teufel, was er uns aus diesem Lazarett hereinschleppt. Es gibt immer wieder Meldungen über Grippe und Cholera."

Ohne Thierry noch mit einem Wort zu würdigen, drehte sie sich um und trippelte mit kleinen Schritten und einem steifen, kerzengeraden Rücken zurück in den Salon.

Thierry starrte ihr nach. „Hier muss ich also bleiben", dachte er. „Wie soll ich das bloß aushalten?" Noch bevor er weiter darüber nachdenken konnte, erhielt er einen festen Stoß in den Rücken, sodass er einen Schritt vorwärts stolperte.

„Den Koffer trägst du selbst, und erwarte ja nicht, dass ich dich bediene", zischte Klara ihm zu.

Eine Prüfung Gottes

Thierry brauchte nicht lange, um festzustellen, dass in diesem Haus für Kinder niemals ein Platz vorgesehen gewesen war, nicht im Salon, wo jede seiner Bewegungen zwischen den fragilen Möbelstücken besorgt von Großtante Sidonia beäugt wurde, und auch nicht in der Küche, wo Klara ihren Herrschaftsbereich gegen jede Art der Veränderung mit eiserner Ablehnung verteidigte.

Abgesehen von Großtante Sidonias Zimmer und Bad waren der Salon und die Küche die einzigen beiden Räumlichkeiten, die ausreichend beheizt wurden. Seine winzige Kammer oben im zweiten Stock neben dem Aufgang zum Dachboden war nur spärlich möbliert. Auf dem alten, eisernen Bettgestell mit Rostflecken lag eine dünne, steinharte Rosshaarmatratze. Ein Schrank lehnte so windschief an der Ziegelsteinmauer, dass seine Tür sich nur mit Kraftanstrengung öffnen und schließen ließ, daneben ein Spiegel, der so matt war, dass man sein Gesicht als vagen Fleck betrachten musste. Im Nachtkästchen neben dem Bett fehlten alle Schubladen, und das schmale Regalbrett darüber knarrte, als Thierry das einzige Buch darauflegte, das er in der Eile noch eingesteckt hatte. Das Zimmerchen glich eher einem Abstellraum für ausgemusterte Möbelstücke als einem Schlafzimmer, und Thierry vermutete, dass diese spartanische Kammer ursprünglich für die Dienstbotin bestimmt gewesen war.

Klara schlief im ersten Stock. Ihr Zimmer war nicht groß, wie Thierry feststellte, als er verstohlen einen Blick hineinwarf, aber es war gemütlich eingerichtet und vor allem warm, da es Wand an Wand mit Großtante Sidonias behaglich beheiztem Schlafzimmer lag.

„Fräulein van Klaarsbeeck braucht manchmal auch nachts meine Dienste. Da muss ich in ihrer Nähe schlafen. Das werden wir jetzt deinetwegen gewiss nicht ändern“, erklärte Klara ihm schnippisch, noch bevor Thierry ihr die Frage stellen konnte, warum er nicht dieses Zimmer, das eindeutig das Gästezimmer war, erhalten hatte. Es lag Thierry auf der Zunge zu antworten, dass für seinen Aufenthalt immerhin eine hübsche Summe bezahlt worden war. Er schwieg, weil er wusste, dass das nichts ändern würde. Außerdem hatte er seinem Großvater versprochen, sich höflich zu benehmen.

Großtante Sidonia hatte ihm am ersten Abend die Hausregeln erläutert: „Kein Herumgelaufe im Haus. Ich kann es nicht haben, dass du Klara vor die Füße läufst. Sie hat es schwer genug, die ganze Extraarbeit zu schaffen, die du verursachst. Wenn sie Hilfe von dir verlangt, wirst du ihr zur Hand gehen. Außerdem erwarte ich mir, dass du nach der Schule zuerst in deinem Zimmer alle Hausaufgaben erledigst, bevor du spielst, und sei um Gottes willen immer leise. Ich habe häufig Kopfschmerzen.“

„Ich habe aber keinen Schreibtisch oben“, hatte Thierry, eingeschüchtert von all diesen Verboten, eingewandt.

„So.“ Großtante Sidonia war einen kurzen Augenblick aus dem Konzept gebracht, dann entschied sie: „Der Küchentisch ist groß genug, dass du an einer Ecke deine Schreibarbeiten für die Schule erledigen kannst.“

„Nur über meine Leiche“, hatte Klara am nächsten Nachmittag empört gerufen, als Thierry mit seiner Schultasche in der Küche erschienen war. „Da hat das gnädige Fräulein nicht bedacht, dass du mir die Tinte über die Essensvorbereitungen verschütten wirst. Nein, hier unten will ich den Bücherkram nicht sehen."

„Aber, wie ..."

„Und dass du mir nicht zu deiner Großtante läufst. Die Gute hat deinetwegen Sorgen genug."

Klara machte eine ungeduldige Handbewegung, als ob sie eine Katze aus dem Garten verscheuchen wollte, hielt aber mitten in der Bewegung inne und sagte: „Wenn du schon da bist, kannst du mir auch einen Eimer Kohle aus dem Keller holen. Niemand kann erwarten, dass ich deinetwegen öfter laufe als früher."

„Aber im Keller ..."

„Jetzt erzähle mir nicht, dass du Angst vor dem Keller hast. Dafür bist du längst zu alt."

Thierry biss sich auf die Lippen. Ja, er hatte Angst. Er wollte nie wieder in einen Keller hinuntergehen müssen.

„Ist ... ist Licht unten?", fragte er.

„Natürlich nicht. Aber wenn du die Tür oben an der Treppe offen lässt, sieht man genug. Du musst dort unten schließlich nur Kohle einfüllen und nicht nach Diamanten graben."

„Kann ich nicht eine Lampe mitnehmen?"

Klara betrachtete ihn. „Du hast wirklich Angst", stellte sie fest.

Thierry nickte und lief rot an. Früher hatte er nie Angst vor Kellern und anderen dunklen, engen Räumen gehabt. Das war doch erst, seit ... Nein, das konnte er ihr nicht erzählen.

„Du bist wohl schon öfters zur Strafe in einem Keller eingesperrt gewesen?", argwöhnte sie.

„Kann ich eine Lampe haben", wiederholte Thierry. Er hörte selbst, dass es aufsässig klang. „Bitte."

Klara lachte. „Ich dachte mir schon, als ich dein Gesicht sah, dass du ein Raufbold bist. Glaub ja nicht, dass wir solche in Geel anders bestrafen!"

Thierry schwieg.

„Da hängt eine Taschenlampe. Die kannst du meinetwegen mitnehmen, obwohl es nicht notwendig ist. Zieh dir diese Schürze an. Am obersten Treppenabsatz findest du ein paar Holzschuhe. Wehe du verdreckst mir hier oben alles mit Kohlenstaub."

Klara war es, die von da an sein Leben bestimmte. Bereits am zweiten Tag lernte er, dass es besser war, ihr zu gehorchen, wenn er nicht hungrig bleiben wollte. Sie war es, die ihn jeden Tag in aller Frühe weckte, bevor sie selbst in das Erdgeschoss hinabstieg. „Mach, dass du aufstehst!“, keuchte sie, weil die Treppenstufen vom ersten in den zweiten Stock ihr schon den Atem raubten. Kaum war er unten, musste er für sie einen Großteil der allmorgendlichen Hausarbeit erledigen.

„Bevor du mir hier unnütz im Weg herumstehst!“, erklärte sie.

Er hatte ein einziges Mal versucht, so lange oben im Zimmer zu bleiben, bis es tatsächlich Zeit für das Frühstück war, nur um dann ungläubig auf einen Teller mit angebranntem, klumpigem Frühstücksbrei zu starren. Klara hatte mit vor der Brust verschränkten Armen verkündet: „Wenn du ihn jetzt nicht isst, bekommst du ihn zu Mittag! In diesem Haus wird nämlich kein Essen vergeudet.“

Da war es besser, ab halb sechs in der Früh all jene Arbeiten für Klara auszuführen, die ihr selbst zu mühsam waren. Manchmal war es sogar besser, auch untertags Klaras Festung aufzusuchen und alles Mögliche für sie zu erledigen, als stundenlang allein in seinem Zimmer frierend auf dem harten Bett zu sitzen und wieder und wieder sein einziges Buch zu lesen.

Nur der Abstieg in den Kohlenkeller blieb eine Qual. Jedes Mal musste er dabei an die Zellen in Geraardsbergen denken.

„Hast du etwa noch immer Angst? Mittlerweile musst du doch gemerkt haben, dass da unten keine Menschenfresser lauern“, spottete Klara. „Dann pass lieber auf, dass du nichts tust, wofür man dich mit einer Nacht im Keller bestrafen müsste.“

Aber obwohl Thierry sich wirklich redlich bemühte, fand Klara trotzdem immer wieder Gründe, sich bei seiner Großtante über ihn zu beschweren. Ein Poltern auf der Treppe, nasse Socken nach einem Regenguss, ein Teppichläufer, der unter seinen Füßen verrutschte, nichts entging ihren kritischen Augen.

„Warte nur, bis Fräulein van Klaarsbeeck davon erfährt“, zeterte Klara und brachte ihn dann in den Salon.

„Ich halte den Jungen nicht mehr aus“, fing Klara an, um dann mit einer langen, aufgebauschten Darstellung seiner neuesten Verfehlung fortzufahren.

„Ich weiß, es ist schrecklich, Klara, aber ich kann den Jungen doch nicht ins Waisenhaus stecken“, seufzte Großtante Sidonia jedes Mal. „Die Leute würden reden. Nein, er ist eine Prüfung Gottes, der sich der Mensch beugen muss.“

Thierry kam es vor, wie die gut einstudierte Szene einer Theatervorstellung. Das Ende war jedes Mal, dass Tierry seiner Großtante versprechen musste, sich mehr Mühe zu geben und dass Klara ihm nachher in der Küche wechselweise mit dem Waisenhaus und dem Keller drohte.

Dass er eine Prüfung Gottes sei, sagte Großtante Sidonia auch gerne und oft zu ihren ältlichen Freundinnen, die sich mehrmals die Woche wie ein Schwarm Raben im Salon niederließen und von Großtante Sidonia mit Tee und trockenen Keksen bewirtet wurden. Die Raben nickten und machten zustimmende Geräusche zu all ihren Äußerungen.

„Ja, eine wahre Plage.“

„Du bist ein Engel, Sidonia.“

„Wahrlich eine Prüfung.“

„Gott wird es dir bestimmt lohnen.“

Keine von ihnen dachte auch nur im Traum daran, ihr zu widersprechen.

In der Schule lief es auch nicht gut. Thierry bekam einen Platz in der letzten Reihe zugewiesen. Dort saß er, machte seine Aufgaben und hielt sich, wie er es dem Großvater versprochen hatte, von allen Schwierigkeiten fern. In den Pausen lehnte er allein an der Schulmauer und auch nach dem Unterricht blieb er nicht wie die anderen Schüler noch eine Weile am Schulhof, um Murmeln zu schießen oder mit dem Kreisel Wettbewerbe auszutragen. Anfangs gab es ein paar Jungen, die versuchten, ihn aus der Reserve zu locken.

„Du kommst aus der Etappe, oder?“

„Hast du die Schützengräben gesehen?“

„Wird viel geschossen?“

„Stimmt es, dass am Straßenrand die Leichen liegenbleiben und verwesen?“

„Da fliegen einem ständig die Kugeln um die Ohren, habe ich gehört.“

Aber wenn Thierry in die neugierig aufgeregten Gesichter schaute, musste er jedes Mal an Gaston, Philemon, Robert, Marcel und die anderen denken. Es schnürte ihm die Kehle zu und alles, was er herausbrachte, war: „Lasst mich in Ruhe damit.“

„He, wir wollten nur freundlich sein.“

„Ach, lass ihn da doch stehen. Wir können auch ohne ihn spielen.“

„Vielleicht ist er zu fein für uns, der Herr aus der Etappe.“

Von einigen bekam er unsanfte Stöße, die er mit in den Hosentaschen geballten Fäusten über sich ergehen ließ, ohne sich zu wehren. Eine Rauferei auf dem Schulhof würde ihn erst recht in Schwierigkeiten bringen. Die meisten jedoch zuckten nach ein paar Versuchen, Freundschaft zu schließen, mit den Schultern und ließen ihn links liegen.

Gaston, Philemon, Robert ... ob sie wohl noch immer in der Zelle saßen? In seinen wöchentlichen Briefen an den Großvater hatte er zwar angedeutet, wie sehr ihm das Leben mit Großtante Sidonia und Klara schwerfiel, er hatte sich aber nicht getraut, nach dem Schicksal der Freunde zu fragen. Wusste er doch, dass die Post geöffnet und zensuriert wurde. Er hatte zwar jedes Mal mit „und viele liebe Grüße an meine Freunde“ geendet, aber ob Großvater die Frage dahinter durchschaute? Es war nicht einmal sicher, ob die Briefe überhaupt ihr Ziel erreichten, da er niemals eine Antwort erhielt.

„Er hat bestimmt zu viel zu tun“, dachte er oder „sie schicken meine Briefe nicht ab“ oder – und das war die größte Angst – „Großvater traut sich nicht, mir zu schreiben, weil Ramdohr die Post überwachen lässt, um zu erfahren, wohin ich gebracht wurde.“

Als nach vielen Wochen des Wartens endlich ein kurzer Brief von Großvater kam, erfuhr Thierry lediglich, dass die zivile Post in der Etappe über Wochen nicht funktioniert hatte, dass Dina mittlerweile eine andere Anstellung gefunden hatte und Großvater in eine kleine Wohnung neben dem Lazarett gezogen war, weil er alle hellen Stunden des Tages im Spital verbrachte. Außerdem, so schrieb er, sei es eine Entscheidung der Vernunft gewesen, da der Brennstoff für das ganze Haus zu teuer geworden war. Sobald der Krieg jedoch vorbei sei, würden sie das Haus wieder bewohnen. Thierry wusste, was ungeschrieben zwischen den Zeilen stand und die Hoffnung, dass er bald wieder zurück nach Geraardsbergen dürfte, zerplatzte. Da nützte es auch nicht, dass Großvater den Brief mit einer allerherzlichsten Umarmung beendete.

Thierry legte den Brief zwischen die Seiten seines Buches und starrte dann lange die Decke an. Seit drei Tagen war er nicht zur Schule gegangen.

„Frühlingsfieber", hatte Klara am Montag festgestellt, als er mit einem roten Kopf und Schüttelfrost aus der Schule nach Hause gekommen war. „Dafür braucht es keinen teuren Arzt. Ein paar Tage das Bett hüten und Tee und Zwieback."

Seit gestern hatte er kein Fieber mehr, aber Klara fand, dass man noch einen Tag fieberfrei zu Hause sein sollte.

„Den Vormittag im Bett, am Nachmittag im Haus. Da kannst du mir ein wenig Arbeit abnehmen und wenn du am Abend noch immer gesund bist, kannst du ab morgen in die Schule." Thierry hatte ihr nicht widersprochen.

Auf der Bettkante sitzend blätterte er lustlos die Seiten um. Er las das Buch bereits zum dritten Mal und die Geschichte fesselte ihn längst nicht mehr, aber in Großtante Sidonias Haus hatte er außer einem Heiligenlexikon und der Bibel keine andere Lektüre gesehen. Beide Bücher befanden sich im Salon und Thierry hatte bis jetzt weder die Lust noch den Mut aufgebracht, seine Großtante zu fragen, ob er darin lesen dürfe. Heilige, daran glaubte er sowieso nicht, und was sollte er mit einem Gott, der diesen Krieg zuließ? Da las er doch lieber wieder die Geschichte über die lebende Mumie. Manche Sätze kannte er schon auswendig, zum Beispiel die Stelle, wo Dick die Mumie vor dem Abendessen in eine Badewanne mit warmem Wasser legte und nach der Mahlzeit wieder hinaufging, sich über die Wanne beugte und völlig unerwartet von der zum Leben wiedererweckten Mumie ein Veilchen verpasst bekam. Großvater hatte ihm das Buch am Nikolaustag auf den Frühstückstisch gelegt. Gefeiert hatten sie nicht, weil es nichts zu feiern gab.

Thierrys Gedanken schweiften nach Geraardsbergen. Jetzt hätte er draußen mit den anderen Jungen gespielt oder wäre mit Gaston durch die Gassen gelaufen. Thierry seufzte, weil er schon wieder an seine Freunde dachte. Warum hatte Großvater nichts über sie berichtet? Es musste ihm doch klar sein, dass Thierry dringend etwas über sie erfahren wollte! Auf einmal hielt er es drinnen nicht mehr aus: Die Wände seines Zimmers schienen auf ihn zuzukommen. Er musste raus, hinaus aus dem Haus.

Thierry lief die Treppe hinunter. Im Flur blieb er stehen. Großtante Sidonia traf sich jeden Donnerstagvormittag mit zwei anderen alten Damen zum Kaffee.

„Klara“, rief Thierry zuerst leise und, als keine Antwort kam, deutlich lauter: „Klara! Bist du da? Klara?“

Es blieb still. Thierry öffnete die Tür zur Küche. Sie war leer. Der Korb, den Klara zum Einkaufen mitnahm, fehlte. Niemand würde es merken, wenn er jetzt fortging.

Wenig später lief er durch die Straßen. Es tat gut, den Wind im Gesicht zu spüren. Er rannte, bis er die Häuser hinter sich gelassen hatte und die Kuhweiden und Äcker erreichte. Jetzt wäre es besser umzudrehen. Mit etwas Glück würde er vor Klaras Rückkehr wieder durch die Hintertür ins Haus schleichen können. Aber die schmale, von knorrigen Bäumen gesäumte Landstraße lockte, also lief er weiter. Er blieb erst stehen, als er etwas abseits vom Weg ein Wäldchen entdeckte. Die Bäume standen dort so dichtgedrängt nebeneinander, dass die Sträucher im Schatten darunter wie eine geheimnisvolle, grünschwarze Mauer wirkten. Es war das erste Mal, dass er das Dorf verlassen hatte, und das Wäldchen rief ihm zu, dass man in ihm Abenteuer erleben könnte. Thierry biss sich auf die Lippen. Er sollte zurückgehen. Klara stand bestimmt längst in der Küche und kochte. Keine Chance, dass er noch unbemerkt von ihr ins Haus schlüpfen konnte. Die Strafe würde umso schlimmer ausfallen, je länger er fortblieb. Dennoch konnte er sich nicht dazu durchringen. Das Rascheln der Baumkronen im Wind klang wie eine Einladung, das schattige Reich darunter zu betreten. Er schlug den Weg nach links ein und näherte sich langsam den Bäumen. Mit Gaston oder auch Philemon an seiner Seite wäre er ins Dickicht hinein gelaufen. Sie hätten gemeinsam den Wald erkundet. Aber allein? Er setzte sich auf einen Grenzstein am Wegrand und fühlte sich mit einem Schlag miserabel. Ohne es zu wollen, fing er an zu weinen.

Erinnerung an Hotte

An diesem Wäldchen kam Elsie zweimal täglich auf ihrem Schulweg vorbei, weil es in der Nähe des Bauernhofs lag, wo sie mit den Eltern, mit ihrem Bruder Frans und mit Albert wohnte. Seit der Sache mit Hotte jedoch machte ihr dieser Ort Angst und sie rannte so schnell es ging mit abgewandtem Kopf vorbei.

An diesem Morgen war sie das erste Mal aufgewacht, ohne sofort wieder den Kummerbrocken über seinen Tod, der in den letzten Wochen in ihrem Bauch gedrückt hatte, zu spüren. Dieser Brocken war zu einem kleinen Bröckchen geschrumpft, das kaum noch weh tat – wie sie, als sie sich aus dem offenen Fenster ihres kleinen Dachbodenzimmers beugte und die frische Luft einatmete, erstaunt feststellte.

In der Nacht hatte es geregnet und die Luft war so frisch, als hätte die Natur über Nacht ihren ganzen Osterputz erledigt und wäre nun bereit für den Neuanfang. Die Morgensonne wärmte ihre Wangen und als sie noch einen tiefen Atemzug tat, schmeckte Elsie den Frühling, obwohl es erst Anfang März war.

Eine halbe Stunde später lief sie vom kleinen Bauernhof zuerst über die lange Allee und dann über die schmale Provinzstraße auf das Dorf zu. Um sie herum zwitscherten die Vögel in den Bäumen um die Wette. Ein warmer Wind pustete ihre Haare durcheinander. Unbekümmert platschte sie mit ihren Gummistiefeln durch die Pfützen, die der Regen in der Nacht zurückgelassen hatte. Eigentlich war Krieg, aber hier und jetzt, nachdem sie das Wäldchen passiert hatte, in dem Hotte seinen letzten Atemzug gemacht hatte, merkte sie nichts davon. Heute früh fühlte sich sein Fehlen nicht mehr so bleischwer an. Selbstverständlich würde sie ihn niemals vergessen, denn seit sie denken konnte, war Hotte ein Teil der Familie gewesen, so wie Albert. Hotte hatte sie jeden Nachmittag abgeholt. Fünf Minuten vor Unterrichtsende tauchte er auf, setzte sich wie eine haarige, hechelnde Statue vor den Eingang der Schule und wartete geduldig, bis das Läuten der Glocke Elsies Erscheinen ankündigte.

„Hotte hat eine Uhr verschluckt", scherzte ihre Mutter immer. „Ich muss ihm gar nicht sagen, dass er loslaufen soll. Er weiß es von selbst und verschwindet einfach."

Aber vor drei Wochen saß Hotte nicht an seinem Warteplatz, und er war auch nicht zu Hause. Zuerst machte sich keiner große Sorgen.

„Hinter einer Hundedame her, der alte Gauner", meinte Frans, ihr Bruder.

„Eher Kaninchen", sagte Frau Donckers.

„Vielleicht hat ihn die Katze wieder einmal so geärgert, dass er lieber auf der Weide zwischen den Kühen liegt", dachte Elsie selbst. Nur Albert schaute unruhig immer wieder in den Garten hinaus und murmelte Unverständliches.

Als es Nacht wurde und Hotte noch nicht zurück war, machten sich der Vater und Frans mit Laternen auf den Weg, obwohl es verboten war, nach Einbruch der Dunkelheit das Haus zu verlassen.

Mit einer Kugel im Bauch fanden sie ihn im Kapellenwäldchen. Einer deutschen Kugel.

„Jetzt schießen sie auch schon auf unsere Hunde", sagte Herr Donckers bitter, als er mit dem leblosen Hotte in den Armen über die Türschwelle trat.

„Wenn ich ein Gewehr hätte", murmelte Frans in seinem Schlepptau. Er kam nicht dazu, seinen Satz zu beenden.

„Halt den Mund", schimpfte Frau Donckers. „Willst du uns alle ins Unglück stürzen?“ Sie hob die Hand. Auch mit seinen fast sechzehn Jahren war Elsies Bruder noch jung genug, um von seiner Mutter eine Ohrfeige zu kassieren, wenn sie es für nötig befand.

„Oh, oh, oh“, stotterte Albert nervös und sein rundes Gesicht zuckte noch mehr als sonst. Die Bäuerin warf ihm einen raschen Blick zu, ließ die Hand aber gleich wieder sinken.

„Hast du ein Glück, dass Albert auf deiner Seite ist“, sagte sie zu Frans.

„Geh hinten bei den Kirschbäumen eine Grube ausheben“, sagte der Bauer zu seinem Sohn. Frans nickte. „Und schau, dass sie tief genug wird. Kein Fuchs soll ihn wittern und ausgraben.“

„Ich, ich helfe ihm. Kein Problem.“ Albert stieß seinen Stuhl zurück und sprang auf.

„Gut, Albert“, sagte der Bauer.

Gemeinsam begruben sie Hotte mitten in der Nacht.

Im Sommer hatte er immer gerne im Schatten der Kirschbäume gedöst, die Augen zu, aber das linke Ohr wachsam gespitzt, bereit loszulaufen.

Frau Donckers hatte Hotte in seine Lieblingsdecke gewickelt.

Elsie hatte ein paar erste Krokusse gepflückt und warf sie ihm ins Grab nach.

Herr Donckers sagte heiser: „Du warst ein Treuer, ein ganz ein Treuer“, und zog kräftig an seiner Pfeife.

Frans schluckte und schwieg. Aber Elsie wusste, dass er an das Gewehr dachte, das der Vater für alle Fälle im Stall unter dem Schweinetrog versteckt hatte, statt es auf der Gemeinde abzuliefern.

Und Albert?

In dem Moment, als der Bauer die Erde auf Hotte schaufeln wollte, hob er die Hand.

„Warte“, sagte er. „Warte.“

Sie hielten alle still.

Albert war kein Mann von raschen Worten. Er kramte in seiner Hosentasche und holte umständlich einen kleinen Fetzen Papier heraus. Eine seiner Briefmarken, erkannte Elsie. Er zeichnete sie auf winzige Stückchen Papier, die die Mutter ihm gab, und schnitt dann mit einer Nagelschere rundherum die Zickzacklinie so sorgfältig aus, dass sie am Ende wie echte Briefmarken ausschauten.

„D-das ist f-für H-hotte“, stammelte er. „H-hab ich, hab ich gezeichnet.“

Elsie stand neben ihm und drückte seinen Arm. Albert hatte noch nie eine seiner Marken hergegeben. Er hortete sie in Metalldosen und Pappschachteln überall in seinem Zimmer. Auch die Eltern und Frans waren beeindruckt von dieser Geste. Sie schauten zu, wie Albert sich ein wenig nach vorne über die offene Grube beugte, die Hand mit der Briefmarke ausgestreckt. Elsie erkannte, dass er mit dünnen Bleistiftstrichen Hotte gezeichnet hatte, wie er auf der Türschwelle lag. Es war ihm unglaublich gut gelungen.

„Es wird doch nicht seine weltwichtigste Briefmarke sein“, schoss es ihr durch den Kopf.

Sie sah, wie Alberts Finger weiß wurden, weil er die Briefmarke so fest hielt und zupfte an seinen Ärmel.

„Wenn es die weltwichtigste Marke ist“, flüsterte sie. „darfst du es nicht tun, Albert. Hotte wird es verstehen, wenn du sie behalten musst.“

Einen Moment lang glaubte sie, dass Albert die Marke wieder in seiner Hosentasche versenken würde, dann aber öffnete er die Finger, und das Stückchen Papier flatterte wie ein allerletztes Herbstblatt, noch ein wenig vom Wind getragen, in die Grube hinab, bis es sanft auf Hotte landete.

Sie seufzten alle tief. Mehr Ehrerbietung hätten sie Hotte nicht geben können.

„Wir müssen uns bald nach einem neuen Hund umschauen“, sagte die Bäuerin in den nächsten Tagen immer wieder. „Ein Hof ohne Hund, wie sieht denn das aus?“ Aber obwohl sie im Dorf hörten, dass es bei den van Erpels Welpen gab, gingen sie nicht hin. Hotte hatte dazugehört und irgendwie konnte sich wohl keiner von ihnen vorstellen, den leeren Platz rasch mit einem neuen Hund zu füllen. Er fehlte Elsie. Jetzt musste sie immer nach der Schule allein nach Hause gehen.

Unser Albert

An diesem ersten richtig warmen Frühlingstag konnte Elsie in der Schule kaum stillsitzen. Ihre Beine wippten auf und ab. Immer wieder musste Fräulein Blok sie ermahnen, weil sie aus dem Fenster starrte. Aber da die anderen Mädchen genauso unruhig waren und die Lehrerin selbst vielleicht auch lieber draußen spazieren gehen wollte, fielen ihre Ermahnungen nur halbherzig aus.

„Elsie pass auf. Wo bist du mit deinen Gedanken?"

„Marie und Alida, hört auf zu plaudern."

„Raymonde, du brauchst keine Grimassen zu schneiden."

„Mädchen, es geht bei euch schlimmer zu als in der Knabenschule."

Schließlich gab sie es auf, schrieb eine Reihe langer, komplizierter Divisionen an die Tafel und verkündete: „Wer alle Aufgaben korrekt gelöst hat, kann nach Hause gehen." Sie nahm ein Buch und setzte sich an ihr Pult. Da beugten die Mädchen die Köpfe über die Schiefertafeln und rechneten. Wer die Tafel voll hatte, musste nach vorne gehen und die Ergebnisse kontrollieren lassen. Fräulein Blok machte sich eine Notiz, dann erst durfte man die Tafel abwischen und mit den nächsten Rechnungen anfangen.

Hie und da warf Elsie einen ungeduldigen Blick auf die Uhr. Fräulein Blok hatte so viele Rechnungen aufgeschrieben, dass sie sich nicht vorstellen konnte, rechtzeitig damit fertig zu werden. Als die Uhr endlich fünf Minuten vor Unterrichtsschluss anzeigte, wanderten ihre Augen automatisch zum Fenster, bevor ein Stich in der Brust ihr sagte, dass es keinen Sinn hatte. Hotte würde auch heute nicht an seinem Platz sitzen und auf sie warten. Nicht heute, nicht morgen, nie mehr.

Umso überraschter war sie, als sie Alberts magere, kleine Gestalt erkannte. Er stand auf dem Gehsteig vor dem Schulgebäude. Sein Blick war auf die großen Glasscheiben gerichtet, hinter denen er Elsie vermutete. Albert war da! Albert, der nie gerne allein ohne Begleitung vom Hof fortging. Albert, den ihre Mutter nur mit viel Mühe und gutem Zureden überzeugen konnte, den Nachbarn etwas zu bringen. Dieser ängstliche Albert stand hier, ganz allein.

Elsies Herz machte einen Sprung. Sie musste nicht mehr ohne Begleitung nach Hause gehen. Albert hatte Hottes Aufgabe übernommen, obwohl niemand ihn darum gebeten hatte. Elsie vergewisserte sich, dass Fräulein Blok noch in ihr Buch vertieft war, bevor sie die Hand hob und winkte. Albert zuckte zusammen, schaute sich nach links und rechts um und winkte zuerst zaghaft und dann immer begeisterter zurück. Elsie wusste, dass es Albert sehr schwergefallen sein musste, hierher zu kommen. Trotzdem war er da. Ein warmes Glücksgefühl durchströmte sie.

Die letzten Minuten zogen sich ins Unendliche. Ihre Beine waren zappelig und wollten schon zu Albert hinauslaufen. Aber erst als die Glocke klingelte, sagte Fräulein Blok: „Wer noch nicht fertig ist, muss die übrigen Divisionen abschreiben und zu Hause weiterrechnen."

Zwei Mädchen lachten fröhlich, packten ihre Sachen zusammen und rannten hinaus. Die anderen schrieben weiter, und Anneke, die langsamste, fing an zu weinen, weil sie gar nicht genug Platz auf ihrer Tafel hatte, um alle fehlenden Aufgaben zu notieren. Elsie schmierte die letzten drei Rechnungen hin und schon war sie draußen.

„Albert, Albert!", rief sie.

Albert wandte ihr ein besorgtes Gesicht zu. „Hast du nachsitzen müssen?", fragte er. „Strafe?"

„Nein, nein", beruhigte sie ihn.

Schule war für Albert ein heikles Thema. Die Mutter hatte Elsie erzählt, dass Albert, als er als Vierzehnjähriger als Gast zu ihnen in die Familie kam, von fürchterlichen Alpträumen geplagt wurde.

„Seine Lehrer haben ihn den Rohrstock spüren lassen, weil er sich nichts merken konnte, und seine Eltern haben dann noch das ihre dazu beigetragen", erklärte sie.

Die Mutter selbst war damals erst fünf Jahre alt gewesen und hatte nur verstanden, dass für Albert die Schule schrecklicher als die Hölle war, so schrecklich, dass er sich in seinen Kleiderschrank verkriechen musste und nicht herauskommen wollte.

„Drei Tage lang", erzählte sie, „hat deine Oma sein Essen in den Schrank geschoben. Drei Tage lang hat dein Opa sich das angeschaut, dann hat er Albert und mich einfach gepackt und ist mit uns an einem späten Nachmittag zur Jungenschule losmarschiert. Den Oberlehrer hat er gekannt. Er hat mich und Albert, der vor lauter Zittern kaum mehr stehen konnte, in seine leere Klasse geschoben. Dort hat der Lehrer schon auf uns gewartet. Opa hat sich vor ihm aufgebaut, seine Hemdsärmel über die Ellbogen gerollt und laut gebrüllt: ‚Diesen Jungen hier fasst mir kein Lehrer mehr an, sonst kriegt derjenige es mit mir zu tun!' Dann hat er sich umgedreht und Albert und mich mitgenommen, ohne auf die Antwort des Lehrers zu warten. Draußen hat er eine Hand auf Alberts Schulter gelegt und gesagt: ‚Junge, kein Lehrer in ganz Geel wird dir je etwas antun. Verstanden?' Albert hat vorsichtig genickt.

Und Opa hat fortgesetzt: ‚Ich will meine Sonntagsschuhe essen, wenn ich so einen kräftigen jungen Mann wie dich noch die Schulbank drücken lasse. Wenn du willst, kannst du bei uns bleiben und mir auf dem Hof zur Hand gehen.'

Albert hat ihn lange angeschaut und schließlich ‚Ja' gehaucht. Opa hat zufrieden genickt und gebrummt: ‚Ab jetzt ist der Kleiderschrank für deine Hosen und Hemden und für dich ist das Bett, sonst haben wir beide Schwierigkeiten mit der Hausfrau. Verstanden?'"

Albert hatte verstanden.

Als Elsies Großeltern zu alt wurden, um sich um alles zu kümmern, hatten ihre Eltern den Hof und Albert übernommen. So einfach lief das in Geel. Elsie hatte ihren Albert wie andere im Dorf ihre Rias und Berthas.

Der fremde Junge

Hand in Hand marschierten Albert und Elsie einträchtig los. Er mager, in der ewig gleichen viel zu weiten, grauen Hose, die er mit Hosenträgern bis fast unter seine Achseln hochzog. Sie mit den rot glänzenden Gummistiefeln, die sie am Sankt Nikolaustag geschenkt bekommen hatte. Er beim Gehen immer ein wenig nach vorne gebeugt und mit schlurfenden, aber eiligen Schritten. Sie daneben kerzengerade an seiner Hand hüpfend. Es würde nicht mehr lange dauern und sie wären gleich groß.

Fünf Minuten später hatten Elsie und Albert das Dorf verlassen und gingen die Provinzstraße entlang bis zu der langen, schmalen Allee, die zu ihrem Hof führte. Albert atmete hörbar erleichtert aus. Er war froh, wieder weg von den Häusern zu sein. Sie erreichten den Querweg. Wer hier abbog, gelangte nach ein paar Minuten ins Kapellenwäldchen, wie das kleine Waldstück zwischen den Feldern genannt wurde. Früher, vor dem Krieg, war es ein Spielplatz für Frans gewesen. Er hatte dort sein Baumhaus und manchmal, wenn er keine anderen Jungen zum Spielen gefunden hatte, durfte Elsie mitkommen. Erst seit Krieg war, hatte ihr Vater ihnen verboten, das Waldstück zu betreten, weil die deutschen Soldaten, so munkelte man im Dorf, dort auf Hasen schossen, um nicht aus der Übung zu kommen.

„Denn wer gut im Hasenschießen ist, verfehlt auch einen Menschen nicht", sagten die Dorfbewohner. „Und wer die Deutschen kennt, der weiß, dass jeder Belgier in ihren Augen ein Hase ist, wenn er zur falschen Zeit am falschen Ort auftaucht."

Elsies Vater war trotzdem in das Wäldchen hineingegangen und hatte Hotte dort gefunden.

Elsie musste unwillkürlich schlucken. Hotte hatte nicht kapiert, dass das Kapellenwäldchen gefährlich war. Er war doch nur ein Hund, und Hunde wussten nichts über die Deutschen und ihre Gewehre. Bestimmt wollte er an jenem Tag nur einem Hasen hinterherjagen. Und dann ...

„Geh doch schneller", sagte Elsie mit belegter Stimme zu Albert. Auch wenn die Erinnerung an Hotte heute früh zum ersten

Mal ein leicht verdauliches Klümpchen Trauer gewesen war, wollte sie hier bei der Abzweigung nicht länger als nötig verweilen. Sie beschleunigte ihre Schritte, aber Alberts Hand riss sie zurück. Er war abrupt stehengeblieben.

„Warte", flüsterte er.

„Nein, nicht jetzt. Mama hat das Essen fertig. Ich habe Hunger."

„Aber ..."

Elsie hatte keine Geduld mit ihm. Ihr Magen knurrte. Sie versuchte Albert weiterzuziehen, doch er sträubte sich.

„Dort, wo Hotte ..."

„Ja, ich weiß, dass Hotte dort erschossen wurde. Deshalb bleiben wir hier nicht stehen", fiel sie ihm ins Wort. „Es ist gefährlich."

„Gefährlich", echote Albert.

„Genau, also komm." Elsie zog abermals an seiner Hand.

„Aber dort ..."

„Hotte ist tot, Albert. Es hilft nichts, wenn wir hier stehenbleiben."

„Nicht?"

„Eine von Alberts vielen Schwierigkeiten mit dem Leben ist, dass er Gedanken nicht loslassen kann", dachte Elsie und wie ihre Mutter sagte sie streng: „Jetzt komm. Das Wäldchen geht uns nichts an."

„Aber da sitzt einer. Schau doch." Albert zeigte mit der freien Hand auf den Querweg. Elsies Augen folgten seiner ausgestreckten Hand, die aufgeregt flatterte, und sie sah ein Kind. Es saß eine kurze Laufstrecke von ihnen entfernt auf einem weißen Grenzstein. Sie erschrak.

„Nicht dort!", rief sie. „Komm heraus. Da ist es gefährlich."

Sie fuchtelte mit ihren Armen, und Albert machte es ihr nach. Der Junge, er musste ungefähr gleich alt sein wie sie selbst, schaute auf, blickte sie einen Augenblick an und drehte ihnen dann demonstrativ den Rücken zu.

„Nicht gut", murmelte Albert nervös. Da hatte er recht. Elsie dachte an Hotte. Der Junge musste da raus.

Sie formte ihre Hände zu einem Trichter und setzte sie an den Mund. „Die Deutschen schießen dort auf Hasen!", brüllte sie.

Ein Freundschaftsangebot

Thierry hörte ein Mädchen rufen. Was es rief, verstand er nicht. Er drehte sich um und betrachtete die beiden Menschen an der Weggabelung genauer. Ein Mädchen und ein Erwachsener, obwohl von der Größe her nicht viel Unterschied war. Das Mädchen fuchtelte mit den Armen und rief wieder etwas. Ach, eigentlich war es ihm egal, was sie schrie. Er drehte ihr den Rücken wieder zu. Sie sollte ihn in Ruhe lassen. Alle hier sollten ihn in Ruhe lassen.

„Die Deutschen schießen dort auf Hasen!"

Dieses Mal verstand er die Worte. Er wandte sich wieder um und sah, dass sie im Laufschritt auf ihn zu gerannt kam, aber gut dreißig Meter vor dem Grenzstein wie vor einer unsichtbaren Mauer abrupt stehen blieb.

„Sie haben da vorne im Wald auch schon Hotte erschossen! Komm sofort da raus!"

Thierry runzelte die Stirn. Wer um alles in der Welt war Hotte? Aber das Wort „erschießen" machte ihm Angst. Nur deshalb stand er auf und ging zu ihr hinüber. Das Mädchen schaute ihn erleichtert an.

„Das hätte leicht schiefgehen können", sagte sie und zog ihn mit sich, bis sie den Karrenweg verlassen und zur Weggabelung gelangt waren, wo der Mann sie erwartete. Er schaute so ängstlich besorgt, dass es lächerlich wirkte für einen Erwachsenen.

„Nichts passiert", sagte das Mädchen mütterlich zu dem Mann. „Gar nichts passiert."

Der schmale Mann nickte ruckartig, als wäre sein Kopf an einem Faden befestigt, der von einem unsichtbaren Marionettenspieler auf und ab gezogen wurde.

„Ein Glück für dich, dass unser Albert dich rechtzeitig gesehen hat. Ich wäre mir nichts dir nichts vorbeimarschiert", wandte sich das Mädchen an ihn. Thierry betrachtete den Mann, den das Mädchen ‚unseren Albert' nannte, etwas genauer. Irgendwie sah er komisch aus. Die Hose hatte er fast bis zur Brust hochgezogen, rötlich blonde Bartstoppeln sprießten von den Wangen den Hals hinunter in alle Richtungen und in seinem Gesicht zuckten die Muskeln, als kribbelten Ameisen unter seiner Haut.

„Hab, hab dich gesehen", stotterte der Mann und seine Stimme war viel zu hoch und piepsend.

„Genau", bestätigte das Mädchen. „Unser Albert hat dich entdeckt und deshalb habe ich dich auch gesehen. Und deshalb konnte ich dich warnen, bevor du wie Hotte erschossen wirst. Da drinnen im Wäldchen, meine ich. Also haben wir dein Leben gerettet."

Sie lächelte ihn freundlich an. Als er nicht zurücklächelte und auch nichts antwortete, um die Stille zu füllen, fügte sie gereizt durch diese Gleichgültigkeit hinzu: „Ein Danke wäre angebracht und höflich."

Thierry zuckte mit den Schultern. Das Mädchen war auch komisch. Tat so, als würden sie sich schon länger kennen als gerade mal ein paar Minuten. Dabei hatte er sie noch nie gesehen. Und wofür sollte er sich bedanken? Er war nicht einmal in diesem Wald, den sie als gefährlich bezeichnete, gewesen, sondern war auf einem Grenzstein davor gesessen. Dass er eventuell vorgehabt hatte, den Wald zu erkunden, konnte sie nicht wissen. Außerdem hatte er heute keine Lust, sich bei irgendjemandem zu bedanken. Denn ein Wort wie Danke würde seine Lage auch nicht besser machen.

„Na, wird's noch oder hat deine Mutter dir keine Manieren beigebracht?", empörte sich das Mädchen.

„Lass meine Mutter aus dem Spiel und wer sagt dir, dass ich mich nicht erschießen lassen wollte?", fuhr er sie an, und im selben Augenblick hörte er, wie dumm das klang. Kein Mensch ließ sich gerne erschießen.

Der seltsame Albert wich erschrocken zurück, aber das Mädchen stemmte die Hände in die Seiten und sagte resolut: „Du musst nicht gleich so beleidigt zu sein. Wir konnten ja nicht wissen, dass du lieber tot bist."

Sie zeigte mit ihrer Hand in Richtung des Karrenwegs. „Da hinten im Wäldchen machen die Deutschen ihre Schießübungen. Du kannst ja zurückgehen, wenn du dich so gerne erschießen lassen willst", forderte sie ihn heraus, als wären sie Freunde, die eine Wette abgeschlossen hatten.

Thierry blickte auf den Boden und scharrte mit seinem rechten Schuh Kreise in den Schotter.

„Es war dumm von mir, so etwas zu sagen", gestand er schließlich widerwillig.

Ein sanfter Stoß gegen die Schulter ließ ihn aufblicken.

„Wir hätten dich eh nicht wieder gehen lassen", sagte das Mädchen und lachte ihn an. „Ich bin Elsie Donckers und wir wohnen da drüben am Ende der Allee auf dem Hof. Wolltest du zu uns? Oder hast du dich verlaufen?"

Sie streckte die Hand aus. Er zögerte. Er hatte noch nie einem Mädchen einfach so, ohne dass Erwachsene es einforderten, die Hand geschüttelt. Unter Jungs wäre es ein Freundschaftsangebot, aber ob das bei Mädchen auch so war? Und wollte er das überhaupt, hier in Geel eine Freundschaft schließen? Noch dazu mit einem Mädchen?

„Ich beiße nicht", sagte das Mädchen.

Thierry zögerte noch einen Augenblick, aber dann packte er fest Elsies Hand und er spürte plötzlich, wie froh er über das Zusammentreffen mit dem Mädchen war. „Thierry", stellt er sich vor. „Aus Geraardsbergen, aber wegen des Krieges muss ich jetzt in Geel wohnen."

Er verzog das Gesicht. „Bei Fräulein van Klaarsbeeck. Sie ist meine Großtante."

Der Junge, fand Elsie, sah verletzlich und traurig aus, als hätte ihm jemand das Wichtigste auf der Welt gestohlen. Sie hätte gerne geradewegs danach gefragt. Aber ihre Mutter hatte ihr schon zu oft eingebläut, dass eine solche Neugier, alles ergründen zu wollen, unhöflich sei.

„Magst du mit uns mitkommen?", fragte sie stattdessen spontan.

Der Junge schaute sie überrascht an und schien ihre Worte abzuwägen.

„Meinetwegen", brummte er schließlich, aber Elsie sah ihm an, dass er froh über die Einladung war.

In der guten Stube

„Spät bist du dran."

Ihre Mutter stand in der Türöffnung. Sie hatte Ausschau nach Elsie gehalten. In Zeiten wie diesen konnte ein Zuspätkommen auch bedeuten, dass man nie mehr kam.

Elsie konnte am Gesicht ihrer Mutter ablesen, dass diese sie bestrafen wollte für die Sorgen, die sie ihretwegen ausgestanden hatte, deshalb schob sie Thierry nach vorne und sagte rasch: „Das ist Thierry. Er wollte ins Kapellenwäldchen. Da habe ich ihn lieber mitgenommen." Irgendwie war das auch wahr. Thierrys traurig-trotzige Miene, die Spuren von Tränen auf seinen Wangen und die Art, wie er mit seinem Fuß Kreise in den Schotter gezogen hatte, das alles hatte sie vorhin dazu bewegt, ihn einzuladen mitzukommen.

Ihre Mutter warf einen Blick auf Thierry und nickte. „Ich habe genug für noch einen Esser", sagte sie knapp. „Geht euch die Hände waschen."

Frans und der Vater saßen schon bei Tisch, und ihre Teller mit dem Kartoffeleintopf waren halb leer gelöffelt. Sie hatten nicht auf Elsie und Albert gewartet.

„Wenn einer zu spät kommt, muss er hoffen, dass noch was übrig ist", drohte der Vater immer, aber die Mutter achtete darauf, dass keiner ganz leer ausging und schon gar nicht, wenn Albert zu den Zuspätkommenden gehörte. Einen Gast hatte man in Geel immer gut zu versorgen.

„Da kannst du sitzen", sagte Elsie zu Thierry und zeigte auf den Platz neben Frans. „Das ist mein Bruder, Frans."

Frans betrachtete Thierry kurz. „Ich habe dich noch nie gesehen", stellte er fest.

„Ich bin erst zugezogen", murmelte Thierry verlegen.

„Bist du ein Gast?", fragte Frans kauend.

Thierrys Gesicht glich einem Fragezeichen.

„Ein Gast, so wie unser Albert?", verdeutlichte Frans mit einer Kopfbewegung zu Albert hinüber.

„Jetzt lass mal diese Fragerei. Das gehört sich nicht", ermahnte seine Mutter ihn. „Thierry wird uns erzählen, was er uns erzählen will." Sie lächelte Thierry freundlich an. „Einen oder zwei Schöpfer?" Ohne auf seine Antwort zu warten, klatschte sie einen kleinen Berg Kartoffeleintopf auf seinen Teller. „Iss nur", ermunterte sie ihn. „Wir haben keinen Mangel, und du musst noch ein ordentliches Stückchen wachsen, damit aus dir einmal mehr als eine halbe Portion wird."

Gehorsam fing Thierry an zu löffeln und war überrascht, wie gut es schmeckte. Vielleicht, weil er hier nicht allein essen musste? Klara schob ihm immer nur wortlos einen Teller hin und stellte sich dann zur Abwasch, um mit dem Rücken zu ihm das Geschirr zu spülen. Ihr ungeduldiges Klirren und Klappern mit den Tellern, Tassen und Töpfen sagte ihm, dass er besser rasch aufessen und verschwinden sollte.

Während Elsie aß, überlegte sie, ob Frans recht haben konnte. War Thierry ein Gast wie Albert? War er etwa davongelaufen, weil sie ihn schlecht behandelten? Das konnte sie sich nicht recht vorstellen. So etwas taten sie in Geel nicht mit ihren Gästen. Wenn einer von ihnen ein wenig außer Rand und Band geriet, musste man einen Pfleger aus der Anstalt verständigen. Dieser entschied dann, ob man einen Arzt brauchte oder nicht. Meistens, das wusste Elsie aus Erzählungen von anderen, genügte es, den Gast streng anzuschauen und damit zu drohen, dass man ihn zurück in die Anstalt bringen müsse, damit er sich von selbst wieder zurechtfand. Elsie hatte noch nie viel über die Gäste nachgedacht. Sie waren einfach da, wohnten mit den Familien und halfen bei Arbeiten, so gut sie es eben konnten. Dass sie anders waren, sah jeder, der Augen im Kopf hatte. Darüber musste man sich nicht unterhalten. Lucien zum Beispiel, der beim Schmied wohnte, spazierte gerne in einer abgelegten Briefträgeruniform mit einem Holzsäbel unter einem Arm herum. Er mochte es, wenn man ihn mit Oberst ansprach. Sogar die Deutschen kapierten mittlerweile, dass er harmlos war, und ließen ihn in Ruhe, auch wenn er sich vor ihnen aufbaute und den militärischen Gruß verlangte. Anna, die zu Gast bei Marchiennes Familie war, schob unermüdlich, leise vor sich hinmurmelnd, einen Kinderwagen mit einer Puppe durch den Ort und läutete mindestens zwei Mal die Woche beim Pastor an, um die Kindstaufe vorzubereiten. Dieser hörte ihr geduldig zu, um am Ende ihrer wirren Ausführungen bedächtig zu nicken und zu sagen, dass es gewiss in nächster Zeit einen passenden Sonntag für die Taufe geben würde. Bertus legte sich manchmal mitten auf die Straße hin, das Ohr an das Kopfsteinpflaster gedrückt, weil es da drunter Stimmen gab, die ihm die Welt erklärten. Die alte Hendrikje trug auch im heißesten Sommer mehrere Kleiderschürzen und Westen übereinander und wickelte ihren kahlen Kopf in Tücher ein. So verhüllt rannte sie, so rasch es in ihrem Alter noch ging, hinter den jungen Burschen her und rief: „Ja, ja ihr Männer würdet gerne mehr von mir sehen, aber ich bin ein anständiges Mädchen. Ich weiß, was sich gehört." Dabei kicherte sie albern. Auch hinter Frans war sie schon her getrippelt. „Das heißt, dass ich jetzt erwachsen bin", hatte er später nicht ohne Stolz allen berichtet.

Und Albert? Albert hatte seine Briefmarken. Tausende hatte er in den Jahrzehnten, die er schon bei Elsies Familie wohnte, gezeichnet und ausgeschnitten, immer an der Arbeit für die weltwichtigste Briefmarke. Wenn ihm diese einst gelingen sollte, wollte er sie dem König persönlich anbieten. Mit dieser Ehre ausgestattet, könne er sich dann endlich trauen, Katrien, das liebste Mädchen auf der Welt, aufzusuchen und sich mit ihr zu verloben, sagte er. Niemand wusste, wo diese Katrien wohnte, ob es sie überhaupt gab oder ob sie nur in Alberts Kopf existierte.

Aber das war eigentlich egal, denn Albert zeichnete und zeichnete jeden Tag viele Stunden und nie war er zufrieden. „Die weltwichtigste Briefmarke", dachte Elsie, „muss vielleicht genauso unerreichbar bleiben wie Katrien." Ihr sollte das recht sein. Ein Leben ohne Albert konnte sie sich nicht vorstellen.

Zu Thierry fiel Elsie ein, dass er gar kein Gast sein konnte, weil er doch bei seiner Großtante wohnte. Gäste hingegen gehörten zur Familie, ohne wirklich Familie zu sein. Aber irgendetwas bedrückte Thierry, das spürte Elsie. Irgendein Geheimnis steckte hinter seinem traurigen Gesicht. Ein Geheimnis, von dem es sich womöglich lohnte, es aufzudecken.

Als sie mit dem Essen fertig waren und Elsie den Tisch abgeräumt und abgewischt hatte, wusste sie nicht recht, was sie jetzt noch mit Thierry anfangen sollte. Sie konnte doch nicht einfach mit der Tür ins Haus fallen und fragen, warum er denn so traurig war und ob er weggelaufen war.

„Magst du den Hof sehen?“, fragte sie deshalb.

„Wenn du meinst.“ Begeisterung klang anders.

„Magst du lieber nach Hause gehen?“

Thierry schüttelte entschlossen den Kopf. Je länger er das hinauszögern konnte, desto besser. Außerdem überlegte er schon die ganze Zeit, wie er Elsie bitten konnte, ihn zu begleiten. Mit Elsie zusammen würde das Donnerwetter vielleicht nicht so heftig ausfallen. Vielleicht könnten sie sich auch gemeinsam eine Geschichte ausdenken, warum er hinausgegangen war.

„Na dann“, sagte Elsie und öffnete eine Tür.

Thierry schaute in den großen, hohen Raum, der sich hinter der Küche befand. Der Boden war aus grauem Stein, links und rechts gab es gemauerte Abteile. Es rocht nach Tier und aus einer der Boxen hörte er ein tiefes zufriedenes Grunzen und Schmatzen.

„Das ist ja der Stall“ sagte er überrascht.

„Diele heißt das“, sagte Elsie. „Einen Stall haben wir auch. Für die Hühner.“

„Hier“, Elsie zeigte auf eine schmale Tür auf der rechten Seite, „ist ein Klosett. Papa hat es gemauert. Jetzt müssen wir nicht mehr hinaus zum ...“ Elsie verstummte und lief ein wenig rot an. Sie vermutete, dass Thierry in dem Bürgerhaus seiner Großtante bestimmt ein richtiges Wasserklosett und auch ein Badezimmer hatte, während sie daheim an Samstagabenden der Reihe nach in dem großen Holzzuber mit warmem Wasser saßen. Zuerst Albert, dann die Kinder, dann die Mutter und zum Schluss der Vater.

Sie drehte sich um und ging zurück in die Küche. Thierry folgte ihr. Weil er nicht glauben sollte, dass sie bettelarme Leute wären, führte Elsie ihn als nächstes in die gute Stube. Dort saßen sie an Sonntagen nach dem Mittagessen und die seltenen Male, wenn der Pastor auf Besuch kam. Nur Albert hatte das Recht, sich auch unter der Woche dort aufzuhalten.

„Du musst leise sein, sonst stören wir Albert“, flüsterte Elsie, als sie die Tür öffnete. Die gute Stube war nicht groß, aber die Wände waren tapeziert, und über dem Kamin hing ein gerahmtes Bild von Maria mit dem Jesuskind auf dem Schoß, auf Leinwand gemalt, kein billiger Druck. Eine Wand wurde zur Gänze von einer großen, tiefen, dunkelbraun glänzenden Kommode eingenommen. Sonst gab es nur einen Tisch und fünf Holzstühle mit geraden Rücken. Vier standen an die Wand gerückt, auf dem fünften saß hinter dem Tisch Albert.

Elsie legte einen Finger an ihre Lippen.

Thierry sah, dass der seltsame Mann mit einem kleinen Bleistift, der beinahe zwischen seinen Fingern verschwand, auf einem winzigen Stück Papier zeichnete. Neugierig geworden machte er einen Schritt in den Raum hinein. Aber Elsie hielt ihn zurück und schüttelte den Kopf. Sie bewegte ihren Mund: „Nicht stören“, sagte sie beinahe lautlos, „das mag er nicht.“

Dann zog sie Thierry aus dem Zimmer und schloss lautlos die Tür.

„Was zeichnet er dort?“, fragte Thierry.

„Später.“

Elsie führte Thierry eine schmale Treppe hinauf.

„Da schlafen meine Eltern.“ Sie zeigte auf eine Tür, ohne sie zu öffnen. „Und das da ist Alberts Zimmer. Du darfst reinschauen, aber nichts anfassen“, warnte sie ihn.

Thierry schaute in das kleine Zimmer. Ein schmales Bett, eine Kommode und ein Stuhl, über dem eine blaue Joppe hing. Das Seltsame jedoch war, dass überall, nicht nur auf der Kommode, sondern auch am Boden kleine Papierschachteln und Blechdosen standen. Sie schienen nach einem Muster geordnet zu sein, dessen Sinn Thierry nicht deuten konnte.

„Das ist seine Sammlung“, flüsterte Elsie. „Er hat schon Tausende gezeichnet.“

„Tausende wovon?“

„Briefmarken. Er zeichnet sie selbst, auf kleine Stückchen Papier. Die wunderschönsten Briefmarken. Eines Tages wird ihm die weltwichtigste Marke gelingen, und er wird sie persönlich dem König überreichen.“

Thierry schaute Elsie prüfend an. Meinte sie das ernst oder wollte sie ihm einen Bären aufbinden? Nein, sie scherzte nicht.

„Was zeichnet er denn auf diese Briefmarken?“, fragte er.

„Alles Mögliche. Manchmal spaziert er durch die Gegend und zeichnet dann aus dem Gedächtnis alles, was er so gesehen hat. Tiere, Dinge, Menschen. Alles winzig klein, aber ganz genau, als hätte er so einen Fotografierapparat in seinem Kopf. Die Fertigen legt er in die Dosen und Schachteln. Da gibt es Dosen für die Milchkannen, Schachteln für die Kühe. Da drüben, in der runden Konservenbüchse, bin ich. Bald wird er für mich eine nächste anfangen müssen, so voll ist sie schon.“

Thierry hörte den Stolz in ihrer Stimme.

„Wird er mich auch zeichnen?“, fragte er neugierig.

Elsie nickte. „Ganz bestimmt. Schließlich hat er dir das Leben gerettet, und wenn du noch öfter vorbeischaust, bekommst du auch eine eigene Schachtel.“

Sie sagte es, als wäre das eine besondere Auszeichnung.

„Wenn ich noch öfter vorbeikomme“, dachte Thierry. War das eine Einladung? Es war seltsam, von einem Mädchen eingeladen zu werden. Aber er musste zugeben, dass es ihm gefiel.

„So und jetzt noch oben. Da schlafen Frans und ich.“ Elsie

machte die Tür wieder zu und zog ihn mit zur nächsten Treppe, die mehr einer steilen Leiter glich. Sie kletterten hinauf und wenig später hatte sie ihm auch die beiden aus Holz gezimmerten Kammern auf dem Dachboden gezeigt. Thierry kam nicht umhin festzustellen, dass das Mauerwerk des Schornsteins beide Kämmerchen wärmte, dass Elsies Bett mit einem bunten Überwurf bedeckt war und dass der kleine Schrank aus hellem Holz aufrecht und solide gegen die Wand stand. Er beneidete sie.

„Schön hast du es", sagte er, als die Führung mit einem Rundgang durch den Gemüsegarten beendet worden war.

„Ah, bei dir daheim ist es bestimmt viel nobler", erwiderte Elsie freimütig. „So ein großes Haus in der Stadt."

Thierry zuckte mit den Schultern.

„Ich meine, du hast bestimmt ein richtiges Esszimmer und ein Badezimmer, wo das Wasser direkt in die Badewanne fließt." Elsie war noch nie in einem der vornehmeren Häuser Geels gewesen. Wer weiß, vielleicht war das ihre Chance. Sie versuchte nicht allzu aufdringlich zu klingen.

Thierry wollte unverbindlich nicken, als ihm einfiel, dass das die Gelegenheit wäre, Elsie zu überreden, ihn nach Hause zu begleiten. „Wenn du willst, zeige ich es dir", bot er ihr an.

„Echt?" Elsie konnte ihr Glück kaum fassen.

„Ja. Aber so gemütlich wie bei dir ist es bei mir nicht. Meine Großtante findet alle Kinder anstrengend und Klara, die den Haushalt versorgt, kann mich nicht leiden", warnte er sie. „Sie haben mich nur aufgenommen, weil sie mussten. Mein Großvater konnte nicht länger für mich sorgen." Er zuckte mit den Schultern, in einem Versuch gleichgültig zu wirken. „Wenn ich jetzt am Nachmittag zurückkomme, erwartet mich auf jeden Fall ein Donnerwetter, vielleicht auch eine Strafe. Ich bin fortgegangen, ohne etwas zu sagen."

Er überlegte kurz und fügte dann ehrlich hinzu: „Wenn du mit mir mitkommst, fällt die Strafe vielleicht nicht so schlimm aus. Klara droht immer mit dem Kohlenkeller." Er zögerte. „Das hasse ich. Aber wenn du mitkommst, könnten wir sagen, dass ..." Er brach ab, weil ihm nicht einfiel, was sie sagen könnten.

Elsie machte große Augen. „In den Kohlenkeller? Da sperrt man doch niemanden ein. Da ist man ja völlig verdreckt, wenn sie einen wieder herauslassen."

„Es ist so, dass Klara mich nicht leiden kann, und für Großtante Sidonia bin ich eine Prüfung Gottes", gestand Thierry. „Und wenn ich ehrlich bin, werden sie dich wahrscheinlich gar nicht ins Haus lassen. Das war eine dumme Idee von mir."

Elsie verzog enttäuscht das Gesicht. „Ich hätte wirklich gerne mal ein vornehmes Haus von innen gesehen", sagte sie. Sie legte ihre Stirn in Falten und dachte nach.

„Und wenn ich nun einen schönen Blumenstrauß, nein besser noch einen Korb mit Kartoffeln, für deine Großtante mitbringe und einen Knicks mache? Das kann ich." Sie knickste eifrig ein paar Mal, bis sie das Gleichgewicht verlor und wenig elegant auf die Erde zwischen den Kohlsprossenstauden plumpste.

Thierry musste lachen.

„Wozu würdest du ihr denn einen Strauß bringen wollen?", fragte er.

„Na ja", Elsie rappelte sich auf und wischte sich die Hände am Rock ab, „weil ich mich bedanken möchte."

„Bedanken? Wofür?"

„Hmm, weil du mich gerettet hast?"

Thierry schaute Elsie verdattert an. Wie kam sie denn auf so eine Idee? „Gerettet? Wovor?"

„Zum Beispiel ..." Elsies Augen schweiften durch den Garten und blieben an Hottes verwaister Hundehütte hängen. Ihre Miene erhellte sich.

„Da war dieser große, böse Hund, der wollte sich auf mich stürzen. Genau vor deinem Haus. Ich habe um Hilfe geschrien. Du hast es gehört, bist auf die Straße gelaufen und hast dich zwischen mich und den Hund geworfen. Naja und danach hast du mich nach Hause begleitet, weil ich so viel Angst hatte." Sie lachte. „Das wäre doch ein wirklich guter Grund, mich zu bedanken. Und dann sage ich, dass ich ganz nötig mal müsste." Elsie kniff ihre Beine zusammen und trat unruhig von einem Fuß auf den anderen. „Das ist glaubwürdig, oder?", fragte sie verschmitzt.

„Nicht wirklich“, dachte Thierry. „Die Geschichte ist an den Haaren herbeigezogen.“ Aber eine glaubwürdigere fiel ihm auch nicht ein.

Im Salon

Thierry warf einen verstohlenen Blick auf Elsie. Zu zweit waren sie den Weg ins Dorf marschiert, bis sie vor dem Haus von Fräulein van Klaarsbeeck angelangt waren. Das Mädchen mit den roten Gummistiefeln stand aufgeregt neben ihm und schaute beeindruckt zu den großen Glasfenstern hinauf. In der Hand hielt sie einen kleinen Strauß früher Tulpen. Der Garten hatte nicht mehr hergegeben. Um es auszugleichen, hatte sie einen stattlichen Korb nicht nur mit Kartoffeln, sondern auch mit Winteräpfeln gefüllt und Thierry in die Hand gedrückt.

„Das ist nicht vornehm, ich weiß“, hatte sie sich gerechtfertigt. „Aber ich glaube, sie werden sich trotzdem freuen. Marchienne, ihr Vater ist Apotheker, jammert mir in der Schule immer vor, wie wenig sie zu essen kaufen können. Dabei trägt ihr Vater immer Hemd und Krawatte und sie lernt Klavierspielen.“

Vor dem Haus angekommen, griff Elsie wieder nach dem Korb. Thierry sah, dass sie Grimassen zog und ihre Lippen bewegte, ohne etwas zu sagen.

„Was machst du?“, fragte er.

Elsie hob abwehrend die Hand. Thierry wartete, bis sie ihren lautlosen Monolog beendet hatte.

„Was hast du da gesagt?“, wiederholte er.

„Ich habe nur meinen Text nochmals geübt“, erwiderte Elsie, als stünde sie unmittelbar vor einem Bühnenauftritt. „Jetzt darfst du läuten.“

„Was das wohl werden wird“, dachte Thierry. Aber alles war besser, als allein dem ersten Sturm der Entrüstung entgegentreten zu müssen.

„Du wirst sehen, sie werden nicht schimpfen, wenn ich dich als meinen Lebensretter präsentiere“, erriet Elsie seine Gedanken.

„Wollen wir es hoffen“, murmelte Thierry viel weniger zuversichtlich als Elsie und zog an der Klingelschnur.

Wenn Elsie wüsste, dass er eigentlich immer hintenherum zur Küchentür gehen sollte ... Aber darauf kam es nun auch nicht mehr an. Es dauerte eine ganze Weile – so lange, dass Thierry schon glaubte, dass Großtante Sidonia und Klara womöglich gar nicht zu Hause, sondern auf der Wachstube waren, um Anzeige zu erstatten, dass er abgehauen war –, bis die Tür aufgemacht wurde.

„Wo zum Teufel ...“, setzte Klara an, als Elsie ihr den Strauß und den Korb entgegenhielt.

„Meine Mama lässt höflichst ausrichten, dass sie dem jungen Herrn Thierry auf ewig dankbar ist, dass der junge Herr mein Leben gerettet hat“, sprudelte es aus ihr heraus.

Klaras Mund klappte überrascht auf.

„Der junge Herr“, setzte Elsie beherzt fort, „hat sich tapfer und heldenhaft vor den schrecklichen Hund geworfen und so verhindert, dass dieses Monster mir an die Kehle flog.“ Sie fuhr mit der Hand, noch immer das Sträußchen Tulpen festhaltend, an ihren Hals, um die Dramatik mit der passenden Geste zu untermalen. „Keine Sekunde hat er gezögert, der junge Herr.“ Sie streckte das Sträußchen wieder der Dienstbotin entgegen, die es völlig verdattert entgegennahm.

„Na, so etwas“, stotterte Klara, die nicht wusste, wie ihr geschah.

„Diesen Korb mit Obst und Gemüse schickt meine Mutter auch noch“, log Elsie, „und ich soll mich auch bei der gnädigen Frau bedanken.“ Sie knickste, und als Klara keine Anstalten machte, die Tür freizugeben, betonte sie: „Meine Mutter hat mir aufgetragen, dass ich der gnädigen Frau den Korb persönlich überreichen und mich entsprechend bedanken soll.“ Elsie machte einen Schritt auf die Tür zu und Klara wich einen Schritt zurück.

Thierry staunte nur so über Elsies offene Art. Nie hätte er sich das getraut.

„Wenn Sie vielleicht so liebenswürdig wären, die gnädige Frau von der Heldentat ihres Neffen ins Bild zu setzen“, sagte Elsie und lächelte genau jenes Lächeln, mit dem sie dem Pastor, wenn dieser sie nach der Sonntagspredigt befragte, versicherte, dass sie gut aufgepasst hatte und nur manches wohl nicht gut genug verstanden habe, um es nachzuerzählen.

Klara schüttelte verwirrt den Kopf, hastete aber gehorsam durch den Flur in Richtung Salon.

Fräulein van Klaarsbeeck hörte sich Klaras Gestammel an. Der Junge war also wieder zurück. Aber was sollte diese Geschichte von einem Mädchen und einem bissigen Hund und wieso klammerte Klara sich an ein Sträußchen mit Tulpen?

„Also ich verstehe kein Wort von alldem“, unterbrach sie ihre Dienstbotin barsch. „Dieses Mädchen soll nach Haus gehen. Der Tag hat mir genug Aufregung beschert. Ich habe Kopfschmerzen davon bekommen.“

„Aber das Mädchen möchte sich bei Ihnen bedanken und hat einen Korb mit Äpfeln und Kartoffeln dabei. Einen großen Korb“, betonte Klara, die daran dachte, dass sie seit dem Herbst nur mehr schrumpelige, trockene Äpfel und Kartoffeln mit grünen Flecken auf dem Markt bekommen hatte.

„Dann lass dieses Kind in Gottes Namen kurz herein. Wenn ich auch nicht verstehe, warum dieses ganze Theater notwendig ist.“

Klara überlegte, ob sie nochmals versuchen sollte, das zu erklären, was sie selbst nicht ganz verstanden hatte, ließ es aber bleiben.

Großtante Sidonia beäugte das Mädchen. Thierry würdigte sie keines Blickes.

Elsie knickste und schluckte. Die kleine zierliche Dame war so vornehm. Dennoch, wenn sie das Haus richtig besichtigen wollte, durfte sie jetzt nicht kneifen.

„Gnädige Frau“, sagte sie, „Thierry hat mein Leben gerettet.“

„Das kann ich mir nicht vorstellen. Der Junge ist erst zwölf und nicht besonders kräftig.“

„Jetzt haben wir es“, dachte Thierry entmutigt. „Kein Wunder, Klara kann man leicht hinters Licht führen, aber Großtante Sidonia wird die Sache sofort durchschauen.“

Elsie jedoch ließ sich nicht beirren. Herausfordernd streckte sie das Kinn vor. „Ich war auf dem Nachhauseweg von der Schule, als plötzlich dieser Hund auftauchte. Ein Schäferhund, riesig. Er fletschte die Zähne, knurrte und bellte. Gnädige Frau, ich konnte mich vor Angst nicht mehr rühren. Jeden Augenblick würde er mir an die Kehle fliegen ..." Elsie erzählte ihre Geschichte und riss dabei die Augen weit auf, um so angstvoll wie möglich zu schauen. „Thierry hat mich dann nach Hause begleitet. Meine Mutter hat ihn zum Essen eingeladen, und als ich ihr alles erzählt habe, hat sie diesen Korb gefüllt und mir den Auftrag gegeben, mich bei Ihnen zu bedanken."

„Ein schönes Märchen", murmelte Fräulein van Klaarsbeeck. Aber als Elsie ihr den Korb hinhielt, schaute sie hinein. Normalerweise kümmerte sie sich nicht um die Angelegenheiten der Küche, aber ihr war sehr wohl bewusst, dass die Kartoffeln, die Klara am Markt noch einkaufen konnte, um einiges kleiner waren und grüne Frostflecken aufwiesen.

„Das Mädchen ist also eine Bauerntochter. Anscheinend geht es denen nicht so schlecht. Wahrscheinlich verbergen sie geschickt einen Teil der Ernte vor den Augen der Besatzer", dachte Fräulein van Klaarsbeeck. Dumm wäre sie, wenn sie den Korb aus lauter Vornehmheit ablehnen würde.

„Du hast also einen bissigen Hund gebändigt? Mit bloßen Händen?", wandte sie sich unvermittelt an Thierry. Dieser lief rot an. „Ja", stotterte er, „einen Schäferhund."

„Ein großer Schäferhund", mischte sich Elsie ein. „Wäre Thierry nicht gewesen, hätte die Bestie mich bestimmt zerfleischt."

Großtante Sidonia schüttelte ungläubig den Kopf. „Na, ja. Dieser Hund wird wohl nicht allzu groß und wild gewesen sein und du, mein Kind", – sie richtete ihre Aufmerksamkeit wieder auf Elsie und den Korb – „du hast wohl im Allgemeinen Angst vor Hunden und dich mehr als notwendig gefürchtet. Wie sagt man so treffend, bellende Hunde beißen nicht. Aber ich lasse mich bei deiner Mutter für den Korb recht herzlich bedanken."

Sie drehte sich zur Tür.

„Klara!"

„Ja, gnädige Frau." Klara hatte im Flur gewartet und die Ohren gespitzt, um nichts zu versäumen.

„Nimm das Kind mit in die Küche. Vielleicht mag es ein Glas Wasser trinken, während du den Korb ausräumst."

Elsie knickste nochmals und bedankte sich artig: „Vielen Dank. Sie sind so liebenswürdig. Ein Glas Wasser wäre wunderbar."

„Ja, ja." Fräulein van Klaarsbeeck fand, dass die Unterhaltung lange genug gedauert hatte. Als Thierry jedoch hinter Klara und Elsie hergehen wollte, hielt sie ihn zurück. „Du bleibst schön hier. So einfach kommst du mir nicht davon. Und steh gefälligst gerade."

Thierry blieb stehen und straffte sich. Jetzt war er dran. Schade! Einen Augenblick lang hatte er gehofft, dass Elsies Schilderung die Großtante beeindrucken würde.

„Es tut mir leid", sagte er, um Schlimmeres abzuwenden. „Ich habe nicht nachgedacht, dass du dir Sorgen machen würdest. Ich hätte vielleicht noch eine Nachricht schreiben sollen."

„Nicht nachgedacht, das fasst es wohl zusammen." Großtante Sidonias Lippen formten einen schmalen Strich.

„Ich ..."

„Ich will nichts mehr darüber hören." Eigentlich war sie sich sicher, dass diese Geschichte ganz und gar nicht stimmte. Aber die Wahrheit herauszufinden, würde sie wahrscheinlich noch mehr verärgern. Sie hatte es von Anfang an geahnt: Ein Kind im Haus überstieg ihre Kraft.

„Halb verrückt vor Sorgen hast du mich gemacht. Klara wollte, dass du die Nacht im Kohlenkeller verbringst, aber angesichts der Tatsache, dass du diesem Mädchen geholfen hast, will ich nun doch Nachsicht walten lassen. Von dem Apfelkuchen allerdings, den Klara jetzt backen kann, wirst du kein Stück bekommen. Das soll deine Strafe sein." Sie schloss müde die Augen. „Und jetzt gehe bitte. Klara soll mir meinen Tee bringen."

Ein Wasserklosett

Als Thierry die Küche betrat, saß Elsie mit einem Glas Wasser am Küchentisch und bemühte sich, einen guten Eindruck bei Klara zu machen.

„So eine große Küche. Kaum vorzustellen, dass Sie, Fräulein Klara, die ganze Arbeit allein machen müssen." Elsies Stimme triefte vor Bewunderung. Klara warf Thierry einen bösen Blick zu und meinte: „Muss ich wohl. Der Bengel hier ist mir keine große Hilfe. Er macht mir nur noch mehr Arbeit."

„Ja, so sind die Männer, das sagt meine Mutter auch immer." Elsie nickte verständnisvoll, während sie gleichzeitig Thierry einen warnenden Blick zuwarf, sich nicht in das Gespräch einzumischen. „Ein Mädchen würde Ihnen zur Hand gehen können und dabei bestimmt viel Nützliches für die eigene Haushaltsführung lernen."

Klara lächelte geschmeichelt.

„Ja, wirklich schade, dass der Bengel kein Mädchen ist. Das würde mir viel Kummer ersparen", klagte sie.

Elsie lächelte zurück, trank das Glas Wasser aus und stand auf.

„Vielen Dank für das Wasser." Sie hielt inne und verzog plötzlich das Gesicht. „Oje", sagte sie betreten. „Es ist mir furchtbar peinlich, Fräulein Klara, aber ich glaube, ich habe zu viel Wasser getrunken. Ich müsste kurz das Klosett benützen."

„Ich kann dir das Klosett zeigen", bot Thierry sich sofort an, der befürchtete, dass sogar Klara irgendwann bemerken würde, dass Elsie es mit ihren übertriebenen Schmeicheleien nicht ernst meinte.

„Danke." Elsie zwinkerte ihm vielsagend zu. „Wenn Fräulein Klara nichts dagegen hat. Nachher werde ich nach Hause gehen. Obwohl ich mich doch ein bisschen fürchte."

Klara warf einen Blick aus dem Fenster. „Regnen wird es auch", stellte sie fest. „Besser du nimmst einen Schirm mit."

Thierry glaubte, sich verhört zu haben. Wollte Klara tatsächlich freiwillig einen Schirm herausrücken?

„Ich könnte sie begleiten und den Schirm gleich zurückbringen", schlug Thierry vor, der nie gedacht hatte, dass der Nachmittag auf diese Weise zu Ende gehen würde.

„Das wäre sehr nett. Oh, bitte, erlauben Sie es?" Elsies Lächeln wurde noch einen Grad dankbarer.

Klara wischte ihre Hände an der Schürze ab. „Von mir aus. Mir scheint, du hast einen guten Einfluss auf den Bengel. Mir gegenüber ist er nie so zuvorkommend. Da muss ich immer dreimal bitten, bis der Herr sich herablässt, mit einem sauren Gesicht etwas für mich zu erledigen."

„Ja", seufzte Elsie. „Mein Bruder Frans ist auch so ein Prachtexemplar."

„Musstest du nicht mal?", erinnerte Thierry Elsie. Es reichte ihm jetzt. Elsie wollte ein Klosett mit Wasserspülung sehen. Deshalb war sie mitgekommen.

„Ganz dringend", log Elsie. „Auf Wiedersehen, Fräulein Klara."

„Ab mit euch", brummte Klara, aber es klang nicht unfreundlich.

Gemeinsam spazierten Elsie und Thierry unter dem Schirm. Die morgendliche Frühlingssonne war von einer tiefhängenden, dichten Wolkendecke verdrängt worden. Der Regen prasselte so stark, dass das Kopfsteinpflaster stellenweise knöchelhoch unter Wasser stand. Die Dorfstraßen waren wie leergefegt, nur hie und da eilte ein tropfnasser Arbeiter mit hochgezogenen Schultern grußlos an ihnen vorbei.

„Diese Klara ist gar nicht so übel", meinte Elsie.

„Du hast sie um den Finger gewickelt. Mir gegenüber ist sie ganz anders. Wenn du nicht mitgekommen wärest, hätte sie Großtante Sidonia gewiss überredet, mich ein paar Tage lang in den Kohlenkeller zu sperren", übertrieb Thierry.

Elsie lachte unbekümmert.

„Das ist nicht lustig." Es lag Thierry auf der Zunge zu sagen, dass er schon einmal eingesperrt gewesen war, aber er schwieg. Vielleicht würde er ihr, wenn sie sich besser kannten, die Geschichte der zwölf verwegensten Jungen Belgiens erzählen. Oder vielleicht auch nicht. Denn sie würde bestimmt wissen wollen, was aus den anderen geworden war.

„Du hast recht", stimmte Elsie gutmütig zu. „Wir haben daheim zwar keinen Kohlenkeller, dafür ..." Sie stoppte gerade noch rechtzeitig. Beinahe hätte sie ein Geheimnis verraten. Dabei hatte ihr Vater ausdrücklich gesagt, dass es niemand wissen durfte. Nicht einmal Mina hatten sie es geschrieben, weil die Deutschen die Post nach Holland öffneten. Der Vater hatte gleich in den ersten Kriegstagen ein paar Steinfliesen in der Diele entfernt und zusammen mit Albert und Frans ein tiefes Loch gegraben. Groß genug, dass zwei Männer darin ausgestreckt liegen und tief genug, dass Elsie darin aufrecht stehen konnte. Er hatte dieses Versteck mit Ziegelsteinen ausgekleidet und obendrauf eine Falltür aus dicken, zusammengenagelten Holzbrettern montiert. Dann hatte er die Steinfliesen sorgfältig wieder an den ursprünglichen Platz gerückt, sodass niemand, der darüber ging, ahnte, dass darunter Säcke voll Kartoffeln, Kisten mit Äpfeln, Kohl und Rüben gehortet wurden. Vorräte, die er nicht den Deutschen gemeldet hatte. Elsie wusste, dass die Deutschen genau Buch führten über die Mengen, die die bestellten Äcker an Feldfrüchten hergeben sollten. Aber Elsies Vater war um einiges schlauer und erfand immer wieder glaubhafte Ausreden, warum er leider doch um einiges weniger geerntet hatte. Mal war es der andauernde Regen oder ein später Frost, mal ein Wildschwein, das den Acker oder den Gemüsegarten umgepflügt hatte. Die Kappe zwischen seinen derben Fingern knetend, unrasiert und in einer zerschlissenen Arbeitskluft meldete er den Deutschen dann unterwürfigst diese Vorfälle.

„Eine Schande, wie du ausschaust", schimpfte die Mutter, aber der Vater konterte listig: „Es erfüllt den Zweck. Die halten mich mittlerweile für ein beschränktes Bäuerchen, das ungeschickt von Unglück zu Unglück tappt. Das soll mir nur recht sein, wenn ich dafür meinen kleinen, geheimen Keller bis zum Rand füllen kann."

Bei der Wildschweingeschichte hatten sie alle mitgeholfen. Mitten in der Nacht hatten sie im Nieselregen zuerst einen Großteil der Kartoffeln geerntet und danach den Ackerboden komplett umgegraben, sodass es aussah, als wären mehrere Wildschweine darüber hergefallen. Sogar Hotte hatte seinen Beitrag geleistet und etliche Kartoffeln angebissen, die Elsie nachher sorgfältig über die zerstörte Fläche verteilte. Als krönenden Abschluss trieben Frans und Albert knöchelhoch im Schlamm watend eine verstörte Muttersau hin und her über den Acker.

Händeringend hatte der Vater den schrecklichen Schaden gemeldet, und zwei misstrauische Soldaten hatten die Klauenabdrücke lange begutachtet, sich an den Köpfen gekratzt und schließlich zugeben müssen, dass es wohl so gewesen sei, wie der Bauer es berichtete.

Im Versteck war es kühl und trocken genug, dass sie darin auch den geräucherten Speck und die Würste vor den Augen der Besatzer verbergen konnten. Die Sau hatte im Frühjahr sieben Ferkel geworfen, aber der Vater hatte nur sechs gemeldet, und bei den Kontrollen hatte Hotte immer rechtzeitig Alarm geschlagen. Dem geheimen Ferkel und später dem Schwein wurde die Schnauze zugebunden, und sie versteckten es in der großen Hundehütte. Sobald die Soldaten am Hof erschienen waren, hatten Frans oder Elsie Hotte an die Leine genommen und mit viel Getue vor der Hundehütte angekettet, wo der große Hund jaulend und knurrend alle Bewegungen der Soldaten beobachtet hatte. Nie war einer von ihnen auf die Idee gekommen, einen Blick in die Hütte zu werfen, während sie doch sonst überall ihre Nasen hineinsteckten, sogar in die Holzkiste neben dem Herd.

Das alles hätte sie gerne Thierry erzählt. Aber noch nicht jetzt. Zuerst musste sie sich sicher sein, dass er nichts von alledem verraten würde.

„Das habe ich gut gemacht, oder?“, sagte sie stattdessen. „Ich meine, das brave Mädchen spielen. Wenn die wüssten, dass ich ganz anders bin. Fräulein Blok, meine Lehrerin, tadelt mich mindestens dreimal die Woche. ‚Elsie, musst du dich wie ein Gassenjunge aufführen?‘“ Elsie ahmte die Stimme der Lehrerin nach. „Mama meint, dass Mina nie so vorlaut war. Mina ist meine große Schwester. Aber sie ist schon verheiratet, und ich habe sie seit Ewigkeiten nicht gesehen. Sie ist nach Baarle gezogen zu ihrem Johann und da dürfen wir wegen der Deutschen nicht hin. Nicht einmal, wenn sie sterben würde, ließen sie uns hin. Weißt du, wo Baarle liegt?" Elsie wartete keine Antwort ab. „Wahrscheinlich nicht. Habe ich auch erst gewusst, als Johann Mina den Hof gemacht hat. Das ist ein Stückchen Belgien, obwohl rundherum Holland liegt. Johann sagt, dass die Grenze mitten durch das Dorf verläuft. Mitten durch manche Häuser. Er hat einen Freund, dessen Küche in Belgien steht, aber zum Kacken muss er nach Holland. Keine Ahnung, wie er das jetzt im Krieg macht, wo die Holländer doch nicht mitkämpfen."

Elsie blieb abrupt stehen.

„Ich rede zu viel, oder?", fragte sie ohne Umschweife. „Das passiert mir immer wieder. Wenn ich etwas sage, fallen mir noch so viele anderen Sachen dazu ein. Stört dich das?"

Thierry schüttelte überrumpelt den Kopf. Er hatte noch nie ein Mädchen getroffen, das wie ein Wasserfall redete. Eigentlich kannte er Mädchen überhaupt nicht so richtig. Gaston hatte zwar drei Schwestern. Aber wenn er bei ihm zu Besuch gewesen war, saßen die beiden Größeren meistens auf der Bank vor dem Bahnwärterhäuschen und strickten Socken oder Pullover, und Annie, die Jüngste, spielte auf dem Boden mit einer Puppe.

„Wir können froh sein, dass wir keine Mädchen sind", betonte Gaston immer wieder. „Denn bevor Marie und Pauline nicht mindestens siebzig Reihen gestrickt haben, dürfen sie nicht spielen gehen. Obwohl", er zog eine Grimasse, „meistens dürfen sie, auch wenn sie mit den Reihen fertig sind, nicht spielen, denn in ihrem Alter müssen Mädchen eben schon im Haushalt anpacken. Nach Hause kommen, die Schulaufgaben machen, stricken, im Haushalt helfen. Ich denke, Mädchen sein ist so ziemlich das Schlimmste, was einem passieren kann." Gastons helle Stimme klang auf einmal so deutlich in Thierrys Kopf, dass er schlucken musste.

„Nicht an Gaston denken. Bestimmt ist er längst wieder zu Hause", ermahnte er sich lautlos. „Auch die Deutschen können Kinder nicht wochenlang einsperren."

Dann sah er zu Elsie hinüber, die mit ihren roten Gummistiefeln durch jede Pfütze plantschte. Er glaubte nicht, dass sie stricken musste.

„Du hast es gut getroffen daheim“, sagte er spontan. Elsie überlegte kurz, nickte und erwiderte: „Du hast es auch nicht schlecht. Ich gebe zu, deine Großtante ist wirklich eine vertrocknete alte Jungfer, wie meine Mama es nennt, und Klara ist nicht gerade die Freundlichkeit in Person. Aber du wohnst in einem riesigen, vornehmen Haus und …“, Elsie blieb stehen und schaute ihn durchdringend an, „und allein schon um dein Wasserklosett könnte ich dich beneiden. Wir müssen aus einem Eimer das Wasser nachschütten und ihn nachher an der Pumpe wieder neu befüllen für den nächsten. Weißt du, wie schwer so ein voller Kübel ist? Er reißt mir fast den Arm ab und beim Tragen schwappt immer wieder mal das kalte Wasser über die Beine. Bei dir zieht man an der Kette und dann rauscht das Wasser durch. Ich habe gleich zwei Mal gezogen.“

Thierry musste lachen, weil diesmal ihre Bewunderung nicht gespielt war.

„Ich habe auch noch ein drittes Mal gezogen. Aber da ist kein Wasser mehr gekommen. Es hat dann von oben her so komisch gegluckert. Ich hoffe, ich habe es nicht kaputt gemacht“, gestand Elsie.

„Nein, da füllt sich bloß das Porzellanbecken oben an der Decke“, beruhigte Thierry sie. „Sobald es halb voll ist, funktioniert die Spülung auch wieder.“

Als sie in die Allee, die zum Bauernhof führte, abbogen, wartete Albert dort unter einem Baum, der ihn vor dem ärgsten Regen schützte. Elsie rannte auf ihn zu.

„Albert, Albert“, rief sie. „Ich war in einem echt vornehmen Haus. Da habe ich Sachen gesehen! Die müsstest du mal zeichnen.“

Albert runzelte die Stirn und schaute zu Thierry hinüber.

„Hallo Albert“, grüßte dieser verlegen.

„Warum ist er da? Will er wieder ins Kapellenwäldchen?“, fragte Albert abweisend.

„Nein, Albert. Er hat mich nur begleitet.“

„Er will sich auch nicht wieder erschießen lassen?“

„Natürlich nicht. Da hat er Blödsinn geredet.“

Thierry schaute von Elsie zu Albert und wieder zurück. Albert war nicht normal. Das war nicht zu übersehen. Es musste schrecklich sein, sein Leben so zu leben. Aber Thierry spürte auch, wie er ihn trotzdem beneidete. Denn Albert würde mit Elsie zurück auf den Hof gehen. Er würde mit der Familie gemütlich an einem Tisch sitzen. Er durfte in einem schönen, warmen Wohnzimmer seine Briefmarken malen und abends in einem gemütlichen Bett schlafen und jeder schien ihn zu mögen.

„Na dann“, sagte er und seine Stimme klang rau, „jetzt hast du ja einen Begleiter für das letzte Stück.“

„Ja.“ Elsie lachte ihn unbekümmert an. „Auf Albert ist immer Verlass. Adieu und danke, dass ich bei dir in dein vornehmes Haus schauen durfte!“

Sie griff nach Alberts Hand und marschierte mit ihm davon.

Thierry blickte ihnen nach. So einen Albert, der seltsam wie er war, doch dafür sorgte, dass man nicht allein war, so einen Albert hätte er jetzt auch gerne gehabt, gestand er sich ein.

„Vielleicht sehen wir uns wieder“, rief er den beiden leise hinterher. „Ich hätte nichts dagegen.“

Wie Cher Ami

Thierry machte sich auf den Heimweg. Der Starkregen hatte zum Glück nachgelassen, und als er die ersten Häuser des Dorfes erreichte, hörte es ganz auf zu regnen. Er klappte den Regenschirm zu und lief weiter. An der nächsten Ecke musste er an einem deutschen Wachposten vorbei. Zwei Soldaten standen herum. Vorsichtshalber wechselte er die Straßenseite, aber die beiden beachteten ihn gar nicht. Einer hatte einen Feldstecher und beobachtete angestrengt den Himmel. Als Thierry mit den beiden auf gleicher Höhe war, rief der Feldstechersoldat plötzlich etwas und zeigte aufgeregt mit der Hand hinauf zur grauen Wolkendecke. Thierry blickte auch hinauf und sah einen Vogel, der niedrig über die Hausdächer flog. Der andere Soldat riss in einer einzigen fließenden Bewegung das Gewehr von seiner Schulter, legte an und zielte. Ein Schuss fiel und unmittelbar darauf noch einer.

Thierry konnte nicht verstehen, was die Soldaten sagten, aber er sah, dass einer der beiden Schüsse den Vogel getroffen haben musste. Das Tier taumelte in der Luft, verlor rasch an Höhe und verschwand hinter einem Hausdach aus seinem Blickfeld. Der Soldat mit dem Gewehr brüllte. Es klang triumphierend. Der andere Soldat starrte noch einen Augenblick durch seinen Feldstecher, um sich zu vergewissern, dass der Vogel nicht wieder an Höhe gewann, dann klopfte er seinem Kameraden anerkennend auf die Schulter.

„Das wollen Kriegshelden sein?“, dachte Thierry wütend. „Auf wehrlose Tiere schießen, einfach so zum Zeitvertreib.“ Angeekelt rannte er davon.

Zu Hause angekommen, ging er hinten herum, wie es von ihm erwartet wurde. Durch das kleine, schmale Tor zwischen den beiden Herrenhäusern betrat er den Garten. Er wollte schon die Küchentür aufdrücken, als er aus den Augenwinkeln eine Bewegung wahrnahm. Schnurre, die Katze aus dem Nachbarhaus patrouillierte auf der hohen ziegelroten Backsteinmauer. Thierry drehte sich zu ihr. „Kssscht, Kssscht“, zischte er. „Bei uns hast du nichts zu suchen. Wenn Klara dich erwischt, kriegst du einen Eimer Spülwasser über den Kopf gegossen.“ Die Katze beachtete ihn nicht, sondern hielt ihren Blick starr auf ein kegelförmig gestutztes Buchsbäumchen gerichtet, das in einem Meter Abstand von der Mauer wuchs. Sie presste ihren Körper flach auf den Mauersims und pirschte lautlos vorwärts. Ihr Körper war gespannt.

„Weg da! Bei uns lauerst du auf keine Maus. Und auf Vögel schon gar nicht.“ Thierry machte ein paar rasche Schritte zur Mauer hin. Die Katze miaute verärgert und rannte ein Stück über die Mauer, blieb stehen und drehte sich wieder zu ihm.

„Hau ab!“, rief Thierry und drohte ihr mit dem Regenschirm. Die Katze buckelte und fauchte ihn an.

„Ja, dich meine ich. Morde woanders!“ Er riss den Schirm jäh in die Höhe, als würde er ihn auf die Katze werfen wollen und sie rettete sich mit einem Sprung in ihren eigenen Garten.

„Was sie da wohl gesehen hat?“, dachte Thierry. „Einen Igel vielleicht?“ Maus oder Vogel schienen ihm unwahrscheinlich, die wären längst geflüchtet oder davongeflogen, als er auf die Mauer zugelaufen war.

Er schaute genauer hin. Unter dem Bäumchen raschelte es leise. Das Tier saß also noch immer dort. Vielleicht war es vor Angst erstarrt? Neugierig bückte sich Thierry über das Bäumchen und schob die untersten Äste auseinander. Eine Taube schaute ihn aus ängstlichen, kleinen, kugelrunden Äuglein an. Sie gurrte leise, machte aber keine Anstalten davonzufliegen.

Erst auf den zweiten Blick erkannte Thierry, dass es keine gewöhnliche Taube war. Dieser Vogel hatte vorne auf seine Brust einen kleinen, eckigen Apparat geschnallt.

„Was ist das denn?“, dachte Thierry und griff unwillkürlich hin. Der Vogel versuchte auszuweichen, taumelte und fiel zur Seite. Da sah Thierry, dass einer der beiden kleinen Füße nur noch als ein blutiges Stückchen Fleisch am Körper hing.

„Das ist der Vogel, den der deutsche Soldat vorhin getroffen hat“, schoss es ihm durch den Kopf. Jetzt verstand er auch, warum dieser auf die Taube gezielt hatte und ihm fiel auch wieder ein, was er eigentlich wusste: Seit Kriegsbeginn hatten die deutschen Besatzer ein Verbot erteilt, Tauben zu halten und zu züchten.

Philemons Vater hatte im Schlag hinter seinem Haus zwanzig Tauben gehalten und nicht irgendwelche Tauben, sondern Posttauben, die er trainierte und die – so berichtete Philemon stolz – an Wettbewerben teilgenommen hatten. Für so einen Wettbewerb wurden die Tauben aus verschiedenen Schlägen in eigens angefertigten Transportwägen vom Heimatort viele Kilometer, manchmal mehr als hundert, fortgebracht. In der Fremde wurden sie alle zusammen gleichzeitig freigelassen, und die Taube, die am schnellsten wieder in den heimatlichen Schlag zurückkehrte, gewann. In der Schankstube hatte Philemons Vater ein Holzbrett montiert, an dem er die Medaillen an ihren blauen, roten und goldenen Bändern aufhängte. Über jede Medaille hatte er fein säuberlich den Namen der Taube, die Jahreszahl, Flugzeit und die Flugkilometer notiert.

„Oft steht er jetzt mit Tränen in den Augen davor“, hatte Philemon erzählt. „Seine Tauben waren wie seine Kinder. Meine Mutter scherzte manchmal, dass er sie lieber hatte als die echten.“ Philemon hatte das Gesicht zu einem kurzen Grinsen verzogen, bevor er ernst weitersprach: „Die Deutschen haben seine Tauben beschlagnahmt, und nicht nur die von meinem Vater, sondern alle, in ganz Belgien. Mein Vater schätzt, dass es bestimmt mehr als hunderttausend sein könnten.“ Philemon wusste beinahe so viel wie sein Vater über Posttauben.

„Warum?“ hatte Thierry gefragt.

„Weil sie Angst haben, dass wir die Tauben nicht zum Wettfliegen benutzen könnten, sondern um geheime Nachrichten zu schmuggeln. Man kann ihnen nämlich einen kleinen Köcher mit einer zusammengerollten Nachricht am Fuß befestigen“, hatte Philemon ihm geduldig erklärt, „und die Taube fliegt dann damit über die feindlichen Linien. Tauben können echte Kriegshelden sein. Da ist zum Beispiel Cher Ami, die hat ein ganzes Bataillon gerettet.“

„Vielleicht ist diese Taube auch ein Kriegsheld und wurde deshalb von den Soldaten abgeschossen“, dachte Thierry. Er betrachtete sie genauer. Bis auf den Fuß schien sie keine weiteren Verletzungen zu haben.

„Nur Mut“, flüsterte er ihr zu. „Cher Ami hat auch nicht aufgeben und die war schwerer verletzt, als du es bist.“

Die Taube reagierte nicht, aber Thierry fiel plötzlich ein, was Großvater einmal gesagt hatte, als er von einem Patienten gesprochen hatte, dem eine Kugel durch den Kopf geschossen worden war: „Er lag wie tot im Bett. Niemand konnte sagen, ob er etwas von dem, was um ihn herum passierte, mitbekam. Aber eine der freiwilligen Damen setzte sich jeden Tag eine Weile zu ihm und redete auf ihn ein. Sie erzählte ihm alles Mögliche. Dass in ihrem Garten die ersten Blumen aufblühten, dass ihr Enkelsohn so gut in der Schule lernte. Sogar das Menü an ihrem Hochzeitstag vor vierzig Jahren schilderte sie ihm mehrmals in aller Länge. Die anderen Damen meinten, dass sie sich lieber um jene kümmern sollte, die etwas davon hätten. Aber sie weigerte sich, und immer, wenn sie sich verabschiedete, sagte sie zu ihm: Dass du mir ja nicht aufgibst. Ich weiß, dass du ein Kämpfer bist."

„Und hat er überlebt?", hatte Thierry gefragt.

„Ja, eines Tages schlug er die Augen auf und nach einigen weiteren Wochen konnte er auch wieder halbwegs verständlich sprechen. Als ich ihn fragte, ob er sich an etwas erinnerte, meinte er, dass es komisch sei, aber er habe oft so schöne Träume gehabt. Seltsam aber schön. Sogar von seinem Hochzeitstag habe er geträumt und dabei sei er noch nicht einmal verlobt."

„Pass auf, Taube", sagte Thierry deshalb. „Ich will dir von Cher Ami erzählen. Diese Taube hat die Nachricht eines eingeschlossenen Bataillons quer über die deutschen Linien ins Hauptquartier geflogen. Die Deutschen haben sie bei ihrem Aufstieg unter Beschuss genommen. Dutzende Kugeln flogen ihr um die Ohren und etliche trafen. Sie war nicht nur am Fuß verletzt, sondern sie bekam auch einen Schuss in die Brust ab und einer streifte ihren Kopf. Blutüberströmt und auf einem Auge blind hat sie dennoch eine Strecke von vierzig Kilometern geschafft. Erst in ihrem Heimatschlag ist sie zusammengebrochen, aber ihre Nachricht wurde gelesen und so erfuhren die Franzosen, dass sie das Bataillon befreien mussten. Also kein Grund für dich, nur wegen deines Fußes aufzugeben, hörst du!"

Thierry war klar, dass die Deutschen diese Taube suchen würden, um sicherzugehen, dass sie tatsächlich tot war. Er konnte sie nicht hier unter dem Buchsbaum ihrem Schicksal überlassen. Wahrscheinlich befand sich auch etwas Kriegswichtiges in diesem kleinen Apparat, den sie umgeschnallt hatte. Beim genaueren Hinschauen erkannte Thierry jetzt, dass es ein Fotografierapparat war, nur um vieles kleiner als jene, die er schon gesehen hatte. Hatte die Taube etwa streng geheime Sachen fotografiert? Sein Herz klopfte. Wenn ja, dann war die Taube ein Spion, und wenn die Deutschen das auch wussten, würden sie nicht ruhen, bis sie sie aufgespürt hatten. Es war besser, keine Zeit mehr zu verlieren. Er musste sie aus dem Garten fortschaffen.

„Die Katze ist nicht dein schlimmster Feind, aber keine Angst, ich bringe dich in Sicherheit“, versprach er ihr, als er vorsichtig mit beiden Händen den kleinen Körper umfasste und hochhob. Die Taube wehrte sich nicht, als spürte sie instinktiv, dass Thierry auf ihrer Seite stand. Er klemmte sie sich unter den Arm, während er mit den Fingern der anderen Hand an den Knöpfen seines Regenmantels fummelte, bis dieser so weit offen war, dass er den Vogel darunterschieben konnte. Dann knöpfte er den Mantel wieder zu. Geborgen wie in einem kleinen Nest schmiegte sich der Vogel an seine Brust. Thierry nahm den Regenschirm und hielt ihn wie einen Schild vor sich. Jetzt musste er die Taube nur noch an Klaras misstrauischen Augen vorbei hinauf in sein Zimmer schmuggeln.

„Das hat aber lange gedauert!“, tadelte Klara. Sie stand mit dem Rücken zu ihm und spülte die Töpfe ab.

Erleichtert zog Thierry so rasch wie möglich seine Schuhe aus und stellte den Schirm in den Schirmständer.

Der Duft von Suppe hing noch in der Küche und im Brotkörbchen lag eine dicke Scheibe Brot.

„Ein Teller Suppe ist alles, was du noch haben kannst. Den Rest habe ich schon weggeräumt.“

„Danke, aber ich habe keinen Hunger“, murmelte Thierry nicht wahrheitsgemäß. Er musste die Taube in Sicherheit bringen und ihre Wunden irgendwie versorgen. Leicht vornüber gebeugt hastete Thierry an Klaras Rücken vorbei hinaus in den Flur.

„Nicht einmal richtig grüßen kann der Bengel. Und wehe du machst mir alles nass im Flur und auf der Treppe!“, schimpfte Klara.

Oben in seinem Zimmer knöpfte Thierry den Regenmantel auf. Aber wohin mit der Taube? Wenn er sie auf das Bett setzte, würde Blut auf das Laken und die Decke tropfen. Sein Blick fiel auf die Waschschüssel. Zum Glück hatte er sie in der Früh ausgeleert. Er legte die Taube hinein.

„Ich muss rasch deinen Fuß verbinden, bevor du noch mehr

Blut verlierst“, sagte er. Aus seinem windschiefen Kleiderschrank holte er ein Taschentuch heraus. Er faltete es, aber das Rechteck war zu groß und zu dick, um als Verband zu taugen. Also riss er ein Stück ab und wickelte es behutsam um den Fuß. Mit zwei weiteren Stoffstreifen band er es am Körper fest.

„Es ist ein Notverband. Ich bin kein Tierarzt“, sagte er zu der Taube, „und heute verstecke ich dich im Zimmer. Aber ich muss rasch herausfinden, wem du gehörst.“ Er kraulte ihr Köpfchen. „Du wirst es mir wohl nicht selbst sagen können.“

Er überlegte, wer ihm wohl Auskunft geben konnte. Klara fiel ihm sofort ein. Die kannte bestimmte viele Leute im Dorf. Aber wenn sie erfuhr, dass er die Taube praktisch den Deutschen unter der Nase weggeschnappt hatte, konnte er sich ihre Angst ausmalen.

„Wenn die Soldaten von Tür zu Tür gehen und nach dir fragen oder womöglich die Gärten durchsuchen, wird man ihr ansehen, dass sie etwas darüber weiß“, sagte er zu der Taube. „Nein, es ist sicherer, wenn sie nichts über dich erfährt.“

Großtante Sidonia? Die hörte doch durch ihre Freundinnen auch den ganzen Tratsch und Klatsch im Ort. Bestimmt wüsste sie, wem man am Kriegsanfang die Tauben weggenommen hatte. Vielleicht konnte er sie unauffällig ausfragen? Thierry verwarf diese Idee sofort wieder. Ein paar Mal die Woche bat sie ihn, wie Großvater früher, in den Salon zu kommen, nur dass es keine Limonade gab. Dann saß er kerzengerade auf einem Sessel und musste Fragen über die Schule beantworten. Die einzigen anderen Momente, wo er mit ihr so etwas wie ein Gespräch führte, bestanden darin, dass er ihr als Sündenbock vorgeführt wurde, während Klara ihre Beschwerdeliste über ihn herunterleierte. Das war keine Gelegenheit, bei der sie ihm ein wohlgesonnenes Ohr leihen würde. Im Gegenteil, hinter jeder seiner Fragen würde sie misstrauisch vermuten, dass er etwas Unerlaubtes plane. Außerdem würde Klara in der Tür stehenbleiben und alles mithören.

Dann wäre da noch Elsie. Sie schien ein neugieriges Mädchen zu sein und wenn sie es nicht selbst wusste, könnte sie wahrscheinlich die notwendigen Informationen beschaffen. Aber durfte er sie ins Vertrauen ziehen? Thierry wog das Für und Wider ab. Dagegen sprach, dass sie so redselig war. Bestand da nicht die Gefahr, dass sie es weitererzählen würde? Nicht mit böser Absicht, das wollte er ihr nicht unterstellen; sondern weil es aus ihr herausrutschte. Hatte sie nicht selbst zugegeben, dass sie viel zu viel redete? Andererseits hatten die Deutschen ihren Hund getötet. Er konnte sich nicht vorstellen, dass Elsie die Wichtigkeit der Geheimhaltung unterschätzen würde. Sie würde nicht leichtfertig plaudern, wenn es darum ging, die Taube aus den Händen der Deutschen zu retten und sie wieder in die Obhut ihres Besitzers zu geben.

Er müsste ja nicht sofort sagen, dass er die Taube gefunden hatte. Er würde bloß erzählen, dass er den Abschuss beobachtet hatte und sich nun Gedanken machte, wem die Taube gehörte. Es wäre doch auch wichtig, den Züchter über die Ereignisse ins Bild zu setzen. Ja, so würde er es machen, beschloss er. Außerdem hatte er damit einen Grund, Elsie wiederzusehen. Etwas, worauf er sich freute, wie er ein wenig erstaunt feststellte. Denn früher hatte er sich nie etwas aus Mädchen gemacht.

Der Taubenmann

Thierry hatte zwar vorgehabt, Elsie auf dem Heimweg nach der Schule abzupassen, hatte es aber dann doch gelassen, als er diesen seltsamen Albert geduldig vor der Mädchenschule warten sah. Wer weiß, was Albert alles ausplauderte, wenn der Tag lang war? So jemand konnte bestimmt keine Geheimnisse hüten. Also stellte er sich etwas abseits und beobachtete die Schule. Die Mädchen hatten erst eine halbe Stunde nach den Jungen Schulschluss. Als Elsie endlich aus der Schule gerannt kam und Albert an die Hand nahm, folgte er den beiden unauffällig. Elsie hatte es nicht eilig. Sie schlenderte kreuz und quer durch den Ort. Ab und zu blieb sie stehen und deutete auf einen Baum, einen Karren oder ein Haus. Albert schaute ebenfalls hin. Den Kopf leicht geneigt, starrte er andächtig auf das, was Elsie ihm zeigte, nickte nach einer Weile und dann spazierten sie weiter. Wenn Thierry an derselben Stelle vorbeikam, versuchte er herauszufinden, warum Elsie ausgerechnet dorthin gezeigt hatte. Aber er konnte nichts Außergewöhnliches entdecken. Der Baum war bloß ein Baum, wie es Dutzende gab, der Karren ein Karren und das Haus ein Haus.

An der Mauer, die die große Dymphna-Kirche und den Friedhof dahinter umgab, blieb Elsie besonders lange stehen. Aus der Ferne sah Thierry, dass dutzende Zettel dort angeschlagen waren. Elsie schien sie Albert laut vorzulesen. Als sie endlich weitermarschierten, rannte Thierry hin und betrachtete die Zettel neugierig. Es waren Verordnungen und Kundmachungen der Deutschen, in drei Sprachen verfasst: Flämisch, Französisch und Deutsch. Solche Anschläge kannte er aus Geraardsbergen. Dort hingen sie neben dem Rathaus auf großen hölzernen Anschlagtafeln. Dutzende gab es jeden Monat davon. Sie forderten die Bevölkerung auf, Dinge wie Leinenstoff, Kupferpfannen und -töpfe oder Stacheldraht abzuliefern, kündigten Preiserhöhungen für Kartoffeln, Mehl, Petroleum, Kohle und viele andere Sachen an, und drohten allen mit strengen Bestrafungen, die sich nicht an die vielen Verbote und Gebote hielten. Manchmal wurden auch Verurteilungen auf diese Weise bekanntgemacht. Das diente zur Abschreckung. Alle sollten wissen, dass die Androhungen keine leeren Worte waren, und vor allem sollte jeder einzelne wissen, was ihm blühte, wenn er etwas Unerlaubtes tat.

Beinahe wäre er einfach weitergegangen, denn Elsie war hinter der Kirche nach rechts abgebogen und bereits außer Sicht, als sein Blick an einer Kundmachung hängenblieb. Sie war schon vergilbt und an einer Ecke eingerissen, aber noch gut lesbar.

„Durch feldkriegsgerichtliches Urteil vom zwölften Dezember 1917 ist der Landarbeiter Servaas Smekens aus Winkelom wegen Hinterziehung von Geflügel und Brieftauben zu einer Geldstrafe von fünfhundert Mark oder bei Nichtbezahlung zu einem Jahr Gefängnis verurteilt“, stand darauf zu lesen.

„Servaas Smekens“, wiederholte Thierry leise. „Servaas Smekens aus Winkelom. Du hast also heimlich Tauben versteckt und bist aufgeflogen." Ihm kam eine Idee. Smekens würde wahrscheinlich wissen, wer sonst noch Tauben verborgen hielt. Philemon hatte ihm erzählt, dass sich die Taubenzüchter in Verbänden organisierten, die vor dem Krieg bei den vielen Flugwettbewerben gegeneinander angetreten waren.

„Nach Bezahlung dieser Strafe ist Smekens gewiss so wütend auf die Deutschen, dass er mir bereitwillig Auskunft geben wird", dachte Thierry, und statt Elsie weiter nachzuspionieren, drehte er sich um und machte sich auf den Weg nach Winkelom.

Winkelom, das waren ein paar verstreute Höfe außerhalb von Geel. Vor einem der Häuser hängte eine ältere Frau umständlich Wäsche auf.

„Entschuldigen Sie", rief Thierry zu ihr hinüber und lehnte sich über den Zaun, „können Sie mir sagen, wo Servaas Smekens wohnt?"

Die Frau schaute ihn an. Sie hatte ein breites Gesicht mit einer plattgedrückten Nase und kleinen Augen. Sie fing an zu kichern.

„Servaas Smekens", rief er ein zweites Mal. „Ich suche ihn."

Die Frau stieß eine Reihe aufgeregter Laute aus, aber ihre Hand deutete unmissverständlich auf ein Häuschen, das am Rand eines Ackers stand.

„Danke!", rief Thierry.

Die Frau fuchtelte mit den Armen. Sie schien ihm etwas erklären zu wollen, aber Thierry wurde nicht klug aus dem, was sie von sich gab. Eine zweite Frau kam aus dem Haus heraus, wischte sich beim Gehen die Hände an ihrer Schürze ab und stemmte dann die Arme in die breiten Hüften.

„Alie, jetzt schrei nicht so herum", schimpfte sie und zu Thierry hinüber sagte sie: „Schau nicht so erschrocken. Unsere Alie meint es nicht so. Sie kann nicht besser reden. Wolltest du etwas?"

Thierry schüttelte den Kopf. Er wusste ja bereits, wo Smekens wohnte und dachte sich, dass es wohl besser war, wenn möglichst wenige Leute erfuhren, dass er ihn suchte. Eigentlich war es ein Glück, dass er diese Alie und nicht die Bäuerin gefragt hatte. Die hätte bestimmt neugierig nach dem Grund gefragt. Als er davonrannte, hörte er noch, wie die Bäuerin Alie gutmütig zurechtwies: „Du kannst nicht einfach mit jedem, der auf der Straße vorbeigeht, plaudern wollen, Alie. Du weißt doch, dass Fremde nicht verstehen, was du sagst. Jetzt mach brav deine Arbeit hier fertig und dann kannst du mir in der Küche helfen. Es ist noch genug zu tun und viel zu früh am Tag, um die Hände in den Schoß zu legen."

Das Häuschen war winzig. Der kleine Garten davor wirkte verwahrlost. Gras und Unkraut bahnten sich einen Weg zwischen den brüchigen, flachen Steinen, die zum Eingang führten. Ein Hühnerstall auf der Seite des Häuschens stand sperrangelweit offen. Das Gartentor hing schief und der Briefkasten, der daran lediglich mit zwei Nägeln und einem rostigen Stück Draht befestigt war, drohte beim nächsten heftigen Unwetter abzustürzen. Jemand hatte mit ungelenken, verwitterten Buchstaben „Smekens" darauf geschrieben. Thierry zögerte und drehte sich um, um zu schauen, ob Alie und die Bäuerin ihn aus der Ferne beobachteten. Aber beide Frauen waren im Haus verschwunden. Er drückte gegen das Tor. Es schleifte über den Boden, sodass er es anheben musste, um es weit genug zu öffnen, dass er durchschlüpfen konnte. Die Fenster des Häuschens waren grau und staubig, die verblassten Vorhänge dahinter fest zugezogen. Neben der Tür standen ein paar Holzpantinen, die mit Regenwasser gefüllt waren. Thierry dämmerte, dass Servaas Smekens womöglich die fünfhundert Mark Strafe nicht hatte bezahlen können und vielleicht deshalb im Gefängnis saß. Dennoch klopfte er an die Tür. Niemand öffnete. Er klopfte ein zweites Mal und meinte, drinnen ein Geräusch zu hören.

„Herr Smekens, ich muss Sie sprechen", rief er.

Er legte sein Ohr an die Tür und lauschte. Stille. Aber er hatte vorhin etwas gehört, da war er sich sicher. Ein Geräusch, wie wenn jemand versucht hatte, lautlos etwas Schweres zur Seite zu schieben.

„Ich habe etwas gefunden, das vielleicht Ihnen gehört", rief er, obwohl das gewagt war. Was, wenn nicht Smekens, sondern ein anderer nun das Häuschen bewohnte?

„Ein Haustier“, verriet er trotzdem. „Es ist verletzt. Vielleicht gehört es Ihnen oder vielleicht wissen Sie, wer der Besitzer ist.“

Schritte. Er hatte sich also nicht getäuscht. Die Tür schwang so rasch auf, dass Thierry einen Sprung nach hinten machen musste, um seinen Kopf vor dem Zusammenstoß mit dem Holz zu retten. Auf der Schwelle stand ein Mann in städtischer Kleidung, mit einem Hut und glänzenden, ledernen Schnürschuhen. Er war glattrasiert und wirkte an diesem Ort völlig fehl am Platz.

„Herr Smekens?“, fragte Thierry verunsichert, weil ein einfacher Landarbeiter unter der Woche für gewöhnlich keinen Anzug trug, sondern Arbeitskleidung, Kappe und Holzpantinen.

„Was für ein Tier hast du gefunden?“, stellte der Mann eine Gegenfrage.

„Darüber würde ich lieber mit Herrn Smekens persönlich sprechen“, sagte Thierry tapfer. Schließlich war es in ganz Belgien mittlerweile verboten, Tauben zu halten.

„Servaas sitzt ein, und ich kümmere mich in seiner Abwesenheit um seine Angelegenheiten. Ich bin sein ...“, der Mann zögerte einen Bruchteil einer Sekunde, „sein Hausherr.“

„Der lügt“, dachte Thierry, dem das Zögern nicht entgangen war. Manche Belgier, das wusste er, machten gemeinsame Sache mit den Deutschen. Sie bespitzelten die eigenen Leute und trugen dann den Besatzern alles Mögliche zu. Man konnte nicht jedem blind vertrauen. Das konnte böse enden.

„Es ist eigentlich nicht so wichtig“ sagte er deshalb.

Thierry wollte sich umdrehen und gehen, aber der Mann packte ihn grob an der Schulter und zog ihn ganz nahe zu sich heran.

„Schüsse gestern Abend“, flüsterte er heiser. „Wolltest du mit Servaas darüber sprechen?“

Thierry nickte überrumpelt. Der Mann wusste etwas, sonst würde er die Frage, ob ein Haustier vermisst wurde, nicht mit Schüssen am Abend verbinden.

„Raus mit der Sprache. Welches Tier hast du gefunden?“

Der Mann sah auf einmal so besorgt aus, dass Thierry nicht länger glauben konnte, dass er für die Deutschen spionierte.

„Eine Taube“, gab er zu.

„Lebt sie noch?" Die Anspannung stand dem Mann ins Gesicht geschrieben.

Thierry nickte. „Ich glaube schon. Sie ist schlimm verletzt am rechten Fuß. Der wurde ihr beinahe weggeschossen. Ich habe sie gestern nach den Schüssen im Garten gefunden und ihr einen Verband angelegt. Heute früh habe ich sie etwas Wasser trinken lassen und sie hat eine paar Brotkrümel gepickt. Ich habe ihr dann aus meinen Socken im Kleiderschrank ein Nest gebaut. Dort ist sie sicher."

„Fabiola. Gott sei Dank." Thierry bemerkte, dass der Mann Tränen der Erleichterung in den Augen hatte. „Als sie gestern Abend nicht zurückkam, habe ich schon das Schlimmste befürchtet. Sie ist doch meine allerletzte Taube. Dann habe ich heute früh gehört, wie jemand erzählte, dass Soldaten auf eine Taube geschossen hatten. Es hieß, sie hätten den Vogel tödlich getroffen."

Der Mann hielt inne, schaute sich um und, obwohl weit und breit niemand zu sehen war, zog er Thierry in das Häuschen hinein.

„Besser, wir unterhalten uns hier drinnen weiter."

In dem karg eingerichteten Raum standen ein schmales Eisenbett in einer Ecke, ein Tisch mit zwei Stühlen an der Wand zwischen den beiden kleinen Fenstern, zwei Schränke, ein Regal und ein kleiner Herd neben der Tür. Es roch muffig, und Staub bedeckte die Möbelstücke. Auf dem Tisch lag umgestoßen ein Emailbecher mitten in einem eingetrockneten braunen Fleck. Darüber baumelte von der Decke ein blassgelber Klebestreifen, übersät mit Fliegenleichen. Vom Bett hatte jemand die Matratze halb heruntergezogen und an mehreren Stellen aufgeschlitzt. Rosshaar quoll aus ihr heraus. Die Türen der beiden Schränke standen offen und vor dem einen lag ein Haufen Kleidung, vor dem anderen zerbrochenes Geschirr.

„Sie haben Servaas vor drei Monaten abgeholt und dieses Durcheinander angerichtet. Der Dummkopf! Er hatte zwei seiner Hennen nicht gemeldet. Als sie Nachschau hielten, hat er sie kommen sehen. Er hat die beiden Viecher geschnappt und rauf auf den Dachboden gebracht. Er glaubte, dass er sie dort zwischen meinen Tauben verstecken konnte. Hühner unter Tauben. Die haben gar nicht mehr aufgehört zu gackern. Das kannst du mir glauben. Es dauerte bestimmt keine fünf Minuten, bis die Soldaten die Leiter an die Hauswand lehnten und hinaufkletterten. Oben mussten sie nur ihren Ohren folgen, um das Versteck hinter der doppelten Mauer aufzuspüren. Sie haben meinen besten fünf Zuchttauben den Hals umgedreht. Nur Fabiola ist ihnen entgangen. Sie war bei mir zu Hause, weil sie krank geworden war und ich sie abgeholt hatte, um sie aufzupäppeln. Monat für Monat habe ich Servaas vierzig Franken bezahlt, damit er meine Tauben versteckt und versorgt. Ein Vermögen für so einen Mann. Das Futter habe ich ihm geliefert, genug, damit er auch noch seine Hühner durchfüttern konnte. Hier draußen, dachte ich mir, sind meine Lieblinge sicher. Ich habe selbst da oben am Dachboden den Schlag eingerichtet. Alles piekfein, und dann macht dieser Idiot so etwas."

„Jetzt ist er im Gefängnis?", fragte Thierry erschrocken.

„Ja. Ein Jahr. Das hat er sich selbst eingebrockt. Sie hätten meine Tauben niemals gefunden, wenn er seine Hühner ordnungsgemäß gemeldet hätte."

„Also waren das eigentlich Ihre Tauben", warf Thierry ein, der nicht ganz verstand, warum Servaas Smekens im Gefängnis landete, während der richtige Besitzer der Tauben keine Strafe erhielt. Hatten die Deutschen geglaubt, dass Servaas der Besitzer war und hatte Servaas den Mann nicht verraten? Oder hatte dieser die fünfhundert Franken zahlen können und Servaas nicht? Der Mann schaute nicht arm aus. Aber warum hatte er dann nicht auch die Strafe von Servaas beglichen, wo dieser doch in seinem Auftrag gehandelt hatte?

„Genau, es waren meine Vögel, und weißt du, was so eine Taube wert ist?", unterbrach der Mann Thierrys Gedanken. „So eine richtig gute Zuchttaube kostet schon ihre tausend Franken oder mehr. Jahrelang habe ich jeden Franken, den ich erübrigen konnte, in meine Zucht gesteckt. Und jetzt ...", seine Stimme zitterte, „ist keine mehr übrig außer Fabiola. Du musst sie mir bringen, Junge."

„Diese Taube, also Fabiola“, sagte Thierry langsam, „die hatte so ein …“

„Sscht“, fuhr ihn der Mann erschrocken an. „Kein weiteres Wort.“

„Aber …?“

„Nein, auch Mauern können Ohren haben. Du bringst mir die Taube, so, wie du sie gefunden hast. Aber niemand darf dich dabei sehen. Am besten steckst du sie in einen Strumpf, damit sie nicht flattert und …“ Der Mann stand auf, ging zu dem Schrank hinüber, aus dem die Soldaten Töpfe, Teller und Tassen gerissen hatten, und suchte darin, bis er eine kleine, hellblaue Blechdose fand. Er stellte sie auf den Tisch. Doktor Heberscheids Kopfwehpillen, las Thierry die Schrift auf dem Deckel. Woher wusste dieser Mann, dass Servaas diese Pillen besaß und wo er sie aufhob? Der Mann öffnete die Dose und holte eine Pille heraus. Er legte sie vor sich hin, zog aus seiner Anzugtasche ein kleines Messer und schnitt die Pille in zwei Stücke.

„So, diese halbe Pille nimmst du mit. Du wirst sie zu Hause zu Pulver zerstoßen und in etwas Wasser auflösen. Fabiola muss das trinken. Und zwar alles. Darauf musst du genau achten, denn nur dann wird sie ausreichend betäubt sein und nicht gurren, wenn du sie in einem Korb oder unter deiner Jacke versteckt durch die Straßen trägst. Hast du das verstanden?“ Der Mann schaute ihn eindringlich an.

„Ja“, erwiderte Thierry. „Und wohin?“

„Zu mir ins Geschäft. Diesterweg zwölf. Fotografisches Atelier Charles Kortemann. Kannst du dir das merken?“

„Diesterweg 12“, wiederholte Thierry, „Atelier Kortemann.“

Herr Kortemann nickte. „Wenn man dich dennoch erwischt, dann wehe dir, wenn du meine Adresse erwähnst! Ich werde leugnen, dich zu kennen. Verstehst du das?“ Der Kopf des Mannes näherte sich Thierrys Kopf, bis er so nah war, dass er den warmen Atem des Mannes spüren konnte.

„Du bist jetzt ein winzig kleines Rädchen in einer wichtigen Maschine“, flüsterte Herr Kortemann. „Aber im Gegensatz zu mir bist du ein austauschbares Rädchen, wie Servaas es war. Die Maschine jedoch muss unter allen Umständen" – der Kopf kam noch ein Stück näher – „unter allen Umständen funktionstüchtig bleiben. Davon hängen Menschenleben ab." Mit einem Ruck richtete sich der Mann auf. „Fort mit dir. Sobald Fabiola einnickt, kommst du." Er zog eine Börse hervor, öffnete sie und zählte vier Franken ab. „Hier, wenn dich nachher einer aufhält und fragt, wohin du unterwegs bist, zeigst du ihm die Münzen und sagst stolz, dass du eine Porträtaufnahme machen lassen willst."

„Gut. Ein Porträt ... für meinen Großvater zum Geburtstag." Thierry fühlte sich auf einmal sehr wichtig. Hier stand jemand vor ihm, der sich nicht nur duckte und kuschte. Nein, sein Gegenüber war jemand, der bereit war, sich zu wehren. Es gab keinen Zweifel. Dieser Herr Kortemann war kein naiver Taubenliebhaber, sondern er und diese Taube Fabiola waren offensichtlich in gefährliche Spionagemachenschaften gegen die Deutschen verwickelt.

„Du bist rasch von Begriff." Charles Kortemann nickte zufrieden.

„Dieser Servaas hat es vermasselt, alles in Gefahr gebracht. Aber ich bin um einiges klüger", dachte Thierry. Er schaute Herrn Kortemann direkt in die Augen.

„Sie können sich auf mich verlassen, Herr Korte ..."

„Keine Namen, niemals Namen", unterbrach ihn Charles Kortemann scharf. „Und jetzt lauf. Je eher Fabiola wieder in meiner Obhut ist, desto besser. Wir können es uns nicht leisten, dass sie uns auch verloren geht."

Das „Uns" und das „Wir" fühlten sich so gut an, als wäre Thierry selbst auch schon ein Teil dieser Verschwörung.

Als Thierry zurück nach Geel lief, ging ihm der Gedanke nicht aus dem Kopf, dass ihm soeben eine zweite Gelegenheit geboten worden war, sich an den Deutschen zu rächen. „Jetzt geht es auch nicht mehr nur um mich, sondern auch um Gaston und die anderen. Wahrscheinlich sitzen die noch immer im Gefängnis, wenn man wegen Brieftaubenverstecken schon zu einer Haftstrafe von einem Jahr verurteilt wird", dachte er. Großvaters mahnende

Worte, dass Rache niemals eine Lösung war, schob er weit von sich. Der hatte leicht reden. Seine Freunde saßen nicht im Gefängnis. „Eigentlich ist es auch nicht Rache", rechtfertigte er sich trotzdem. Es war offensichtlich, dass Charles Kortemann in Spionage verwickelt war. Spionage, die dazu führen würde, den Krieg zu beenden. Ein hochtrabender Name wie „die zwölf verwegensten Jungen Belgiens" genügte eben nicht. Es brauchte Erwachsene, um erfolgreich zu sein. Das hatte er jetzt begriffen.

Ein Porträt von Rittmeister von Osterroth

In der Auslage des fotografischen Ateliers Kortemann betrachtete Thierry die ausgestellten Porträtfotos. Die meisten Fotos, stellte er fest, waren in einem vornehmen Wohnzimmer mit einem dicken Teppich auf dem Boden aufgenommen, mit schweren Vorhängen, halb zugezogen vor einem seitlichen Fenster, und einer dunklen Holzvertäfelung an der Rückwand des Zimmers. Auf einem Foto waren fünf Kinder abgelichtet, die ohne ein Lächeln in die Kamera starrten. Auf einem anderen Bild posierte eine ältere Dame in einem dunklen Pelzmantel mit einem ausladenden blumengeschmückten Hut und einem weißen Hermelinmuff über Händen und Unterarmen in einem der Stühle, neben den der Fotograf eine Zimmerpalme gerückt hatte. Ein kleines Mädchen, ihr Enkelkind vielleicht, lehnte an ihrem Knie. Es hielt steif eine Porzellanpuppe im Arm. Auf einem weiteren Porträt war ein Ehepaar neben der Zimmerpalme stehend abgelichtet. Die Frau in einem bodenlangen schwarzen Kleid hielt einen kleinen Blumenstrauß vor ihre Brust. Der Mann neben ihr trug einen hohen Zylinderhut und einen schwarzen Anzug. Seine Hand ruhte auf einem Spazierstock mit einem dicken Knauf. Sie wirkten wie zwei Fremde, die man gezwungen hatte, nebeneinander zu stehen. Hinter all diesen Fotos war die Auslage mit weißem Papier zugeklebt, sodass man von außen nicht in den Raum dahinter schauen konnte.

Thierry spürte, wie die Taube sich regte. Er hatte sie vor einer Stunde betäubt, sorgfältig gewartet, bis sie schlaff und müde wurde, und sie dann, wie Herr Kortemann es ihm geraten hatte, in einen Strumpf gesteckt, sodass nur mehr ihr Köpfchen herausragte. Dieses Bündel hatte er dann unter seine Jacke gesteckt und aus dem Haus geschmuggelt. Er hatte sich fest vorgenommen, alles richtig zu machen und dem Fotografen damit zu zeigen, dass er ein brauchbares Mitglied für die geheimen Dinge sein würde, die dieser plante, und nicht so ein leichtsinniger Dummkopf wie Servaas Smekens. Bevor Thierry die Tür zum Atelier aufdrückte, schaute er rasch und unauffällig die Straße hinauf und hinunter. Keine deutschen Soldaten waren in Sicht, und auch sonst beachtete ihn niemand.

Die Türglocke schrillte, als er über die Schwelle in das Geschäft trat. Er gelangte in einen Vorraum mit einem Sofa und ein paar Sesseln, der wie ein kleines Wartezimmer wirkte. Ein großer Spiegel nahm die Hälfte der Rückwand in Beschlag, davor stand ein Frisiertischchen auf zierlichen, gedrechselten Beinen. Eine Garderobe ergänzte die Ausstattung des Raumes. Ein langer, schwarzer Mantel hing an einem ihrer Haken.

„Hier kann man sich für die Aufnahmen herrichten", dachte Thierry und betrachtete sich im Spiegel. Obwohl die Taube eindeutig am Aufwachen war und versuchte, sich im Strumpf zu bewegen, sah man zum Glück unter seiner Jacke keine Bewegung. Trotzdem sollte er hier nicht zu lange warten müssen. Bald würde Fabiola gewiss auch gurren.

Aus dem angrenzenden Zimmer hörte er Stimmen. Sie sprachen Französisch.

„Sie meinen wirklich, dass dieser Hintergrund meine Uniform mehr zur Geltung bringt?", fragte jemand, wahrscheinlich der Besitzer des Mantels, zweifelnd.

„Selbstverständlich Herr Rittmeister von Osterroth. Mit den Reitstiefeln wirkt eine Landschaftsaufnahme viel natürlicher, als wenn Sie sich vor die Kulisse des Wohnzimmers gestellt hätten. Sie werden sehen, dass es so aussieht, als hätten Sie soeben Ihren Ausritt unterbrochen, um nun an den Zaun gelehnt Ihre Augen über die schöne belgische Heidelandschaft schweifen zu lassen.

Diese Art von Naturporträts ist in Paris der letzte Schrei und auch hier bei uns in der Gesellschaft beliebt. Ich habe Aufnahmen gesehen …"

„Ja, ja", unterbrach ihn der Rittmeister rüde, „Sie müssen so reden. Sie wollen mir das Porträt ja verkaufen. Aber ich sage Ihnen, ich werde mir selbst ein Urteil bilden, ob es für uns daheim in Koblenz passend ist oder nicht. Wir machen nicht jede Eitelkeit mit, bloß, weil es den Franzosen gefällt."

„Selbstverständlich, Herr Rittmeister. Übermorgen könnten Sie es hier im Atelier begutachten, oder soll ich Ihnen den Weg ersparen und damit in der Kommandantur vorbeikommen? Ganz wie Sie es wünschen."

Ein Rittmeister?! Thierry erschrak. Sollte er rasch fortgehen und später wiederkommen? Aber dieser Rittmeister hatte gewiss auch das Läuten der Türglocke wahrgenommen und würde sich wundern, warum ein Kunde das Geschäft betreten hatte, um dann wieder zu verschwinden. Das könnte ihn misstrauisch machen. Nein, es war besser zu bleiben. Thierry setzte sich auf den Sessel, der am weitesten entfernt von den beiden Türen stand. Er drehte ihn sogar noch ein wenig zur Wand. Nicht zu viel, damit es nicht ungewöhnlich wirkte. Dann bückte er sich und knöpfte ein Schuhband auf. Wenn dieser Rittmeister an ihm vorbeiging, würde er sich über den Schuh bücken und ihn zubinden. Falls die Taube sich in diesem Moment bewegte, würde man es nicht sehen.

Nur gurren durfte sie auf keinen Fall. Ein Rittmeister würde das Geräusch wahrscheinlich erkennen.

„Ich werde vorbeikommen, so um zehn Uhr vormittags", beschloss der Rittmeister und Thierry vernahm die festen Schritte von Stiefeln, die sich der Tür zum Vorraum näherten. Er bückte sich nach vorne und fingerte umständlich an dem Schuhband. Er schaute nicht auf, als die Tür geöffnet wurde.

„Darf ich Ihnen in den Mantel helfen?", bot Charles Kortemann an. Ohne auf eine zustimmende Antwort des Rittmeisters zu warten, eilte er durch den Vorraum, nahm den Mantel vom Haken und stellte sich dann so geschickt zwischen den Rittmeister und den Jungen auf dem Sessel, dass er diesen verdeckte.

„Bitte Herr Rittmeister. Vielen Dank für Ihren Besuch. Sie werden sehen, das Porträt wird Ihnen gefallen."

„Bis übermorgen, zehn Uhr, Kortemann. Bemühen Sie sich nicht, ich finde allein hinaus."

„Ganz wie Sie es wünschen, Herr Rittmeister."

Charles Kortemann buckelte noch, als die Tür mit einem lauten Schellen der Glocke wieder zugefallen war. Dann wischte er sich mit einem Taschentuch den Schweiß von der Stirn.

„So ein eitler Gockel, dieser Osterroth", schimpfte er, erleichtert, dass der deutsche Kunde sein Atelier verlassen hatte, ohne von dem wartenden Jungen Notiz zu nehmen. „Wenn ich es mir aussuchen könnte, würde ich ihn auf das Unvorteilhafteste ablichten. Aber leider sind mir da die Hände gebunden. Übrigens ..." Er wandte sich dem Jungen zu, der nun aufgestanden war und ihn eifrig anschaute. „Ein Glück, dass du deinen Schuh binden musstest."

„Ach, ich dachte mir, es wäre besser, wenn dieser Herr Rittmeister mich nicht so genau in Augenschein nehmen kann." Thierry gab sich Mühe, seinen Stolz unter gerade genug Bescheidenheit zu verbergen, um nicht vorlaut zu wirken.

Charles Kortemann musterte ihn überrascht. „Aha, so ist das also. Na, du hast offensichtlich kein Stroh im Kopf."

Thierry fing an, seine Jacke aufzuknöpfen.

„Nein, nein, wir gehen nach hinten in meine Privaträume."

Thierry lief rot an. Das war dumm. Das hätte er sich denken können, dass er die Taube nicht im Atelier übergeben sollte, wo jederzeit ein neuer Kunde das Geschäft betreten konnte.

Charles Kortemanns geheime Machenschaften

Charles Kortemann hängte ein Schild an die Eingangstür und führte Thierry vom Wartezimmer in das Atelier. Es war ganz anders eingerichtet, als auf den Fotos abgebildet. Alle Möbelstücke standen in ein Eck geschoben und vor der Holzvertäfelung hing eine steife Leinwand, auf der eine Heidelandschaft sehr naturgetreu wiedergegeben war. Davor lehnte ein Stück eines weiß gestrichenen Holzzauns. Der Fotograf ließ Thierry keine Zeit, sich näher umzuschauen, sondern drängte ihn durch eine seitliche Tür in einen schmalen Gang, der nach hinten in eine Küche führte. Von dort gingen sie in den Garten zu einer schmalen, hohen Scheune. Im Giebel befanden sich mehrere rechteckige Aussparungen zwischen den Ziegelsteinen. Vor jeder dieser Öffnungen war mit zwei weiteren Ziegelsteinen, die senkrecht zueinander standen, eine kleine Standfläche gemauert.

Charles Kortemann schloss die Tür zur Scheune auf. Bis auf einen Tisch und ein Regal mit Werkzeug war der Raum leer. Der graue Steinboden war blank gefegt. Über eine schmale, steile Holztreppe konnte man auf den Dachboden gelangen.

„Da oben war mein Schlag. Dreißig Tauben hatte ich, achtzehn Jungtiere und sechs Zuchtpaare." Er seufzte. „Es kam der Tag, an dem ich sie abliefern musste, in einen von den Deutschen eingerichteten Sammelschlag. Hunderte Vögel aus Geel und den umliegenden Dörfern wurden neben dem Bahnhof in einer leerstehenden Lagerhalle eingeschlossen, die von den Besatzern eigens dafür requiriert und hergerichtet worden war. Selbstverständlich mussten wir für die Kosten aufkommen. Wir lieferten Futter und bezahlten für jede Taube drei Franken im Monat. Dieser Rittmeister von Osterroth organisierte alles. Er hatte in jüngeren Jahren selbst eine Taubenzucht. ‚Im Sammelschlag sind sie gut aufgehoben. Ich habe drei Mann aus meiner Einheit für ihre Versorgung abgestellt', versicherte er mir. In einer Nacht-und-Nebel-Aktion wurden sieben Wochen später die meisten Tauben nach Deutschland verfrachtet."

Charles Kortemanns Stimme hatte einen bitteren Klang. „Ich

vertraute ihm nicht und hatte vor dem Abgabetermin meine Zuchtbücher so manipuliert, dass ich drei Zuchtpärchen untertauchen lassen konnte. Ich wählte dafür Servaas Smekens aus, weil er in einem kleinen abgelegenen Häuschen wohnte. Er war ein Einsiedler, ohne Frau und Kinder und verdingte sich als Knecht bei einem Bauern. Manchmal habe ich ihn in meinem Haus kleine Reparaturen ausführen lassen. Er war geschickt, und gemeinsam richteten wir einen geheimen Schlag unter seinem Dach ein. Ich bezahlte ihn großzügig. Drei Jahre lang lief alles gut. Ich brachte ihm bei, wie er die Tauben nachts kurze Strecken fliegen lassen konnte, ohne sie in Gefahr zu bringen. Aber irgendwann wurde er wohl leichtsinnig und dachte, dass er auch in eigener Sache und zu eigenem Vorteil die Deutschen übers Ohr hauen könnte. Den Rest kennst du. So, und jetzt gib mir Fabiola. Die ist zum Glück diesem Totentanz entkommen."

Thierry knöpfte seinen Regenmantel auf. Fabiola hatte sich schon heftig darunter bewegt, als sie die Stimme des Fotografen gehört hatte. Er überreichte sie mitsamt dem Strumpf.

Charles Kortemann holte sie heraus und setzte sie vorsichtig auf den Tisch. Er entfernte den Verband und untersuchte die Wunde sorgfältig. „Das sieht übel aus. Ich werde es riskieren müssen, den Tierarzt zu holen", murmelte er.

Er befestigte den Verband wieder und richtete seine Aufmerksamkeit auf Thierry. „So und nun zu dem, was du sonst noch gefunden hast. Fabiola hatte etwas dabei, oder?"

Er schaute Thierry abwartend an, bis dieser nickte.

„Wo ist es?"

„Ich, ich ..." Thierry hatte den Fotografierapparat am Abend zuvor abgeschnallt und, bevor er sich auf den Weg ins Fotoatelier gemacht hatte, beschlossen, ihn nicht sofort auszuhändigen. Er wollte ihn als Eintrittskarte zu Charles Kortemanns geheimen Machenschaften benützen.

„Ich werde es Ihnen ... bald bringen", log er.

„Bald?! Was soll dieser Unsinn? Wie heißt du überhaupt?", fuhr ihn Charles Kortemann verärgert an.

„Thierry van Klaarsbeeck."

„Bist du mit dieser alten, reichen Dame verwandt?"
„Ja, sie ist meine Großtante. Mein Großvater hat mich zu ihr gebracht, weil ich nicht länger bei ihm in Geraardsbergen bleiben konnte."
Das interessierte Charles Kortemann nicht. „Also Thierry, du wirst der alten Dame keinen Kummer bereiten wollen, oder?"
„Nein!"
„Wirst du aber, weil ich dich dabei erwischt haben könnte, wie du mir vier Franken aus der Tasche geklaut hast."
„Das habe ich nicht. Sie haben mir …", sagte Thierry entrüstet und verstummte, als er den Gesichtsausdruck des Fotografen sah.
Dieser schüttelte gespielt betrübt den Kopf.
„Ich habe gar nichts. Mein Wort gegen dein Wort. Du wirst mich doch nicht dazu zwingen, oder? Wo ist es?"
„Gestern habe ich die Kamera unter meiner Matratze versteckt", gab Thierry zu. „Aber ich wollte sie nicht behalten. Ich möchte Ihnen doch helfen bei diesen geheimen Sachen."
„Das ist kein Kinderspiel, Thierry!"
„Ich weiß, dass das kein Kinderspiel ist. Ich habe einmal den Fehler gemacht, es als Kinderspiel aufzufassen. Den Fehler mache ich kein zweites Mal!", begehrte Thierry auf und bevor Charles Kortemann etwas einwenden konnte, setzte er fort: „Vor vier Monaten in Geraardsbergen gab es eine Truppe, die sich ‚die zwölf verwegensten Jungen Belgiens' nannte. Ich war einer von ihnen, einer der Jüngsten. Aber auch unser Anführer war erst vierzehn Jahre alt. Er plante, einen Transportzug mit Soldaten entgleisen zu lassen."
Charles Kortemann hob die Augenbrauen. Thierry sah, dass er sein Interesse geweckt hatte.
„Ich hatte meine guten Gründe, da mitzumachen: Meine Mutter wurde bei einem Bombardement getötet und mein Vater nach Deutschland verschleppt."
„Was wurde aus dem Plan?", fragte Charles Kortemann halb spöttisch, halb neugierig.
„Mitten in der Nacht schnitten wir die Signaldrähte durch und blockierten die Weichen mit Steinen. Es ging schief. Ein Bahn-

wärter entdeckte alles, bevor der Zug die Stelle passierte. Wir wurden alle verhaftet und ins Gefängnis gesteckt."

„Tatsächlich?"

Jetzt kam der schwierige Teil. Thierry wusste, dass er plausibel erklären sollte, warum er die Freiheit erlangt hatte, die anderen aber nicht, ohne wie ein Feigling zu wirken oder gar für einen Kollaborateur oder Verräter gehalten zu werden. „Im Gefängnis wurde ich schwer krank. Sie hatten mich bei einem Verhör zusammengeschlagen, aber verraten habe ich nichts und niemanden. Sie mussten einen deutschen Arzt holen. Dieser kannte meinen Großvater. Mein Großvater ist Chirurg und operiert alle Soldaten im Lazarett, egal welcher Nation sie angehören. Ich finde das nicht richtig. Das müssen Sie mir glauben. Aber er sagt, dass Menschen Menschen sind, egal, wo sie geboren wurden." Thierry traute sich nicht, Charles Kortemann jetzt ins Gesicht zu schauen, um herauszufinden, welche Meinung dieser von so einem Großvater hatte. „Auf jeden Fall wurde ich auf Geheiß des deutschen Arztes vorläufig entlassen, damit ich nicht in der Zelle sterbe. Er brachte mich zu meinem Großvater und legte diesem nahe, mich unverzüglich aus Geraardsbergen fortzuschaffen. Das hat er gemacht und so kam ich nach Geel zu meiner Großtante." Er atmete tief durch.

„Wir sind hier nicht zu einem Plauderstündchen zusammengekommen", bemerkte Charles Kortemann trocken, während er geistesabwesend Fabiolas Gefieder streichelte. Die Taube gurrte leise.

„Aber das ist der Grund, warum ich Ihnen helfen will", warf Thierry ein. „Sie sind ein Erwachsener. Ihre Pläne haben Hand und Fuß. Ich kann schweigen, ich habe Mut gezeigt und ich bin nicht dumm. Sie können mich brauchen."

„Große Worte für so einen kleinen Mann!", spottete Charles Kortemann. „Du gehst jetzt nach Hause und holst mir die Kamera. Jetzt gleich, oder muss ich dich übers Knie legen und dir den Hintern versohlen?"

Thierry funkelte ihn einen Augenblick lang böse an, dann riss er sich zusammen.

„Sie glauben, dass ich zu jung bin. Gut, das ist Ihre Meinung“, sagte er betont würdevoll. „Ich gebe Ihnen selbstverständlich diese Kamera. Ich habe nie vorgehabt, sie Ihnen vorzuenthalten.“ Er langte in die Tasche seines Regenmantels und holte sein Buch heraus. Schweren Herzens hatte er es mit seinem Taschenmesser innen ausgehöhlt, die Kamera unter seiner Matratze hervorgeholt und sie darin versteckt. Er legte das Buch auf den Tisch.

„Was soll ich damit?“, knurrte Charles Kortemann, der fand, dass der Junge ihn jetzt lange genug hingehalten hatte.

„Lesen“, sagte Thierry. „Aufschlagen und lesen.“

Charles Kortemann wollte mit einer wütenden Handbewegung das Buch vom Tisch wischen.

„Nein“, schrie Thierry und warf sich über das Buch. Der Arm des Fotografen traf ihn hart am Kopf.

Thierry verbiss den Schmerz, richtete sich auf und öffnete das Buch.

Charles Kortemann starrte auf die darin verborgene Kamera und dann auf Thierry. Mit zusammengekniffenen Lippen erwiderte Thierry seinen Blick. Sie schwiegen beide.

„Ich kann es mit dir versuchen“, sagte Charles Kortemann schließlich langsam, obwohl er nicht wusste, wie er das anstellen sollte. Ein fremdes Kind in Gefahr bringen, da bettelte man um Schwierigkeiten. Andererseits schien der Junge ganz versessen darauf zu sein.

„Aber stell dir nicht zu viel darunter vor. Wenn etwas schief geht und sie dich schnappen, werde ich dich nicht kennen“, warnte er ihn. „Vergiss das nie. Servaas Smekens kann dir davon ein Lied singen und glaube ja nicht, dass ich bei dir anders handle, bloß weil du ein Kind bist. Im Krieg ist jeder sich selbst der nächste, und in dem großen Ganzen bist du nur ein austauschbares Rädchen.“

„Austauschbares Rädchen. Das haben Sie schon mal gesagt, und ich habe es nicht vergessen“, erwiderte Thierry ernst. „Aber ich werde Ihnen ein brauchbares Rädchen sein. Darauf können Sie sich verlassen.“ Er streckte seine Hand aus. Der Fotograf schlug nicht ein, aber er nickte.

Bilder aus der Luft

Charles Kortemann nahm den Fotografierapparat aus dem Buch heraus, hielt ihn einen Augenblick lang unschlüssig in den Händen und überlegte, ob er diesen Thierry nicht doch besser nach Hause schicken sollte. Er war schließlich ein Kind, und Kinder waren unberechenbar. Andererseits, wenn das, was Thierry erzählt hatte, stimmte, hatte dieser Junge einiges an Standhaftigkeit und Mut bewiesen. Er hätte den Wahrheitsgehalt gerne in Ruhe überprüft, aber dazu fehlten ihm die Zeit und die Möglichkeiten. Er musste sich hier und jetzt entscheiden.

„Ich könnte ihn mit kleinen, harmlosen Aufträgen abspeisen. So tun, als ob ich ihn brauchen könnte", dachte er, und es lag ihm schon auf der Zunge zu sagen: „Geh jetzt unauffällig nach Hause. In den nächsten Tagen melde ich mich bei dir in einer Sache, bei der du mir sehr nützlich sein kannst."

So würde er Zeit gewinnen, um sich etwas auszudenken. Aber er tat es nicht. Servaas Smekens fehlte ihm. Das musste er sich eingestehen. Dieser hatte nicht nur seine Tauben versteckt, sondern für ihn auch Botendienste ganz anderer Art geleistet. Ein Kind, das durch die Straßen lief, würden die Deutschen noch weniger verdächtigen als einen einfachen Landarbeiter. Aber konnte er dem Jungen wirklich vertrauen? Und, was um einiges wichtiger war: Würde der Junge nicht zu viele Fragen stellen? Servaas hatte es nicht so mit dem Denken gehabt. Für den hatte nur das Geld gezählt. Aber die Dummheit des Landarbeiters hätte beinahe auch das ganze Kartenhaus einstürzen lassen. Aus dieser Sicht war ein kluges Kind mit Idealen vielleicht doch die bessere Wahl.

„Also gut. Absolute Schweigepflicht! Keine Prahlerei vor Freunden", verlangte Charles Kortemann.

„Die habe ich hier nicht", antwortete Thierry. „Die Jungen in der Schule kenne ich kaum und außerdem sind sie mir alle zu kindisch. Die wissen gar nicht richtig, wie grausam der Krieg ist."

„Schreibe es dir trotzdem hinter deine Ohren!"

Thierry nickte. Obwohl er innerlich beinahe vor Aufregung platze und gerne hundert Fragen gestellt hätte, gelang es ihm, ruhig zu bleiben. „Ein echter Spion“, dachte er, „verzieht keine Miene.“

Charles Kortemann führte ihn aus der Scheune heraus zurück ins Haus. Hinter der Küche stiegen sie eine Treppe hinunter in den Keller. Die Mauern entlang reihten sich Regale. An den Brettern waren kleine rechteckige Papierstreifen mit Reißzwecken befestigt. Bohnen, Linsen, Erbsen, Birnen, Kirschen, Zucker, Mehl, Sirup, Salz, Seife und Petroleum. Für Vorräte aller Art schien es in diesem Kellerraum einen fest zugewiesenen Platz zu geben, beinahe so wie in einem Krämerladen. Aber Thierry stellte fest, dass sich über den meisten Kärtchen nur eine verstaubte, leere Fläche befand. Hätte man alle gefüllten Weckgläser, Flaschen und Konserven zusammengerückt, würden sie gerade mal eine Brettlänge füllen. Nur ein Regalbrett war bis oben mit Seifenstücken angefüllt. Dabei waren ausgerechnet die laut Klaras Aussage Mangelware. An der Wand gegenüber der Kellerstiege befand sich eine weitere Tür. Sie war schwarz angestrichen und auf Augenhöhe war ein weißes Stück Blech mit schwarzer Schrift befestigt.

„Dunkelkammer – anklopfen und nicht ohne Aufforderung eintreten“, las Thierry.

Charles Kortemann öffnete diese Tür, betätigte einen Lichtschalter, und zu Thierrys Erstaunen wurde der ganze kleine, schwarz ausgemalte Raum hinter der Tür in fahles rotes Licht getaucht. Von Wand zu Wand waren Wäscheleinen gespannt, an denen Fotos hingen und auf einem breiten Tisch direkt unter der rot leuchtenden Glühbirne, die an einem Kabel von der Decke baumelte, standen verschiedene flache Blechwannen und dunkelbraune Flaschen, wie Thierry sie aus Großvaters Apothekervorräten kannte.

„Stell dich da in die Ecke und fass nichts an“, befahl Charles Kortemann, während er von einem Haken neben der Tür einen langen Kittel nahm, der im Gegensatz zu den schwarzen Wänden so rot leuchtete, dass Thierry vermutete, dass das Kleidungsstück in Wirklichkeit blütenweiß wie ein Arztmantel war. Aus der Kitteltasche holte er ein paar genauso rote Stoffhandschuhe, streifte sie über, trat an den Tisch heran und öffnete geschickt die Kamera.

Mit angehaltenem Atem beobachtete Thierry, wie Charles Kortemann Chemikalien aus den Flaschen in die Blechwannen goss, die Filmrolle vorsichtig aus der Kamera entfernte und mit zwei langen Pinzetten den kurzen Filmstreifen in die erste Wanne legte. In seinen kühnsten Träumen hätte Thierry sich das nicht ausgemalt. Er befand sich, da war er sich sicher, mitten in einer höchst geheimen Operation. Was wohl auf den Bildern zu sehen war? Und wie hatte die Taube eigentlich während ihres Fluges fotografieren können? Dazu musste man doch einen Auslöser bedienen? Oder hatte sie nur die Kamera von einem Ort zum nächsten transportieren müssen? So viele Fragen, aber Charles Kortemann arbeitete schweigend, und Thierry war klug genug, seinen Mund zu halten.

Es schien eine kleine Ewigkeit zu vergehen, bis der Fotograf endlich ein Dutzend kleiner, rechteckiger Bilder mit Wäscheklammern an der Leine aufhängte. Sie waren nass und im schwachen, roten Lichtschein konnte Thierry keine Details erkennen, nur unscharfe Flecken in verschiedenen Grauabstufungen. Es war offensichtlich, dass die Aufnahmen misslungen waren.

„Dafür habe ich mir jetzt die Beine in den Bauch gestanden", dachte er enttäuscht.

Charles Kortemann zog seine Handschuhe aus und steckte sie wieder in die Kitteltasche. Er summte leise eine Melodie vor sich hin. Er schien Thierry vergessen zu haben. Gerade als Thierry leise hüsteln wollte, drehte der Fotograf sich mit einem Ruck um.

„Dir ist das zu langweilig", stellte er missbilligend fest.

„Nein, nein", beteuerte Thierry erschrocken.

„Beharrlichkeit und vor allem Geduld", belehrte ihn der Fotograf. „Wer das nicht aufbringen kann, ist hier fehl am Platz."

„Ich habe Geduld", sagte Thierry nicht ganz wahrheitsgemäß, denn seine Beine und Arme fühlten sich an, als würden Ameisen darin in einer langen Prozession hinauf- und hinunterklettern. Er hätte jetzt gerne alle seine Gliedmaßen ausgeschüttelt.

Charles Kortemann schnalzte ungläubig mit der Zunge. „Jetzt willst du wahrscheinlich auch wissen, was da auf diesen Fotos abgebildet ist?", stichelte er.

Thierry blickte auf seine Schuhspitzen hinunter. „Was ist das denn für eine Frage“, dachte er. „Die sind misslungen. Das kann jeder sehen, aber natürlich will ich wissen, was die Taube fotografieren sollte.“ Nur fragen durfte er das nicht. Das taten Helfer von Spionen auf keinen Fall. Die übernahmen Aufgaben, erledigten sie und interessierten sich nicht für das Was und Warum dahinter.

Charles Kortemann beobachtete Thierry. Der Junge gefiel ihm immer mehr, wie er sich bemühte, nichts falsch zu machen. Er beschloss, ihn dafür zu belohnen.

„Das sind Aufnahmen oder besser gesagt, das sollten Aufnahmen sein, die der Apparat nach einer gewissen Flugdauer geschossen hat. In der Kamera ist eine Auslösevorrichtung eingebaut, bei der ich eine Zeit einstellen kann. Ich habe Fabiola gestern ein gutes Stück von Geel weggebracht. Beim Rückflug zum Schlag hat sie, sagen wir, Sachen überflogen, die wichtige Informationen an unsere Verbündeten liefern könnten. Leider dürfte die Kamera nach dem ersten Bild verrutscht sein oder die Linse wurde beim Flug verschmutzt, denn auf den übrigen Bildern kann man nichts genau erkennen, wie du selbst wohl bemerkt hast. Das ist schade. Aber das gehört auch zu diesem Handwerk. Immerhin habe ich eine Aufnahme, die man verwerten können wird.“

„Was ist da drauf?“, rutschte es Thierry heraus. „Ich meine, ich muss es nicht wissen.“ Wenn er jetzt durch so eine unbedachte, neugierige Frage alles verpatzt hatte!

Charles Kortemanns Mundwinkel zuckten. „Alles Mögliche. Die Weiden, Felder, Wege und Wasserläufe, aber auch Stellungen, Feldlager, Wachposten, Munitionsdepots. Fotos sind ein Abbild der Wirklichkeit. Schriftliche Beschreibungen können nie diese Genauigkeit erreichen“, erklärte er, ohne Thierrys tatsächliche Frage zu beantworten.

Thierry nickte. Das verstand er, und er war froh, dass seine Neugier den Fotografen nicht verärgert hatte.

„Jetzt kann Fabiola nicht mehr fliegen, oder?“, traute er sich zu fragen.

„Das ist genau das Problem“, bejahte Charles Kortemann, „und andere Tauben habe ich wegen des Dummkopfs Servaas nicht mehr zur Verfügung. Jetzt ist also Pause."

„Oh!" Thierry war enttäuscht. „Heißt das, dass Sie mich doch nicht brauchen können?"

Eine Büchse Regenwürmer

Charles Kortemann zuckte bedauernd mit den Schultern. „Solange Fabiola am Boden bleiben muss, und ich dich ja wohl nicht mit einer Kamera um den Hals in die Luft schicken kann, sind mir die Hände gebunden."

Das Gespräch mit dem Jungen war ein Drahtseilakt. Wenn er den Jungen benutzen wollte, musste er mit größter Sorgfalt vorgehen.

„Könnte ich nicht heimlich diese Sachen fotografieren? Vorbeispazieren und ...", bot Thierry an.

„Das lassen wir schön bleiben. Glaubst du, die Deutschen würden ruhig zuschauen, wenn du mit einem Fotoapparat vor ihnen stehst und Bilder machst?", fiel ihm Charles Kortemann ins Wort.

„Und ich kann Ihnen jetzt gar nicht helfen?", fragte Thierry enttäuscht.

„Einstweilen nicht. Du gehst jetzt besser nach Hause, und wie gesagt, kein Wort über das, was du heute hier gesehen und gehört hast. Darauf kann ich mich verlassen, oder?"

Charles Kortemann schaute Thierry ernst an, während er dachte, dass das Gespräch doch eher einer Angelpartie glich, bei der man dem Hecht immer wieder ein wenig Freiraum gab, bevor man die Schnur umso energischer einholte.

„Ja." Thierry unterdrückte einen Seufzer. „Aber wenn ich etwas tun kann, sagen Sie es mir dann?"

Charles Kortemann entging der flehende Blick des Jungen nicht. „Du kannst einmal die Woche einen Sprung vorbeischauen. Bring mir Regenwürmer mit. Ich gehe gerne angeln, da erweckst du keinen Verdacht. Es kann allerdings Wochen dauern, bis Fabiola sich erholt hat."

Thierrys Miene erhellte sich.

„Das mache ich. Jede Woche eine Büchse mit Regenwürmern", sagte er eifrig.

Aus einem Impuls heraus, vielleicht um das schlechte Gewissen diesem kleinen Möchtegernspion gegenüber ein wenig zu beruhigen, nahm Charles Kortemann die einzig gelungene Aufnahme von der Wäscheleine. Sie war noch immer feucht, deshalb hielt er das Bild mit den Fingerspitzen an einer Ecke fest und legte es auf den Tisch.

„Komm her!"

Mit zwei raschen Schritten stand Thierry neben dem Fotografen.

„Da siehst du Sankt Dymphna mit der Mauer rundherum. Rechts davon kannst du ein Wachhäuschen sehen." Charles Kortemann zeigte mit der Pinzette auf einen dunklen Umriss am Rand der Aufnahme. „Es ist leider nicht vollständig drauf."

Thierry nickte.

„Es ist neu. Die Deutschen haben angefangen, immer mehr solcher Häuschen zu errichten. Wie wenn sie in Geel, aber auch um Geel herum, ein Netz von festen Wachposten platzieren wollten, statt ihre Mannschaften auf Patrouille zu schicken. Das kann ich verstehen. Ich glaube, sie haben gar nicht mehr genug Männer dafür. Die gesunden, kräftigen Soldaten werden alle an die Front in die Laufgräben abkommandiert. Für das Generalgouvernement bleiben die Alten und die, die der Winter, Krankheiten und der Hunger an der Ostfront zu stark geschwächt haben. Jetzt, wo die Russen mit Deutschland Frieden machen mussten, kommen diese Kerle zu uns. Aber mit erfrorenen Zehen kann keiner Stunde um Stunde laufen, in einem Wachhäuschen sitzen, Passanten anhalten und kontrollieren; mit einem Feldstecher die Gegend im Auge behalten hingegen schon. Fabiola sollte auf ihrem Flug alles fotografieren, damit dieses Netz kartografiert werden kann."

„Ich verstehe!" Thierry war beeindruckt. „Wenn unsere Leute darüber Kenntnis haben, wissen sie, wo sie beim Heranrücken mit Widerstand rechnen müssen."

Charles Kortemann nickte. Der Junge war offensichtlich voller Ideale, da durfte er nicht mit der nüchternen Wahrheit herauskommen. „Du bist ein Schlauer", gab er zu. „Aber, um ehrlich zu sein: Antwerpen, Brüssel, Gent. Da wird es sich entscheiden. Geel ist wohl eher ein Nebenschauplatz, und unser Beitrag ist ein bescheidener, vielleicht sogar ...", er zögerte und sagte es dennoch, „ein überflüssiger."

Er wollte nicht, dass der Junge anfing, sich die wildesten Spionageabenteuer auszumalen. Damit hatte er nämlich selbst nichts am Hut. Das Leben, so wie er es lebte, war gefährlich genug. Er sah den enttäuschten Blick des Jungen und gab ihm einen aufmunternden Klaps auf den Rücken.

„Ich werde mal darüber nachdenken, was wir beide tun können, um den Deutschen eins auszuwischen", versprach er vage und hängte die Aufnahme wieder an die Wäscheleine.

Thierry wurde nicht klug aus dem Verhalten des Fotografen. Einerseits deutete er an, in höchst geheime Sachen verwickelt zu sein, andererseits tat er so, als wären seine Machenschaften eher eine Spielerei und kaum von Bedeutung. „Vielleicht ist das aber auch nur eine geschickte Tarnung", dachte Thierry, während er dem Fotografen aus dem Keller hinaus durch das Atelier in den Warteraum folgte.

Charles Kortemann sperrte die Tür auf und trat zur Seite. „Ab mit dir nach Hause. Kein Wort – und Geduld. Wir überstürzen nichts."

„Und die Büchse Regenwürmer?", fragte Thierry. „Wann soll ich ..."

Der Fotograf legte einen Finger an die Lippen und schaute links und rechts die Straße hinunter. „Die Büchse Regenwürmer", flüsterte er und zwinkerte ihm zu, „nächsten Freitagnachmittag."

So wie er es sagte, klang es wie ein Codewort, fand Thierry, und als er zurück zu dem Haus lief, in dem niemand ihn willkommen hieß, formten seine Lippen immer wieder diese drei Worte.

„Eine Büchse Regenwürmer, eine Büchse Regenwürmer."

Jetzt war er ein Spion, oder wenigstens der Helfer eines Spions. Auf einmal fühlte sich alles wieder richtig an, als wäre er in den letzten Wochen wie an einem ständig nebeligen Herbsttag planlos herumgeirrt. Jetzt sah er alles wieder klar und deutlich. Es war schade, dass die Aufnahmen misslungen waren und Fabiola in den nächsten Wochen nicht fliegen konnte, aber der Fotograf würde gewiss andere Wege finden, seine Spionage fortzusetzen. Diese Sache fühlte sich richtig an. So musste man es aufziehen. Im Vergleich dazu schien ihm auf einmal Marcels Plan und die Truppe der zwölf verwegensten Jungen Belgiens mit ihren Socken über den Schuhen und den rußgeschwärzten Gesichtern ein dummes Abenteuerspiel gewesen zu sein.

„Was unsere Truppen brauchen, um zu siegen", dachte Thierry, „ist kein entgleister Zug, sondern Informationen über den Feind." Das hatte er jetzt verstanden, und er nahm sich fest vor, seinen Beitrag dafür zu leisten. Dass Großtante Sidonia und Klara jeden Bissen Essen, den er in den Mund steckte, und jedes Geräusch, das er machte, missbilligten, war auf einmal auch nicht mehr so schlimm. Die würden ihm noch Abbitte leisten müssen, wenn sie nach dem Krieg erfuhren, wie er dem Vaterland trotz ihrer Gemeinheiten treu und unbeirrbar gedient hatte.

Eine Nacht im April 1918: An der Grenze

Dienst am Totendraht

Karl Rath verfluchte diese Nacht. Warum musste ausgerechnet wieder er diesen Dienst schieben? Es war ihm schon klar warum. Zu sechst hatten sie beim Ziehen der Lose den Nachtdienst erwischt. Aber Müller und Klepp hatten sich kurz vor Dienstbeginn mit Erbrechen und Kolik krankgemeldet, diese Drückeberger! Und Breismann hatte lautstark darauf gepocht, dass nur er allein über ausreichend Kenntnisse verfügte, um eventuelle, durch das aufziehende Unwetter bedingte Stromausfälle rasch reparieren zu können. Also durfte er die ganze Wache im trockenen, geheizten, zentralen Schalthäuschen absitzen, und er hatte Gansterer dazu auserkoren, ihm zu assistieren. Ausgerechnet Gansterer, der zwei linke Hände hatte und nicht einmal die Kartoffeln ordentlich schälen konnte. Aber Gansterer verfügte über einen vollen Tabakbeutel. Etwas, womit Karl selbst nicht dienen konnte! Die restliche Mannschaft hatte bereits den Tagdienst abgedeckt und lümmelte auf ihren Feldbetten herum. Loos und er waren übriggeblieben und mussten nun ihren Streckenabschnitt zwischen zehn Uhr abends und fünf Uhr früh ohne Ablöse bewachen.

Es regnete in Strömen. In der Ferne hörten sie den dumpfen Donner des anrollenden Gewitters. Seit vier Stunden stapfte er zusammen mit Hans Loos sinnlos den Sandweg, der entlang des Totendrahts ging, auf und ab. Der Pfad hatte sich mehr und mehr in eine einzige rutschige Schlammspur verwandelt.

„Bei diesem Wetter geht doch nicht einmal ein Hund vor die Haustür", schimpfte er. Der Regen rann seinen Helm hinunter, hatte längst den warmen Schal durchnässt, den Marie ihm gestrickt hatte, und sickerte nun ungehindert zwischen Mantelkragen und Schal den Nacken hinunter. Bis zum Gesäß klebte alles tropfnass und eiskalt an seinem Rücken. In seinen Stiefeln stand das Wasser.

„Kein Hund", wiederholte er.

„Man kann nie wissen", brummte Hans Loos. „Wenn ich so ein Schmuggler wäre, würde ich genau heute losziehen. Die hoffen doch, dass wir unsere Nase nicht aus unseren Quartieren herausstrecken. Aber da irren sie sich. Meldegänger Hans Loos lässt sich von ein wenig Regen und Blitz und Donner nicht abhalten, seinem Kaiser zu dienen."

Karl Rath gestand sich wieder einmal ein, dass er Loos nicht ausstehen konnte. Meldegänger Loos hatte sich im ersten Kriegsjahr freiwillig verpflichten lassen und dreizehn Monate später war er während eines Meldeganges ein gutes Stück hinter der Front durch die Splitter einer Artilleriegranate verletzt worden. Nach einem dreiviertel Jahr Lazarett und Genesungsaufenthalt in Bad Ems hatte er sich trotz seines steifen Beines sofort wieder verpflichtet. Als Meldegänger in der Etappe kam er nicht mehr in Frage, also hatten die Herren Generäle beschlossen, ihn für den stationären Grenzdienst zwischen Belgien und dem neutralen Holland abzustellen. Was Loos als Schmach empfand, war er doch mit knapp vierzig um einiges jünger als die übrigen in der Wachmannschaft.

„Während andere ihr Leben riskieren, musste ich an einem Übergang stehen, Dokumente kontrollieren und abstempeln, mit dem Bajonett in Heuwagen nach Bierfässern, Postsäcken und Schinken stochern und Frauen die Röcke hochheben lassen, um zu schauen, ob sie darunter Butter schmuggelten", hatte Loos ihm einmal erzählt. „Aber ich habe keine Ruhe gegeben. Jeden Tag habe ich meinen Oberleutnant darauf angesprochen. Jeden Tag. Ich sagte, Herr Oberleutnant, mein Knie mag steif wie ein Stück Holz sein, aber ich bin körperlich in den besten Mannesjahren und kann länger laufen als so manch anderer, den sie an die Grenze abkommandiert haben.' Schließlich hat er nachgegeben und mein Bittgesuch den Herren Offizieren vorgelegt, die mich schlussendlich zum aktiven Wachdienst an den Totendraht versetzt haben."

Auch jetzt pflügte Loos durch den Schlamm, das rechte Bein ein wenig nachziehend, ohne auch nur anzudeuten, dass es ihm dreckig ging. Im Gegenteil, immer wieder benutzte er seine Taschenlampe, um so gut wie möglich alles links und rechts vom Pfad auszuleuchten.

„Ich spüre es in den Knochen. Heute erwischen wir einen", prophezeite er.

„Gott bewahre uns davor. Das ist das Letzte, was ich heute erleben will", dachte Karl Rath. Vor etwas über drei Jahren hatte man den Draht fertiggestellt. Zwei Meter hoch war er und in sechs Reihen bespannt mit Drähten, die nur dreißig Zentimeter auseinander lagen. Alle paar Meter ragten einzelne Pfähle höher hinauf, an deren oberem Ende zwei weitere Drähte für die Stromversorgung befestigt waren. Zweitausend Volt sollten es sein. Er kannte sich nicht damit aus, aber er hatte selbst sehen müssen, was diese Elektrizität anrichten konnte. Obwohl sie am Zaun weiße Warnschilder beschriftet mit ‚Achtung, Hochspannung, Lebensgefahr' befestigt hatten und vor dem elektrischen Zaun ein weiterer, niedrigerer Zaun errichtet worden war, um Menschen, aber vor allem auch Kühe, Schafe oder Pferde daran zu hindern, gegen die stromführenden Drähte zu laufen, kam es in den ersten Wochen nach der Inbetriebnahme doch zu etlichen Unfällen. Ein Franzose, der nach Holland flüchten wollte, hatte ahnungslos eine Leiter gegen die Drähte gelehnt, um hinüberzuklettern. Er war gerade mal neunzehn Jahre alt gewesen. Man hatte den Strom abdrehen müssen, um seine verkohlten Hände von den Leitersprossen zu lösen. „So ist der Krieg eben, der eine Soldat überlebt, der andere nicht", hatte Karl Rath sich damals noch gedacht.

Sjowke und Towke

Aber dann, etwa anderthalb Jahre später, kam es zu der Tragödie mit den beiden Schwestern. Er träumte immer noch nachts davon, und Schuldgefühle plagten ihn, weil er es nicht hatte kommen sehen.

Damals hatten sie noch allein tagsüber den Grenzabschnitt bewacht, jeder seinen eigenen. Tagein, tagaus war er durch einen Streifen Überschwemmungsland, die Langen Beemden, neben dem kleinen Flüsschen Loop entlang des Zaunes, patrouilliert. Bald kannte er die Beemden wie seine Hosentasche. Während die anderen oft ihre Abschnitte tauschten, um etwas Abwechslung zu haben, machte ihm dieses einsame Stückchen Land niemand streitig. War es doch nahezu baumlos und daher ungeschützt vor den Widrigkeiten des belgischen Wetters und so verlassen, dass er oft am helllichten Tag Feldhasen beim Fressen und Füchse beim Spielen beobachten konnte. Sogar eine Dachsfamilie hatte er schon durch seinen Feldstecher gesehen. Und die Vögel erst! Im Frühjahr und Sommer bereiteten sie ihm richtige Konzerte.

Hie und da näherten sich Menschen von beiden Seiten dem Draht. Anfänglich hatte er sie mit wüstem Geschrei und Drohgebärden weggejagt. Aber eines Tages hatte ihn eine Frau von etwa dreißig Jahren angesprochen. Sie war nicht davongelaufen, sondern hatte ruhig auf ihn gewartet, als hätte sie gewusst, dass er nicht schießen würde. Sie hatte auf seiner Seite des Zauns ausgeharrt, bis ihm selbst seine Schimpftiraden lächerlich vorgekommen waren und seine Arme mit den zu Fäusten geballten Händen erschlafften. Erst dann hatte sie sich freundlich als Sjowke Verheyen vorgestellt. In gebrochenem Deutsch hatte sie ihm erklärt, dass sie nichts Böses im Sinn hatte, sondern dass sie seit Kriegsbeginn weder ihre Eltern noch ihre Schwester Towke besuchen konnte, die auf der anderen Seite in Castelre wohnten.

„Castelre gehört zu Holland, ist aber von Belgien umgeben. Die Leute dort können nicht raus und nicht rein. Ich möchte nur ab und zu meine Schwester sehen und ihr ein paar Päckchen über den Zaun werfen. Keine Schmuggelware, nur etwas zu essen, Wäsche oder neue Holzschuhe. Die sind schon ganz verzweifelt, weil es in Castelre keinen Holzschuhmacher gibt, der die zerbrochenen durch neue ersetzen kann. Wenn ihnen keiner hilft, müssen sie bald alle barfuß gehen."

Er hatte sich erweichen lassen, war sie doch kaum älter als seine eigene Tochter daheim. Dass sie ihm manchmal auch etwas zusteckte, ein paar Franken, um sich ein Bier, ein Speckbrot oder etwas Tabak zu kaufen, fand er nicht verwerflich. „Wir sind beide einfache Menschen, die mit den Plänen und dem Streit der Mächtigen doch eigentlich nichts zu tun haben", hatte er sich gedacht.

An jenem Montag, dem 9. Oktober 1916 um die Mittagszeit, hatte er gerade eine kleine Pause auf seinem Lieblingsplatz eingelegt. Er hatte den Mantel ausgezogen, weil es noch warm genug war, und sich daraufgesetzt, um ein Stück Brot zu essen und ein paar Schluck Wasser aus seiner Feldflasche zu trinken. Sjowke kam mit einer Freundin und sie winkten ihm freundlich zu. Sjowke deutete auf das Paket, das die beiden gemeinsam zwischen sich trugen und zeigte dann auf ihre Holzschuhe. Er hatte genickt und sich gedacht, dass Dank Sjowke im kommenden Winter keiner in Castelre barfuß gehen musste. Eine tüchtige, rechtschaffene Person war sie. Er wusste, dass sie ihn den dicken Sjarel nannte, weil er trotz der mageren Rationen rundlich war. Zu Hause in Bayern hatten sie ihn den runden Karl genannt. Es gefiel ihm, dass er auch weit weg von der Heimat denselben Spitznamen erhalten hatte.

„Die Menschen sind doch im Grunde überall gleich", philosophierte er. „Franzos, Deutscher, Belgier, ja sogar Chinesen oder die Schwarzen in Afrika sind Väter, Söhne, Mütter und Töchter. Das Äußere ist wie eine Kleidung, die sich nicht ablegen lässt. Aber Kleidung sagt nichts über den Menschen aus, nichts darüber, ob er böse oder gut ist, ehrlich und fleißig oder das Gegenteil."

Manchmal musste er über sich selbst lachen, weil ihn diese langen Stunden der Einsamkeit so überhaupt nicht störten. Er mochte die Natur, war heilfroh, nicht in einem Laufgraben an der Front krepieren zu müssen und genoss es, seine Gedanken in alle Richtungen reisen zu lassen.

Damals richtete er seinen Feldstecher auf den Draht, als sich auf der anderen Seite bereits Towke, Sjowkes Schwester, ebenfalls mit einer Freundin, näherte. Ohne diesen verdammten Krieg hätten sich die vier Frauen wahrscheinlich in einem Kaffeehaus oder beim Tanzen getroffen. Sjowke und ihre Freundin krochen unter dem vorgelagerten Zaun durch, um ihre Päckchen besser hinüberwerfen zu können. Auch Towke tat es ihr auf ihrer Seite gleich. Wäre der Totendraht nicht gewesen, hätten sie die Hände ausstrecken und sich berühren können. Es tat ihm weh, dass sie es nicht tun konnten. Er hatte seine Marie seit zwei Jahren nicht mehr umarmen können. Das Paket mit den Holzschuhen war offensichtlich zu schwer. Er beobachtete, wie Sjowke es öffnete und die Holzschuhe einzeln über die Absperrung warf.

Da geschah das unvorstellbar Schreckliche. Ein Holzschuh berührte im Fallen den stromführenden Draht und fiel knapp dahinter zu Boden. Sjowke beugte sich vor, wollte den Schuh wieder unter dem untersten Draht durch zurück zu sich angeln und dann nochmals werfen. Ein plötzlicher Windstoß ließ ihre Haare und ihren Rock gegen den Draht wehen. Sie war auf der Stelle tot. Er war aufgesprungen und mit dem Gewehr im Anschlag vor Entsetzen brüllend auf den Zaun zugelaufen.

„Weg da, weg da!" Aber er kam zu spät. Towke auf der anderen Seite stürzte zeitgleich nach vorne und versuchte, ohne an die Gefahr zu denken, den Kopf der Schwester vom Draht wegzuschieben. Der Strom tötete auch sie. Nur ihre Freundin konnte er noch davon abhalten, Towkes Leiche zu berühren, indem er das Gewehr auf sie richtete und unmissverständlich drohte, sie zu erschießen. Die Frau rannte weg. Sjowkes Freundin war ebenfalls davongelaufen. So stand er allein vor den beiden Schwestern. Dieser entsetzliche Anblick verfolgte ihn in seinen Träumen.

Nach diesem Vorfall – es stellte sich heraus, dass Sjowkes Freundin versucht hatte, Briefe mit Spionageberichten für den britischen Geheimdienst zu schmuggeln – wurde der Wachdienst geändert. Nun wurde durch das Los entschieden, wer tagsüber oder nachts an welchem Abschnitt des Totendrahtes patrouillieren musste. So konnte kein Schmuggler wissen, welcher Soldat wo und wann welche Stelle bewachte.

„Und wer an Hans Loos gerät“, dachte Karl, „der kann sich sicher sein, dass dieser kein Auge zudrückt, so wie ich es täte.“

Schatten am Zaun

„Können wir uns dort drüben ein wenig unterstellen? Ich muss meine Stiefel ausleeren“, bat Karl.

„Bist du etwa müde?“, spottete Hans. „Na ja, in deinem Alter.“

„Nein, aber die Nähte meiner Stiefel sind undicht, und ich habe mittlerweile das Gefühl, dass ich im Starnberger See wate. Du kannst ja weitergehen, wenn du nicht ein paar Minuten Pause machen kannst“, knurrte Karl.

„Allerdings werde ich das. Ein paar hundert Meter weiter gibt es eine Stelle, die meiner Meinung nach Schmuggler anziehen könnte. Da werde ich die Gegend ein bisschen besser ausleuchten. Vielleicht erwische ich heute endlich einen.“ Es nagte an Hans Loos, dass es ihm noch nicht gelungen war, einen Schmuggler am Totendraht zu stellen. Er marschierte stramm davon.

Karl ging auf eine Baumgruppe zu und stellte sich unter. Der Regen drang zwar auch durch das Blätterdach, aber weniger heftig. Er lehnte sich an den Stamm, hob ein Bein an und zog den Stiefel aus. Er drehte ihn um, und ein Schwall Wasser strömte heraus. Mit dem zweiten Stiefel machte er dasselbe. Er hatte keine Eile weiterzulaufen. Sollte Hans doch den übereifrigen Pfadfinder spielen und mit seiner Taschenlampe jedes Grasbüschel und jeden Strauch inspizieren. Mehr als eine verschreckte Maus würde er auch heute nicht entdecken. „Hans ohne Glück“, so nannten sie ihn hinter seinem Rücken.

Karl steckte seine Pfeife in den Mund. Er hatte keinen Tabak, um sie anzuzünden. Außerdem war es viel zu feucht. Aber allein den Pfeifenstiel im Mund zu spüren und ein wenig darauf herumzukauen tat ihm gut. Als er nach zehn Minuten die Pfeife wieder einsteckte und weitergehen wollte, trug ein Windstoß plötzlich eine Stimme zu ihm herüber. Er verstand die Worte nicht, aber eines war er sich sicher: Es war eine Kinderstimme.

Was machte ein Kind in dieser Nacht in der Nähe des Zaunes? Alarmiert und mit den schrecklichen Bildern, die sofort wieder in seinem Kopf auftauchten, rannte er in die Richtung, aus der er die Worte vernommen hatte.

„Halt. Halt!", rief er. „Soldat!"

Vor dem ersten Zaun zuckte Elsie zusammen. Albert stieß einen komischen, piepsenden Laut aus. Elsie packte ihn und hielt ihm den Mund zu. Sie duckten sich so flach wie möglich ins Gras. Thierry war bereits zur Hälfte unter dem ersten Zaun durchgekrochen und wusste nicht, ob er jetzt rückwärts oder vorwärts kriechen oder sich besser gar nicht bewegen sollte.

Jemand kam im Laufschritt näher, blieb stehen, rief nochmals. „Halt, halt! Soldat."

Aus der Ferne hörten sie einen zweiten Soldaten rufen. Elsie drehte sich so geräuschlos wie möglich halb um. Etwa vierzig Meter entfernt stand ein Soldat und spähte in ihre Richtung. Sie sah nur seine dunkle Silhouette.

„Er kann uns nicht sehen, solange wir uns im Gras verstecken und keinen Mucks machen", dachte sie.

Plötzlich jedoch strich ein flacher Lichtkegel über das Gelände. Der Soldat hatte seine Taschenlampe eingeschaltet, und während er langsam vorwärts auf den Zaun zuging, leuchtete er systematisch den Boden in einem Halbkreis aus. Wenn kein Wunder geschah, würden sie alle drei unweigerlich vom Lichtschein erfasst werden.

„Ich" – nein es hieß ik auf Flämisch, erinnerte er sich, – „ik schieß nicht. Ik schieß nicht", rief Karl.

„Hast du einen? Ich komme. Den erwische ich kalt", brüllte Hans aus einiger Entfernung.

„Zum Glück", dachte Karl, „ist Hans so rasch weitergelaufen, dass es noch ein paar Minuten dauern wird, bis er da ist."

„Kind, Kind. Ik schieß nicht“, rief Karl wieder. Es trennten ihn nur noch etwa zehn Meter vom Zaun.

Da! Jetzt hörte er wieder etwas. Ein unterdrücktes Stöhnen. „Nicht Angst. Soldat gut.“

Er war bereits so lange in Belgien stationiert, dass er wusste, welche Wörter in beiden Sprachen ähnlich klangen. Dieses Kind sollte nicht vor lauter Angst blindlings in den Totendraht hineinlaufen. Am liebsten hätte er sich umgedreht und wäre gegangen, um so dem Kind eine Chance zu geben wegzulaufen. Aber Hans kam immer näher, und er war sich nicht sicher, ob das Kind nicht trotzdem versuchen würde, den Zaun zu überwinden. Kinder konnten oft das Ausmaß einer Gefahr nicht abschätzen oder dachten, dass sie unsterblich waren.

„Ich bin gleich bei dir“, rief Hans und Karl hörte in seiner Stimme die Aufregung eines Jägers, der die Beute bereits im Visier hat. „Halte die Stellung. Lass ihn nicht entwischen!“

„Ich muss das Kind finden, bevor Hans mir hilft. Der ist dazu fähig und knallt es ab, nur um endlich auch einen Schmuggler zu stellen“, schoss es Karl durch den Kopf.

„Komm, Kind. Komm! Ik gut.“

„Ik gut“, dachte Elsie „Wer soll das denn glauben?“ Neben ihr machte Albert wieder seinen panischen Piepslaut. So fest konnte sie seinen Mund gar nicht zuhalten. Sie konnte nur hoffen, dass der Regen ihn übertönte. Vor ihr fing Thierry an, rückwärts zu kriechen. Glaubte der etwa diesem Soldaten?

„Nein“, hauchte Elsie, „bleib, wo du bist.“

Ein Blitz zuckte über den Himmel, der Donner folgte unmittelbar und laut. Das Gewitter hatte sie erreicht.

In dem Bruchteil der Sekunde, als der Blitz alles in ein kaltes Licht tauchte, sah Karl drei dunkle Schatten, die flach im Gras lagen, einer direkt unter dem ersten Zaun, die beiden anderen ein paar Meter davor. Eine Welle der Erleichterung durchflutete ihn. Er hatte sie noch rechtzeitig gefunden. Er ließ sein Gewehr fallen.

Frühjahr 1918: Geel

Nicht länger untätig bleiben

Fünf Wochen lang hatte Thierry jeden Freitagnachmittag seine Büchse Regenwürmer bei Charles Kortemann abgeliefert, und nur zwei Mal hatte er in dieser Zeit einen Botendienst für den Fotografen erledigen müssen. Dieser hatte ihm beide Male einen verschlossenen Briefumschlag gereicht und ihn zum Friedhof geschickt.

„Teunis, der Totengräber, erwartet dich. Du gibst ihm dieses Kuvert mit besten Grüßen von Herrn Kortemann." Mehr hatte der Fotograf nicht preisgegeben. Beim ersten Mal war Thierry rot vor Aufregung geworden und Charles Kortemann hatte missbilligend den Kopf geschüttelt.

„Mit einem Kopf so rot wie meine Glühbirne in der Dunkelkammer kannst du nicht loslaufen. Niemand darf etwas ahnen. Das hier ist lediglich ein Kuvert mit einer Summe Geld und den nötigen Anweisungen, wie er das Grab meiner Eltern und anderer Verwandter zu pflegen hat, verstehst du?" Der Fotograf hatte ihn durchdringend angeschaut.

Und ob Thierry das verstand. Hier ging es um eine Tarnung. Die Büchse Regenwürmer, Anweisungen für die Grabpflege, so arbeiteten Spione. Nach außen sollte alles harmlos wirken. Nur Eingeweihte würden die wahre Bedeutung von Nachrichten wie „Montags die Blumen auf Tante Wilhelminas Grab gießen" entziffern können.

Er steckte das dicke Kuvert unter sein Hemd und rannte los.

Teunis nahm das Kuvert entgegen, wog es kurz in den Händen und knurrte dann: „Was stehst du noch herum? Ab mit dir. Der Friedhof ist ein heiliger Ort, kein Spielplatz für Rotznasen."

Bei diesem ersten Mal hatte Thierry das Gefühl gehabt, etwas ungeheuer Wichtiges zu erledigen. Mit einem Kribbeln im Magen war er an den deutschen Soldaten, denen er unterwegs begegnete, vorbeigelaufen und hatte sich gedacht, dass keiner von ihnen ahnte, dass ihnen soeben ein Spionagehelfer durch die Lappen ging. Beim zweiten Mal wollte sich dieses Gefühl nicht mehr einstellen, obwohl er beim Laufen unter seinem Hemd das Kuvert befühlte. Es war auch dieses Mal prall gefüllt mit etwas, was einzelne Papierstückchen sein könnten. Er machte einen Abstecher in die Kirche der Heiligen Dymphna, und als er sich vergewissert hatte, dass niemand ihn beobachtete, holte er das Kuvert hervor. Er betastete es. Die Papierstückchen ließen sich verschieben. Sie hatten in etwa die Größe von Geldscheinen. Fotografien konnten es nicht sein. Die waren steifer und dicker. Geldscheine wohl ebenso wenig. Thierry konnte sich nicht vorstellen, dass der Fotograf dem Totengräber eine große Summe Geld übergeben wollte. Also waren es wohl Papierstreifen mit einzelnen Nachrichten. Der Fotograf musste tatsächlich ein wichtiger Mann sein, wenn durch seine Hände so viele geheime Berichte liefen. Thierry hätte gerne wenigstens einen Blick darauf geworfen, aber Teunis würde es merken. Also ließ er es bleiben.

Nur zwei Aufträge in fünf Wochen! Spionage hatte er sich anders, aufregender vorgestellt.

„Aber", beschloss Thierry, „ich werde durchhalten. Vielleicht ist es eine Prüfung. Vielleicht will Charles Kortemann sich sicher sein, dass ich nichts verrate, bevor er mich mehr einweiht."

Aus den Nachrichten, die Thierry hie und dort aufschnappte, wusste er, dass die Deutschen mit den Russen ein Friedensabkommen geschlossen hatten und dass befürchtet wurde, dass die deutschen Truppen von der Ostfront in den Westen verlegt werden würden.

„Die werden jetzt auch noch ganz Frankreich überrennen", prophezeite Klara düster. „Und wenn sie damit fertig sind, werden sie versuchen, über den Kanal nach England zu schwimmen."

Gerade in so einer Zeit sollte man als Spion nicht untätig bleiben, dachte Thierry. Aber Charles Kortemann hatte bis auf die Kuverts für die Grabpflege keine weiteren Aufgaben mehr für ihn gehabt. Manchmal kam Thierry sogar der Verdacht, dass es sich vielleicht dabei doch nicht um geheime Machenschaften, sondern tatsächlich bloß um Anweisungen für das Blumengießen und Unkrautjäten handelte. Thierry musste an die Vorräte im Keller des Fotografen denken. Es war durchaus denkbar, dass Charles Kortemann penibel jeden Handgriff, den er sich vom Totengräber wünschte, auf einzelnen Papierstreifen notierte.

Warum konnte er nicht wie eine Taube alles überfliegen und dabei Aufnahmen machen? Seitdem der Fotograf ihm von den Wachposten erzählt hatte, fielen sie ihm selbst auch auf. Sogar auf dem Weg zu Elsie hatten sie genau dort, wo sie sich das erste Mal getroffen hatten, ein Wachhäuschen aufgestellt.

„Weil sie da hinten im Wäldchen ihre Schießübungen machen. Frans meint sogar, dass sie dort auch ein geheimes Munitionsdepot anlegen wollen. Sie haben das ganze Wäldchen mit Stacheldraht umzäunt“, sagte Elsie, als er sie Ende März wieder einmal nach der Schule nach Hause begleitete. Das war zur Gewohnheit geworden. Zwei- bis dreimal die Woche passte er sie vor ihrer Schule ab. Bei Elsie daheim war es gemütlicher und das Essen schmeckte viel besser, wenn man mitten zwischen Menschen saß, die miteinander redeten und lachten. Außerdem hatte Elsies Vater immer etwas für Elsie und ihn zu tun. Frans ging er lieber aus dem Weg. Dessen rechthaberische Art, überall gleich eine Meinung zu haben, störte ihn. Manchmal lag es ihm auf der Zunge, dem Älteren zu sagen, was er in Geraardsbergen gemacht hatte. Aber er beherrschte sich. Wenn er ein Spion sein wollte, musste er nach außen das harmlose Kind spielen. An Albert, der Elsie wie ein stummer Schatten folgte, hatte er sich längst gewöhnt.

Als er am Anfang Elsie vorgeschlagen hatte, einmal zu zweit loszuziehen, hatte sie ihn verständnislos angeschaut.

„Er ist doch schon erwachsen“, hatte er versucht, ihr zu erklären.

„Aber es ist unser Albert“, hatte Elsie bloß geantwortet. Da hatte Thierry begriffen, dass er Elsie nur mit Albert gemeinsam haben konnte.

„Jetzt schau nicht so auffällig hin“, rügte Elsie ihn, als sie das Wäldchen und den Wachposten davor passierten. „Und du auch nicht, Albert!“

„Woher willst du wissen, dass dort Munition versteckt wird?“, fragte Thierry, während sie weitergingen.

„Frans sagt, dass sie Hotte deshalb im Wäldchen erschossen haben. Da ging es längst nicht mehr um Kaninchen für den Kochtopf oder Schießübungen. Nein! Vater und Frans haben Hotte nämlich neben einer tiefen Grube aufgefunden. Einer Grube, von Menschenhand frisch ausgehoben. Von wem wohl? Und als die Deutschen jetzt den Stacheldraht rundherum gespannt und das Wachhäuschen hingestellt haben, hat Frans eins und eins zusammengezählt. Du kannst dir sicher sein, dass sie dort Munition lagern wollen.“

„In einer feuchten Erdgrube? Da rosten ja die Geschoße und die Gewehre“, zweifelte Thierry.

„Ach, die haben die Grube bestimmt mit Ziegelsteinen ausgemauert und gut abgedeckt.“

Elsie musste an das Geheimversteck denken, das ihr Vater für die Vorräte gebaut hatte.

„Und warum so weit abseits vom Dorf?“

„Die haben Angst, sagt Frans, dass bald auch über Geel Flugzeuge Bomben abwerfen werden. Deshalb bringen sie vorsichtshalber einen Teil der Munition raus aus dem Dorf. Von der Luft aus kann man das Depot unter den Bäumen sicher nicht sehen, und das Wachhäuschen liefert auch keinen Hinweis. Die haben sie jetzt überall hingestellt, sogar vor Sankt Dymphna. Ist dir das noch nicht aufgefallen?“

„Doch. Aber dafür kann es auch einen ganz anderen Grund geben.“ Thierry dachte an das, was der Fotograf dazu gemeint hatte.

Elsie zuckte mit den Schultern. Sie war nicht dumm. Dass Frans und Thierry einander nicht wirklich leiden konnten, hatte sie längst bemerkt. Es störte sie nicht. Ihr war es sogar lieber, sonst hätte Thierry sie bald links liegen gelassen, statt mit ihr Zeit zu verbringen.

Als Thierry am Abend zurück nach Geel spazierte, musste er wieder an dem Wachposten vorbei. Es war derselbe Soldat wie zur

Mittagszeit. Jetzt saß er allerdings neben dem Häuschen auf einer kleinen Bank, die etwas schief aus zwei Holzklötzen und einem Brett gezimmert war. Auf seinen Knien hatte er einen Skizzenblock liegen. Mit einem Bleistift zeichnete er konzentriert darin. „Dem ist langweilig", dachte Thierry. „Stundenlang stehen und eine Landstraße bewachen, wo kaum einer vorbeikommt. Was so ein deutscher Soldat wohl zeichnet?" Er verlangsamte seine Schritte und schaute verstohlen zu dem Soldaten hinüber. Im selben Augenblick blickte dieser von seinem Block auf. Ihre Augen trafen sich. Thierry machte ein erschrockenes Gesicht, aber der Soldat nickte ihm bloß freundlich zu. Dennoch rannte Thierry lieber davon.

Erst als er außer Sicht war, blieb er stehen, und da kamen ihm plötzlich zwei Gedanken gleichzeitig. Er konnte nicht sagen, welcher als erster da gewesen war. Statt die Wachposten von einer Taube fotografieren zu lassen, sollte man sie lieber von jemandem detailgetreu zeichnen lassen. Und dieser jemand könnte Albert sein. Der müsste bloß kurz hinschauen, um später alles aus dem Gedächtnis in Briefmarkengröße zu zeichnen.

Thierry schloss die Augen, um sich diese beiden Gedanken besser vorstellen zu können. Albert war dazu in der Lage. Mehr als einmal hatte er Thierry schon seine Briefmarkenbilder gezeigt. Elsie und er, wie sie Unkraut jäteten oder mit der Schubkarre den Stall ausmisteten. Eine Fotografie hätte es nicht anders dargestellt. Sogar, erinnerte sich Thierry, den Sprung in einem der halbrunden Stallfenster, geformt wie der Zacken eines Blitzes, hatte Albert detailgetreu wiedergegeben.

„Ich muss", dachte Thierry, „Albert nur dazu überreden, mit mir spazieren zu gehen." Aber ohne Elsie, denn die würde gewiss etwas dagegen einzuwenden haben. Was Albert betraf, war sie manchmal so betulich wie eine Glucke.

Schauen ist nicht verboten

Drei Tage nachdem Thierry den Entschluss gefasst hatte, Alberts Zeichentalent zu nützen, spielte ihm der Zufall auch schon in die Hände. Wie so oft in den vergangenen Wochen begleitete er Elsie von der Schule nach Hause. Diesmal jedoch bemühte er sich, Albert, der hinter Elsie her trottete, unauffällig ins Gespräch zu ziehen.

„Siehst du, wie komisch dieser Baum gewachsen ist?", sagte er zu ihm. Oder: „Schau dir diesen Mann an, der hat vielleicht einen langen Bart." Jedes Mal stellte er zufrieden fest, dass Albert gehorsam seinen Kopf in die angezeigte Richtung wandte und die Szene in sich aufzunehmen schien.

„Du bist aber redselig heute", bemerkte Elsie ahnungslos.

„Ach, ich freue mich bloß, dass ich mit euch mitkommen kann. Bei Großtante Sidonia und Klara ist es nicht besonders lustig."

Das war nicht gelogen. Jedes Mal, wenn er mit Elsie in die Küche des Bauernhofs kam, hatte er ein Gefühl, das er nicht richtig beschreiben konnte. Es war wie nach Hause kommen, obwohl es überhaupt nicht dem Zuhause glich, das er früher gekannt hatte. Ja, gestand er sich ein, er hätte den Bauern und die Bäuerin gerne Onkel und Tante genannt, aber das ging natürlich nicht. Also blieb es bei Herr und Frau Donckers.

Auch an diesem frühen Nachmittag fuhr ihm die Bäuerin durch die Haare und sagte herzlich: „An den Tagen, wo du nicht da bist, kommt mir der Esstisch immer zu leer vor."

Und erst vor einer Woche hatte der Bauer ihm anerkennend auf die Schulter geklopft, als Frans, Elsie und Thierry endlich alle Holzpfähle rund um die neue Kuhweide tief genug eingeschlagen hatten. Er sagte zwar nicht wie zu Frans: „Gute Arbeit, Sohn." Aber die Hand auf der Schulter fühlte sich beinahe genauso an, hatte Thierry gefunden.

Längst schob er sich mit einer Selbstverständlichkeit auf die Bank neben Frans, als gehörte er zur Familie.

Als sie jedoch dieses Mal mit dem Mittagessen fertig waren, schaute Frau Donckers entschlossen in die Runde.

„In den nächsten Tagen bleibt das Wetter schön, also fangen wir heute mit dem Frühlingsputz an. Nach dem langen nassen Winter ist er längst fällig“, verkündete sie resolut. „Der Dreck sitzt in allen Ecken, dass es eine wahre Schande ist.“ Sie stand auf und nickte Thierry zu. „Du gehst heute am besten gleich heim, denn Elsie muss tüchtig mitanpacken.“

Elsie verzog böse das Gesicht, während Frans breit grinste.

„Auch wenn du immer gerne Hosen anhättest, Frauenarbeit bleibt Frauenarbeit“, sagte er schadenfroh.

„Wenn du meinst, dass es für dich nichts zu tun gibt, irrst du dich.“ Frau Donckers stemmte die Hände in die Seite. „Das Stallgebäude und die Scheune müssen genauso geputzt werden. Das ist Männerarbeit.“

Ihr Mann nickte zustimmend.

„Da hast du recht, Mutter. Der Frans wird das übernehmen.“

„Allein?“, protestierte Frans, „Albert kann …“

„Nein, nein. Albert ist nicht dazu da, bei uns den Mist zu führen. Das weißt du genau.“

„Ich, ich helfe aber gerne“, bot Albert eifrig an.

„Oh, für dich finde ich schon noch eine wichtige Arbeit“, versprach ihm die Bäuerin gutmütig und fügte nach kurzem Überlegen hinzu: „Du wärest mir eine große Hilfe, wenn du für mich zum Kaufmann gehst. Ich habe eine ganze Liste von Sachen aufgeschrieben.“

„Gehen, zum Kaufmann? Allein?“ Albert schnitt ängstliche Grimassen.

„Komm, komm Albert. Das kannst du“, ermahnte Frau Donckers ihn. „Das hast du schon öfter für mich erledigt, und jedes Mal hast du vorher fürchterliche Angst und nachher bist du ganz stolz auf dich selbst. Ich schreibe dir alles auf, und du musst die Liste nur abgeben. Du musst auch gar nicht viel reden. Du sagst nur ‚Guten Tag‘ und legst die Liste und das Geld auf den Ladentisch. Die wissen, wer du bist, und dass du zu uns gehörst.“

Albert kaute an seinen Lippen.

„Ich könnte ihn begleiten“, sagte Thierry, der begriff, dass ihm das die Chance bot, eine ganze Weile mit Albert allein zu sein.

„Ja, ja. Thierry geht mit." Albert schenkte ihm ein erleichtertes Lächeln.

„Notwendig ist das wirklich nicht", meinte Frau Donckers.

„Ist aber besser", sagte Albert entschieden. „Viel besser."

Wenig später stapften sie einträchtig nebeneinander den Weg hinunter zur Landstraße, und Thierry überlegte, wie er Albert dazu überreden konnte, sich die Wachhäuschen am Weg einzuprägen, anschließend aus dem Gedächtnis zu zeichnen und ihm dann die Bilder zu überlassen. Er beschloss, Albert lieber nicht die ganze Wahrheit zu erzählen, sondern eine Version, die Albert verstehen und die ihm vor allem keine Angst machen würde.

„Warte mal einen Augenblick", sagte Thierry, als sie außer Sichtweite des Hofes waren. Albert blieb stehen und schaute ihn fragend an.

„Ich helfe dir doch jetzt, oder?", begann Thierry vorsichtig.

Albert nickte.

„Würdest du mir auch ein bisschen helfen?"

Alberts Gesicht wurde sofort ängstlich.

„Nein, nichts Gefährliches", beruhigte ihn Thierry. „Ich hätte so gerne ein paar von deinen kleinen Bildern."

„Das, das geht aber nicht. Ich brauche sie alle. Ich muss doch für den König die weltwichtigste Briefmarke zeichnen", protestierte Albert.

„Ich weiß, aber ich will auch nicht die, die du schon gemacht hast. Du musst mir eine paar neue zeichnen."

„Das, das geht auch nicht", erwiderte Albert entschieden. „Ich zeichne nur für den König. Das weißt du doch. Nur für den König. So ist das nun mal. Das kann man nicht ändern. Gar nicht. Überhaupt nicht."

So einfach, wie Thierry es sich erhofft hatte, war es also nicht. Er musste es anders versuchen.

„Hör mir mal zu, Albert." Thierry machte ein strenges Gesicht, so wie Elsie es tat, wenn sie bei Albert ihren Willen durchsetzen wollte. „Wir beide haben jetzt eine wichtige Männersache zu besprechen."

Albert schüttelte abwehrend den Kopf. „Wir gehen zum Kaufmann. Das ist wichtig. Wir gehen rasch und reden nicht über andere Sachen“, wandte er ein.

„Doch, doch. Wir müssen über andere Sachen reden, Albert. Ich ...“ Es fiel Thierry nicht leicht, Albert anzulügen, aber es musste sein. „Ich habe nämlich einen Auftrag, einen Auftrag vom König erhalten.“

Albert machte vor Überraschung große Augen und vergaß, auf der Hut zu sein.

„Einen Auftrag vom König?“

„Ja. Es ist allerdings ein geheimer Auftrag. Du darfst es niemandem erzählen.“

„Elsie auch nicht?“

„Elsie auch nicht. Es ist eine Sache zwischen uns beiden und dem König.“

„Der König kennt mich?“ Albert schaute an sich hinunter.

„Ja, natürlich. Der König kennt alle Belgier, und er weiß, dass du für ihn die weltwichtigste Briefmarke malen möchtest. Er freut sich schon darauf.“

Alberts Gesicht errötete.

„Er weiß von der Briefmarke?“, hauchte er. „Aber die habe ich noch gar nicht fertig. Das, das dauert vielleicht noch ganz lange. Ist er böse, dass ich sie ihm noch nicht geschenkt habe?“

Thierry wusste von Elsie, dass Albert seit Jahren an dieser weltwichtigsten Marke arbeitete, und dass es sehr wahrscheinlich war, dass Albert sein Meisterwerk nie beenden würde.

„Mit deiner Briefmarke darfst du dir Zeit lassen“, beruhigte er ihn. „Der König hätte nur gerne, dass du inzwischen für ihn etwas anderes erledigst. Es ist nicht schwer, und ich soll dir helfen.“

In Alberts Gesicht arbeitete es. Alle seine Muskeln bewegten sich in die verschiedensten Richtungen. Er zwinkerte mit den Augen, runzelte die Stirn, seine Wangen bebten und sein Mund zuckte. Es war offensichtlich, dass er sich geschmeichelt fühlte und gleichzeitig Angst hatte, dass er das, was der König von ihm wollte – was immer das war –, nicht schaffen würde.

„Du musst dich nicht fürchten. Es ist ganz einfach für dich“, redete Thierry ihm zu. „Du weißt, dass Krieg ist und dass die deutschen Soldaten dem König Belgien weggenommen haben. Einfach so. Stimmt, oder?"

Albert nickte. Dass der König wegen des Krieges traurig war, und dass die Deutschen den guten König aus seinem Palast vertrieben hatten, wusste er.

„Pass mal auf, Albert. Die deutschen Soldaten machen schlimme Sachen hier in Belgien", setzte Thierry fort. „Ganz schlimme Sachen. Das weißt du auch, oder? Denke nur zum Beispiel an Hotte."

„Sie haben Hotte erschossen. Dort drüben." Albert zeigte mit einer Hand in Richtung des Wäldchens. Sie waren jetzt nahe genug, dass Thierry das Wachhäuschen sehen konnte.

„Genau, darum geht es. Der König möchte wissen, was für schlimme Sachen die Deutschen gemacht haben, damit er sie bestrafen kann. Er muss wissen, wer und wo."

Thierry sah, dass er Alberts Aufmerksamkeit hatte.

„Am einfachsten wäre es natürlich, wenn wir beide dem König einen langen Brief schreiben könnten, über Hotte und andere Sachen. Aber das geht leider nicht", log Thierry, „weil alle Post von den Deutschen gelesen wird. Darum hat sich der König etwas anderes ausgedacht. Er möchte, dass du diese Sachen zeichnest. Er hat mir eine Liste geschickt. Du sollst zum Beispiel wegen Hotte da vorne das Wachhäuschen mit dem Soldaten und das Wäldchen dahinter zeichnen. Der König wird uns seine Brieftaube schicken. Aber so eine Taube kann keine schweren Sachen tragen, deshalb musst du alles ganz klein zeichnen wie auf deinen Briefmarken. Verstehst du das? Willst du dem König helfen?"

Albert nickte zögerlich.

„Schon", gab er zu. „Aber ..."

„Das dachte ich mir, dass du den König nicht im Stich lässt", fiel ihm Thierry ins Wort. „Da wird er froh sein. Er hat nämlich lange nach jemandem wie dir gesucht."

„Wirklich?"

„Ja, nur du kannst ihm jetzt helfen. Niemand sonst kann so winzig klein zeichnen."

„Ich kann sehr klein zeichnen", bestätigte Albert mit einem gewissen Stolz.

„Ich weiß. Du bist der allerbeste." Thierry griff nach Alberts Hand und drückte fest zu.

„Wir beide helfen dem König. Du und ich. Einverstanden?" Er meinte es in diesem Augenblick ganz ehrlich. Denn irgendwie stimmte es doch. Wenn er Alberts Bilder von den Wachposten Charles Kortemann gab, würde dieser sie weiterleiten. Somit würden Albert und er dazu beitragen, den Krieg zu gewinnen. Was könnte der König sich mehr wünschen?

„Es ist nicht gefährlich. Überhaupt nicht gefährlich", murmelte Albert mehr zu sich selbst, aber Thierry hörte es trotzdem.

„Nein, überhaupt nicht. Wenn wir jetzt vorne langsam an dem Wachhäuschen vorbeigehen, schaust du hin. Das ist nicht verboten", versicherte er.

„Schauen ist nicht verboten", wiederholte Albert ernst.

„Schauen ist nicht verboten", bestätigte Thierry. „Darauf kannst du dich verlassen."

„Und dann zeichne ich?"

„Ja. Das ist der Plan. Ich zeige dir Sachen, und du zeichnest sie später."

„Und nachher?"

„Nachher gibst du mir deine Zeichnungen und ich gehe zur Brieftaube des Königs. Ich stecke ihr die Zeichnungen an den Fuß und sie fliegt damit zum König."

Albert schaute Thierry eine Weile durchdringend an, und dann stahl sich ein Lächeln in sein Gesicht.

„Der König kennt mich", flüsterte er ehrfurchtsvoll. „Ich werde ihm helfen. Es ist nicht gefährlich, kein bisschen. Das schaffe ich."

Frühjahrsputz

Elsie begleitete Thierry und Albert bis zum Gartentor und schaute ihnen nach, wie sie einträchtig nebeneinander die Allee hinunter marschierten.

„Dann viel Spaß“, rief sie ihnen nach. Sie gab sich keine Mühe, freundlich zu klingen. In ihr drinnen brodelte es wie Suppe in einem Topf kurz vor dem Überkochen. Es war so himmelschreiend ungerecht, dass Thierry und Albert nun bereits den dritten Nachmittag nach dem Mittagessen verschwinden durften, während sie von der Mutter mit einer Putzaufgabe nach der anderen eingedeckt wurde.

„Elsie, Elsie!“

Das war wieder ihre Mutter. Sie klang gereizt.

„Ich komme gleich“, rief Elsie verärgert. Nicht einmal diese kurze Pause wurde ihr gegönnt. Sie gab dem Gartentor einen festen Tritt, bevor sie zurück zum Wäschekorb rannte, den letzten triefend nassen Vorhang herauszog und ihn zu den anderen an die Wäscheleine hängte. Das kalte Wasser tropfte ihr auf die Haare und rann ihren Nacken hinunter. Sie fröstelte. Die Sonne schien zwar, aber sie spendete noch keine Wärme.

Warum war sie ein Mädchen und musste unzählige Körbe Wäsche auf- und abhängen, Bettdecken lüften, Fensterscheiben putzen, Staub wischen und hunderte andere Aufträge erfüllen, während Albert und Thierry unbeschwert spazieren gehen konnten?

Es war so ungerecht. Es war ihr auch nicht entgangen, wie die beiden die Köpfe zusammensteckten, sobald sie den Bauernhof verlassen hatten. Sie hatte genau gesehen, wie Thierry auf Albert einredete, ihn wahrscheinlich zu irgendetwas überredete, und wie Albert, dieser dumme Albert, eifrig nickte. Elsie gab sich keine Mühe, die Eifersucht, die in ihr hochstieg, zu unterdrücken.

Gestern Abend hatte sie versucht, Albert deswegen auszufragen. Aber der hatte ihr bloß wirres Zeug geantwortet. Offenbar hatte Thierry ihm eingeredet, dass der König ihn persönlich kannte.

„Thierry und ich erledigen für den König wichtige, geheime Dinge“, hatte Albert ihr erklärt.

„Was denn?“, hatte sie bissig gefragt.

„Der König sagt, ich darf nicht darüber reden.“ Albert hatte seinen Finger an die Lippen gelegt.

„Mir darfst du es bestimmt erzählen.“

Aber Albert ließ sich nicht umstimmen. Auch das war neu. Sonst war er immer bereit, alle seine Geheimnisse mit ihr zu teilen.

„Geheime Königssache, sehr geheime Königssache“, hatte er gestern Abend geantwortet und es dann plötzlich eilig gehabt, sich an den Wohnzimmertisch zu setzen und seine Briefmarken zu zeichnen. Es war ein ungeschriebenes Gesetz, Albert nicht dabei zu stören. Deshalb war Elsie zu ihrer Mutter in die Küche gelaufen und hatte ihr ihr Leid geklagt.

„Es ist doch besser, wenn Thierry erst wieder zu uns kommt, wenn die Putzerei vorüber ist“, hatte sie gesagt. Ihre Mutter hatte sie entrüstet angeschaut.

„Davon will ich nichts hören, junge Dame. Der Junge hat keine Eltern und ein Blinder kann sehen, wie sehr er sich nach ein bisschen Zuwendung sehnt“, hatte sie Elsie den Kopf gewaschen.

„Aber ich habe gar keine Zeit für ihn, wenn ich dir helfen soll“, verteidigte Elsie sich.

„Aber Albert. Dem tut es auch gut, mal wieder allein mit einem Jungen herumzugehen. Frans fühlt sich dafür schon zu erwachsen.“

Das hatte Elsie tief gekränkt.

„Bin ich nicht gut genug für ihn?“, hatte sie gefragt.

Ihre Mutter hatte gelacht. „Doch, doch. Aber dich brauche ich jetzt im Haus, und manches besprechen Jungs und Männer lieber untereinander. Wir Frauen haben doch auch unsere Plaudereien.“ Sie hatte Elsie sanft gegen die Wange gestupst, aber diese hatte böse das Gesicht verzogen und gedacht, dass es ihr trotzdem lieber wäre, wenn Thierry gerade jetzt nicht da wäre.

„Wehe, du redest Thierry ein, dass er nicht willkommen ist“, hatte die Mutter ihre Gedanken erraten. „Ich kenne dich.“ Damit hatte sie die Sache für erledigt gehalten. Elsie jedoch hatte sich Thierry vorgeknöpft, als sie am nächsten Nachmittag zwischen ihm und Albert von der Schule heimging.

„Albert, ich muss etwas mit Thierry besprechen. Lauf schon mal vor", hatte sie Albert aufgetragen, als sie die Allee erreichten.

„Was denn?", hatte Albert gefragt und einen Seitenblick auf Thierry geworfen, als müsste dieser seine Zustimmung dafür geben. Das hatte Elsie noch mehr geärgert. Der Albert, den sie kannte, kam gar nicht auf die Idee, solche Fragen zu stellen. Der Albert, den sie kannte, gehorchte. Aber seitdem Thierry mit Albert allein unterwegs war, gab es diesen alten Albert nicht mehr, und der neue gefiel ihr gar nicht.

„Was für einen Blödsinn erzählst du ihm? Nur weil er sich einbildet, für den König Briefmarken zeichnen zu müssen, heißt das nicht, dass man ihn damit aufziehen darf. So etwas tun wir in Geel nicht", hatte sie Thierry angefahren, als Albert mit deutlichem Widerwillen seine Schritte beschleunigt hatte und außer Hörweite war.

Thierry war rot angelaufen. „Das mache ich ja nicht", rechtfertigte er sich. „Ich versuche, ihn ..." – er zögerte – „mutiger zu machen. Wenn er denkt, dass er für den König etwas erledigen kann, fühlt er sich tapferer."

„Was soll er denn für den König erledigen?", bohrte Elsie.

„Nichts", wich Thierry aus, der fand, dass er sich jetzt aufs Glatteis begab. Das Letzte, was er wollte, war, dass Elsie misstrauisch wurde.

„Aber er traut sich jetzt mehr zu. Das ist doch wichtig, oder?", fügte er hinzu.

„Ich weiß nicht. Ich finde, man sollte nicht versuchen, Albert zu ändern."

Missmutig war Elsie neben Thierry her gestapft. Sie hatte wirklich große Lust gehabt zu sagen, dass er vielleicht besser auf der Stelle umdrehen und nach Hause laufen sollte. Aber sie wusste auch, dass ihre Mutter ihr dann die Hölle heiß machen würde. Also hatte sie stattdessen gesagt: „Wenn die Putzerei vorbei ist, wird alles wieder wie vorher sein."

Thierry hatte geschwiegen, als wüsste er, dass dieser neue Albert, den Elsie nicht leiden konnte, bleiben würde.

Elsie bückte sich widerwillig und hob den leeren Wäschekorb hoch. Viel lieber wäre sie hinter Thierry und Albert her gerannt und hätte sich lachend zwischen sie gedrängt. Ja, sie würde sogar zustimmen, dass Thierry den nächsten Spielvorschlag machte. Ja, sie würde Albert auch Zeit lassen, wieder sein normales altes Ich zu werden. Ihn nicht drängen. Elsie seufzte. Da hatte sie eine ganze Handvoll guter Vorsätze und durfte sie nicht umsetzen, weil ihre Mutter drinnen im Haus bereits mit einer weiteren Ladung Wäsche auf sie wartete. Und dann noch einer und noch einer. Das Ende war nicht absehbar. Wenigstens ließ Vater Frans im Stall und in der Scheune auch hart arbeiten.

„Elsie!“ Das war schon wieder ihre Mutter.

„Ja, ja ich komme schon“, schimpfte Elsie leise.

„Jetzt schau nicht so trübsinnig, als würde die Welt über deinem Kopf zusammenstürzen“, sagte ihre Mutter, als Elsie den leeren Wäschekorb auf den Tisch stellte. „Wenn alles um uns herum wieder so richtig sauber geputzt ist, freust du dich doch auch?“

„Du willst mich nicht verstehen“, murmelte Elsie, während sie dem nächsten Berg tropfnasser Vorhänge auswich, den ihre Mutter schwungvoll in den Korb legte.

„Was sagst du?“

„Nichts“, knurrte Elsie missmutig.

Frau Donckers strich sich eine schweißnasse Strähne aus dem roten Gesicht. Seit sechs Uhr in der Früh stand sie vor dem alten Herd in der Waschküche und wusch die Vorhänge. Ihre Finger waren aufgequollen. Der Rücken tat ihr weh. Sie hätte zu gerne auch alles hingeschmissen, aber Frühjahrsputz war Frühjahrsputz.

Vor vier Jahren hatte Mina ihr noch tatkräftig geholfen. Dann war sie knapp vor dem Krieg ihrem Johann nach Baarle-Hertog gefolgt, und seitdem die Grenzen zu waren, hatte ihre Mutter sie nicht gesehen, weder sie, noch den kleinen Jungen, den ihre ältere Tochter letztes Jahr zur Welt gebracht hatte.

„Wie bitte?“ Frau Donckers schaute Elsie streng an. Ein launisches, bockiges Kind fehlte ihr gerade noch. Aber da war sie wohl selbst schuld. Sie hatte ihre Jüngste ein wenig zu viel und zu lange verwöhnt. Sie selbst hatte mit acht schon ihren ehrlichen Anteil an der Hausarbeit geleistet.

Elsie zuckte frustriert mit den Schultern. „Du willst es sowieso nicht verstehen“, murmelte sie trotzig.

„Was will ich nicht verstehen?“, verlangte ihre Mutter ungeduldig zu wissen. Elsie gab ihr keine Antwort, sondern griff nach dem randvollen Wäschekorb vor ihr auf dem Tisch, stemmte ihn hoch, drehte sich und machte einen Schritt zur Tür hin. Ihre Finger verkrampften sich schmerzhaft um die Griffe. Der Korb war so schwer und auch längst noch nicht der letzte, den sie schleppen musste. Ohne es wirklich zu wollen, ließ sie ihn aus den Fingern gleiten. Er krachte mit einem dumpfen Schlag auf den Steinboden. Erschrocken fing Elsie an zu heulen.

„Ach herrje“, rief ihre Mutter , ebenso erschrocken.

Aber als sie Elsie so todunglücklich weinen sah, nahm sie sie in die Arme, statt zu schimpfen.

„Zuerst wollte Frans nicht mehr mit mir spielen, und jetzt denkt Thierry bestimmt auch so, und Albert wird mich nicht mehr von der Schule abholen wollen. Heute habe ich ihn auch erst auf halbem Weg getroffen. Ich hasse es, ein Mädchen zu sein“, schluchzte Elsie in die feuchte Schürze ihrer Mutter. Diese ließ sie kurz gewähren, dann löste sie sich aus Elsies Umklammerung und schob sie so weit von sich fort, dass sie Elsie ins Gesicht schauen konnte.

„Was sind das für dumme Überlegungen“, sagte sie sanft. „Albert war heute zu spät dran, weil ich ihn noch gebraucht habe. Er wird dich immer abholen wollen. Eher wird es so sein, dass du ihm wirst beibringen müssen, dass er es nicht mehr tun soll, weil es dir peinlich wird.“

Elsie schüttelte heftig den Kopf.

„Doch, doch. So war es bei mir auch“, versicherte ihre Mutter mit einem Lächeln. „Als ich mit deinem Papa das erste Mal zu einem Tanzabend wollte, schlich er uns nach bis zur Gastwirtschaft. Dort stand er in sicherer Entfernung auf der anderen Straßenseite den ganzen Abend Wache. Hinein hat er sich zu meinem

Glück nicht getraut. Auf dem Nachhauseweg musste er dann unbedingt zwischen Papa und mir gehen und ständig murmelte er Sätze wie ‚Ob der auch gut genug ist' und ‚Wenn er nicht lieb zu ihr ist, wird er es spüren!' Nicht einmal einen ersten richtigen Kuss konnte ich mir an diesem Abend vor dem Gartentor holen. Ich habe ihn dann am nächsten Morgen sehr geschimpft und ihm ausdrücklich verboten, mir jemals wieder am Abend zu folgen. Ganz unglücklich war er da, und ich hatte ein furchtbar schlechtes Gewissen."

„Wirklich?"

„Ja. Du wirst sehen, dir wird es genauso gehen. Bei Mina war es auch nicht anders. Und was Thierry betrifft, dem sieht man doch an, wie sehr er sich Geschwister wünscht. Der wird es sich dreimal überlegen, bevor er dich vor den Kopf stößt."

Elsies Schluchzen wurde weniger.

„So ist es besser, und jetzt trage ich dir den Korb hinaus. Der ist viel zu schwer für dich."

Elsie nickte.

„Du hängst mir noch diese Wäsche auf und dann kannst du ihnen nachlaufen."

Elsies Mutter gab ihr einen sanften Klaps.

„Denn verstehen kann ich dich ja. Aber morgen packst du wieder tüchtig mit an, ohne Jammern und ohne ein böses Gesicht. Versprochen?"

Elsie wischte sich die Tränen aus den Augen und von den Wangen.

„Ja", hickste sie. „Entschuldige."

„Ach, am liebsten würde ich auch alles hinschmeißen", gestand Frau Donckers, während sie sich aufrichtete und den Rücken durchstreckte. „Ich sage dir, was wir zwei morgen nicht schaffen, muss bis zum Herbstputz dreckig bleiben! Und wenn es die Fußmatten sind."

„Das geht doch nicht", protestierte Elsie und lächelte.

„Weiß ich auch. Deswegen krempeln wir beide morgen nochmals richtig die Ärmel hoch."

Der Soldat mit dem Skizzenblock

Elsie hängte die letzten Vorhänge in Windeseile auf. Dann rannte sie los. Das herrliche Gefühl der Freiheit begleitete sie bis zur Kreuzung mit der Landstraße. Dort verflüchtigte es sich. Albert und Thierry waren die Allee hinunter marschiert. Aber waren sie nachher nach links Richtung Geel oder nach rechts abgebogen? Was sollte sie mit den freien Stunden anfangen, wenn sie nicht wusste, wohin die beiden gegangen waren? Es war bereits viel zu viel Zeit vergangen, als dass sie sie noch in der Ferne hätte ausmachen können. Links oder rechts? Sie drehte den Kopf unschlüssig in beide Richtungen. Sie müsste wählen. Es war Glücksache. Elsie war sich sicher, dass sie die falsche Entscheidung treffen würde.

Nur wenige Meter von ihr entfernt, auf der gegenüberliegenden Seite der schmalen Straße, saß der Soldat neben seinem Wachhäuschen. Auf seinen Knien lag ein Skizzenheft. Er zeichnete.

„Vielleicht hat er gesehen, wohin die beiden gegangen sind?", dachte Elsie, aber während sie noch überlegte, ob sie ihn ansprechen sollte oder ob das als Zusammenarbeit mit dem Feind ausgelegt werden konnte, schaute dieser von dem Skizzenheft auf und fing mit seinen Augen ihren Blick ein.

Elsie erstarrte unwillkürlich. Im Wäldchen hinter diesem Wachposten hatten Vater und Frans Hotte aufgefunden. Die Deutschen hatten ihn erschossen. Vielleicht war es sogar dieser Mann gewesen? Nein, mit einem Deutschen sollte man nichts zu tun haben. Das brachte nur Unglück. Sie wollte sich hastig abwenden, als der Soldat seine Hand hob und ihr deutete, näher zu kommen. Da sie gegen die Sonne blinzeln musste, konnte sie nicht genau erkennen, ob es ein Befehl oder lediglich eine einladende Geste war. Ihr Herz klopfte. Sie hatte schon so viele Geschichten gehört über die Grausamkeiten der Besatzer.

„Die schießen zuerst und fragen nachher", behauptete Frans oft, und niemals hatte Vater ihm widersprochen. Wenn es also ein Befehl war, sollte sie jetzt besser nicht zögern, sondern gleich gehorchen. Sie machte ein Dutzend kleiner Schritte auf ihn zu und blieb erschrocken stehen, als der Soldat plötzlich abwehrend mit seinem Bleistift fuchtelte. Er sagte etwas, das sie nicht verstand.

Der Bleistift jedoch schien plötzlich zwischen seinen Fingern ein Eigenleben zu führen. Er tanzte von ihr weg nach rechts, wippte dann bestimmend auf und ab, um wieder zu ihr zurück zu hüpfen. Wollte er ihr mit dem Bleistift etwas sagen? Jetzt zeigte der Bleistift wieder gebieterisch auf jene Stelle rechts von ihr. Sie schaute hin. Genau dort wuchs eine dicke Kopfweide, deren lange Triebe wie ein wilder Haarschopf in alle Richtungen wegstanden. Elsie ging zögernd darauf zu und stellte sich davor. Der Bleistift belohnte ihren Gehorsam mit einer Pirouette zwischen den Fingern des Soldaten. Sie hatte ihn also richtig verstanden.

Der Soldat nickte, blätterte in seinem Skizzenheft, bis er offensichtlich eine leere Seite fand und beugte sich darüber, nachdem er ihr einen durchdringenden Blick zugeworfen hatte.

„Er will mich zeichnen“, dachte Elsie und runzelte die Stirn. Albert fragte nie um Erlaubnis. Aber Albert war Albert. Jeder andere jedoch, fand Elsie, sollte die Höflichkeit haben, vorher um ihr Einverständnis zu bitten, auch wenn er ein deutscher Soldat mit einem Gewehr war. Sie beobachtete verärgert den Soldaten. So talentiert wie Albert war er bestimmt nicht. Der musste nur einmal kurz hinschauen, um dann auch Stunden später noch in aller Klarheit das Gesehene aus dem Gedächtnis abzumalen. Die Augen des Soldaten jedoch wanderten ständig zwischen seinem Zeichenpapier und ihrer Gestalt hin und her. Einmal hielt er sogar den Bleistift auf Armeslänge vor seine Nase, als würde er dadurch etwas besser sehen können. Elsie wäre am liebsten davongelaufen. Aber das war wahrscheinlich nicht klug. Denn das Gewehr des Soldaten lehnte griffbereit neben ihm gegen das Bänkchen.

Endlich steckte der Soldat seinen Bleistift hinter das Ohr. „Komm hier“, rief er. Das waren deutsche Worte, die wie flämische klangen. Sein Finger zeigte gleichzeitig auf das Skizzenheft. Elsie schaute ihn so widerwillig an, wie sie sich traute, ging aber zu ihm hin.

„Er hat mich gezeichnet, dafür muss er mir jetzt sagen, wohin Thierry und Albert gelaufen sind", dachte sie, obwohl sie sich nicht sicher war, ob sie tatsächlich den Mut haben würde, ihn anzusprechen.

Als sie vor ihm stand, hielt der Soldat ihr das kleine Skizzenheft hin. Elsie riss die Augen auf. Das Mädchen auf dem Blatt Papier, das war sie. So wie sie sich jeden Tag in der Früh im Spiegel sah. Das krause, dichte, blonde Haar zu einem Seitenscheitel gekämmt und hinter ihren Ohren zu buschigen kurzen Zöpfen im Nacken zusammengebunden. Ein vereinzeltes Löckchen war dem strengen Scheitel entflohen und hatte sich wie ein Kommazeichen über eine ihrer Stirnfalten gelegt. Das Mädchen auf dem Papier starrte mit bösen Augen in die Welt hinein. Hatte sie ihn wirklich so böse angeschaut? Da konnte sie ja froh sein, dass er sich darüber nicht geärgert hatte. Aber das war nicht das Einzige, was an dem Bild seltsam war. Hinter dieser gezeichneten Elsie ragten die langen, biegsamen Äste der Kopfweide mit ersten winzigen Frühlingsblättern gegen den Himmel und warfen ein seltsames Schattenspiel auf ihr Gesicht, so als wäre es von dutzenden Rissen überzogen und könnte jederzeit auseinanderbrechen.

Der Soldat klappte das Heft zu. Offensichtlich fand er, dass sie seine Zeichnung lange genug angeschaut hatte.

„Danke", sagte er und verzog seinen Mund ein wenig übertrieben zu einem breiten Lächeln, als wolle er sicherstellen, dass er verstanden wurde.

Elsie gab sich einen Ruck, Feind hin oder her. Der Soldat musste Albert und Thierry bemerkt haben.

„Haben Sie einen Jungen und einen kleinen Mann gesehen?", fragte sie langsam. Dieses Mal schaute der Soldat verständnislos.

Elsie hielt nacheinander zwei Finger in die Höhe. „Eins", sagte sie, „ein Junge." Mit ihrer Hand deutete sie Thierrys Größe an. „Und zwei, ein Mann." Sie tat so, als würde sie Hosenträger nach vorne schnellen lassen.

„Thierry und Albert." Mit einer Armbewegung versuchte sie ihm klar zu machen, dass die beiden aus der Allee, die zum Bauernhof führte, gekommen waren und dann abgebogen sein mussten.

„Wohin sind die beiden gegangen?“ Elsie zeigte einmal nach links und einmal nach rechts und hob dabei die Schultern mit einem fragenden Gesichtsausdruck.

Der Mann kratzte sich am Kopf. Dann nickte er, holte den Bleistift hinter seinem Ohr hervor, schlug sein Heft an einer Stelle wieder auf und zeichnete rasch zwei Gestalten. Es waren nicht mehr als ein paar flüchtige Striche und doch erkannte Elsie Thierry und Albert.

„Ja, Thierry, Albert.“ Ihre Finger legten sich auf das Blatt Papier. Sie vergaß ganz, dass sie eigentlich vor dem Soldaten Angst haben müsste.

„Dorthin? Oder dahin?“, fragte sie nochmals und machte Armbewegungen in beide Richtungen. Der Soldat zeigte nach links.

„Nach Geel“, dachte Elsie. „Die beiden sind also nach Geel gelaufen.“

„Danke“, rief sie und rannte los. Sie hatte viel Zeit verloren. Aber im Dorf waren die beiden bestimmt auch gesehen worden. Erst als sie einige hundert Meter weit von dem Wachhäuschen entfernt war, fiel ihr ein, dass sie das erste Mal in ihrem Leben mit einem deutschen Soldaten gesprochen hatte und dass dieser eigentlich ganz nett gewesen war. Im Laufen schüttelte sie verärgert den Kopf, als ließe sich damit dieser letzte Gedanke verscheuchen. Es gab einen Krieg, und der Deutsche war der Feind. Daran sollte man nicht zweifeln.

Sankt Dymphna

Geel war seit Jahrhunderten ein Zufluchtsort für all jene, die anders waren. Das hatte Thierry an den letzten drei Nachmittagen, an denen er mit Albert durch die Straßen Geels gestreift war, erst richtig bemerkt. Natürlich war es ihm auch schon früher aufgefallen. Einmal war er beim Bäcker zusammengezuckt, als ein muskulöser Kerl vor ihm plötzlich gerufen hatte: „Kann ich ein Scheißdreckvollkornbrot haben, du blöde Schlampe.“ Die Bäckerin jedoch war nicht ängstlich zusammengezuckt, sondern hatte zu Thierrys Erstaunen diesen Kunden genauso angelächelt wie alle anderen und liebenswürdig geantwortet: „Selbstverständlich, Gert Jan. Ich sehe, es geht dir gut“, und ihm das Brot gereicht.

„Ach, das war Gert Jan“, hatte Elsie ihm lachend erklärt, als er ihr davon berichtet hatte. „Der meint es nicht so. Außerdem weiß jeder hier, dass halb Geel ganz verrückt und ganz Geel halb verrückt ist“, und sie hatte ihm die Legende der Heiligen Dymphna erzählt, die daran schuld war.

Es war eine seltsame Geschichte, fand Thierry. Diese Dymphna war eine irische Prinzessin gewesen, deren Vater nach dem Tod der Mutter beschlossen hatte, die eigene Tochter zu ehelichen. Allein das konnte schon nicht wirklich der Wahrheit entsprechen, dachte er sich. Aber Elsie hatte stur darauf bestanden, dass es so gewesen war. Entsetzt darüber, war Dymphna mit ihrem Beichtvater Gerebernus, der selbstverständlich auch ein Heiliger wurde, nach Belgien geflohen. Sie hatten sich in der Nähe von Geel im Wald versteckt und wie in einem Kindermärchen glücklich und zufrieden gelebt. Aber der vom Wahnsinn befallene Vater hatte keine Ruhe gegeben und sie so lange gesucht, bis er sie zwischen den belgischen Bäumen aufgespürt hatte. Weil Dymphna sich noch immer weigerte, den eigenen Vater zu heiraten, hatte dieser zuerst den Beichtvater und dann die Tochter getötet.

Diese Dymphna war wegen der Tat ihres Vaters zur Schutzpatronin aller Verrückten geworden. Man hatte ihr in Geel eine Kirche gebaut und so, wie es für Heilige üblich war, heilte sie hie und da gerne einen Wahnsinnigen. Wenigstens behauptete Elsie das.

„Bald strömten von überall Pilger herbei“, hatte sie Thierry erzählt. Da man solche Wunder aber offensichtlich nicht bestellen konnte, reisten viele Pilger wochenlang nicht ab in der Hoffnung, dass sie mit vielen Gebeten und Messbesuchen doch noch das Glück hätten, gesund zu werden. Irgendwann war es schließlich ganz normal, dass jene, die nicht geheilt wurden, für immer blieben. „Bis heute ist das so. Deshalb haben wir unseren Albert“, hatte Elsie ihre Geschichte beendet, als wäre es das Normalste auf der Welt, sich um jemanden zu kümmern, der so anders war. Nein, sie hatte sogar stolz geklungen.

Thierry hatte Albert in den letzten drei Tagen durch alle Straßen Geels geführt. Jedes Wachhäuschen, aber auch andere Gebäude, die von Deutschen besetzt waren, hatte er ihm gezeigt. Am Anfang war Albert noch furchtbar nervös gewesen. Aber schon im Laufe des ersten Nachmittags stellte Thierry fest, dass Albert sich veränderte. Es war, als gewänne er an Selbstvertrauen. Anfänglich hatte er auf Thierrys geflüsterte Aufforderungen, sich alles gut einzuprägen, noch mit hochgezogenen Schultern und furchtsamen Blicken reagiert. Jetzt jedoch schaute er nur mehr kurz auf das, was Thierry ihm zeigte, und murmelte anschließend zuversichtlich: „Mache ich. Kein Problem. Überhaupt kein Problem."

Auch vor Sankt Dymphna hatten die Deutschen ein Wachhäuschen aufgestellt. Als sie am Ende der ersten Nachmittagsrunde vorbei spaziert waren, hatte Albert auf den Eingang der Kirche gezeigt und beiläufig gesagt: „Da drinnen ist es schön, schön ruhig. Das mag ich."

„Darf man da einfach reinmarschieren und herumsitzen?", hatte Thierry ihn gefragt und plötzlich eine Lösung für das Problem gesehen, das er mit sich herumgetragen hatte. Er hatte bis dahin noch nicht gewusst, wo er Albert all das Gezeigte in Ruhe zeichnen lassen konnte. Die gute Stube am Bauernhof kam dafür nicht in Frage. Erstens, weil Albert seine Bilder sehr wahrscheinlich Elsie und ihrer Familie zeigen würde, oder diese sie dort entdecken würden, und zweitens, weil Thierry daran zweifelte, dass Albert seine Werke so einfach aus der Hand geben würde, wenn er sie über Nacht in seinem Besitz gehabt hatte.

Aber eine Kirche wäre kein schlechter Ort dafür.

„Ich meine, ohne zu beten?", hatte er nachgehakt.

Albert hatte eifrigst genickt. „Natürlich. Die Heilige Dymphna hat nichts dagegen. Manchmal steht auch der Gert Jan drinnen und schreit herum, weil es so schön hallt. Das ist auch in Ordnung, solange er es nicht während einer Messe macht. Er ruft sogar ‚Kacke' oder ‚blöder Jesus'." Albert kicherte, bis ihm einfiel, dass

Gert Jan deswegen schon mehr als einmal in Schwierigkeiten geraten war. Einmal hatte er deswegen sogar „nach Drinnen", also in die Anstalt, müssen und war erst nach Wochen wieder herausgekommen. Ganz still war er damals gewesen, und es hatte eine ganze Weile gedauert, bis er wieder der Alte war. Vor „Drinnen" hatte Albert selbst auch große Angst.

„Du könntest also da drinnen auch deine Zeichnungen für den König machen?", fragte Thierry vorsichtig.

Albert schaute ihn verwirrt an. Seine Gedanken waren bei Gert Jan gewesen.

„Ich meine, du darfst in der Kirche zeichnen?", wiederholte Thierry

„Ja, schon. Zeichnen ist ja nicht schimpfen. Aber ich zeichne zu Hause. In der guten Stube."

„Ich weiß", wandte Thierry ein. „Aber die gute Stube ist für die Briefmarken. Für den König sollten wir hier zeichnen. Schließlich ist es eine sehr geheime Sache, die wir niemandem verraten sollten."

„Ah ja, geheim", erinnerte sich Albert.

„Genau. Nur wir beide und der König dürfen davon wissen."

Sie hatten die stattliche Kirche betreten und sich in eine der Bankreihen gesetzt. Thierry hatte Albert Papier gegeben, und dieser hatte seine kurzen Bleistiftstummel aus der Hemdtasche hervorgeholt.

„Wenn sie stumpf sind, kannst du sie spitzen", hatte Albert mit einer gewissen Wichtigkeit gemeint. „Ich zeichne, du spitzt." Es gefiel ihm zu sehen, dass Thierry sofort gehorchte. Elsie wollte immer die Bestimmerin sein. Es war schön, fand Albert, dass Thierry anders war. Obwohl er selbstverständlich niemals Elsie hergeben würde.

Nach jeder winzigen Zeichnung hatte Thierry Albert das Papierstückchen sanft aus der Hand genommen. Jedes Mal hatte Albert mit Sehnsucht in der Stimme nachgefragt: „Ich könnte es auch behalten, oder?", und Thierry hatte ihn jedes Mal ernst angeschaut und ihn daran erinnert, dass der König darauf wartete.

„Ach ja, der König", hatte er geseufzt und dann das Stückchen Papier losgelassen, sodass Thierry es unter seinem Hemd verstecken konnte.

„Ist für den König, ist für den König", murmelte Albert immer noch eine ganze Weile, während er bereits die nächste Zeichnung anfing. Gert Jan hätte bestimmt „Der König ist Kacke" gerufen, aber Albert wusste, dass der König über alle und alles bestimmte.

In Thierrys kleinem Gästezimmer lagen in dem ausgehöhlten Buch nun fünfzehn winzige Bilder, und an diesem dritten Nachmittag steckten auch schon drei Zeichnungen unter seinem Hemd. Albert beugte sich gerade über die vierte und letzte Zeichnung. Es war diesmal kein Wachhäuschen, sondern eine Kolonne bestehend aus fünf großen Traktoren, die riesige Gestelle zogen, die mit einem gewaltigen Rohr und anderen massiven Eisenteilen beladen waren. Sie hatten die Kolonne am Markt gesehen. Sie wurde von mehreren Soldaten mit dem Gewehr im Anschlag bewacht. Die Räder der Traktoren überragten die Wachposten. Wer stehen blieb, um zuzuschauen, wurde mit unmissverständlichen Gesten und harschen Zurufen weitergescheucht.

„Schau hin", hatte Thierry Albert aufgeregt zugeraunt, während sie rasch vorbeiliefen.

Jetzt saß Albert in der Kirchenbank, und während Thierry zum wiederholten Mal einen der stumpf gewordenen Bleistiftstummel mit dem kleinen Messer spitzte, zeichnete er akribisch die ganze Szene in allen Einzelheiten.

Er war fast damit fertig, als Thierry bemerkte, dass jemand die Kirche betrat. Die große Tür wurde aufgedrückt, und eine kleine Gestalt schlüpfte herein. Erst auf den zweiten Blick sah er, dass es Elsie war. Er erschrak. Sie sollte doch zu Hause putzen, und wie hatte sie überhaupt herausgefunden, wo sie Albert und ihn finden konnte?

Es war zu spät, um sich in der Bank zu ducken. Elsie hatte ihn und Albert bereits entdeckt und kam auf sie zu gelaufen.

„Albert, schnell gib mir das Papier", drängte Thierry. Aber Albert ließ sich nicht beirren.

„Ich bin noch nicht ganz fertig“, murmelte er.
„Das ist egal. Gib her.“
Elsie war nur mehr wenige Bankreihen entfernt.
„Ich bin noch nicht ganz fertig“, wiederholte Albert stur, und als Thierry versuchte, das kleine Stückchen Papier unter dem Bleistift wegzuziehen, legte Albert schützend seine Hand darauf.
„Noch nicht fertig“, rügte er Thierry vernehmlich.
„Was ist noch nicht fertig?“, fragte Elsie, die sich zu ihnen auf die Kirchenbank schob.
„Nichts“, wollte Thierry sagen, aber Albert kam ihm zuvor.
„Meine Zeichnung. Ich bin noch nicht fertig damit.“ Albert hob seine Hand und beugte sich wieder tief über das Papierstückchen. Mit der Zungenspitze zwischen seinen Lippen zeichnete er konzentriert feine Striche.
„Was zeichnet er denn?“, fragte Elsie Thierry. „Eine Briefmarke? Und wieso sitzt ihr hier in der Kirche?“
„Ach, wir sind ein wenig durch die Straßen spaziert, und Albert hatte Lust zu zeichnen“, versuchte Thierry unverfänglich und möglichst leise zu antworten. „Da schien mir die Kirche ein guter Platz zu sein. Du weißt, der Wind draußen würde die Papierstückchen unter seinen Fingern davonblasen.“
„Papierstückchen? Hat er mehr gezeichnet?“ Elsies Augen streiften über die Lehne der Bank vor ihnen und blieb an einem Häufchen Holzkrümel und an dem kleinen Messer hängen.
„Du hast auf jeden Fall eine Menge seiner Stifte gespitzt“, bemerkte sie.
„Mir war langweilig“, brummelte Thierry.
„Und was zeichnet er?“, wiederholte Elsie ihre Frage.
„Keine Ahnung“, log Thierry. „Irgendetwas, was er wohl unterwegs gesehen hat. Mir hat er es auch noch nicht gezeigt. Gehen wir schon mal raus? Mir wird hier drinnen langsam kalt.“
„Er wird es uns schon zeigen“, überging Elsie seine Frage. „Bin ich froh, dass ich euch gefunden habe! Zum Glück hat euch der Knochenteunis gesehen, wie ihr über den Friedhof in die Kirche hineingegangen seid. Sonst wäre ich vorbeigelaufen.“
Sie überlegte, ob sie Thierry auch über den Soldaten und seine

Zeichnung berichten sollte, ließ es aber lieber bleiben. Thierry würde es sicher verwerflich finden, dass sie überhaupt mit einem Deutschen gesprochen hatte.

„Hier", sagte Albert und schob Thierry die kleine Zeichnung zu.

All die vorherigen Male hatte Albert die Zeichnung nur widerwillig herausgerückt. Warum musste er ausgerechnet jetzt die Zeichnung freiwillig hergeben?

„Ah, für mich?" Thierry versuchte einen Hauch von Überraschung in seine Stimme zu legen. Gerade so viel, um Elsie glauben zu lassen, dass Albert ihm ein spontanes Geschenk machte, aber dieser seinerseits die Bemerkung nicht komisch finden würde.

Albert machte die Täuschung zunichte, indem er sofort hinzufügte: „Ich habe alles gezeichnet, was du mir gezeigt hast. Sind wir jetzt fertig und können wir mit Elsie nach Hause gehen?"

Er griff nach dem Messerchen und steckte es zusammen mit seinem Bleistiftstummel zu den anderen in seine Hemdtaschen.

„Wir können gehen", sagte er, aber Elsie schüttelte den Kopf.

„Einen Augenblick, Albert", sagte sie streng, dann drehte sie sich zu Thierry.

„Was meint er denn damit? Was hast du ihm aufgetragen?", fragte sie böse, weil in ihren Augen Thierry Albert überhaupt nichts zu sagen hatte. Albert gehörte zu ihr und ihrer Familie.

Thierry zuckte mit den Schultern und versuchte eine ratlose Miene aufzusetzen.

„Keine Ahnung, Albert eben", murmelte er undeutlich.

„Bist du heute nicht zufrieden?", fragte Albert gekränkt, der ein ausgezeichnetes Gehör hatte. Er beugte sich nach vorne, um Thierry anschauen zu können. „Ich habe alles ganz genau gezeichnet. Sogar das riesige Kanonenrohr."

„Du hast ihn eine Kanone zeichnen lassen?" Elsie runzelte die Stirn. So etwas war gefährlich. Das sollte Thierry doch auch wissen.

„Er muss ja nicht immer irgendwelche Häuser oder Menschen oder Tiere zeichnen", wehrte sich Thierry. „Und es ist niemandem aufgefallen."

„Ich habe auch die Wachhäuschen gezeichnet. Ganz genau. Mit den Soldaten davor“, mischte sich Albert ein, enttäuscht darüber, dass Thierry ihn heute nicht lobte.

Elsie hatte seine Briefmarken immer uneingeschränkt bewundert. Deshalb wandte er sich nun ihr zu.

„Thierry kann es dir zeigen“, berichtete er eifrig. „Ich habe ihm die Zeichnungen gegeben. Die sind nämlich für den ...“ Er stockte, weil ihm wieder einfiel, dass das doch die geheime Sache zwischen ihm, Thierry und dem König war.

Betreten schaute er Thierry an. „Entschuldigung. Ich sollte es nicht verraten, oder? Aber Elsie ist Elsie. Das ist nicht schlimm, oder? Der König wird da bestimmt nicht böse sein“, fing er an, sich zu entschuldigen.

Elsies Augen wanderten zwischen Albert und Thierry hin und her. Thierry schaute drein, als hätte er Albert nicht nur dummerweise ein paar Kanonen zeichnen lassen, sondern als hätte er tatsächlich etwas Verbotenes getan.

„Ich will jetzt wissen, was ihr zwei die letzten drei Nachmittage gemacht habt“, sagte sie entschlossen. „Kommt mir nicht mit Lügen und“, sie wandte sich an Thierry, „ich will diese Zeichnungen sehen, von denen Albert spricht. Alle!“

„Die hat er unter seinem Hemd“, verriet Albert und zeigt mit seinem Daumen hin. „Da drunter.“ Elsie sollte wieder lächeln.

Ertappte Spione

„So eine Gemeinheit, ihn glauben zu lassen, dass der König persönlich ihn darum bittet“, schnaubte Elsie innerlich, während sie auf die vier kleinen Zeichnungen schaute, die Thierry widerwillig herausgerückt und die sie auf der Lehne der Kirchenbank vor sich aufgereiht hatte. Wenn sie ihn richtig verstanden hatte, gab es noch mehr davon, verborgen in einem ausgehöhlten Buch. Elsie konnte es nicht fassen. Was hatte sich Thierry eigentlich dabei gedacht, Albert zu solch gefährlichen Taten zu überreden?

„Elsie, bitte, verstehe es doch“, flüsterte Thierry. „Ich kenne jemanden, der dafür sorgen wird, dass die Franzosen und Engländer Alberts Zeichnungen erhalten. Sie sind so winzig, dass eine Brieftaube sie transportieren kann. Diese Taube fliegt damit nach Süden quer über die Front. So erfahren unsere verbündeten Soldaten, wie es hier ausschaut."

„Du meinst, dass es eine Bedeutung hat, wenn die wissen, dass es an der Kreuzung bei unserem Bauernhof einen Wachposten gibt, der gerne zeichnet? Das kann nicht dein Ernst sein." Elsie stieß ein kurzes, empörtes Lachen aus.

„Doch, das ist wichtig", wehrte sich Thierry. „Diese Taube, von der ich dir erzählt habe, die wurde von den Deutschen abgeschossen, weil sie Bilder mit einem Fotografierapparat gemacht hatte. Bilder, auf denen genau solche Wachposten zu sehen sind." Dass Fabiolas Bilder bis auf eines misslungen waren, erzählte er ihr nicht. Das spielte auch keine Rolle. Die Wahrheit war, dass jede Information ein Puzzlestückchen war und dass alle diese Stückchen letztendlich ein Bild ergaben.

Elsie nahm die Zeichnung der Wagenkolonne in die Hand. Wie Albert nur so winzig klein zeichnen konnte? Als wären seine Augen Vergrößerungsgläser.

„Das habe ich gemacht", sagte Albert. „Fünf Traktoren waren es, die haben riesige Gestelle auf Rädern gezogen", wiederholte er. „Auf dem letzten Wagen lag ein Rohr, dick wie ein Baumstamm." Er tippte mit seinem Daumen auf das Bild. Auf diese Zeichnung war er besonders stolz, denn er hatte noch nie die Gelegenheit gehabt, solche Kraftwagen aus der Nähe zu sehen und zu zeichnen.

„Die Soldaten haben ganz böse geschaut und mit den Gewehren auf uns gezeigt", setzte er – nicht ohne einem Schaudern in der Stimme – fort.

„Genau, das meine ich", schimpfte Elsie. „So etwas ist gefährlich. Albert, die hätten auf dich schießen können. Denk an Hotte. Der wollte nur Kaninchen jagen."

Albert wetzte in der Bank hin und her. Warum war Elsie jetzt böse? Es war doch nichts passiert.

„Ich habe nur ganz, ganz kurz hingeschaut. Die haben das gar nicht bemerkt. Wirklich nicht. Und Thierry hat gesagt, dass Zuschauen nicht verboten ist", rechtfertigte er sich mit piepsender Stimme.

Elsie sah, dass Albert nahe dran war, in Tränen auszubrechen. „Das glaube ich dir schon", beruhigte sie ihn.

„Bist du nicht mehr böse auf mich?"

„Nein", sagte Elsie. Schließlich war es nicht Albert, der etwas falsch gemacht hatte. „Deine Zeichnung ist auch gut gelungen."

Albert lächelte zaghaft.

„Geh schon mal raus", sagte Elsie zu ihm.

Gehorsam stand Albert auf und stiefelte hinaus. Es war gut, dass Elsie wieder die Bestimmerin war.

„Jetzt zu dir", sagte Elsie zu Thierry, als Albert außer Hörweite war. „Wenn du herumspionieren willst, ist es deine Sache. Aber Albert darfst du nicht in so etwas hineinziehen."

„Es wird nicht wieder vorkommen", versprach Thierry, erleichtert, dass Elsie nicht allzu wütend war. Er griff rasch nach den Zeichnungen und steckte sie wieder unter das Hemd. Er hatte ja jetzt alles, was er von Albert brauchte. Charles Kortemann würde Augen machen.

„Was hast du mit den Zeichnungen vor?", fragte Elsie.

„Ich habe eine geheime Kontaktperson", sagte Thierry gewichtig. „Ihm übergebe ich alle Zeichnungen, und er sorgt dafür, dass sie in die richtigen Hände kommen."

„Und wer ist das? Kenne ich ihn? Ich habe ein Recht, das zu wissen."

Thierry zögerte.

„Du hast Albert in Gefahr gebracht. Was ist, wenn er diesen Mann auf der Straße trifft und ihn anspricht und jemand hört es? Ich muss ihn beschützen können."

„Albert kennt ihn nicht und ..." Thierry wusste genau, dass er unter keinen Umständen den Namen des Fotografen verraten durfte. Andererseits ...

„Also gut. Diese verletzte Brieftaube habe ich ihrem Besitzer zurückgebracht."

„Dem Spion?"

„Nein. Der Taubenbesitzer ist nur ein Verbindungsmann. Sein Auftrag war, die Taube mit der Kamera fliegen zu lassen und danach die Filmrolle an einem geheimen Ort abzulegen. Mehr weiß der selber nicht."

„Und wem willst du diese Zeichnungen geben? Du hast ja vorhin ganz wichtig getan. ‚Ich habe eine geheime Kontaktperson'." Elsie imitierte Thierrys Stimme.

Thierry senkte den Kopf und schaute auf seine Füße hinunter, damit sie nicht erkennen konnte, dass er sie anlog, und murmelte entschuldigend: „Ich habe da ein bisschen übertrieben. Ich möchte sie dem Taubenmann geben, damit er sie an der geheimen Stelle ablegt. Ich habe keine Ahnung, wo sich diese Stelle befindet und wer der echte Spion ist." In seinen Ohren klang es plausibel.

Elsie schwieg. Wenn es stimmte, was Thierry sagte, waren Alberts Zeichnungen irgendwie wichtig. Sie überlegte, ob er in seinen vielen Büchsen und Dosen nicht Briefmarken aufhob, auf denen er ähnliche Sachen abgebildet hatte. Vielleicht sollte sie einmal heimlich nachschauen. Aber nein, es war nicht gut, Albert in solche Machenschaften zu verwickeln. Nahezu jeder in Geel wusste um seine Marotte. Wenn die Briefmarken in die falschen Hände gerieten, würden die Deutschen Nachforschungen anstellen und irgendjemand würde garantiert ausplaudern, dass Albert, ihr Gast, diese gezeichnet hatte.

„Es ist trotzdem nicht nett, dass du Albert dafür eingespannt hast", sagte sie.

„Ach, er war ganz glücklich, dass er für den König arbeiten konnte."

Elsie war empört. Sich über Alberts Einfältigkeit lustig zu machen, das gehörte sich nicht. So etwas tat man in Geel nicht.

„Und es ist nicht wirklich gelogen", rechtfertigte sich Thierry. „Denn um etliche Ecken gedacht, hilft es auch dem König, oder?"

„Eine sehr bequeme Ausrede", bemerkte Elsie schnippisch. „Eines sage ich dir, wehe, du spannst ihn noch mal für so was ein." Aber richtig böse war sie nicht mehr. Schließlich war die Sache glimpflich abgelaufen. Albert hatte keinen Schaden genommen und, sie würde es zwar nicht offen zugeben, spannend war die Sache mit der Spionage schon.

„Wieder Freunde?“, fragte Thierry.

Elsie nickte.

„Komm, schauen wir nach Albert, bevor er von allein auf dumme Gedanken kommt“, sagte sie.

Die dicke Bertha

„Hier.“ Thierry legte sein Buch auf die Tischplatte.

„Was soll ich damit?“, fragte Charles Kortemann ungeduldig. Der Junge ging ihm langsam auf die Nerven. Jede Woche stand er da und schaute ihn wie ein einsamer Hund treu an.

„Gib mir eine Aufgabe. Gib mir eine Aufgabe“, bettelten seine Augen und dabei hatte er nichts für ihn. Anfänglich hatte ihm die Bewunderung des Jungen gefallen. Charles Kortemann, der wagemutige Spion. Aber Spionage war eigentlich ein zu großes Wort für das, was er getan hatte, musste er ehrlich zugeben. Zwei, dreimal hatte er fremde Tauben übernommen, sie eine Weile bei Servaas Smekens versteckt, aufgepäppelt und später mit ein paar doch eher belanglosen Nachrichten über die Lage in Geel wieder fliegen lassen. Fabiolas Fotografien hingegen hatten einen ganz anderen Zweck gehabt. Sie hätten ihm einen guten Überblick über neue Routen für seinen, wie er es nannte, privaten kleinen Grenzverkehr verschaffen sollen. War es vor dem Krieg bereits lukrativ gewesen, Waren am Zoll vorbei über die Grenze zu schmuggeln, so war es jetzt, wo jegliche Einfuhr von Holland nach Belgien verboten war, eine reine Goldgrube.

Geheime Botschaften schmuggeln, das war es, worauf der Junge ganz versessen war. Aber ohne Tauben war das nicht nur viel zu gefährlich, sondern auch eine Frage des Geldes. Menschen verlangten im krassen Gegensatz zu den Tauben mittlerweile horrende Summen, wenn sie durch den Totendraht kriechen sollten. Für Butter und Petroleum lohnte es sich, einen Wagemutigen loszuschicken. Nachrichten waren ein Verlustgeschäft, auf das er sich nicht einlassen würde. Ungefährlich war die Sache übrigens auch nicht. Immer wieder hörte man von schrecklichen Todesfällen an der Grenze. Nein, er hatte seinen Beitrag für die Befreiung des Vaterlandes geleistet, und solange die Umstände für Spione sich nicht wieder besserten, würde er seine Finger davon lassen Aber das alles konnte er dem Jungen natürlich nicht erzählen. Der wollte in ihm einen Helden sehen.

„Du sollst mir keine Bücher bringen, sondern eine Büchse Regenwürmer", sagte er deshalb barsch, ohne das Buch näher zu betrachten.

„Aber das ist doch das Buch, in dem ich Ihre Kamera versteckt hatte", flüsterte Thierry.

Charles Kortemann stutzte und warf nun doch einen Blick darauf. In der Tat war es das Buch. Jetzt erinnerte er sich an die Abbildung von dem Fahrrad und der Mumie.

„Ich weiß", sagte er hastig. Warum war der Junge so versessen darauf, seine selbstgemachte Schatulle zu verwenden? Ein Kuvert tat es genauso gut und konnte besser unter einem Hemd oder hinter einem Hosenbund verborgen werden.

„Aber ich habe leider auch heute keine Nachrichten, die du darin schmuggeln könntest. Vielleicht nächste Woche."

„Ich will nichts schmuggeln." Thierry wollte nicht unverrichteter Dinge fortgehen. Die halbe Nacht hatte er wach gelegen und sich die Szene ausgemalt, wie Charles Kortemann zuerst erstaunt die Augenbrauen hochziehen und ihn dann überschwänglich loben würde. Thierry schlug das Buch auf.

„Schauen Sie! Ich kann zwar nicht wie Fabiola fliegen, aber das hier werden Sie auch nicht verachten."

Der Fotograf starrte auf die viereckigen Papierstücke.

„Es sind genaue Zeichnungen von den Sachen, die Fabiola hätte fotografieren sollen", flüsterte Thierry.

Vor lauter Aufregung, welches Urteil der Fotograf über die kleinen Zeichnungen fällen würde, fiel es Thierry schwer, ruhig neben dem Küchentisch stehen zu bleiben und zu warten. Der Fotograf hatte die Bilder zuerst flüchtig angeschaut, um anschließend jedes einzelne genauer zu betrachten. Er hatte sich dazu auf einen der hölzernen Stuhl gesetzt und beugte sich tief über die Papierstückchen. Vor das rechte Auge hatte er sich eine Lupe geklemmt. Eines faszinierte ihn besonders.

„Wenn mich nicht alles täuscht", sagte Charles Kortemann, „handelt es sich hier um ein einziges Geschütz, das für den Straßentransport in seine Einzelteile zerlegt worden ist."

Seine Nase berührte beinahe die Miniaturzeichnung.

„Du bist dir ganz sicher, dass du alles wahrheitsgetreu dargestellt hast? Keine Übertreibungen?", fragte er, ohne den Kopf zu heben.

„Nein, alles war genau so", beteuerte Thierry, der dem Fotografen verschwiegen hatte, dass nicht er selbst der Urheber der Zeichnungen war.

„Eine dicke Bertha", murmelte Charles Kortemann. „Das verheißt nichts Gutes. Eine dicke Bertha bedeutet Ärger."

„Eine was?"

„Eine dicke Bertha. Das ist eine Kanone mit zweiundvierzig Zentimeter Rohrdurchmesser. Mit zwei solchen dicken Berthas haben die Deutschen im August 1914 Lüttich und die Forts rundherum in Schutt und Asche gelegt. Ihre Geschoße dringen auch aus neun Kilometern Entfernung abgefeuert noch mit einer unvorstellbaren Kraft in das Erdwerk eines Forts ein und explodieren erst dort. Der ununterbrochene Beschuss soll die Garnisonsmannschaften an den Rand des Wahnsinns getrieben haben. Wenn deine Darstellung tatsächlich korrekt ist, transportiert diese Kolonne so eine Bertha an die Front. Das ist ein echter Hinweis, dass sie eine Frühjahrsoffensive planen."

Charles Kortemann richtete sich auf und entfernte die Lupe. Seine Augen leuchteten. So eine genaue Abbildung eines Geschützes hatte einen beträchtlichen Wert, wenn man die richtigen Leute kannte. Selbst wenn es ihm nicht gelang, die Zeichnung an den Widerstand weiterzuleiten, konnte er sich damit immer noch im richtigen Augenblick als vaterlandsliebender Mensch offenbaren. Dieses Stückchen Papier konnte ihm vielleicht in Zukunft eine Menge Schwierigkeiten ersparen.

„Ein echtes Talent hast du da, Junge. Wenn ich das früher geahnt hätte ..." Charles Kortemann beendete den Satz nicht, aber Thierry sah, dass nicht nur seine Augen, sondern seine ganze Haltung sich verändert hatte. In den Wochen zuvor hatte der Fotograf resigniert gewirkt. Jetzt jedoch strahlte er Tatkraft aus.

„Ich sorge dafür, dass das hier in die richtigen Hände gelangt", versprach Charles Kortemann großspurig. „Und du ..." Er schaute Thierry gierig an. „Du besorgst mir noch mehr solche Informationen. Verstanden?"

„Also ich weiß nicht, ob ich das ein zweites Mal auch so gut hinkriege", murmelte Thierry, weil er genau wusste, dass Elsie Albert nicht mehr mit ihm allein fortgehen lassen würde.

Charles Kortemann bemerkte die Unsicherheit in Thierrys Stimme.

„Nur keine falsche Bescheidenheit", dröhnte er fröhlich und klopfte Thierry fest auf die Schulter. „Talent ist Talent. Vertraue darauf."

Zu viele Soldaten

Talent ist Talent. Die Worte des Fotografen lagen Thierry schwer im Magen. Er konnte gar nicht zeichnen. Es hatte auch keinen Sinn, es zu versuchen. Lügen haben kurze Beine. Das hatte seine Mutter öfter zu ihm gesagt, wenn sie ihn bei einer Unwahrheit erwischt hatte.

„Dieses Mal", gestand sich Thierry widerwillig ein, „sind sie sehr, sehr kurz gewesen." Er ärgerte sich über sich selbst. Warum hatte er nicht gleich gesagt, dass jemand anderer für ihn die Sachen gezeichnet hatte? Er hätte ja Alberts Namen nicht verraten müssen. Bei Spionen war es üblich, die Identität der Kontaktpersonen nicht preiszugeben. Charles Kortemann hätte bestimmt Verständnis dafür gehabt. Der war ja selbst so zugeknöpft.

Aber Thierry hatte der Versuchung nicht widerstehen können, die Bewunderung des Fotografen ganz für sich allein zu haben. Das musste er jetzt büßen.

„Irgendwie“, dachte er, „muss ich Albert erwischen, ohne dass Elsie etwas davon erfährt. Aber wie?“

Als er am nächsten Tag neben Albert vor Elsies Schule wartete, hatte er noch keine Lösung gefunden. In diesen zehn Minuten, die es dauerte, bis Elsie aus dem Gebäude heraus gerannt kam, konnten sie unmöglich eine Runde durch die Straßen gehen. Dafür reichte die Zeit nicht.

Thierry seufzte innerlich. Nächste Woche erwartete Charles Kortemann weitere Zeichnungen von ihm. Es wäre leicht, Albert dazu zu überreden. Er könnte ihn glauben lassen, dass der König begeistert gewesen war und nun noch ein paar Bilder bräuchte.

„Vielleicht“, dachte Thierry, „kann ich Albert Aufträge geben. Immer nur einen, und ihn dann bitten, ein wenig früher als sonst loszugehen, um Elsie abzuholen. Bestimmt ist er dazu in der Lage, wenn ich es nicht zu schwierig mache.“

„Du, Albert ...“, fing er an.

„Ja?“ Albert wandte sich ihm zu.

„Kannst du dich an das riesige Kanonenrohr erinnern?“

„Das, das für den König besonders wichtig war?“

„Genau. Diese Kanone wird dicke Bertha genannt und kann mit ihren Kugeln alles kaputt schießen. Sogar die Kirche könnte sie zerbröseln.“

„Die Kirche?! Sag sowas nicht. Niemand darf auf Kirchen schießen. Auch nicht diese dicke Bertha.“ Albert schaute Thierry entrüstet an, und dieser senkte beschämt die Augen. Es wäre so leicht gewesen, Albert zu weiteren Spionagetaten zu überreden. Ein paar wohlgewählte Sätze und Albert würde wieder eifrig seine kleinen Bilder zeichnen.

„Also Albert, du könntest ...“, Thierry brach ab. Es war nicht richtig. Er hatte Elsie fest versprochen, Albert nicht nochmals in Schwierigkeiten zu bringen.

„Ja?“ Albert schaute Thierry fragend an.

„Nein, nichts“, murmelte Thierry. Es würde ihm nichts anderes übrigbleiben, als dem Fotografen alles ehrlich zu beichten.

„He, träume nicht“, rügte ihn Albert. „Was wolltest du wissen?“

„Das habe ich vergessen.“ Thierry schüttelte seinen Kopf, als müsse er eine lästige Fliege verscheuchen.

„Dummkopf“, sagte Albert vergnügt, weil er es mochte, einmal schlauer zu sein als ein anderer.

„Endlich raus aus der Schule“, rief Elsie den beiden zu. Sie drängte sich zwischen Thierry und Albert. „Kommt schon, nicht trödeln.“

Als sie den Ort verließen und auf die Landstraße abbogen, sahen sie etwa fünfzig Meter vor ihnen einen Soldaten. Er hatte sein Fahrrad gegen eine Kopfweide gelehnt und bewachte nun die Straße. Aus der Ferne sah er gelangweilt aus, aber sobald Thierry, Elsie und Albert nahezu auf gleicher Höhe waren, kam er in Bewegung. Er riss sein Gewehr hoch, stellte sich breitbeinig mitten auf die Straße und richtete es auf die drei.

„Halt“, blaffte er.

Sie blieben abrupt stehen.

„Aber wir wohnen dort“, wagte Elsie mit dünner Stimme zu widersprechen und zeigte die Straße hinunter. Neben ihr stieß Albert komische kleine Pfiffe aus, als hätte er eine Flöte verschluckt. Thierry jedoch konnte nur auf den Gewehrlauf starren und grimmig denken, dass er immer schon gewusst hatte, dass es einmal so kommen würde. Er hatte nicht nur genug Geschichten darüber gehört, wie mitleidslos die Soldaten auch Frauen und Kinder niederschossen, sondern auch seine eigenen Erfahrungen gemacht. Kurz und Ramdohr fielen ihm wieder ein, und plötzlich stieg Panik wie eine Flutwelle in ihm hoch. Er kämpfte dagegen an.

„Dort am Bauernhof, da wohnen wir“, hörte er Elsies Stimme leise wie aus weiter Entfernung vermischt mit seltsamen Pfeifgeräuschen, als käme sie aus einem kaputten Radioapparat.

„Atmen“, dachte er. „Ruhig weiteratmen.“ Wenigstens hatte er Charles Kortemann noch die Zeichnungen übergeben können. Dieser letzte Gedanke half, die Panik einzudämmen. Er klammerte sich daran fest, während er sich von Elsie auf die Seite zerren ließ.

„Das ist wirklich unmöglich“, schimpfte sie, als sie auf dem Grasstreifen standen. „Steht da, als gehöre ihm die ganze Straße.“

Ihr Ärger klang so alltäglich, als würde sie sich über einen Fleck in der Bluse oder über die Sticheleien ihres Bruders aufregen.

„Albert, hör auf damit. Du klingst wie ein Teekessel", wies Elsie Albert im nächsten Atemzug zurecht.

Albert schnappte nach Luft. „Ich rege mich nicht auf, ganz und gar nicht." Aber seine hohe, schrille Stimme verriet ihn.

„Genau, kein Grund sich aufzuregen", bestätigte Elsie ihm.

Thierry fand, dass das wohl eine Untertreibung war. Schließlich richtete der Soldat noch immer seine Waffe auf sie. Damit Thierry ihn nicht sehen musste, schaute er die Straße hinunter. In der Ferne staubte es, und er hörte das Gerumpel von Fahrzeugen. Er kniff die Augen zusammen. Irgendetwas bewegte sich auf sie zu.

Das Irgendetwas stellte sich wenig später als ein Dutzend Pferdefuhrwerke heraus. Sie waren mit Fässern, Kisten, Kesseln und allen möglichen anderen Sachen beladen. Dahinter schloss sich wie ein monströser, grauer Tausendfüßler eine schier endlose Kolonne Soldaten in Viererreihen an. Sie mussten nahezu eine halbe Stunde ausharren. Erst dann war auch der letzte Soldat an ihnen vorbeimarschiert.

Jeder einzelne hatte einen Rucksack und ein Gewehr mit aufgesetztem Bajonett geschultert und eine Deckenrolle quer über Brust und Rücken gebunden. Es gab junge Soldaten und ältere, aber alle hatten schmutzige Stiefel an und alle marschierten ohne große Begeisterung stur ihrem Vordermann hinterher. Thierry hatte das Gefühl, dass wenn einer plötzlich stehen bliebe, alle dahinter unmittelbar in ihn hineinlaufen würden. Er hatte einmal alle Dominosteine aus einem Spiel eng hintereinander aufgestellt, dem letzten in der Reihe einen kleinen Stoß gegeben und fasziniert die Kettenreaktion der fallenden Steine beobachtet. Vor seinem Auge sah er dasselbe mit den Soldaten passieren, und er musste unwillkürlich lächeln.

Am Anfang des Krieges, erinnerte er sich vage, waren die deutschen Soldaten aufrecht und im Stechschritt marschiert. Davon war jetzt nicht vielmehr übrig. Ihm kam der Gedanke, dass nur einer, ein General zum Beispiel, ihnen zurufen müsste: „Dreht um. Ihr dürft nach Hause" und alle würden auf der Stelle kehrtmachen, das schwere Gepäck fallen lassen und loslaufen.

Das war ein dummer Wunschtraum. Die Generäle mussten nicht zu Fuß gehen und lagen nicht in den verschlammten Gräben an der Front. Die ließen sich in Automobilen chauffieren und erteilten ihre Befehle aus sicherer Entfernung. Niemand würde diesen Soldaten erlauben, nach Hause zu gehen. Im Gegenteil, der müde, graue Tausendfüßler musste bis zur Front weitermarschieren und dort schießen oder sich erschießen lassen.

Als sie endlich selbst weitergehen durften, war es Elsie, die sich nochmals zu den Soldaten umdrehte.

„So müde, wie die sind, werden sie heute nicht mehr weit kommen. Wo die wohl alle schlafen werden?", sagte sie.

„Vielleicht haben sie auf den Fuhrwerken Zelte mit?", mutmaßte Thierry, und dachte, dass er es herausfinden sollte. Jetzt, da auch der Wachsoldat als letzter auf sein Fahrrad gestiegen war und davonradelte, war auch seine Angst weg. So ein Wissen über Truppenbewegungen war für Spione wichtig und dafür musste er nichts zeichnen.

„Wie viele werden das gewesen sein?", fragte er deshalb.

„Zweihundert, dreihundert? Keine Ahnung. Viel zu viele auf jeden Fall", antwortete Elsie und wollte weitergehen, aber Albert blieb stocksteif mitten am Weg stehen und schloss die Augen.

„Was machst du, Albert?" Elsie zerrte an seinem Arm, aber Albert wehrte sich.

„Ich zähle", sagte er.

„Was zählst du?"

„Die Soldaten. Thierry will wissen, wie viele Soldaten es sind."

„Blödsinn", schimpfte Elsie. „Thierry will das überhaupt nicht genau wissen. Das war nur so dahergeredet."

Aber Albert ließ sich nicht beirren. Er stand einfach nur mit geschlossenen Augen da. Seine Lippen bewegten sich, und mit seinem Kopf machte er nickende Bewegungen, als würde er innerlich jeden einzelnen Soldaten nochmals vorbeiziehen lassen und abzählen. Ja, wenn Thierry die Ohren spitzte, konnte er Alberts Murmeln verstehen: „Hundertneunzehn, hundertzwanzig, ..."

„Es ist unvorstellbar“, dachte Thierry, „aber Albert kann das wirklich. Er kann das, was er einmal gesehen hat, wieder ins Gedächtnis rufen, als ob er eine übergroße Fotografie in Händen halten würde und in Ruhe betrachten könnte.“

„Hundertvierunddreißig, hundertfünfund...“ Albert stockte. Der konzentrierte Gesichtsausdruck verschwand. Er öffnete die Augen und schaute verzagt.

„Kein Platz mehr in meinem Kopf. Das sind zu viele. Die passen nicht auf eine Briefmarke“, gestand er und biss sich unglücklich auf die Lippen.

„Das ist nicht schlimm. Das macht gar nichts. Du sollst doch keine Soldaten mehr zeichnen“, sagte Elsie zu ihm. Albert beachtete sie nicht, sondern schaute traurig zu Thierry. Elsie fing diesen Blick auf und runzelte die Stirn.

„Hast du ihm etwa wieder einen Auftrag gegeben?“, fragte sie Thierry verärgert.

„Nein, wirklich nicht. Das hat er sich jetzt selbst ausgedacht“, wehrte dieser sich. Schließlich hatte er nur mit dem Gedanken gespielt, und das konnten weder Albert noch sie wissen.

Elsie schaute ihn skeptisch an. „Hmm“, brummte sie, dann packte sie Albert fest am Arm. „Albert! Du darfst keine Soldaten zeichnen. Keine Soldaten, niemals mehr! Verstehst du das?“

„Zweihundert Soldaten?“, flüsterte Albert unsicher. „Zweihundert ist sehr viel. Oder dreihundert?“

„Albert“, schimpfte Elsie. „Lass das jetzt. Niemand will wissen, wie viele Soldaten vorbeimarschiert sind.“

„Nicht?“

Zu Thierrys Leidwesen schaute ihn Albert wieder mit großen, fragenden Augen an.

„Also doch!“, mutmaßte Elsie. „Du hast ihm doch hinter meinem Rücken einen Auftrag gegeben.“

„Nein. Das habe ich nicht. Ich weiß nicht, warum er mich anschaut wie ein dummes Schaf“, platzte es genervt aus Thierry heraus. Er hatte schließlich nichts dergleichen getan.

Elsie starrte ihn entsetzt an. „Was sagst du da?“

„Ach, ich meine es doch nicht so. Es ist nur ...“ Thierry wusste nicht, wie er ihr klarmachen sollte, dass er nichts dafür konnte, wenn Albert sich etwas einbildete.

„Wir reden nicht so über Albert, niemals", ließ sie ihn nicht ausreden. „Wenn du das nicht verstehst, kannst du abhauen." Die Wut in ihrer Stimme war nicht zu überhören. „Und auch auf deine Lügen kann ich gut und gerne verzichten. Komm, Albert."

Ohne Thierry noch eines Blickes zu würdigen, zog sie den widerstrebenden Albert am Arm mit sich fort. Thierry schaute den beiden nach. Zuerst ungläubig, dass sie ihn einfach stehen ließen, dann aber auch mit zunehmender Wut. Was war denn das für eine Freundschaft, wenn Elsie ihm nicht glauben wollte?

„Du kannst mir auch gestohlen bleiben", rief er ihr nach. „Heute, morgen und immer!"

Dass seine Kehle dabei brannte und dass ihm Tränen in die Augen schossen, wollte er nicht wahrhaben.

„Mädchen eben, das kann auf Dauer nicht gut gehen. Das hätte ich im Vorhinein wissen können", dachte er, während er sich umdrehte und langsam auf das Dorf zuging. Aber irgendwo versteckt in einer verborgenen Ecke seines Gehirns meldete sich eine zaghafte Stimme. Was sollte er denn ab jetzt mit den langen Nachmittagen anfangen? Wieder nur auf der Bettkante in seinem kahlen, kleinen Zimmer hocken und ewig dasselbe Buch von der Mumie lesen? Er unterdrückte ein zorniges Schluchzen. Das Buch konnte er gar nicht mehr lesen. Er hatte es ja kaputt gemacht. Mit jedem Schritt wurde das Stimmchen lauter.

„Trotzdem", dachte er störrisch, „wenn sie lieber ihrem Albert als mir glaubt, will ich nichts mehr mit ihr zu tun haben."

Die Einquartierung

Schon als er durch die Hintertür die Küche betrat, konnte Thierry Großtante Sidonias schrille, empörte Stimme hören. Seltsam war auch, dass die Küche leer war, obwohl auf dem Herd ein Topf mit Kartoffeln köchelte und auf dem Schneidbrett verwaiste Zwiebelhälften darauf warteten, von Klara geschnitten zu werden.

„Das kommt überhaupt nicht in Frage! Das ist unzumutbar!"

Thierry lief auf den Flur hinaus und blieb überrascht stehen, als er Klara vor der verschlossenen Salontür beim Lauschen ertappte. Das alte Dienstmädchen war kreidebleich und mit ihren Händen zerknüllte sie die Schürze, während sie das Ohr an die Tür presste, obwohl die Stimmen laut nach draußen drangen. Sie bemerkte Thierry nicht, so angespannt horchte sie zu.

„Es muss sein, Fräulein van Klaarsbeeck. Heute haben mehrere hundert, nein, nahezu tausend Mann Geel erreicht. Offensichtlich dient unser Ort als ein Sammelplatz für die Truppen aus dem Osten. Die Mannschaften können in den Scheunen der umliegenden Höfe untergebracht werden, aber die Offiziere brauchen in den kommenden Tagen eine standesgemäße Unterkunft. Oberleutnant Kietzmann stammt aus gutbürgerlichem Haus."

„Nein, nein, nein!" In Großtante Sidonias Stimme schlich sich ein panischer Klang. „Sie wollen es nicht verstehen, scheint mir", schrie sie. „Wir sind ein reiner Frauenhaushalt. Es ist schon schwierig genug, dass ich meinen Großneffen aufnehmen musste. Aber er ist noch ein Kind. Ich verfüge nur über ein Badezimmer und ein Klosett. Sie können nicht von mir erwarten, dass ich diese Räumlichkeiten mit einem erwachsenen Mann teile. Das wird diesem Herrn, wenn er aus gutbürgerlichem Haus stammt, gewiss auch nicht recht sein. Außerdem kann ich meinem Mädchen nicht zumuten, dass sie sich um einen fremden Mann kümmert. Das gute Ding ist über fünfzig und gänzlich ohne Erfahrung, um es so zu beschreiben."

Auf ihrer Seite der Tür lief Klara rot an. Thierry musste darüber lächeln. Nach seinem Wissensstand hatte Großtante Sidonia auch nie ihre Erfahrungen gemacht und fürchtete sich wohl ebenso vor der Anwesenheit eines Herrn, wie sie es ihrem Dienstmädchen unterstellte.

Der Fremde, der sich offensichtlich um die Einquartierung der Truppen kümmern musste, ließ sich davon nicht beirren.

„Fräulein van Klaarsbeeck, Sie können froh sein, dass man mich als belgischen Zivilisten und Verwaltungsbeamten vorgeschickt hat, um Sie behutsam davon in Kenntnis zu setzen. Bei anderen wird dieser Aufwand nicht betrieben. Da stehen dann plötzlich ein Offizier und sein Bursche oder sogar mehrere vor der Tür, halten ihren Gastgebern ein Schreiben unter die Nase und fordern die besten Zimmer."

„Aber, ich weiß gar nicht, wo ich den Herrn unterbringen kann, sicherlich nicht im ersten Stock, wo ich schlafe. Dann bleibt nur der zweite Stock. Die beiden Zimmer dort sind allerdings höchst einfach ausgestattet und in einem schläft, wie gesagt, mein Großneffe. Und hinten im Garten gibt es noch das alte Plumpsklo. Damit müsste der Herr Offizier sich begnügen."

„Und zu welchen Räumlichkeiten führt die Tür hier nebenan?", fragte der Beamte, und Thierry, der mittlerweile neben Klara stand und ebenfalls das Ohr gegen die Salontür presste, um auch die leisere Stimme des Verwaltungsbeamten besser zu verstehen, hörte, wie gleich darauf die schwere Zwischentür zur Bibliothek aufgestoßen wurde. Er selbst hatte nur einmal, als Großtante Sidonia und Klara abwesend waren, einen Blick hineingeworfen. Die Bibliothek war ein kleiner schmaler Raum, dessen eine Längswand von einem hohen Bücherregal prall gefüllt mit Büchern in braunen und schwarzen Ledereinbänden eingenommen wurde. Das hatte er allerdings erst gesehen, als er den Lichtschalter neben der Tür betätigt hatte, da ein schwerer Vorhang vor dem Fenster kein Tageslicht hineinließ. Außer dem Bücherregal standen darin nur ein grüner Lehnstuhl und ein kleiner hoher Tisch aus dunklem Nussholz mit gedrechselten Beinen, die in Löwenpfoten endeten. Es roch so muffig, dass Thierry rasch wieder das Licht abgeschaltet und die Tür geschlossen hatte.

„Die Bibliothek", antwortete Großtante Sidonia widerwillig.

„Sieh an. Da haben wir ja Platz genug für den Leutnant, und

sein Bursche kann oben schlafen. Wunderbar. Sorgen Sie dafür, dass der Raum gelüftet wird und dass Bett und Schreibtisch hineingestellt werden."

„Ein Bett und ein Schreibtisch." Großtante Sidonias Stimme überschlug sich. „Woher soll ich ..."

„Wenn Sie das Mobiliar nicht haben, werde ich dafür sorgen, dass es geliefert wird. Soviel ich weiß, verfügt das Spital über ausreichend davon. Sie können es in zwei Stunden erwarten und öffnen Sie um Gottes willen die Vorhänge und die Fenster. Der Leutnant soll uns nicht an Staub und verbrauchter Luft ersticken, wenn auf ihn ein Heldentod im Schützengraben wartet."

Das Letzte sagte der Beamte mit unüberhörbarem Spott, dann senkte er seine Stimme, sodass Thierry Mühe hatte, ihn noch zu verstehen.

„Keiner von uns in Geel ist darüber begeistert, glauben Sie mir das, gnädige Frau. Es wimmelt nur so von deutschen Truppen, und in der Gerüchteküche brodelt es. Man sagt, dass in den nächsten Wochen hunderttausend Soldaten, die an der Ostfront gekämpft haben, durch das Generalgouvernement geschleust und in das Etappengebiet verlegt werden. Ja, es heißt, dass die Deutschen eine große Offensive an der Ypernfront planen. Sie wollen endlich durchbrechen und Frankreich überrennen. Aber wenn ich mir diese Soldaten anschaue, die heute angekommen sind, so mager, müde und ohne Kriegsbegeisterung, kann ich mir nicht vorstellen, dass sie erfolgreich sein werden. Ich würde mich sogar trauen darauf zu wetten, dass es das letzte Aufbäumen des Feindes ist. Vielleicht ist im Sommer dieser Krieg endlich vorbei. Aber jetzt müssen wir noch alle die Zähne zusammenbeißen, Fräulein van Klaarsbeeck."

„Aber ..."

„Kein Wenn und kein Aber. Dieser Leutnant Kietzmann ist ein anständiger, gebildeter, junger Mann. Das hat mir der Feldgeistliche dieser Kompanie versichert. Wie Sie sehen, nehmen wir Rücksicht. Auf Wiedersehen. Ich kenne den Weg hinaus. Sie müssen nicht nach Ihrem Mädchen läuten."

Thierry und Klara wechselten einen raschen Blick und flüchteten gerade noch rechtzeitig in die Küche. Die Tür ließen sie einen Spalt offen und so sahen sie einen kleinen Mann im dunklen Anzug, mit Hut und einer Mappe unter dem Arm eilig durch den Flur das Haus verlassen.

Drei Stunden später zog Oberleutnant Kietzmann, kaum fünfundzwanzig Jahre alt und im Zivilleben ein frischgebackener Jurist in einer kleinen Anwaltskanzlei, mit seinem Burschen Paul Zschoke, einem älteren Dorflehrer, ein.

In den Stunden davor hatte Klara jammernd und klagend die Bibliothek gelüftet. Thierry hatte Dutzende ganz offensichtlich seit Jahrzehnten ungelesene Bücher, die Großtante Sidonia aber als viel zu wertvoll bezeichnete, um sie dort stehen zu lassen, hinauf in den ersten Stock geschleppt, wo er sie in Klaras Zimmer die Wand entlang stapeln musste. Ein eisernes Bettgestell mit Matratze und ein Schreibtisch mit einem Bürostuhl wurden von einem Spitalsdiener auf einem Handkarren geliefert und in die Bibliothek getragen. Der Raum war nun vollgestopft mit Möbeln.

„Für einen Schrank ist beim besten Willen keine Ecke mehr frei. Der Leutnant muss aus seinen Koffern leben oder das Gewand auf die leeren Regalbretter legen“, bemerkte Großtante Sidonia spitz. „Soll er nur merken, dass wir eigentlich gar keinen Platz für ihn haben. Wenn es ihm nicht passt, kann er ja umgehend wieder ausziehen.“ Die Hoffnung, die darin mitschwang, war deutlich zu hören.

Oberleutnant Kietzmann erwähnte jedoch mit keinem Wort, dass er unzufrieden wäre mit der Einquartierung. Im Gegenteil, er verbeugte sich tief, bedankte sich in perfektem Französisch für das Zimmer und entschuldigte sich wortreich für alle Unannehmlichkeiten, die er der werten Gastgeberin verursachte.

Und nein, man müsse sich nicht um seine Verpflegung bemühen. Diese würde ihm aus der Feldküche täglich dreimal geliefert werden. Wenn es die Dame des Hauses gestattete, würde er allerdings gerne die Mahlzeiten im Esszimmer einnehmen, zu Zeiten, da dieses nicht von der Hausherrin benutzt wurde. Aber er könne es auch verstehen, wenn sie das unpassend fände. Dann würde er sich selbstverständlich in die Küche zu seinem Burschen setzen.

Auch Zschoke, der Bursche, schien rundum zufrieden. Er war ein kleiner, gedrungener Mann mit einer beginnenden Glatze und einem buschigen Schnauzer. Seitlich vom Ohr bis zum Mundwinkel wurde seine Wange von einer Narbe verunstaltet. Er sprach nur ein paar Brocken Französisch, aber mitteilsam wie er war, machte er Klara und Thierry in der Küche mit vielen Gesten und Grimassen klar, dass ihm die winzige und karg eingerichtete Kammer unter dem Dach mit dem wackeligen Bett, dem Fenster mit dem Sprung in der Scheibe und dem Schrank ohne Tür im Vergleich zu dem Unterstand in den Schützengräben wie das Paradies vorkam.

Obwohl Thierry und Klara sich in seltener Einigkeit fest vorgenommen hatten, im Haus nur die notwendigsten Worte mit dem Feind zu wechseln und diesen sonst mit eisiger Miene zu ignorieren, mussten sie lachen, als Zschoke ihnen pantomimisch mit absurden Verrenkungen vorführte, wie man sich an der Front selbst entlauste.

„Wie die Affen im Antwerpener Zoo“, bemerkte Klara, die den Tierpark vor Jahren einmal besucht hatte, und schenkte Zschoke eine Tasse Tee ein. „So einer kann doch eigentlich nichts dafür“, sagte sie entschuldigend zu Thierry. „Die werden einberufen und müssen die Uniform anziehen, ob sie wollen oder nicht. Unsereins fragt man schließlich auch nicht. Die Herrschaften bestimmen, wir unten dienen.“

„Unsereins“, dachte Thierry später, als er in seiner Kammer saß und nebenan Paul Zschoke rumoren hörte. Was sollte er davon halten? Paul Zschoke schien zwar ein netter Kerl zu sein, aber er war eben auch der Feind. Das durfte man niemals vergessen.

„Er hat im Schützengraben an der Front auf unsere Soldaten geschossen. Er hat getötet und er wird wieder töten“, schärfte Thierry sich selbst ein, und dennoch konnte er nicht verhindern, dass er wie Klara immer wieder über Zschokes pantomimische Scherze und Erzählungen lachen musste.

Aber es gab auch einen anderen Zschoke, einen, den Thierry nachts durch die Wand sich unruhig im Bett wälzen und bitterlich weinen hörte. Dann lag er selbst steif unter seiner dünnen Decke und drückte die Hände gegen die Ohren.

Die Einquartierung löste jedoch das Problem mit Alberts Zeichnungen. Schließlich konnte Charles Kortemann nicht von ihm verlangen, direkt unter den Augen des Feindes zu zeichnen, fand Thierry.

„Das geht nicht. Ich kann mein Zimmer nicht absperren und neben mir liegt der Bursche des Oberleutnants, ein unangenehmer Schnüffler", log Thierry, als er am darauffolgenden Freitag, wie gewohnt, eine Büchse voll Regenwürmer ablieferte.

„Schade, sehr schade, aber das lässt sich wohl nicht ändern", bedauerte der Fotograf, der insgeheim erleichtert war. Denn bis jetzt war es ihm noch nicht gelungen, die Information über die dicke Bertha zu verwerten. Eine genaue Zeichnung allein war doch ein bisschen zu dürftig. Dass die Bertha einen Nachmittag lang am Hauptplatz gestanden hatte, war vielen aufgefallen. Dem Jungen würde er das natürlich nicht verraten. Er legte seine Hand mit jener väterlichen Geste, die er mittlerweile so gut beherrschte, auf Thierrys Schulter.

„Schau. Die Lage ist im Moment eben so, dass wir uns nicht aus der Deckung wagen sollten. Manch einem von uns wurde die eigene Ungeduld zum Verhängnis. Da könnte ich dir genug Geschichten erzählen. Aber wir zwei, wir lassen uns nicht dazu verführen."

Zufrieden sah er, wie Thierry das „wir" und das „uns" in sich aufsog und beeindruckt nickte.

„Dann komme ich nächste Woche wieder. Oder?", fragte der Junge.

„Genau", bestätigte Charles Kortemann mit einem Lächeln. „Und pass gut auf dich auf." Er zwinkerte ihm zu. „Bring uns nicht in Schwierigkeiten."

Der Leutnant und der Koch

Am frühen Abend desselben Nachmittags, an dem Fräulein van Klaarsbeeck sich über die Einquartierung zweier Männer maßlos aufgeregt hatte, marschierte ein Trupp von vierzig Soldaten die Allee hinunter auf den Bauernhof zu, angeführt von einem blassen dünnen Leutnant mit Haaren wie Stroh und einem immer müden Blick. Es brauchte nicht viel Fantasie, um zu sehen, dass er den ganzen Krieg mehr als satt hatte, und die Männer, die ihm folgen mussten, schauten ebenfalls nicht begeisterter aus.

Elsie stand hinter ihren Eltern, die beide die Türöffnung nahezu ausfüllten. Sie konnte nur einen schmalen Ausschnitt von dem sehen, was sich draußen abspielte. Zwei flache Karren, jeweils gezogen von zwei Pferden, bildeten den Abschluss dieses Zuges. Die Soldaten versammelten sich rundherum, stellten die Rucksäcke auf dem Boden ab und warteten. Der müde Leutnant ging auf den Bauern zu und drückte ihm ein Papier in die Hand. Herr Donckers las das Schreiben mit gerunzelter Stirn und zeigte dann auf die Scheune.

„Kein offenes Feuer drinnen. Oben am Boden lagert Heu“, sagte er kurz angebunden auf Französisch. „Sonst brennt hier alles ab.“

Der Leutnant nickte. „Wir haben eine Feldküche mit und werden draußen kochen“, versicherte er.

„Und keine Zigaretten. Da drinnen wird nicht geraucht“, ergänzte der Bauer.

„Ich werde es meinen Männern ausrichten“, versprach der Leutnant, aber es klang nicht so, als ob er selbst glaubte, dass seine Soldaten sich daran halten würden. An der Art, wie ihr Vater anschließend das Papierstück in seine Hosentasche steckte, konnte Elsie ablesen, dass er wütend war. Wütend darüber, dass mittlerweile jeder Tag neue Probleme brachte. Wütend darüber, dass es nicht genug war, dass er in den letzten Monaten die drei Nussbäume, die sein Großvater vor dem Haus gepflanzt hatte, hatte fällen müssen, damit aus den Stämmen und Ästen Gewehrkolben gemacht werden konnten. Wütend, dass er die großen kupfernen Kessel, die er für das Schlachten der Schweine brauchte, abliefern hatte müssen, sodass sie das letzte, geheime Schwein in einem alten, zerbeulten Waschkessel mehr schlecht als recht verarbeiten hatten müssen. Wütend darüber, dass er seit Kriegsbeginn keinen Knecht mehr fand: Die Jungen waren, solange es noch ging, über die Grenze nach Holland geflohen und die Älteren wurden im Laufe der Kriegsjahre zur Arbeit nach Deutschland zwangsverpflichtet. Wütend darüber, dass er den Stacheldraht, mit dem er die Weiden umzäunt hatte, wieder aufwickeln musste, um ihn an der Sammelstelle abzugeben: Jetzt konnten die Kühe nur noch dort grasen, wo schmale Wassergräben die Wiesen begrenzten.

„Sogar die Anzahl der noch nicht gelegten Eier soll ich melden, als könnten unsere Hühner zählen", hatte er eines Abends geschimpft.

Der Leutnant jedoch schien die Wut des Vaters nicht zu bemerken. Stattdessen verlangte er für sich selbst ein, wie er sagte, anständiges, sauberes und nicht zu kleines Zimmer im Haus.

„Am besten", meinte er. „zeigen Sie mir Ihre Räume, und ich suche mir selbst einen aus."

Der Hals des Vaters lief rot an.

„Jetzt gleich", verdeutlichte der Leutnant, als der Bauer vor ihm keinen Schritt zur Seite trat.

„Komm." Frau Donckers zog ihren Mann von der Tür fort. „Es hat keinen Sinn. Das weißt du selbst auch. Es wird höchstens schlimmer." Zum Leutnant vor ihr sagte sie: „Kommen Sie herein. In der guten Stube gibt es ein Wandbett." Sie gab sich keine Mühe, Französisch zu sprechen, im Gegenteil, sie sagte es im breitesten Dialekt, bei dem sogar der Pastor, der aus Antwerpen kam, seine Schwierigkeit gehabt hätte, sie zu verstehen.

Der Leutnant schaute sie fragend an, aber die Bäuerin zeigte ins Haus hinein und ging ihm dann wortlos voraus. „Da", sagte sie und stieß die Tür zur guten Stube auf. „Das Beste, was wir haben", fügte sie nun doch knapp auf Französisch hinzu.

„Und wo soll Albert dann seine Briefmarken zeichnen?", dachte Elsie. „Er mag keine Veränderungen."

Sie wiederholte die Frage später in der Küche, während sie neben der Mutter sitzend die Kartoffeln schälte.

„Es muss so sein", sagte diese. „Ich will den Leutnant nicht oben im Haus haben. Er soll den Vordereingang benützen, wir gehen durch die Küche."

„Aber Albert!", protestierte Elsie.

„Er kann oben in seinem Zimmer zeichnen oder hier unten am Esstisch, wenn es denn sein muss. Besser wir haben ein Auge auf ihn. Die Deutschen wissen ja nicht, was bei uns in Geel üblich ist. Ich will nicht, dass Albert in Schwierigkeiten gerät."

Albert jedoch ließ sich nicht einengen. Die drei Nachmittage mit Thierry hatten ihn begreifen lassen, dass er für den Krieg und damit für den König, den er zutiefst verehrte, wichtig war. Neugierig beobachtete er alles, und er ließ es sich nicht verbieten, wie ein streunender Kater seine Runden über den Hof zu drehen.

Herr Donckers hatte Albert deshalb notgedrungen den Soldaten vorgestellt, und dem Leutnant deutlich klar gemacht, dass man dem, was Albert tat, keine weitere Beachtung schenken sollte. Der Leutnant hatte Albert in die Stube kommen lassen und ihn eine Weile nachdenklich inspiziert, während dieser mit zuckenden Grimassen neben dem Bauer stand und versucht hatte, seine Nervosität darüber zu verbergen, dass nun ein anderer in der guten Stube an seinem Tisch saß. Auch die Tatsache, dass die Tür zum Wandbett, in dem nie jemand schlief, nun halb offen stand, bedachte Albert mit einem missbilligenden Blick.

Als der Leutnant seine schweigsame Inspektion beendet hatte, urteilte er: „Ah, er ist dumm. Il est fou."

„Nicht dumm, anders. Hier in ganz Geel haben wir Gäste, die anders sind. Wir sorgen für sie", widersprach Herr Donckers.

„Verstehe", winkte der Leutnant ab. „Verrückt!"

Albert, der eigentlich kein Französisch sprach, aber das Wort „fou" sehr wohl kannte, schlug sich mit der Faust gegen den Kopf, weil er so ein schreckliches Wort nicht hören wollte.

Herr Donckers schob ihn mit einem bösen Blick auf den Leutnant bei der Tür hinaus. Auf der Schwelle blieb er stehen, drehte sich um und sagte: „So reden wir nicht, niemals. Nicht so."

Der Leutnant errötete wie ein Schuljunge, der von seinem Lehrer getadelt wurde, aber nach dem Abendessen, als die Soldaten auf ihren Decken und dünnen Strohsäcken in der Scheune lümmelten, ließ er sie antreten.

„Männer", rief er. „Es ist euch vielleicht schon aufgefallen, aber der komische kleine Kerl, der hier wohnt, heißt Albert. Er ist verrückt, und die Leute hier versorgen ihn. Beachtet ihn nicht weiter und ärgert ihn nicht. Sollte er es jedoch zu bunt treiben, kommt zu mir, dann sorge ich dafür, dass er im Haus eingesperrt wird oder woanders hinkommt für die Zeit, in der wir hier unser Quartier haben." Die Männer lachten.

Die Soldaten richteten sich häuslich ein. Aus der Feldküche, die sie neben der Scheune aufgebaut hatten, roch es ständig nach Suppe. Sie füllten Tröge mit heißem Wasser, verlangten von der Bäuerin Seifenflocken und wuschen ihre Wäsche. Ein Schuster unter ihnen flickte Stiefel. Der Koch der Truppe ging auf Entdeckungsreise um die Hofgebäude herum und blieb vor dem Kaninchenstall auf der Rückseite der Scheune stehen, wo die letzten beiden Kaninchen auf ihr Ende im Bratentopf warteten. Sein langes Küchenmesser steckte im Gürtel. Albert, der es beobachtete, rannte zu Frans und Elsie, die alles stehen und liegen ließen, um die beiden vor dem Messer des Kochs zu retten.

Der Koch lachte laut, als er die zwei Kinder sah, die sich schützend vor den Stall stellten, zeigte auf seinen Bauch und sagte genießerisch: „Mmmh."

Elsie und Frans schwiegen. Gegen einen deutschen Koch mit einem Messer konnten sie sich nicht wehren, aber wenn dieser glaubte, bei nächster Gelegenheit die Kaninchen auf seinen Speiseplan setzen zu können, irrte er sich.

Als der Leutnant später am selben Tag die Männer erneut antreten ließ, schlichen sich Frans und Albert an den Stall heran, während Elsie Schmiere stand. Sie holten die Kaninchen heraus und brachten sie ins Haus.

„Ein bisschen fetter hätten sie noch werden können", sagte

Frau Donckers. „Aber besser sie verschwinden jetzt in unseren Mägen, als später in dem Kessel da draußen." Albert verzog das Gesicht, weil er jedes Jahr vergeblich hoffte, dass die letzten beiden doch überleben durften.

Antreten war das Einzige, was der Leutnant von seinen Soldaten verlangte, stellte Elsie fest. Dann musste ein Feldwebel das Exerzieren übernehmen, während der Leutnant zurück in die gute Stube ging und die Zeit damit verbrachte, auf dem Bett zu liegen oder über Papiere gebeugt am Tisch zu sitzen. Einmal am Tag wanderte er die Allee hinunter, plauderte eine Weile mit dem Soldaten am Wachposten und setzte dann den Weg ins Dorf fort, um nach zwei bis drei Stunden wieder zurückzukehren.

Auch abends, wenn die Soldaten draußen auf einer mitgebrachten Mundharmonika und Gitarre musizierten, hockte er allein in der guten Stube.

Die Soldaten gewöhnten sich rasch an Alberts Rundgänge über den Hof. Die meisten ignorierten ihn, einige salutierten spöttisch, wenn er leicht nach vorne gebeugt vorbeikam, die Finger hinter die Hosenträger geklemmt und den Kopf so gebeugt, dass er sie unter den Augenbrauen gerade noch anstarren konnte. Nur ein oder zwei murmelten ihm hinterher: „Fou fou!" Aber so leise, dass nicht einmal Albert es hörte. Dass sie es nicht lauter sagten und keiner den Spott auf die Spitze trieb, lag nicht am Leutnant, sondern am Koch. Dieser hatte beim Austeilen der ersten Mahlzeit verächtlich auf die Portionen jener gespuckt, die „den armen Albert" – wie er ihn nannte – geärgert hatten.

„Wer dabei in Zukunft von mir erwischt wird, der kann seine nächste Mahlzeit am Misthaufen zusammenklauben", hatte er gedroht. Dass sein Bruder daheim seit Wochen in einem Sanatorium lag, weil die explodierenden Granaten und Gewehrsalven ihn im Schützengraben in den Wahnsinn getrieben hatten, sagte er nicht.

Alberts ganz eigener Entschluss

Elsie war in der Schule, Frans und der Vater hackten am Kartoffelacker das erste Unkraut des Frühjahrs aus, die Mutter trug unter ihrem Rock versteckt ein Päckchen Butter zum Pastor und Albert drehte seine übliche Runde über den Hof. Der Koch winkte ihm von seiner Feldküche aus, die er zwischen Scheune und Hühnerstall unter einer Zeltplane aufgebaut hatte, aber Albert beachtete ihn nicht. Er war nicht dumm. Ein Feind blieb ein Feind, auch wenn er freundlich lächelte. Er hastete weiter, den Kopf nach unten hängend und schief zur Seite geneigt. Jeder, der ihn nicht näher kannte, konnte glauben, dass er nichts außer seinen Holzschuhen und dem Boden rundherum wahrnahm. Als er um die Hausecke bog, beschleunigte er seine Schritte, da im Obstgarten nicht nur die Hühner unter den Bäumen scharrten, sondern auch drei Soldaten ihre Wäsche über die Äste zum Trocknen legten. Sie schauten auf, als er mit größtmöglichem Abstand an ihnen vorbeieilte, grinsten und riefen ihm leise nach: „Fou fou. Fou fou." Albert tat so, als würde er es nicht hören, oder, wenn doch, es nicht verstehen.

Aber innerlich festigte es nur seinen Entschluss, den er am ersten Abend der Einquartierung gefasst hatte. Da hatte er wie gewohnt seine Papierstückchen, die Schere und die Bleistifte aus seinem Schlafzimmer geholt und war zur Tür der guten Stube marschiert. Natürlich wusste er, dass nun ein deutscher Leutnant dort hauste. Aber er war fest überzeugt gewesen, dass das nichts an seinem gewohnten Abendablauf ändern würde. Der Tisch war immerhin groß genug für zwei, und er würde versprechen, den Leutnant weder anzuschauen, noch mit ihm zu reden.

„Ich zeichne immer am Abend in der guten Stube", darauf hatte er beharrt, als der Bauer sich ihm in den Weg stellte. „Immer, immer, immer", hatte er zunehmend lauter und verstörter gerufen.

Elsie und Frans waren mit ihrer Mutter dazugekommen, aber sie hatten ihm nicht geholfen. Schließlich hatte er gebrüllt und vor Verzweiflung seinen kurzen, graublauen Lieblingsbleistift zwischen den Fingern zerbrochen. Das hatte auch nichts genützt.

Der Bauer hatte ihn so fest gepackt, dass er sich nicht mehr rühren konnte. Die Bäuerin hatte mit einer Hand sein Kinn angehoben, ihn gezwungen, ihr in die Augen zu schauen, und dann die fürchterlichsten Worte gesprochen, die Albert kannte: „Albert, wenn du nicht damit aufhörst, müssen wir dich nach Drinnen schicken."

Sein Herz schrumpelte vor Angst auf Zwetschkengröße, alle und alles im Flur verschwammen in einem weißen Nebel, aus seinen Augen quollen Tränen und seine Beine wollten sich setzen, obwohl da gar kein Stuhl war.

„Nicht nach Drinnen", flüsterte er. „Nicht nach Drinnen."

„Wenn du nicht mehr brüllst und verstehen kannst, dass die gute Stube dem Leutnant allein gehört, solange seine Soldaten und er bei uns sind, kannst du bleiben", hatte die Bäuerin ihm mit ungewohnter Härte gesagt und gleichzeitig einen beschwichtigenden Finger auf seine Lippen gedrückt.

Albert hatte stumm genickt, und der Bauer hatte ihn, mit der Hand fest auf seiner Schulter, zurück zur Küche gesteuert. Elsie hatte rasch den Esstisch blitzblank geputzt, Frans hatte ihm einen neuen Bleistift geschenkt, und die Bäuerin hatte ihm sogar eine Tasse Kaffee hingestellt. Schniefend hatte er sich über seine Papierstückchen gebeugt. Elsie hatte sich zu ihm gesetzt, sich an ihn gelehnt und ihm ganz, ganz leise zugeraunt: „Wenn ich könnte, würde ich dem Leutnant eine Kröte ins Bett setzen und Pisse in die Stiefel schütten."

„Bring ihn nicht auf dumme Gedanken", schimpfte ihre Mutter, die ein ausgezeichnetes Gehör hatte.

Nicht auf dumme Gedanken bringen! Albert fand, dass die Bäuerin recht hatte. Kröten gehörten unter feuchte Steinhaufen in Ecken, wo Unkraut wucherte, und schöne Stiefel machte man nicht mit Pisse kaputt. Aber Gedanken hatte er sich trotzdem gemacht. Schlaue Gedanken, aus denen sein Entschluss wie von selbst gewachsen war.

Als er durch das Küchenfenster sah, wie der Leutnant das Haus verließ und die Allee hinunter spazierte, musste Albert schlau lächeln: Genau so hatte er sich das vorgestellt. „Niemand", dachte Albert, „kann mich jetzt noch davon abhalten, mich in der guten Stube an den Tisch zu setzen."

Er huschte in die Küche, packte seine Zeichensachen, öffnete die Tür zum Flur und blickte nach rechts und links, obwohl er wusste, dass sich niemand mehr im Haus aufhielt. Die Soldaten durften nicht hereinkommen, außer die beiden, die dem Leutnant das Essen servierten und das Zimmer putzten. Aber auch die durften nur hinein, wenn der Leutnant selbst in der guten Stube saß. Es war wirklich ein schlauer Plan! Mit entschlossenen Schritten querte er den Flur und betrat die gute Stube.

Albert runzelte die Stirn, als er sah, wie unordentlich der Tisch war. Der Leutnant hatte dort kreuz und quer Briefe und andere Papiere herumliegen. Albert zögerte nur einen kurzen Augenblick, dann schob er entschlossen alles ein bisschen zusammen, bis er eine freie Fläche geschaffen hatte, die groß genug war, dass er seine Utensilien in der gewohnten Reihenfolge hinlegen konnte und auch noch Platz hatte, um zu zeichnen. Er rückte einen Stuhl zum Tisch, setzte sich und fing an.

Er hatte nicht viel Zeit, und er durfte sich nicht erwischen lassen, nicht von diesem Leutnant und erst recht nicht vom Bauern oder von der Bäuerin. Denn nach Drinnen wollte er auf gar keinen Fall. Nach Drinnen bedeutete, in einem großen Saal zu schlafen mit anderen, die fluchten und spuckten und schnarchten. Nach Drinnen musste man, wenn man sich Draußen nicht mehr richtig zu benehmen wusste. Drinnen musste man Pillen schlucken, die einen müde und manchmal auch ganz wirr machten, und wer nicht aufhören konnte zu schreien und herumzuschlagen, wurde in die Jacke aus dem dicken weißen Stoff mit den langen Riemen und den vielen Schnallen gesteckt. Wer diese Jacke tragen musste, konnte nicht zeichnen und sich auch sonst nicht rühren, weil die Arme an der Brust festgezurrt wurden. Sogar, wenn man musste, brauchte man jemanden, der einem die Hose aufknöpfte und hinunter zog. Albert war nur einmal Drinnen gewesen, und er wollte nie wieder hinein.

Die ersten Briefmarken zeichnete er in Windeseile. Am Küchentisch hatten seine Finger einfach nicht richtig zeichnen können, aber hier in der guten Stube fühlten sie sich zu Hause. Da lenkten sie den Bleistift fast wie von selbst, um die Bilder in seinem Kopf auf das Blatt zu übertragen.

Unter seinen Fingern entstanden der Koch hinter dem Kochtopf und die gemeinen Soldaten, wie sie die Wäsche aufhängten. Es tat gut, endlich wieder richtig zu zeichnen. So gut, dass er Elsies Verbot, Soldaten zu zeichnen, wegschieben musste. „Ich kann auch nichts dafür", rechtfertigte er sich, „die sind jetzt überall, wo ich hinschaue und wegdenken geht nicht."

Nach der vierten Briefmarke, die einen Soldaten zeigte, der gegen einen Apfelbaum gelehnt mit einem Tuch die Stiefel des Leutnants polierte, spürte Albert, dass es Zeit war aufzuhören. Er packte die Schere und schnitt auch bei der letzten Briefmarke geschickt den fein gezackten Rand rundum. Dann steckte er die fertigen Briefmarken, die Bleistifte und die Schere in die diversen Hosen- und Hemdtaschen und fing an, die Unordnung des Leutnants wieder zurecht zu schieben. Da fiel sein Blick auf ein Briefkuvert mit einer Briefmarke.

Er betrachte die Marke. Sie war nicht besonders, stellte er fest. Sie zeigte bloß in einem geschwungenen Bilderrahmen Gesicht und Schultern einer Dame, von der Seite, mit langem Haar, Krone und Zweigenkranz. Darunter standen Buchstaben und oben in den Ecken Zahlen.

Albert konnte sich nicht erinnern, wann er das letzte Mal eine echte Briefmarke in seinen Händen gehalten hatte. Er selbst bekam nie Post, und wenn der Briefträger ein Schriftstück für die Familie brachte, hatte Frans sie immer gleich ausgeschnitten, weil er sie sammelte.

„Ich brauche sie nicht. Ich mache das viel besser", hatte er stets gedacht. Doch jetzt, in der guten Stube stehend, wusste er plötzlich, was er immer übersehen hatte. Niemals hatte er selbst Zahlen oder Buchstaben auf seine Marken gezeichnet.

„Kein Wunder", schimpfte er sich selbst, „dass mir nie die weltwichtigste Marke gelungen ist. Es kommt nicht nur auf das Bild an. Ich muss auch etwas darauf schreiben und rechnen."

Er legte das Kuvert zurück. Sein Blick glitt über die Schriftstücke. Der Leutnant tat sich leicht damit. Seitenweise Buchstaben und Zahlen. Aber welche nehmen? Albert hatte nie richtig lesen gelernt und rechnen schon gar nicht. Seine Hand schob die Papiere hin und her auf der Suche nach etwas, was er verwenden könnte, um seine Briefmarken mit den richtigen Worten und Zahlen zu versehen. Elsie hätte ihm wahrscheinlich dabei helfen können, fiel ihm ein, und Thierry erst recht. Dieser hatte schließlich ganz genau gewusst, was der König brauchte, um den Krieg zu gewinnen.

Alberts Augen wanderten über den Tisch. Da! Da, lag ein Papier, auf dem der Leutnant nicht nur geschrieben, sondern auch gezeichnet hatte. Es war das Bild genau jener Kanone, die er selbst auch gezeichnet hatte. Dicke Bertha hieß sie, erinnerte sich Albert. Seine eigene Zeichnung war natürlich viel genauer gewesen, aber etwas, stellte Albert fest, hatte der Leutnant besser gewusst. Dieser hatte fein säuberlich unter der Kanone eine Reihe von Buchstaben und Zahlen notiert. Albert starrte darauf. Ihm fiel wieder ein, wie aufgeregt Thierry gewesen war, als er genau so eine für ihn in Sankt Dymphna gezeichnet hatte.

„Der König", hatte Thierry ihm versichert, „wird die allergrößte Freude damit haben!"

Albert nahm aufgeregt das Papier in die Hand. Er hatte das Gefühl, etwas außerordentlich Bedeutsames entdeckt zu haben. Er kniff vor Anstrengung die Augen zusammen. Er müsste sich nur diese Zahlen und Buchstaben merken. Dann könnte er nochmals eine solche Kanone zeichnen und wie bei einer echten Briefmarke die Buchstaben und Zahlen an den richtigen Stellen hinzufügen.

Er nickte zufrieden. Ja, das wäre dann die weltwichtigste Briefmarke. Das war so sicher, wie die Sonne abends unterging. Endlich konnte er dann sein Meisterwerk dem König überreichen. Der Gedanke an Katrien, das Mädchen, das er mit dieser Ehre ausgestattet, heiraten wollte, kam ihm, und damit auch die Angst, dass er dann den Bauernhof verlassen musste. Aber dieses Mal wusste er plötzlich einen Ausweg. „Ich muss es ihr nicht erzählen“, versprach er sich selbst. „Was sie nicht weiß, macht sie nicht heiß.“ Komisch, dass er erst jetzt auf diese Idee kam. Aber es hatte eben den Krieg und Thierry gebraucht, um zu lernen, dass es in Ordnung war, wenn die wichtigsten Sachen Geheimnisse blieben. Er lächelte und freute sich über seine eigene Schläue, bevor er sich wieder der Zeichnung des Leutnants zuwandte.

Warum waren Buchstaben und Zahlen nur so schwierig? Nie hatte er sich merken können, wie sie hießen. Auch jetzt wollten sie nicht in seinem Kopf auftauchen, nachdem er die Augen geschlossen hatte. Er versuchte es mehrmals, aber es gelang nicht. Frustriert zuckten seine Finger und rissen das Papier ein. Quer durch die Kanone verlief der Riss. Nach einer Schrecksekunde zerknüllte Albert das Papier, stopfte es in seine rechten Hosentasche zu den Bleistiften und floh aus der guten Stube.

In ein paar Stunden würde er sich auf den Weg machen, um Elsie von der Schule abzuholen, wieder mit ihr nach Hause kommen und essen. Alles so wie immer, und dann würde er vergessen, was ihm gerade passiert war.

Franktireurs

Als Elsie mit Albert am Nachmittag auf der Landstraße nach Hause marschierte, fiel ihr auf, dass der Wachposten kurz vor der Abzweigung zum Bauernhof in ihre Richtung starrte. Es war der Soldat mit dem Skizzenheft, und er schien nach ihr Ausschau zu halten, denn als er sie erkannte, sprang er auf, winkte mit seinem Bleistift und verzog das Gesicht zu einer seltsamen Grimasse.

Elsie und Albert blieben stehen. Der Bleistift deutete ihnen, näher zu kommen.

„Du rührst dich nicht von der Stelle“, sagte Elsie zu Albert. „Auch wenn er mich gezeichnet hat, bleibt er ein deutscher Soldat. Wir wissen nicht, was er im Schilde führt.“

Albert blieb gehorsam stehen, während Elsie langsam auf den

Wachposten zuging. Dieser nickte ihr eifrig zu, öffnete sein Skizzenheft und drehte es so, dass sie die Zeichnungen sehen konnte.

Der Soldat hatte den Leutnant gezeichnet, den Leutnant und drei weitere Soldaten. Zwei von ihnen gingen hinter dem Leutnant und trugen Gewehre mit aufgesteckten Bajonetten. Der dritte war der Uniform nach auch ein Leutnant, oder er hatte sogar noch einen höheren Rang. Dieser lief auf gleicher Höhe mit dem Leutnant. Die ganze Gruppe bog gerade in die Abzweigung zum Bauernhof ab.

Was sollte diese Zeichnung? Warum marschierte der Leutnant begleitet von einem weiteren und zwei schwer bewaffneten Soldaten zu ihrem Bauernhof? War etwas passiert? Hatte einer der einquartierten Soldaten etwas angestellt und würde nun abgeführt und bestraft werden? Sie blickte verwirrt von der Zeichnung auf.

Der Soldat vor ihr machte ein ernstes Gesicht. Er sagte sehr eindringlich etwas, was sie nicht verstand. Sie schüttelte den Kopf und zog fragend die Schultern hoch.

Er schlug ein leeres Blatt auf, beugte sich im Stehen darüber, zeichnete rasch ein weiteres Bild und hielt es Elsie hin. Jetzt standen die zwei Leutnants nebeneinander und redeten. Etwas abseits hatte der Soldat sich selbst gezeichnet, und eines seiner Ohren war absurd groß abgebildet. Der Soldat tippte mit seinem Finger darauf.

„Er hat das Gespräch belauscht", verstand Elsie.

Der Soldat blättert nochmals um und zeichnete weiter. Elsie vergaß, dass sie vorsichtig sein wollte, und ging näher heran. Strich um Strich kamen die Mutter, der Vater und Frans auf dem Papier zum Leben. Sie befanden sich in einem Zimmer und schauten ängstlich, während die beiden bewaffneten Soldaten die Gewehre auf sie richteten. Der einquartierte Leutnant und sein Begleiter standen daneben vor einem Tisch, auf dem ein heilloses Durcheinander von Papieren herrschte.

Elsie spürte Angst in sich aufsteigen. Was war passiert? Warum zeichnete der Soldat das?

Der Soldat sagte wieder etwas und diesmal verstand Elsie ein Wort.

„Nein", rief sie. „Mama, Papa und Frans sind keine Franktireurs. Nein, nicht!"

Der Soldat schaute sie an und tippte dann wieder auf die Zeichnung, genau auf den Tisch mit den Schriftstücken. Ein Schwall von Worten und Gesten folgten, aber Elsie wurde nicht klug daraus.

Warum wurden ihre Eltern und Frans verdächtigt, Franktireurs zu sein? Das waren sie nicht, niemals. Sie mochten die Deutschen nicht, aber sie hielten sich aus dem Krieg heraus. Sie planten keine Anschläge auf Soldaten. Einen Teil der Ernte nicht abzugeben oder ein Schwein zu verstecken und heimlich zu schlachten, war doch nicht mit dem zu vergleichen, was die Deutschen über die Franktireurs erzählten. Das waren, so behaupteten sie, belgische Männer, aber auch Frauen und sogar Kinder, die deutsche Soldaten in Fallen lockten und aus dem Hinterhalt töteten. Es hieß sogar, dass diese Franktireurs den wehrlosen verwundeten Deutschen, die auf dem Schlachtfeld von den Truppen zurückgelassen werden mussten, die Gewehre wegnahmen und sie dann mit ihren eigenen Bajonetten erstachen. Aber nicht einmal Frans, der großspurig verkündete, jedem Deutschen einen Fußtritt in den Allerwertesten verpassen zu wollen, und der auch damit prahlte, dass er sich, wenn er wüsste wie, sofort einer Widerstandsgruppe anschließen würde, um gegen die Besatzer zu kämpfen, würde jemals einen verwundeten, wehrlosen Menschen töten.

„Nein", sagte sie nochmals. „Nein, sie sind keine Franktireurs."

Der Wachposten seufzte und machte ein trauriges Gesicht. Er drehte das Skizzenheft wieder zu sich und zeichnete. Dieses Mal war es nur der Kopf des Leutnants, aber statt Kappe und Haaren hatte der Soldat das Wort Franktireur in den Kopf geschrieben.

„Denken", sagte er. „Denken Mama, Papa, Junge Franktireurs."

„Aber das sind sie nicht", schrie Elsie. „Keine Franktireurs!" Tränen schossen ihr in die Augen, denn sie wusste, was die Deutschen mit Menschen machten, die sie für Franktireurs hielten. Da wurde nicht lange gefragt und geprüft, da wurde verurteilt und gehandelt. Die beiden Soldaten mit den Gewehren wurden nicht umsonst mitgenommen.

Sie musste zu ihren Eltern, jetzt sofort. Sie rannte auf die Abzweigung zu, ohne sich darum zu kümmern, ob Albert ihr folgte oder nicht. Sie dachte nicht einmal an ihn, und den schrillen Laut, den er ausstieß, nahm sie nicht wahr.

Albert verstand die Welt nicht mehr. Noch nie, so lange er sich erinnern konnte, hatte Elsie oder ein anderer aus der Familie ihn einfach so stehen lassen. Immer hatte ihn jemand bei der Hand genommen, wenn er sich nicht auskannte oder Angst hatte.

Jetzt hatte er Angst und er kannte sich nicht aus, und Elsie war davongelaufen, ohne sich auch nur einmal umzudrehen. Seine Finger verhakten sich hinter den Hosenträgern, um nicht vollends den Halt zu verlieren, denn die Straße unter ihm fing an zu schwanken, und die Sonne verschwand.

Als er wieder etwas sehen konnte, saß Albert im Gras neben dem Wachhäuschen, den Rücken an die feldgrauen Hosenbeine des Soldaten gestützt, der hinter ihm auf der Holzbank saß. Einen kurzen Moment lang lehnte er sich zurück, aber dann fiel ihm alles wieder ein. Der Wachsoldat hatte Elsie etwas in seinem Skizzenbuch gezeigt, woraufhin sie davongestürzt war. Oder hatte er sich das nur eingebildet? Albert drehte seinen Kopf in alle Richtungen, aber nirgendwo konnte er ihre vertraute Silhouette entdecken. Elsie hatte ihn tatsächlich im Stich gelassen. Ein verschreckter Laut entschlüpfte seiner Kehle. Sofort spürte er die feste Hand des Soldaten auf seiner Schulter.

Jetzt hatte er die Chance verpasst, auch davonzulaufen. Langsam hob er die Hände über den Kopf, während die ersten Tränen seine Backen hinunterliefen.

Der Soldat zog den kleinen, mageren Mann an den Hosenträgern in die Höhe und musste ihn festhalten, so sehr schlotterten ihm die Knie.

„Ich könnte ihn mit einem Atemzug umpusten", dachte er sich.

In den letzten zwei Wochen hatte er täglich stundenlang im Auftrag des Rittmeisters diese menschenleere Nebenstraße bewachen müssen. Er hatte Gelegenheit genug gehabt, diesen komischen Kerl zu beobachten, der manchmal allein, meistens aber im Schlepptau eines oder zweier Kinder mit scheuem Blick vorbei hastete. Dass er seltsam war, hatte der Soldat sofort gesehen. Aber genau solche Menschen zeichnete er gerne und nicht einen mit Orden behängten Oberst oder eine hochwohlgeborene Dame mit ihrem Schoßhündchen.

In den vier langen Kriegsjahren waren ihm seine Skizzenbücher nicht nur treue Begleiter gewesen, sondern sie hatten ihn – davon war er überzeugt – auch vor dem Wahnsinn gerettet. Andere, auch jene, die prahlten, dass sie vor Gott und dem Teufel keine Angst hätten, waren angesichts der Leichen, die im Stacheldraht hingen, der Verwundeten, die hilflos im Schlamm ertranken, weil keiner mehr übrig war, um sie vom Schlachtfeld zu tragen, oder der vielen anderen entsetzlichen Erlebnisse, verrückt geworden. Er hatte gezeichnet. Seite um Seite hatte er mit all den Schrecken gefüllt, und als endlich der Typhus ihm eine Fahrkarte bescherte, die ihn von der Front ins Generalgouvernement beförderte, und er in Geel wieder aufgepäppelt wurde, hatte ihn der Rittmeister seiner neuer Truppe zum Maskottchen auserwählt. Andere Einheiten hielten sich einen Ziegenbock, einen Hahn oder einen Hund.

„Ich bin ein Kunstkenner“, hatte ihm der Rittmeister selbstgefällig offenbart, als er ihn dabei erwischt hatte, wie er die Pferde im Stall skizzierte statt sie zu striegeln. „Sie sind ein Naturtalent, das sehe ich.“

„Ich habe an der Akademie studiert“, hatte er gedacht, aber wohlweislich geschwiegen. Wer nicht rasch nach der Genesung die Rückfahrt zur Front antreten wollte, hütete sich davor, seinem Vorgesetzten zu widersprechen. Und wenn es einem Rittmeister Osterroth gefiel, ein Talent zu entdecken, hielt man besser den Mund.

Also hatte er dem Rittmeister seine Landschaften, seine Pferdeskizzen und die gefälligen Zeichnungen vom Soldatenalltag hinter der Front im Etappengebiet mit bescheidenem Stolz und gespielter Unsicherheit gezeigt.

Der hatte sich vergnügt die Hände gerieben und prophezeit: „Diehl, Otto Diehl, ich sage Ihnen, wenn Sie den Krieg überleben und weiterhin so fleißig die Zeichenkunst üben, werden wir eines Tages ihre Werke in einem Museum bestaunen können."

„Das wäre schön", hatte er mit einem wohlplatzierten Seufzer gemurmelt.

Rittmeister Osterroth hatte ihm auf die Schultern geklopft und wohlwollend gesagt: „Keine Bange. Für Reich und Kaiser habe ich im Moment genug Männer zur Verfügung. Sie werde ich noch eine Weile hierbehalten. Ich habe eine schöne Aufgabe für Sie."

So hatte Otto Diehl den Wachposten an der Landstraße übernommen, sich ein Bänkchen gezimmert, gezeichnet, und bis zum heutigen Vormittag schienen der Krieg und seine Schrecken in wohltuende Ferne gerückt zu sein. Manchmal konnte er sogar nachts schon schlafen, ohne alle paar Stunden schweißgebadet aus einem Albtraum hochzufahren.

Er drückte den kleinen Mann, der jetzt auch noch bitterlich weinte, sanft auf das Bänkchen hinunter.

„Nein, nein, nicht doch", murmelte er und machte beruhigende, brummende Geräusche, wie er es bei den verängstigten Pferden an der Front gemacht hatte. „Alles wird gut. Alles wird wieder gut."

Aber stimmte das? Der Leutnant war wutentbrannt an ihm vorbeigestürmt und kaum eine Stunde später mit dem Rittmeister und zwei Soldaten zurückgekehrt. Sie hatten ihn eindringlich befragt, ob ihm ein suspekter Personenverkehr von und zu dem Bauernhof aufgefallen war.

Er hatte es verneint.

„Tja", hatte der Leutnant gesagt, „dann müssen es wohl die Bauersleute selbst gewesen sein, die sich an meine Papiere herangemacht haben. Sie schienen mir einfache, anständige Leute zu sein. So kann man sich täuschen."

„Franktireurs, elende Franktireurs", hatte Rittmeister Osterroth geknurrt. „Aber mich wundert das nicht. Sogar Nonnen hat man schon bei Anschlägen auf die deutschen Truppen erwischt."

Alberts Zeichnungen

Als Elsie durch den Flur ging, drang die Stimme des Leutnants aus der guten Stube. Sein Französisch klang rau und abgehackt.

„Ich will jetzt wissen, wer von euch mein Zimmer betreten und in meinen Unterlagen gewühlt hat!"

„Ich weiß es nicht. Ich schwöre bei Gott, ich weiß es nicht." Das war Vater. Aber seine Worte klangen, als würde er sie nur mit Mühe aus der Kehle herauswürgen können. „Mein Sohn und ich waren draußen auf dem Acker, meine Frau beim Pastor."

„Lüg mich nicht länger an!", brüllte der Leutnant. „Einer von euch war es. Wenn jetzt nicht bald einer redet, lasse ich euch alle an die Wand stellen."

Auf der anderen Seite der Tür schrie Elsie entsetzt auf.

„Wer ist da draußen?", verlangte der Leutnant zu wissen, und die Tür wurde aufgerissen. Einer der beiden Soldaten war mit zwei Schritten bei Elsie und riss sie von der Wand weg, wo sie sich vor Schreck angelehnt hatte. Er stieß sie vor sich her in den Raum.

„Ah, das Kind", sagte der Leutnant, und in seine wütende Miene stahl sich ein schlaues Lächeln.

„Vielleicht wird diese Kleine mir sagen, wer sich hier hereingeschlichen hat?" Er ging vor ihr ein wenig in die Knie, packte mit einer Hand ihr Kinn und drohte: „Du willst sicher deine Eltern noch länger haben."

Elsie brachte kein Wort über die Lippen. Sie hatte doch keine Ahnung! Sie war in der Schule gewesen.

„Bitte, bitte Herr Oberst. Bitte, kann es nicht auch anders gewesen sein? Vielleicht hat einer der Männer, die die Stube putzen, versehentlich etwas durcheinandergebracht oder gelüftet und der Wind hat ..."

Die Stimme des Vaters brach abrupt ab, als ihm einer der beiden Soldaten mit dem Gewehrkolben einen Hieb quer über das Gesicht versetzte, sodass er gegen die Wand taumelte und Blut aus seiner Nase rann.

„Hast du deine Zunge verloren?", setzte der Leutnant Elsies Befragung fort, als hätte er die Brutalität seines Soldaten gar nicht bemerkt. Aber Elsie war nicht imstande zu antworten. Sie sah nur den Vater, wie er an der Wand hinunterrutschte und benommen in sich zusammensackte, ihre Mutter, die kreidebleich neben dem Tisch stand, und Frans, der sein Gesicht in der Kleiderschürze der Mutter vergrub wie ein kleiner Junge.

„Verstockte Göre", murmelte der Leutnant auf Deutsch. „Verdammtes Land." Sein rechter Mundwinkel zuckte.

„Ich, ich war in der Schule", flüsterte Elsie.

Der Leutnant ließ ihr Kinn los und richtete sich wieder auf.

„Sind das jetzt alle?", mischte sich plötzlich der andere ein.

Der Leutnant strich sich eine Haarsträhne aus der Stirn, nahm Haltung an und sagte: „Einer fehlt noch, Herr Rittmeister. Aber der kommt nicht in Frage. Der ist nicht ganz richtig im Kopf. Einer von denen, Sie wissen, was ich meine?"

„Ah, ja", antwortete der Rittmeister. „Davon gibt es hier recht viele. Das ist so eine Art Brauch, habe ich gehört. Und einer von denen wohnt hier, sagen Sie?"

„Jawohl, Herr Rittmeister. Aber der hat nicht den Verstand dafür. Immerhin fehlt genau das Blatt mit den Berechnungen."

Sie sprachen auf Französisch miteinander. Diese Leute sollten ruhig wissen, wie ernst ihre Lage war.

Elsie starrte auf den Tisch. Wie konnte der Leutnant in diesem Durcheinander überhaupt wissen, welches Blatt Papier ihm fehlte? Alles lag kreuz und quer, nicht nur auf dem Tisch, sondern auch auf dem Boden. Elsies Blick wanderte von der Tischplatte weg auf den Teppich hinunter. Sie erschrak, als sie die Papierschnipsel entdeckte, die wie kleine, verräterisch weiße Schneeflocken darauf verteilt lagen.

„Albert!", schoss es ihr durch den Kopf. Albert war in diesem Zimmer gewesen und hatte mit seiner Schere die Zickzacklinie rund um seine selbst gezeichneten Briefmarken ausgeschnitten. Aber er hatte bestimmt nichts Böses im Sinn gehabt!

„Soll ich ihn trotzdem suchen lassen? Den Idioten?", fragte der Leutnant.

Rittmeister Osterroth schüttelte den Kopf.

„So, jetzt reicht mir das Theater hier!", sagte er. Seine ganze

Tagesplanung war über den Haufen geworfen. Er hatte vorgehabt, den Fotografen aufzusuchen und mit ihm zu fachsimpeln. Stattdessen stand er nun in einer Bauernstube und konnte sich die fadenscheinigen Ausreden der Bewohner anhören. Für wie dumm hielten sie ihn denn? Der Wachposten an der Straße hatte ihm glaubhaft versichert, dass niemand am Vormittag von der Straße zum Bauernhof abgezweigt war, und als er vorhin über den Hof gegangen war, hatte der Leutnant nur pfeifen müssen, und seine Soldaten waren angelaufen gekommen und stramm gestanden. Der Mann hatte seine Mannschaft unter Kontrolle. Nein, die Täter standen vor ihm. So wie der halbwüchsige Bursche sich an seine Mutter klammerte und sein Gesicht in ihrer Kleiderschürze verbarg, brauchte man nicht viel Menschenkenntnis, um zu sehen, dass er sich schuldig fühlte.

„Du da!" Rittmeister Osterroth zeigte auf Frans.

„Er war bei mir. Den ganzen Vormittag draußen, draußen auf dem ..." , rief Herr Donckers und versuchte aufzustehen. Aber er ließ es bleiben und verstummte, als derselbe Soldat, der ihm den Kolben in das Gesicht geschlagen hatte, wieder drohend mit seinem Gewehr ausholte.

„Mund halten!", blaffte dieser und zu Frans gewandt: „Dreh dich um! Wird's bald. Oder muss ich nachhelfen?" Ob sie seine Worte überhaupt verstanden, war ihm egal. Die Sprache seines Gewehres war unmissverständlich.

Der zweite Soldat wartete gar nicht erst auf einen Befehl seines Leutnants, sondern zog Frans mit einem Ruck weg von seiner Mutter. Dann drückte er sein Gewehr in den Rücken des Jungen und zwang ihn, vor den Tisch zu treten, wo dieser mit vor Angst weit aufgerissenen Augen mit den Händen über dem Kopf stehen blieb.

Rittmeister Osterroth betrachtete ihn schweigend eine Weile, bevor er ruhig sagte: „Ein Wort von mir genügt, und du hast eine Kugel zwischen den Rippen."

„Nein!", rief Elsie. „Nein. Es war Albert. Albert war es!" Sie rannte zu Frans nach vorne, ließ sich neben ihm auf die Knie fallen und versuchte hektisch, mit den Fingern die Papierschnipsel aufzusammeln.

„Hier, hier! Albert hat seine Briefmarken ausgeschnitten. Er kann nicht verstehen, warum er nicht mehr in der Stube zeichnen darf." Sie streckte dem Rittmeister und dem Leutnant die Papierschnipsel auf den Handflächen entgegen. „Nicht Frans, Albert", wiederholte sie und in ihrer Aufregung merkte sie erst, dass sie flämisch gesprochen hatte, als der Rittmeister ungeduldig fragte: „Was redet das Kind da?"

Frau Donckers war es, die mit zitternder Stimme antwortete: „Unser Albert, unser Gast, hat hier seine Briefmarken mit der Schere ausgeschnitten. Es sind seine Papierschnipsel. Früher war das nämlich sein Platz. Es tut uns leid. Wir werden uns darum kümmern. Das versprechen wir."

„Kümmern!" Rittmeister Osterroth zog die Augenbrauen hoch, aber seine Stimme hatte den schneidenden Klang verloren. „Wie sollen wir das verstehen?"

„Wir werden besser auf ihn aufpassen. Ihn nicht mehr aus den Augen lassen. Er wird ..."

„Herr Rittmeister", fiel ihr der Leutnant auf Deutsch ins Wort. „Vergessen Sie nicht, dass dieser Idiot nicht nur seine Zeichnungen ausgeschnitten hat, sondern auch ein wertvolles Dokument verschwinden hat lassen. Und wer weiß, wer ihn dazu beauftragt hat? Ich glaube kaum, dass so einer in der Lage ist, das allein zu schaffen."

Weder Elsie noch ihre Eltern oder Frans hatten ihn verstanden, aber bei den ersten Worten des Rittmeisters wussten sie, dass es nicht überstanden war.

„Und wo können die Berechnungen jetzt sein?", wurden sie gefragt.

Eine Nacht im April 1918: An der Grenze

Hans im Glück

„Wir haben keine Chance", dachte Elsie. Der rundliche Soldat hatte sich auf Alberts Beine geworfen und ihn am Boden festgehalten.

„Kinder, ik schieß nicht, ik schieß nicht", hatte er dabei die ganze Zeit gerufen. Elsie und Thierry hätten weiterkriechen können. Schließlich konnte der Soldat nicht mehr als dieses eine Paar Beine festhalten. Aber was hätte es für einen Sinn gehabt, Albert zurückzulassen, wenn sie seinetwegen auf der Flucht waren? Deshalb waren Elsie und Thierry zurückgekrochen und hatten sich auch gefangennehmen lassen. Der Soldat schien darüber unendlich erleichtert zu sein. Er hatte ein gutmütiges, besorgtes Gesicht.

„Vielleicht kann man mit ihm reden", hatte Elsie noch gedacht, aber da war der zweite Soldat dazugekommen, ein schmaler Mann, um Jahre jünger als der andere.

„Weg da. Ich übernehme, Karl! Die gehören mir", schrie er, und er fuchtelte mit seinem Gewehr so herum, dass sich nicht nur Elsie, Thierry und Albert duckten, sondern auch der erste Soldat.

Der „Ikgut"-Soldat hatte hier nichts mehr zu melden. Das war klar. Obwohl Elsie den anschließenden Wortwechsel zwischen den beiden nicht verstehen konnte, lauschte sie trotzdem.

„Komm, Hans. Was soll das? Es sind Kinder", protestierte Karl schwach. „Du machst ihnen Angst, und mir ist es auch nicht recht, wenn du mit deiner Waffe so ausholst. Lass das."

„Willst etwa wieder den Gutmenschen spielen? Ja, ja, da schaust du." Hans lächelte verächtlich. Endlich konnte er auftrumpfen. Nie wieder sollten die anderen hinter seinem Rücken über den Hans ohne Glück spotten. „Ich kenne deine Erfolgsgeschichte. Die anderen haben es mir erzählt. Ich dachte, du hättest die zwei jungen Frauen an der Grenze heldenhaft gestellt. Aber so war es nicht, oder? Die eine hat dir schöne Augen gemacht, und du hast sie an den Draht herangelassen. Was stellte sich nachher heraus? Dass sich unter ihrer Unschuldsmiene eine eiskalte Spionin verborgen hatte. Na wenigstens ist sie damit nicht auf Dauer durchgekommen. Irgendwann werden alle Weibsbilder übermütig, wenn sie glauben, dass die Männer wie Kälbchen aus ihren Händen fressen."

Hans' Worte schnitten Karl ins Herz. Er setzte zu einer Antwort an, und schwieg dann doch. Denn Hans hatte sich abgewandt und inspizierte grimmig seine drei Gefangenen.

„Es hat gar keinen Sinn, mit ihm zu reden", dachte Karl verzagt. „Vielleicht mache ich es dann nur noch schlimmer."

„Kinder!", zischte Hans im selben Augenblick. „Jetzt schicken sie schon die Kinder. Aber wenn sie glauben, dass ich mich dadurch erweichen lasse, irren sie sich. Ich kenne meine Pflicht. Feind bleibt Feind. Außerdem ..." Er stutzte und betrachtete das mittlere Kind genauer. Es war nicht größer als die beiden anderen, aber etwas an ihm war seltsam. Das sah er, obwohl das Licht seiner schwachen Taschenlampe – er würde morgen gleich eine andere verlangen – kaum den dichten Regenvorhang zwischen ihnen durchdrang.

„Karl, deine Lampe ist besser. Leuchte damit das Kind in der Mitte mal an!", befahl er, und als sein Kamerad nicht reagierte, riss er ihm einfach die Taschenlampe aus der Hand. Karl ließ es geschehen, weil Hans recht hatte. In diesem elenden Krieg waren auch Kinder seine Feinde. Es war leichtsinnig zu glauben, dass die drei vor ihm nur aus Neugier oder Übermut mitten in dieser Gewitternacht auf den Grenzzaun zugekrochen waren.

Albert blinzelte, als das Licht ihn blendete. Er hob schützend die Hände vor das Gesicht, trotzdem konnte jeder, der Augen im Kopf hatte, seine Bartstoppel sehen. Daheim musste er sich zwei Mal die Woche rasieren. Darauf achtete die Bäuerin penibel. Jetzt auf der Flucht hatte niemand ihn daran erinnert, und außerdem waren sie so schnell davongelaufen, dass sie nicht einmal die Zahnbürsten eingepackt hatten.

„Ich fresse einen Besen", rief Hans überrascht. „Das ist gar kein Kind, sondern ein Mann. Schau nur seine Bartstoppel an. Steh auf, du Schuft. Müsst ihr jetzt schon die Kinder gegen uns mobilisieren?"

Er stieß Albert mit dem Gewehrlauf an. „So einer verdient eigentlich einen Stich mit dem Bajonett", dachte er. „Kinder gegen den Zaun laufen lassen, das ist unmenschlich!"

Albert zuckte zusammen und fing wieder an zu piepsen, dieses Mal schriller und lauter. Hans stieß den kleinen Mann, der wie eine Schildkröte den Kopf in den Jackenkragen zu stecken versuchte, mit dem Gewehr noch ein paar Mal grob an. Jetzt hatte er endlich auch Gefangene gemacht und genoss es, Herr der Lage zu sein. Jetzt konnte er beweisen, dass er trotz seiner Beinverletzung kein unbrauchbarer Soldat war, den man hier auf das Abstellgleis geschoben hatte.

Die Gefangenen hatten angefangen laut zu weinen. Der Mann am lautesten, und sogar im Regen konnte Hans sehen, dass ihm die Tränen aus den Augen strömten und er sich nicht einmal die Mühe machte, sie wegzuwischen.

Karl stand mit herabhängenden Schultern da und schaute mit dem traurigen Blick eines zu dicken Dackels bekümmert auf die Gefangenen.

„Wenn ich nicht auf ihn achtgebe, macht er gleich eine Dummheit", dachte Hans und brüllte: „Mitleid zeigen heißt Schwäche zeigen." Seine Gefangenen duckten sich, als wäre jedes Wort ein Hammerschlag auf ihre Köpfe. Jetzt hatte er es ihnen gezeigt. Jetzt wussten sie, dass sie keine Chance hatten. Die würden Karl und ihm keine Schwierigkeiten mehr bereiten. Er drehte sich wieder zu Karl, der ihn erschrocken anstarrte.

„Pass mal auf, Karl. Du marschierst jetzt zurück zum Posten und holst Verstärkung. Das Gelände hier ist zu unübersichtlich, und wir gehen nicht das Risiko ein, dass einer uns davonläuft. Ich halte sie inzwischen in Schach."

Karl betrachtete die drei Gefangenen. Der Mann weinte nicht nur wie ein Kind, sondern er hatte nun auch seinen Kopf im Schoß des Mädchens versteckt, das seinen Rücken streichelte. Der Junge daneben zitterte am ganzen Körper und seine Lippen bewegten sich, als würde er unablässig ein und dasselbe Gebet sprechen. Er konnte sie nicht bei Loos zurücklassen. Nein, Hans musste gehen und er musste bleiben.

„Hans, es tut mir leid, aber ich habe mir, als ich den einen packte, dummerweise den Knöchel verstaucht“, log Karl. Um das zu beweisen, machte er ein paar humpelnde Schritte, verzog sein Gesicht zu einer schmerzverzerrten Grimasse und stöhnte unterdrückt. „Du wirst gehen müssen, Hans. Du bist außerdem jünger und schneller. Du hast den richtigen Riecher gehabt. Wer weiß, vielleicht waren diese hier lediglich die Vorhut.“

Ihm kam eine brillante Idee. Er nickte Hans zu, um anzudeuten, dass er etwas nicht vor den Gefangenen laut aussprechen wollte und entfernte sich humpelnd ein paar Meter. Hans runzelte die Stirn.

„Die verstehen uns nicht. Das sieht man doch“, sagte er abfällig, aber Karl ging nicht darauf ein.

„Wer weiß. Ich hab auch schon gehört, dass sie sich absichtlich dumm stellen“, flüsterte er verschwörerisch.

Hans schaute die drei am Boden kauernden Figuren einen Augenblick lang misstrauisch an, bevor er Karl folgte. Das Gewehr jedoch hielt er auf die Gefangenen gerichtet, und er ließ sie auch nicht aus den Augen.

„Da kommen bestimmt noch welche nach“, hauchte Karl. „Wir stellen ihnen eine Falle. Du gehst schön langsam Richtung Wachposten.“

„Langsam?!“

Hatte Karl den Verstand verloren?

„Ja, aber beim Gehen redest du mit dir selbst. Du sagst so Sachen, wie ‚Es ist wieder mal nichts los‘ oder ‚Bei so einem Sauwetter schleicht sich kein Mensch an die Grenze. Wir können früher Schluss machen.‘“

„Was soll das jetzt?“, fragte Hans.

„Versteh doch.“ Karl senkte seine Stimme noch mehr. „Wenn noch welche kommen, halten sie sich in den Büschen versteckt und warten ab, ob diese Vorhut durchkommt oder unverrichteter Dinge zurückkehrt. Du hast bestimmt gesehen, dass man den Mann nicht für voll nehmen kann. Sie schicken also ihn und zwei Kinder: Um die ist es nicht schade, wenn man sie erwischt, werden sie sich denken. Aber wenn sie nun glauben, dass die den Zaun überwunden haben und wir den Dienst verkürzen wollen, werden sie es später auch versuchen. Sobald du den Grenzpfad entlang des Zaunes verlassen und die Straße erreicht hast, musst du natürlich laufen. Da darfst du keine Zeit mehr verlieren. Deshalb musst du gehen, und ich halte die drei in Schach. Du hast sie genug eingeschüchtert. Die machen keinen Mucks mehr."

„Meinst du?"

Karl hörte noch einen leisen Zweifel in seiner Stimme.

„Ja. Ich habe gehört, dass die meisten Grenzgänger ganz ordentlich Deutsch verstehen. Auch wenn sie es nicht zugeben. Von mir aus kannst du gerne die Ehre für diesen Aufgriff für dich allein beanspruchen. Mir reicht es, wenn ich den Krieg überlebe."

„Klar, die drei hier jetzt noch festzuhalten, kann keiner als große Sache bezeichnen", stellte Hans fest.

Dann baute er sich wieder breitbeinig vor seinen Gefangenen auf.

„Ihr da, runter auf den Bauch!", schrie er sie an und falls sie ihn doch nicht verstehen konnten, half er lieber gleich mit dem Gewehr nach, bis alle drei ausgestreckt nebeneinander lagen und das Gesicht in das nasse Gras drückten.

Frühjahr 1918: Geel

Alberts Beichte

Elsie rannte so schnell sie konnte den Weg hinunter zur Straße. Sie musste Albert herbeischaffen. Ihre Eltern und Frans würden so lange in der Stube stehen und in die Gewehrmündungen der Soldaten schauen, bis sie mit Albert zurückgekehrt war.

„Besser du beeilst dich“, hatte der Rittmeister ernst gesagt. „Sonst muss ich daran zweifeln, dass man mir hier die Wahrheit sagt und dann ...“ Er hatte mit den Schultern gezuckt. „Dann muss ich wohl andere Saiten aufziehen.“

Als sie die Abzweigung erreichte, sah sie Albert vor dem Bänkchen sitzen und den Soldaten mit dem Skizzenblock hinter ihm.

„Albert, Albert“, rief Elsie. „wir müssen zum Hof. Die deutschen Soldaten haben Mama, Papa und Frans gefangengenommen, weil du dummerweise in der Stube deine Briefmarken gezeichnet und ausgeschnitten hast. Dabei haben wir doch alle gesagt, dass du das nicht tun darfst, solange der Leutnant dort wohnt!“

Albert rappelte sich auf und machte ein schuldbewusstes Gesicht.

„Ich, ich wollte nichts Böses“, stotterte er.

„Das weiß ich doch.“ Elsie packte ihn am Jackenärmel. „Mach schon, wir dürfen keine Zeit verlieren. Der Leutnant ist wütend, und auch dieser Rittmeister, den er geholt hat, ist verärgert. Du hast dem Leutnant etwas weggenommen, oder? Ein Blatt Papier, sagen sie.“

Albert starrte die Spitzen seiner Holzschuhe an. Er fand es besser, nicht darauf zu antworten.

Das Blatt Papier, das dem Leutnant gehörte, hatte er verschwinden lassen müssen. Aber er war sich nicht sicher, ob Elsie das verstehen würde. Oben in seinem Zimmer hatte er in einem Schwung die weltwichtigste Briefmarke gezeichnet, und dann hatte er sorgfältig das Blatt mit dem Riss geglättet und eines der Wörter und die Zahlen daneben an den richtigen Stellen auf seine Briefmarke abgeschrieben. Er war so zufrieden mit seinem Werk gewesen, dass er all die anderen Zahlen und Wörter auch noch auf ein Stück Papier abgemalt hatte.

„Damit kann ich eine ganze Serie echter Briefmarken zeichnen“, hatte er sich gedacht. Der König würde nicht nur eine weltwichtigste Briefmarke von ihm erhalten, sondern ganz, ganz viele und alle würde dem König helfen, den Krieg zu gewinnen.

Das Blatt Papier des Leutnants hatte er wieder zerknüllt und in die Latrinengruben geworfen, die die Soldaten hinter dem Stall neben dem Misthaufen ausgehoben hatten. Er war sich sicher, dass niemand ihn dabei beobachtet hatte, denn alle Soldaten standen zu dem Zeitpunkt schon mit ihren Blechnäpfen vor dem Küchenzelt für die Mittagssuppe angestellt. Kaputte Dinge, die einem nicht gehörten, ließ man nämlich lieber rasch verschwinden. So machten sie am wenigsten Schwierigkeiten. Nach verlorenen Sachen wurde eine Weile gesucht und dann fand man sich damit ab. Bei kaputten Sachen jedoch gab es Schimpfe und Strafe. Das hatte Albert in seinem Leben schon öfter erfahren.

Das Papierstück mit den abgeschriebenen Zahlen und Wörtern hatte Albert eine Weile in den Händen hin und her gedreht. Es war wertvoll. Er durfte es nicht verlieren. Frans fiel ihm ein. Der hatte ihm vor Jahren einen guten Ratschlag gegeben.

„Wenn sie dich wirklich mal wieder nach Drinnen schleppen“, hatte dieser damals nachdrücklich mit dem ernsten Gesicht eines Zehnjährigen gesagt, „kannst du wenigstens deine besten Marken mitnehmen, ohne dass jemand davon erfährt. Im Socken unter deinem Fuß sind sie gut versteckt.“

Albert hatte diesen Rat nicht vergessen, und deshalb steckte nun unter seiner rechten Fußsohle das klein gefaltete Stück Papier mit den Wörtern und Zahlen und unter der linken Fußsohle seine erste weltwichtigste Briefmarke.

„Jetzt gib es schon zu. Ich kann an deinem Gesicht ablesen, dass du es genommen hast. Wo hast du es hingesteckt? Wir müssen es ihm zurückgeben, sonst passiert etwas Schreckliches mit Mama, Papa und Frans. Albert, hörst du mir überhaupt zu?“ Elsies Stimme drang zu ihm durch.

Albert hob den Kopf und seufzte unglücklich.

„Es waren so viele Papiere da und alle durcheinander", flüsterte er.

„Sag schon!", drängte Elsie. „Ich reiß dir nicht den Kopf ab. Versprochen."

„Ich habe es weggeschmissen", gestand Albert leise. „Das Papier hat einen Riss bekommen, als ich es festgehalten habe. Unabsichtlich."

Er biss sich die Lippen wund. Er hatte doch nicht wissen können, dass genau dieses Blatt dem Leutnant fehlen würde.

„Wohin? Doch nicht in den Küchenherd, oder?" Albert durfte das Türchen nicht aufmachen. Feuer war gefährlich für ihn.

„Nein!", sagte Albert empört. „Finger weg davon!"

„Gut, wohin dann?"

„Na, ja, hinter dem Stall in die Latrinen." Er kaute auf seinen Lippen.

„In die Latrinen!"

Albert nickte.

„Vielleicht hat noch keiner draufgemacht und der Leutnant kann es herausholen", wisperte er.

Elsie bezweifelte stark, dass der Leutnant kopfüber durch das Loch im Sitzbrett mit den Händen nach einem Stück Papier angeln würde. Das würden andere machen müssen.

Latrinenangeln

Elsie hatte den Leutnant richtig eingeschätzt. Er dachte nicht daran, selbst nach seinem Dokument zu fischen. Es fiel ihm allerdings auch nicht ein, diese Aufgabe von einem seiner Soldaten erledigen zu lassen, und Rittmeister Osterroth stimmte ihm zu.

„Dieser Albert", entschied der Rittmeister, „wird dort abtauchen. Das soll seine Strafe sein und ihn lehren, dass er nie wieder die Papiere eines Leutnants anfasst."

Herr Donckers war sofort nach vorne getreten und hatte angeboten, es für Albert zu erledigen. Der Leutnant lehnte es rundweg ab.

„Die Suppe, die er sich eingebrockt hat, muss er selbst auslöffeln", urteilte er hart.

Sie wurden alle fünf hinausgeleitet, aber nicht von den beiden Soldaten. Diese waren bereits, als Elsie stammelnd auf Französisch Alberts Beichte vorgetragen hatte, hinausgeschickt worden, um zu verhindern, dass die Latrinen weiter verwendet wurden. Es war der Leutnant höchstpersönlich, der die Geiseln, wie er in seinen Gedanken die Bauernfamilie und Albert nannte, zu den Latrinen führte.

Rittmeister Osterroth blieb als Einziger in der Stube zurück. Er zündete sich eine Zigarette an und dachte, dass man ihm den ganzen Nachmittag mit dieser leidigen Geschichte verdorben hatte. Statt mit dem zuvorkommenden Fotografen über Belichtungszeiten und Blenden zu diskutieren, musste er nun ein wahrscheinlich verdrecktes Stück Papier begutachten und sich die weiteren Konsequenzen überlegen.

„Am besten", dachte er, „wäre es, diesen Idioten an die Wand zu stellen, als Exempel." Allerdings war er nun lange genug in Geel stationiert, um die besondere Stellung dieser Menschen zu kennen. Sogar ein deutscher Prinz, entfernt verwandt mit dem Kaiser, hatte der Leiter des Spitals ihm erklärt, befände sich unter den sogenannten Gästen. Erschießen kam daher nicht in Frage. Das würde zu viel Wirbel machen. Aber er beschloss, diesen Albert einweisen lassen. Solange der Ort als Durchzugsgebiet für den Nachschub an Männern und Material wichtig war, durfte so einer nicht frei herumlaufen und Schaden anrichten. Man stelle sich vor, was passierte, wenn Aufzeichnungen wie die des Leutnants in die falschen Hände gerieten!

Als Elsie, Albert und die anderen die Latrinen erreichten, standen die Soldaten Spalier. Es hatte sich schnell herumgesprochen, dass Albert „fou fou" seinem Namen gerecht geworden war und eine Riesendummheit begangen hatte. Sie lachten und klatschten in die Hände, als sie begriffen, dass Albert kopfüber durch das Sitzloch nach etwas angeln musste, das er dem Leutnant geklaut hatte. Nur ein Idiot würde Diebesgut auf diese Weise verstecken.

Albert starrte auf das Sitzbrett. Der Leutnant befahl ihm etwas auf Französisch, aber er verstand ihn nicht.

„Albert, zieh rasch deine Jacke und dein Hemd aus“, sagte Frau Donckers.

„Warum?“

„Du sollst jetzt durch das Loch nach unten greifen, um das Blatt Papier des Leutnants herauszufischen“, erklärte sie und musste sich bemühen, nicht in Tränen auszubrechen. Sie schämte sich so sehr. Sie war für Albert verantwortlich. Was würde der Direktor der Anstalt von ihr halten, wenn er davon erfuhr? Er würde ihnen Albert wegnehmen, ihren Albert, den sie seit Kindertagen um sich gehabt hatte.

„Warum?“, wiederholte Albert stur.

„Albert, bitte!“

„Warum, warum, warum?!“ Albert hoffte, dass, wenn er sich nur ganz fest an das „Warum“ klammerte, die anderen ihn schließlich in Ruhe lassen würden.

„Das Papier, das du da hineingeschmissen hast, war sehr wichtig für den Leutnant.“

„Es ist kaputt. Es hat einen Riss“, sagte Albert.

„Trotzdem ist es wichtig für den Leutnant. Da waren seine Rechnungen darauf.“

„Aber der Riss hat den Zettel kaputt gemacht. Die Kanone, die Buchstaben, die Zahlen waren kaputt“, rechtfertigte sich Albert. „Man hebt keine kaputten Sachen auf. Die wirft man weg.“ Dass er selbst den Riss verursacht hatte, verschwieg er lieber.

„Schluss jetzt mit diesem Gerede. Wenn er nicht sofort anfängt, werden meine Männer nachhelfen“, fuhr der Leutnant auf Französisch dazwischen.

Albert fing an, am ganzen Körper zu zittern. Die Stimme des Leutnants klang so schrecklich.

Jene Umstehenden, die Französisch verstanden, riefen: „Da können Sie auf mich zählen, Leutnant“ und „Ich melde mich freiwillig für Hilfsdienste an der Latrinenfront.“

Der Koch, der seinen Kessel verlassen hatte und auch dazugekommen war, zuckte zusammen. Ein Brief seiner Mutter hatte ihn gestern erreicht. Er steckte in seiner Manteltasche, aber er hatte ihn so oft gelesen, dass er ihn auswendig konnte. Die Ärzte hatten seinen Bruder Bruno aus dem Sanatorium entlassen. Eine Heilung sei nicht mehr zu erwarten. Er war jetzt also auch ein „Kriegszitterer", der daheim zuckend in einem Rollstuhl auf der Veranda saß und wie ein Säugling gefüttert und gewaschen werden musste. Alles, was auch nur im Entferntesten an den Krieg erinnerte, machte seinem Bruder panische Angst, und dann fing er an zu schreien, obwohl er sonst keinen Laut über die Lippen brachte, schrieb seine Mutter. Sein Foto von sich in der Uniform, das er letzten Sommer nach Hause geschickt und das einen Ehrenplatz auf der Anrichte hatte, und sogar den warmen, feldgrauen Pullover, den die Mutter gerade für ihn strickte, musste sie deshalb vor Brunos Augen verstecken. Dabei war sein Bruder der Gescheite in der Familie gewesen. Er hatte einen Freiplatz im Gymnasium gehabt und im Fünfzehnerjahr das Abitur mit Auszeichnung abgelegt. Er hätte nach dem Krieg studieren sollen. Aber vorher hatte er „den Franzosen" noch fest die Birne einschlagen wollen. Und jetzt? Jetzt war sein eigener Kopf kaputt.

Der Koch musste an all das denken, während er Albert anschaute.

„Albert, es geht nicht anders, du musst", drängte Frau Donckers. „Stell dir vor, einer dieser Soldaten hätte deine Briefmarken da hinuntergeschmissen. Du würdest auch wollen, dass er und kein anderer sie wieder herausholt."

Albert schüttelte heftig den Kopf. Seine Briefmarken?! Das war überhaupt nicht zu vergleichen. Niemand würde seine Briefmarken in die Latrine schmeißen.

„Die sind ja auch nicht kaputt", flüsterte er.

Herr Donckers wandte sich dem Leutnant zu. Er hatte seine Kappe abgenommen und knetete sie in seinen großen, derben Händen.

„Lassen Sie mich das machen, Leutnant", bat er unterwürfig zum zweiten Mal.

Der Leutnant zog als Antwort seine Pistole.

„Bleib dort stehen, wo du bist“, blaffte er ihn an. Dann richtete er die Pistole auf Albert.

Der Koch hielt es nicht länger aus. Er hatte nur einen Gedanken: Was, wenn Bruno dort stehen würde? Was, wenn irgendjemand Bruno zu so etwas zwingen würde? Man führte keinen Krieg gegen Menschen, die sich nicht mehr wehren konnten. Er drängte sich zwischen den anderen durch, holte noch im Gehen den Brief aus der Manteltasche und drückte ihn wortlos dem überraschten Leutnant in die freie, linke Hand. Dann zog er mit einem Ruck seinen Mantel aus und ohne sich um sein Hemd zu kümmern, war er mit einem weiteren Sprung bei den Latrinen und tauchte kopfüber durch das Sitzloch. Nur seine Beine ragten noch heraus und strampelten wie wild. Ein Soldat schoss herbei und packte sie fest.

Die anderen Soldaten johlten, als stünden sie um einen Boxring herum. Koch gegen Kacke. Wobei die meisten sich zwar den Sieg des Kochs wünschten, aber der Kacke mehr Chancen gaben. Der Leutnant starrte überrumpelt auf den Brief in seiner Hand. Ohne es recht zu wollen, überflog er die Zeilen.

Kriegszitterer. Er hatte selbst welche in einem Lazarettzug gesehen. Man hatte sie an den Bahren festschnallen müssen, damit sie nicht vor lauter Zucken herunterfielen. Es hieß, dass ihre Gehirne durch die Druckwellen der Granateinschläge und Bombenexplosionen an der Schädelwand zerquetscht worden wären. Er hatte allerdings auch gehört, dass mittlerweile viele die Symptome nur simulierten, um nicht wieder an der Front kämpfen zu müssen.

Das Johlen der Soldaten störte ihn. Taten sie es, weil ein einfacher Koch sich den Befehlen eines Leutnants widersetzte? Andererseits brauchte er nur einen Blick auf diesen Idioten zu werfen. Der würde niemals in die Grube tauchen, und den Bauern konnte er nicht mehr dazu verpflichten, da er es ihm schon zwei Mal verboten hatte. Das würde die Soldaten erst recht an seiner Führungsstärke zweifeln lassen. Am besten wäre es, den Koch jetzt gewähren zu lassen und ihn nachher für seine Insubordination zu bestrafen.

„Wenn er den Zettel hat“, rief er den beiden Wachsoldaten zu, „soll er ihn so gut wie möglich säubern und zu mir bringen.“

„Und ihr“, setzte er auf Französisch fort, „kommt mit ins Haus.“

„Manchmal geschieht mitten in der größten Scheiße ein Wunder", dachte Frans, als der Koch an das Fenster der Stube klopfte. In seiner Hand hielt dieser ein braun gesprenkeltes, zu einem Ball zerknülltes Stück Papier. Der Leutnant öffnete das Fenster, schloss es aber sofort wieder, als ein Schwall von Fäkaliengestank ins Zimmer drang. Er deutete dem Koch, dass er das Papier einem anderen übergeben und sich waschen gehen solle. Der Koch nickte und verschwand.

Wenig später kam ein Soldat mit einem Blechnapf in die Stube. Als der Leutnant den Verschluss öffnete und den Deckel abhob, roch es, als hätte man den Misthaufen in die Stube verlegt. Der Leutnant hatte Handschuhe an, und mit angewidertem Gesicht zog er das zerknüllte Stück Papier so weit auseinander, dass er das Innere sehen konnte. Es waren seine Berechnungen für die dicke Bertha, stellte er erleichtert fest.

„Das ist es", sagte er zum Rittmeister und machte den Deckel rasch wieder zu. „Möchten Sie sich selbst davon überzeugen?"

Der Rittmeister winkte ab.

„Danke, nein. Ihr Wort genügt mir. Lassen Sie jemanden eine Abschrift machen." Der Rittmeister erhob sich von seinem Sessel.

„Was ist mit ihnen?", fragte der Leutnant und deutete auf seine Geiseln, die er wieder an der Wand hatte Aufstellung nehmen lassen.

„Der Missetäter wird der örtlichen Irrenanstalt übergeben. Die sollen ihn verwahren. Ich werde veranlassen, dass sie jemanden von dort schicken, um ihn abzuholen. Bei den anderen können Sie eine Strafe von fünfhundert Mark kassieren, und sie sollen die Kleidung des Kochs waschen und wenn nötig ersetzen, ebenso Ihre Handschuhe." Der Rittmeister rümpfte die Nase. „Die Stube sollen sie auch gründlich putzen." Er zögerte und fügte dann hinzu: „Aber machen Sie selbst vorher Ordnung, und schließen Sie Ihre Papiere in einen Schrank ein, damit so etwas kein zweites Mal vorkommt." Der Leutnant lief rot an. Der Vorwurf an ihn war nicht zu überhören.

Erst nachdem der Rittmeister gegangen war, übersetzte der Leutnant, was dieser angeordnet hatte.

Als Albert verstand, dass man ihn nach Drinnen bringen würde, und er so bald nicht wieder herauskommen würde, vielleicht sogar nie mehr, fing er an zu kreischen und sich mit den Fäusten ins Gesicht zu schlagen.

„Schafft ihn mir aus der Stube hinaus", sagte der Leutnant angewidert.

Der Bauer musste Albert hinauf in sein Zimmer tragen. Dort legte er ihn auf das Bett. Die Bäuerin setzte sich weinend auf die Bettkante und streichelte ihn. Es dauerte lange, bis Alberts Kreischen leiser wurde, in ein herzzerreißendes Schluchzen überging und schließlich verstummte. Die Stille war aber noch schlimmer.

„Es ist", dachte Elsie, die auf der Türschwelle stehengeblieben war, „als sei Albert selbst gar nicht mehr da, sondern nur noch eine Hülle, die seine Hose und sein Hemd trägt und von den Hosenträgern zusammengehalten wird."

„Ich muss zu den Kühen", durchbrach der Bauer schließlich die Stille. „Sie müssen gemolken und versorgt werden."

„Ich helfe", sagte Frans sofort.

„Ich sollte das Abendessen richten", sagte die Bäuerin erschöpft. „Ich werde ihm seine Lieblingsspeise kochen. Vielleicht lassen sie ihn noch mit uns essen, wenn wir früh dran sind."

Sie stand von der Bettkante auf, deckte Albert, der sich nicht rührte und mit offenen Augen an die Decke starrte, zu, und sagte zu Elsie: „Bleib bei ihm."

Elsie nickte. Sie hatte nicht vorgehabt, von Alberts Seite zu weichen. Im Gegenteil, von dem Zeitpunkt an, als Albert begriffen hatte, dass man ihn fortbringen und wegsperren wollte, hatte sie angefangen zu überlegen, wie sie es verhindern könnte.

Sobald ihre Eltern und Frans das Zimmer verlassen hatten, trat sie an Alberts Bett.

„Albert! Albert!"

Albert reagierte nicht.

Sie packte ihn am Arm und rüttelte ihn fest.

„Albert, wir zwei müssen hier weg. Du willst doch nicht nach Drinnen?"

Bildete sie es sich nur ein, oder hatte Albert kurz geblinzelt? Sie setzte sich auf sein Bett und beugte sich so über ihn, dass ihr Gesicht genau über seinem war.

„Albert!", sagte sie streng. „Du hörst jetzt auf mit dem Herumliegen und dem An-die-Decke-Starren. Wenn du hier so liegen bleibst, holen sie dich und bringen dich nach Drinnen. Dort wirst du eingesperrt und kommst so schnell nicht mehr heraus." Sie beugte sich noch weiter hinunter, sodass ihre Nasenspitze beinahe seine Wangen berührte.

„Oder du stehst auf und wir gehen fort. Ich weiß auch schon wohin. Zu Mina nach Baarle. Dort kann kein Deutscher hin. Dort bist du in Sicherheit."

Albert blinzelte heftig mit den Augen.

„Zu Mina?", fragte er heiser.

„Genau, zu Mina. Die kennst du, und die wird auf dich aufpassen", versprach Elsie. „Stehst du auf? Bist du bereit?"

Albert nickte.

Elsies Plan war einfach. Mina wohnte in Baarle-Hertog, einem Stückchen Belgien, das in Holland lag. Holland war nicht von den Deutschen besetzt und machte bei diesem Krieg nicht mit, auch nicht auf der Seite der Franzosen und Engländer. Deshalb durften die Deutschen nicht einfach durch Holland durchmarschieren, um das kleine Stückchen Belgien zu besetzen. Wer dort wohnte, konnte demnach auch nicht von ihnen verhaftet werden. Allerdings war es kaum möglich, dorthin zu gelangen. Denn an der Grenze zwischen Belgien und Holland hatten die Deutschen ja den Todesdraht gebaut und wer ihn berührte, wurde von der Elektrizität getötet.

„Wie durch einen Blitzschlag", hatte Fräulein Blok in der Schule eindringlich erklärt. „Deshalb kann niemand da hinüberklettern oder unten durchkriechen. Wer euch etwas anderes erzählt, lügt."

Aber Elsie hatte von Frans gehört, dass es viele gab, die es dennoch taten. Schmuggler und Spione hätten, so sagte Frans, Mittel und Wege gefunden, es zu schaffen. An der Grenze gäbe es Bauern, die einem dabei halfen. Die wüssten, wann die Strecken bewacht wurden, und wo es Stellen gab, an denen man den Zaun überwinden konnte.

Woher er das denn so genau wüsste, hatte Elsie ihn skeptisch gefragt.

„Von Knochenteunis“, hatte er geantwortet.

Der Totengräber von Sankt Dymphna hatte ein Motorrad besessen, bis die Deutschen es ihm weggenommen hatten. Wenn ein Junge Teunis das Schaufeln abgenommen hatte, war er mit einer Runde auf dem Motorrad belohnt worden. Teunis hatte vor dem Krieg selten selbst die Grablöcher ausheben müssen. Es fanden sich immer genug Jungen dafür und Frans hatte zu ihnen gehört. Jetzt hatte er zwar kein Motorrad mehr, aber die Jungen schaufelten trotzdem, weil der Totengräber sie mit Geschichten bezahlte, Geschichten über einen wagemutigen Schmuggler. Die Jungen munkelten, dass es Teunis selbst war.

„Wusstest du“, hatte Frans Elsie erzählt, „dass Schmuggler Holzschuhe tragen, die unten falsch herum geschnitzt sind? Dann schaut es aus, als ob sie rückwärtsgehen statt vorwärts. So verwischen sie ihre Spuren.“

Zu Teunis wollte Elsie Albert bringen. Er kannte bestimmt einen Weg, wie sie Albert über die Grenze schmuggeln konnte. Die Sache hatte allerdings einen Haken: Teunis war ein verschrobener Kerl, der keinen Hehl daraus machte, dass, seiner Meinung nach, Frauen und Mädchen daheim putzen und stricken sollten.

„Bevor Teunis sich mit einem Weibsbild abgibt, würde er lieber in einen Grabstein beißen und sich die Zähne abbrechen“, behauptete Frans.

„Als ob überhaupt irgendein ein Mädchen mit ihm reden würde“, hatte Elsie ihm verächtlich geantwortet, obwohl sie brennend gerne auch einmal eine Runde auf einem Motorrad gedreht hätte. Aber jetzt musste sie mit Teunis reden. Frans konnte sie nicht um Begleitung bitten. Es musste so aussehen, als wären Albert und sie einfach davongelaufen, wie zwei kopflose Kinder. Bei Frans würden die Deutschen bestimmt glauben, dass er es geplant hatte, und dann würden sie die Eltern streng bestrafen: ihnen vielleicht sogar den Hof anzünden oder noch schlimmer.

Der einzige Junge, den sie außer Frans richtig kannte, war Thierry – und der hatte Albert ja letztendlich die ganze Sache eingebrockt. Ohne Thierry wäre Albert niemals auf die Idee gekommen, Kanonen und Wachposten zu zeichnen. Ohne Thierry hätte Albert niemals die Zeichnung des Leutnants entwendet. Thierry musste Albert jetzt helfen, das war er ihm schuldig.

Die Flucht

Als Albert gehorsam anfing, seine Umhängetasche zu packen, setzte sich Elsie hin und schrieb einen kurzen Abschiedsbrief, damit die Eltern ihn dem Leutnant vorlegen konnten. Dieser sollte nicht sie und Frans für das Verschwinden Alberts bestrafen.

„Liebe Mama, lieber Papa. Albert sagt, dass er Drinnen aus dem erstbesten Fenster springen wird. Deshalb laufe ich mit ihm fort, um sein Leben zu retten. Macht euch keine Sorgen, ich passe gut auf ihn auf."

Elsie kaute auf dem Bleistift. Aus den Augenwinkeln sah sie, wie Albert zwischen seinen Büchsen und Dosen herumirrte, mal diese, mal jene öffnete, einzelne Briefmarken herausfischte, sie von allen Seiten betrachtete, um sie dann wieder in die Behälter zurückzulegen. Schließlich setzte er sich verzagt auf die Bettkante, stützte die Ellbogen auf die Knie und verbarg sein Gesicht in den Händen. Er murmelte: „Es sind zu viele, Elsie. Es sind zu viele."

„Wir kommen bald wieder zurück", versprach Elsie. „Wir sind nicht lange fort, und Mama wird gut darauf aufpassen. Vielleicht packst du nur ein paar der allerbesten ein. Die von Hotte zum Beispiel und welche von Mama, Papa und Frans."

Albert seufzte.

„Es ist vielleicht doch nicht so eine gute Idee davonzulaufen, Elsie", flüsterte er.

„Doch“, widersprach Elsie entschieden. „Der Leutnant will dich nach Drinnen stecken. Das willst du aber nicht, oder?“

In Alberts Augen flackerte wieder Panik auf.

„Nein, nicht nach Drinnen, Elsie. Nicht nach Drinnen! Dann hüpfe ich aus dem Fenster.“

„Deshalb musst du jetzt packen und wir gehen fort. Bei Mina kann dich der Leutnant nicht holen. Bei Mina gibt es nämlich keine deutschen Soldaten, keinen einzigen. Bei Mina ist der Frieden. Da muss man keine Angst haben.“

„Zu Mina“, wiederholte Albert. „Wir gehen zu Mina.“

„Genau!“

„Aber bis dorthin müssen wir erst kommen, ohne dass man uns einfängt“, dachte Elsie. Sie musste die Deutschen auf eine falsche Fährte locken, sie sollten sie ganz woanders suchen. Aber wo? Ihr Blick streifte durch Alberts Zimmer. Auf dem Fensterbrett stand eine leere Bierflasche. Ihre Mutter fand, dass Albert kein Bier trinken sollte, aber ihr Vater meinte, dass auch Albert einmal im Jahr über die Stränge schlagen durfte. Deshalb kaufte er ihm am Faschingsdienstag eine Flasche Bier.

„Nicht das billigste, sondern das beste“, betonte er, wenn er Albert abends mit einer großen Geste die Flasche überreichte. „Westmalle, ein echtes Trappistenbier. Besseres wird in Belgien nicht gebraut! Lass es dir schmecken, Junge!“ Ihr Vater sagte immer Junge, obwohl Albert um sechs Jahre älter war als er.

„Auf den Fasching“, prostete Albert allen mit leuchtenden Augen zu, nahm einen einzigen, vorsichtigen Schluck und trug die volle Flasche dann wie eine Trophäe auf sein Zimmer.

„Wer was bewahrt, der hat was“, verkündete er dabei ernst, und alle stimmten ihm zu. Jeder wusste, dass Albert das Bier nicht schmeckte, aber jeder wusste auch, dass Albert es wichtig fand, eine Flasche ganz für sich allein zu erhalten. Über Wochen verstaubte die Flasche auf dem Fensterbrett, bis ihre Mutter das Bier beim Frühjahrsputz wegschüttete. Die Flasche ließ sie aber stehen.

Westmalle-Trappistenbier. Elsie nahm den Bleistift wieder in die Hand und schrieb weiter: „Ich bringe ihn nach Westmalle zu den Trappisten ins Kloster. Dort ist er auch gut aufgehoben. Dort muss der Leutnant keine Angst haben, dass Albert deutsche Papiere in die Hände kriegt.“ Sie setzte ab, und fügte dann, einem plötzlichen Einfall folgend, noch eine letzte Zeile hinzu: „Außerdem sagt Albert, dass seine ältere Schwester Katrien gleich im Ort daneben wohnt.“

„Das ist schlau“, dachte Elsie zufrieden. „Die Eltern werden den Hinweis auf die Schwester, die es gar nicht gibt, richtig verstehen. Dann wissen sie, wohin wir tatsächlich unterwegs sind, während die Deutschen in der falschen Richtung nach uns suchen. Vielleicht werden der Leutnant und sein Rittmeister auch gar nicht mehr nach ihm suchen. So ein Kloster funktioniert doch auch ein wenig wie die Anstalt in Geel. Die Mönche laufen bestimmt nicht durch den ganzen Ort, sondern bleiben im Kloster, brauen das Bier und beten.“

„Alles Liebe, Elsie und Albert“, beendete Elsie ihren Brief und legte ihn auf Alberts Kopfkissen. Ihre Mutter sollte ihn sofort finden.

Elsie drehte sich zu Albert um. Der steckte gerade noch eine seiner Briefmarkenbüchsen in die Tasche, die nach allen Seiten ausgebeult war.

„Fertig?“, fragte sie.

Albert nickte angespannt.

„Wir gehen zu Mina“, wiederholte er.

„Ja“, bestätigte Elsie, „aber zuerst holen wir Thierry ab. Der muss uns jetzt helfen. Das ist er dir schuldig.“

„Bist du nicht mehr böse auf ihn?“, fragte Albert.

„Nicht die Spur.“

„Ihr habt aber gestritten“, stellte Albert fest.

„Alles wieder gut“, log Elsie, aber irgendwie stimmte das ja auch. Wenn Thierry Albert jetzt half, würde sie ihm vergeben können, dass er Albert mit seinen dummen Spionageideen in Gefahr gebracht hatte.

Elsie hatte Albert zuerst in die Kirche der Heiligen Dymphna gebracht. Die kannte er und dort fühlte er sich wohl. Sie hatte ihn hinten im Kirchenschiff in eine Bank gesetzt und ihm eingeschärft, dass er unter keinen Umständen weggehen dürfe.

Jetzt stand sie vor der Tür des vornehmen Herrenhauses und läutete energisch an. Hoffentlich war Thierry da! Es dauerte ewig, und sie hätte beinahe ein zweites Mal an der Klingelschnur gezogen, als die Tür endlich aufgemacht wurde.

„Was soll das?" Das Dienstmädchen schaute sie unwirsch an.

Elsie setzte ihr höflichstes Lächeln auf.

„Guten Tag, Fräulein Klara, ist Thierry da? Ich müsste ihn kurz sprechen. Es ist dringend", sagte sie hastig.

„Und dafür musste ich aus meiner Küche herauskommen ...", brummte Klara, aber sie drehte sich um und rief in den Flur hinein: „Besuch für dich, Thierry!"

Aus dem Salon kam gleich darauf die klagende Stimme von Thierrys Großtante Sidonia. „Wer ist es denn, Klara? Der Milchmann kommt doch nie um diese Zeit. Oder ist es der Pastor? Sag ihm, ich habe kein Geld für seine Armen, schließlich muss ich jetzt auch noch den Jungen durchfüttern."

„Es ist ein Kind!"

„Ein Kind?! Warum denn ein Kind?" Die Stimme von Thierrys Großtante wurde sofort um etliche Nuancen schriller. „Kinder haben hier nichts zu suchen. Schick es fort."

„Dieses Mädchen, das vor Wochen die Kartoffeln gebracht hat. Sie sagt, sie kommt für den Jungen."

„Für den Jungen?!"

Klara kam nicht mehr dazu zu antworten, denn Thierry polterte die Treppe herunter und schob sich an ihr vorbei.

„Sie suchen Albert", sagte Elsie ohne Umschweife, und sie sah an Thierrys schuldbewusster Miene, dass er sofort verstand.

Ohne auf ihn zu warten, rannte sie die Straße entlang in Richtung Sankt Dymphna.

Thierry folgte ihr ohne zu zögern.

Elsie war erleichtert, als sie sah, dass sich Albert tatsächlich nicht von der Stelle gerührt hatte.

„Setz dich neben ihn", sagte sie zu Thierry, „dann erkläre ich dir, was passiert ist."

Thierry gehorchte und hörte sich mit wachsender Beunruhigung an, was sich an diesem Nachmittag zugetragen hatte.

Warum hatte Albert bloß die Aufzeichnungen des Leutnants über die Kanone geklaut? Er konnte ja gar nicht lesen. Aber eigentlich wusste Thierry warum. Er war es gewesen, der Albert eingeredet hatte, dass der König Zeichnungen von deutschen Wachposten und Waffen brauchte, um den Krieg zu gewinnen. Das schlechte Gewissen verursachte in seiner Kehle ein Brennen und er hatte das Gefühl, dass ihm etwas die Brust zuschnürte.

„Wenn sie ihn schnappen und in die Anstalt sperren, wird er dort aus dem Fenster springen. Das macht er wirklich. Ich kenne ihn", beendete Elsie ihre Erzählung. Thierry schielte zu Albert, der ruhig neben ihm saß und Löcher in die Luft starrte.

„Man würde ihn doch bewachen, oder?", fragte er beklommen, und im gleichen Augenblick begriff er, dass er das Falsche gesagt hatte.

„Du meinst, wir sollen nichts tun und zuschauen, wie er eingesperrt wird?", brauste Elsie auf. „Hast du einen Stein statt eines Herzens in deiner Brust?! Warst du je eingesperrt? Die binden die Leute auch fest."

Thierry senkte den Kopf. Er hatte Elsie nie erzählt, was er in Geraardsbergen getan hatte. Denn dann hätte er auch zugeben müssen, dass er als Einziger aus dem Gefängnis herausgeholt worden war, während die anderen vielleicht noch immer festgehalten wurden. Dafür schämte er sich zu sehr.

„Nein", log er deshalb. „Noch nie."

„Genau, das denke ich mir. Du hast keine Ahnung, wie schrecklich es da drinnen ist, sonst würdest du so etwas nicht sagen." Sie zögerte, fragte dann aber doch: „Hast du ihn heimlich getroffen und ihn nochmals aufgefordert, Sachen von den Deutschen zu zeichnen?"

„Nein, Ehrenwort. Das habe ich nicht."

Elsie nickte. „Gut, ich will dir das glauben. Aber trotzdem bist du schuld daran, dass Albert in dieser misslichen Lage steckt. Ohne dich wäre er nämlich nie auf die Idee gekommen, deutsche Wachposten und Kanonen zu zeichnen."

„Ich wollte ja nicht, dass es so weit kommt", murmelte Thierry unglücklich.

„Ich weiß. Deshalb müssen wir ihn retten. Die Deutschen dürfen ihn nicht schnappen."

„Wo willst du ihn denn verstecken? Sie werden ihn suchen. Die lassen nicht locker, bis sie ihn gefunden haben. Bei mir geht es nicht, Großtante Sidonia würde das nicht dulden. Außerdem haben wir auch eine Einquartierung."

Thierry schaute sich um.

„Glaubst du, der Pfarrer würde ihn verstecken, irgendwo hier in der Kirche?"

„Nein, das macht er sicher nicht. Sie haben ihn schon einmal verhaftet, weil er in den Predigten zu viel über den Krieg gesprochen hatte. Als er zurückkam, musste er eine ganze Weile das Bett hüten."

Thierry dachte an die Schläge, die Ramdohr ihm beim Verhör verpasst hatte. In seinen Ohren sauste es plötzlich.

„Ich habe schon einen Plan, und du musst uns dabei helfen", hörte er Elsie weiterreden.

Thierry nickte beklommen. Er musste sich zusammenreißen.

Elsie erklärte Thierry, was sie vorhatte. „Bei Mina ist er sicher, und die Deutschen werden ihn zuerst bei den Trappisten suchen, verstehst du?"

„Und wie kommen wir zu Mina?", fragte Thierry. Er wusste zwar nicht genau, wie weit es bis zur Grenze war, aber er war sich sicher, dass es nicht bloß um die nächste Hausecke war.

„Knochenteunis", sagte Elsie zuversichtlich. „Der kennt sich da aus. Er ist ein Schmuggler, das weiß ich von Frans. Aber er redet nicht mit Mädchen. Deshalb musst du mit ihm sprechen. Er muss dir einen Weg zeigen, wie wir unbemerkt zur Grenze kommen und wie wir den Zaun überwinden können. Vielleicht kannst du ihn auch davon überzeugen, dass er uns begleitet."

Knochenteunis, ein Schmuggler? Da musste Elsie etwas verwechseln. Oder war es eine geschickte Tarnung? Es lag Thierry auf der Zunge, ihr zu sagen, dass der Totengräber Frans und die anderen Jungen an der Nase herumführte. Aber dann müsste er ihr auch verraten, dass er Kontakt zu einem echten Spion hatte und nicht bloß einem Taubenzüchter die Zeichnungen übergeben hatte. Er müsste gestehen, dass er Knochenteunis im Auftrag eines echten Spions mehrmals wichtige Nachrichten übermittelt hatte. Aber das durfte er nicht. Er war zur Verschwiegenheit verpflichtet.

Zu seinem Glück konnte Elsie nicht Gedanken lesen und war zu beschäftigt mit ihren eigenen Plänen, um zu bemerken, dass er sich nicht wohl in seiner Haut fühlte.

„Du gehst jetzt zu ihm hinaus und erzählst ihm von Alberts Schwierigkeiten. Du sagst ihm, dass du weißt, dass er ein Schmuggler ist und dass er uns helfen muss, über die Grenze zu kommen“, verlangte sie.

„Wo soll ich ihn denn finden?“, fragte Thierry und stellte sich unwissend.

„Meistens sitzt er hinter seinem Geräteschuppen. Außer er schaufelt gerade ein Grab, dann musst du ihm zuerst helfen. Wenn ihm jemand die Arbeit abnimmt, ist er nachher immer guter Laune. Das kann nicht schaden.“

In der Tat saß Teunis auf einem Schemel hinter dem Schuppen. Er hatte den Rücken an die Holzwand gelehnt und die Kappe so weit ins Gesicht gezogen, dass Thierry nur seine Pfeife darunter hervorlugen sah. Er wollte gerade auf ihn zugehen, als von der anderen Seite knirschende Schritte am Kies zu hören waren. Thierry duckte sich hinter einem Grabstein.

„Ah, da sitzt du. Zeit zum Faulenzen?“ Thierry erkannte die Stimme von Charles Kortemann.

Er schob vorsichtig seinen Kopf so weit nach vorne, dass er an der Marmorplatte vorbeischauen konnte.

Thierry sah, wie der Totengräber aus seinem Nickerchen hochschreckte, aber gleich darauf mit einer nonchalanten Geste seine Kappe zurechtrückte.

„Letzte Woche war anstrengend genug“, brummelte der Totengräber. „Gleich drei.“

„Wir müssen alle mal sterben“, erwiderte Charles Kortemann ungerührt. „Aber kommen wir zum Geschäft. Mir wurde zugetragen, dass sich dir eine neue Petroleumquelle erschlossen hat, die nur so sprudelt.“

„So, so. Was nicht alles geredet wird, wenn der Tag lang ist“, wich der Totengräber aus.

„Ich könnte dir finanziell ein wenig unter die Armen greifen.“

„Charles Kortemann, ein Wohltäter der Armen?“ Der Totengräber stieß ein heiseres Wiehern aus, das rasch in Husten überging.

„Ich dachte eher an eine Partnerschaft. Ich sorge für das Geld, du besorgst die Ware.“

„Wer sagt denn, dass ich dein Geld brauche?“

„Die Spatzen am Dach? Das Nähkästchen meiner seligen Großmutter? Der Wirt vom Schwan, wo du noch eine lange Rechnung offen hast!“

Der Totengräber knurrte.

„Wenn ich dein Angebot annehme, was springt dabei für mich heraus?“, fragte er schließlich.

„Drei Viertel der Ware gehören mir, ein Viertel kannst du selbst verscherbeln.“

Der Totengräber nahm die Pfeife aus dem Mund und spuckte vor dem Fotografen auf die Erde.

„Der feine Herr sitzt vor dem warmen Kamin und macht sich selbst nicht die Hände schmutzig, während ich mich in Todesgefahr begebe und durch den Totendraht krieche. Nee, so läuft das nicht bei Teunis.“ Er schüttelte empört den Kopf.

„Jetzt lass mal diese großen Töne. Ich weiß genau, dass du nicht selbst über die Grenze gehst.“

„Na und? Der Rest ist auch noch gefährlich genug. Halbe-halbe, sonst geht gar nichts.“

Der Totengräber steckte die Pfeife wieder in den Mund, schloss die Augen und lehnte sich zurück, als würde ihn das Geschäft gar nicht interessieren.

Charles Kortemann stand da, betrachtete die Wolken über sich und summte ein Kirchenlied.

Bei der dritten Wiederholung gab der Totengräber nach. „Also gut, zwei Drittel, ein Drittel. Das ist mein letztes Angebot, selbst wenn du hier einen ganzen Rosenkranz betest. Darunter gehe ich nicht."

„Wer sagt's denn." Charles Kortemann streckte seine Hand aus und Teunis schlug ein.

„Morgen früh gehe ich los", sagte dieser. „Die Miete für Boot und Pferd geht auf deine Rechnung."

„Boot und Pferd?"

„Ich muss oben in Ravels wieder ein paar Särge abliefern. Die kann ich kaum am Rücken tragen. Das sehen sogar die Deutschen ein. Ich habe eine offizielle Bewilligung für die Kanalbenützung. Über die Straße müsste ich durch Turnhout, dort wird streng kontrolliert. Da ist mir ein beschaulicher Umweg lieber."

Charles Kortemann nickte.

„Verstehe. Wie viel kostet es?", fragte er.

„Zehn Liter. Keinen Tropfen weniger, und das wird von deinem Anteil abgezogen, nachdem wir geteilt haben."

Charles Kortemann presste die Lippen zusammen, aber er wusste, dass sich der Handel dennoch für ihn auszahlen würde. Petroleum war Mangelware, und wer über genügend Geldreserven verfügte, war jetzt bereit, hohe Summen für einen Liter zu zahlen.

„Gut. Morgen schicke ich dir jemanden, der das Geld vorbeibringt."

„Ah, der Junge", Teunis nickte wissend. „Er soll diesmal nicht hierher zum Friedhof kommen, sondern am Kanal entlang Richtung Mol. Der Schleppkahn mit den Särgen liegt bei der sechsten Schleuse. Schau, dass er vor sechs Uhr da ist. Ich möchte früh aufbrechen und bis zum Abend Ravels erreicht haben."

Hinter seinem Grabstein ließ sich Thierry geräuschlos auf den Boden rutschen. Er konnte es nicht fassen. Elsie hatte recht gehabt. Knochenteunis war kein Spion, der ehrenhaft für die Freiheit Belgiens sein Leben aufs Spiel setzte. Er war ein schmieriger, kleiner Schmuggler! Aber das war nicht das Schlimmste. Dass Charles Kortemann ebenso wenig ein echter Spion war, traf Thierry hart. Wochenlang hatte er sich also einer Illusion hingegeben. Er hatte gedacht, einen Beitrag für die Befreiung von den Deutschen zu leisten. Aber die dicken Briefumschläge hatten überhaupt keine geheimen Nachrichten enthalten, sondern lediglich Geldscheine, um Schmuggelware zu finanzieren, und Thierry war nicht so naiv zu glauben, dass Charles Kortemann die Ware großzügig und selbstlos unter Notleidenden verteilte. Nein, der Fotograf wollte damit für sich selbst den größtmöglichen Gewinn erzielen.

Am liebsten wäre er hinter seinem Stein hervorgekommen und dem Fotografen an die Kehle gesprungen. Aber damit würde er nichts erreichen. Nein, er musste einen besseren Weg finden, es ihm heimzuzahlen. Das war er seiner Mutter schuldig. Einen Moment lang sah er ihr lachendes Gesicht so deutlich vor sich, wie schon lange nicht mehr. Er hatte sich selbst versprochen, ihren Tod zu rächen. Das durfte er nicht aus den Augen verlieren. Charles Kortemann hatte ihn betrogen, aber er würde sich das nicht gefallen lassen.

Im Kopf ging er nochmals das belauschte Gespräch durch. Knochenteunis wollte morgen mit einem Boot voller Särge Richtung Grenze aufbrechen. Charles Kortemann wollte dem Totengräber ein Kuvert mit Geld für den Einkauf von Schmuggelware geben und er hatte Teunis bestätigt, dass er den Jungen damit beauftragen wollte.

„Der Junge, das bin ich", dachte Thierry, und in seinen Gedanken formte sich ein Plan.

Er könnte Elsie mit Albert zur Schleuse schicken, damit sie sich zwischen den Särgen versteckten, und selbst wie zufällig noch heute beim Fotografen auftauchen. Nach ihm suchte schließlich keiner. Charles Kortemann würde ihm das Kuvert übergeben, denn er hatte ja keinen Grund, seinem kleinen, eifrigen Boten zu misstrauen.

Thierry musste lächeln, als er sich das vorstellte. Elsie könnte mit dem Geld die Fahrt für Albert und sich selbst bezahlen, und Teunis würde glauben, dass Charles Kortemann ihn hatte hängen lassen.

„Ich werde ihm sagen, dass Charles Kortemann ein besseres Angebot erhalten hat. Das wird Teunis wütend machen", dachte Thierry und er war sich sicher, dass sich der Totengräber keine Zeit zum Nachfragen nehmen würde.

Das Beste aber an diesem Plan war, dass er selbst nicht mitgehen müsste.

Irgendwo in seinem Kopf meldete sich der unangenehme Gedanke, dass Elsie ihn für einen Feigling halten würde, aber er beschloss, nicht darauf zu hören. Es gab keinen Grund für ihn, aus Geel zu flüchten. „Im Gegenteil", konterte er, „ich muss den beiden den Rücken freihalten. Das ist vielleicht nicht heldenhaft, aber notwendig."

„Feigling", zischte es lauter in seinem Kopf. „Du läufst wieder einmal davon. Nur hast du dieses Mal nicht die Ausrede, dass dich einer dazu zwingt."

Die sechste Schleuse

Die einzige Glocke, die Sankt Dymphna noch geblieben war – alle anderen waren nach Deutschland gebracht worden, um daraus Kanonen zu gießen –, schlug mit dumpfen Schlägen fünf Uhr, als Thierry, Albert und Elsie auseinandergingen. Bis zur sechsten Schleuse waren es, schätzte Elsie, an die acht Kilometer, wahrscheinlich etwas mehr, wenn sie klugerweise die Straßen mieden und über Feldwege, Weiden und Äcker liefen.

Thierry versprach, spätestens um sechs Uhr in der Früh da zu sein und Proviant für die Reise mitzubringen. Dass er gar nicht mit Teunis gesprochen hatte, erzählte er nicht.

„Ich regle alles", sagte er stattdessen großspurig. „Du kannst dich auf mich verlassen."

„Kannst du auch noch bei mir zu Hause vorbeischauen und Bescheid geben?", bat Elsie. „Ich habe zwar eine Nachricht hinterlassen, aber Mama macht sich bestimmt trotzdem große Sorgen. Es wäre mir lieber, wenn du es ihnen persönlich berichtest."

Thierry nickte. Jetzt hätte er sagen können, dass er gar nicht vorhatte mitzufahren, aber er tat es nicht.

Keine zwanzig Minuten später schellte die Türglocke laut über seinem Kopf, als Thierry das Atelier von Charles Kortemann betrat. Er hatte sich nicht die Zeit genommen, noch eine Büchse Regenwürmer zu sammeln. Aber es war auch nicht Freitag, sondern Mittwoch, und wenn sein Plan, den er sich unterwegs zurechtgelegt hatte, aufging, würde er sie gar nicht brauchen.

Die Tür zwischen Warteraum und Atelier war zu. Er klopfte an, und als er nichts hörte, drückte er die Klinke hinunter und betrat das Atelier. Es war leer, aber die Tür zum Flur hinaus stand offen. Thierry zögerte, dann rief er: „Herr Kortemann! Herr Kortemann, ich habe etwas erfahren. Etwas Wichtiges!"

Sofort vernahm er das schabende Geräusch eines Stuhls, der ruckartig zurückgeschoben wurde und gleich darauf rasche Schritte im Flur.

„Was schreist du so herum!" Der Fotograf kam herein und fuhr ihn verärgert an. „Hast du nicht verstanden, dass es unklug ist, laut über geheime und wichtige Dinge zu sprechen? Was, wenn der Rittmeister da gewesen wäre? Der betrachtet mittlerweile mein Atelier als sein Wohnzimmer und mich als seinen persönlichen Diener."

„Es war niemand da", rechtfertigte sich Thierry, „und ich habe erst hier im Atelier nach Ihnen gerufen."

„Was, wenn wir unten in der Dunkelkammer gewesen wären? Dein Geschrei habe ich ja auch bis in die Küche hören können. Wäre ich dein Vater, ich würde dir jetzt eine Ohrfeige verpassen. Wenn du so leichtfertig bist, gefährdest du alles."

„Schöne Lügen", dachte Thierry. „Ich gefährde höchstens deine Schmuggelgeschäfte."

Laut sagte er jedoch: „Entschuldigung. Ich war so aufgeregt. Aber wenn ich als Spionagehelfer nicht mehr tauge, gehe ich." Er schaute so zerknirscht wie möglich.

„Also gut“, knurrte der Fotograf. „Ich will dieses eine Mal noch Nachsicht üben. Was hast du denn für wichtige Nachrichten, dass du so ein Risiko eingehst?“

„Ein Mädchen, das ich kenne, hat mir erzählt, dass ihre Eltern beschuldigt werden, Franktireurs zu sein, weil sie in den Papieren eines Leutnants geschnüffelt haben. Sie müssen fünfhundert Mark Strafe zahlen“, berichtete Thierry.

„Sie können von Glück reden, dass man sie nicht gleich an die Wand gestellt hat“, sagte Charles Kortemann. „Aber warum sollte das für unsere Sache so wichtig sein? Weißt du etwa, was in diesen Papieren steht?“

„Nein.“

Charles Kortemann warf ihm einen misstrauischen Blick zu. „Du wirst doch nicht so dumm gewesen sein und mit ihr über Fabiola und deine Zeichnungen geplaudert haben?“

„Fünfhundert Mark sind viel Geld. Sie sind nicht reich. Man sollte ihnen helfen. Sie haben es doch für uns alle, für Belgien getan.“

Thierry bot Kortemann eine allerletzte Möglichkeit, sich doch noch auf die Seite der Guten zu stellen. Aber alles, was der Fotograf darauf erwiderte, war: „Deshalb sollte man sich nicht erwischen lassen.“

Thierry riss sich zusammen. Diese Kaltschnäuzigkeit ekelte ihn an. Aber er durfte sich jetzt nichts anmerken lassen, wenn sein Plan gelingen sollte.

„Dann gehe ich besser wieder“, murmelte er verzagt.

„Nein, warte mal. Wenn du schon da bist, kannst du gleich etwas erledigen. Bleib hier stehen.“

Thierry hielt den Atem an, während er zuschaute, wie der Fotograf zu seinem Schreibtisch hinüberging, eine Lade ganz herauszog und aus einem Versteck darunter ein dickes Kuvert hervorholte.

Genau das hatte er beabsichtigt.

„Hier, das kannst du beim Totengräber abgeben. Aber nicht am Friedhof, sondern bei einem Schleppkahn. Der liegt bei der sechsten Schleuse am Kanal Richtung Mol. Weißt du, wo das ist?“

Thierry nickte.

„Gut. Du musst es ihm noch heute Abend bringen." Charles Kortemann drückte Thierry den Briefumschlag in die Hand. Jetzt, da Thierry wusste, was es war, konnte er deutlich das dicke Bündel Geldscheine spüren. Wie hatte er sich jemals einbilden können, dass es geheime Nachrichten waren?

„Und denk daran, nichts auszuplaudern! Das Leben wichtiger Männer steht auf dem Spiel", betonte Charles Kortemann.

Thierry nickte gehorsam, aber bei sich dachte er: „So ein Lügner. Es geschieht ihm recht, wenn er betrogen wird. Immerhin wird das Geld Alberts Leben retten. Wer bestimmt denn, welches Leben wichtig und welches nicht wichtig ist?"

„Guter Junge! Und jetzt ab mit dir. Ich habe noch mehr zu tun", sagte Charles Kortemann, der sich über sein Glück freute, dass der Zufall den Jungen zum richtigen Zeitpunkt vorbeigeschickt und ihm den Weg zum Haus von Fräulein Klaarsbeeck erspart hatte.

„Manchmal fügt sich eben alles wie von selbst", dachte er.

Zur selben Zeit stapften Elsie und Albert teils über einsame Feldwege, teils quer über Äcker und Weiden auf Mol zu.

„Am Abend sind wir wieder zu Hause. Keine Bange, Albert. Keine Bange", hörte Elsie Albert vor sich hin brabbeln.

Am Anfang war sie jedes Mal kurz stehen geblieben, hatte Alberts Hände mit ihren eigenen umfasst und ihm gut zugeredet: „Albert, pass mal auf. Wir gehen zu Mina. Wir gehen über die Grenze zu Mina."

Albert hatte nervös mit seinem Kopf gewackelt und wiederholt: „Über die Grenze zu Mina. Zu Mina über die Grenze." Nur um wenige hundert Meter später wieder endlos „Keine Bange, Albert. Nur keine Bange. Heute Abend bist du wieder zu Hause" zu murmeln.

Schließlich hatte Elsie es aufgegeben, ihn auszubessern.

„Im Herzen weiß er es ohnehin", sagte sie sich und beschleunigte ihre Schritte. Je eher sie sich an Bord des Schleppkahns schlichen und sich zwischen den Särgen versteckten, desto besser.

Dennoch dauerte es nahezu zwei Stunden, bis sie die Schleuse erreichten. Die Dämmerung war hereingebrochen und der lange, flache Schleppkahn lag wie ein dunkler Schatten am Ufer. Mit einer Hand hielt Elsie Albert zurück.

„Zuerst müssen wir sicher sein, dass niemand an Bord ist", flüsterte sie.

„Die Bäuerin wartet schon mit dem Abendessen", antwortete Albert. „Sie mag es nicht, wenn wir zu spät kommen."

„Ach, Albert", seufzte Elsie genervt. „Hör auf damit. Du weißt doch genau, dass wir nicht zurückkönnen."

Albert seufzte auch.

„Das ist nicht schön", murmelte er.

„Der ganze Krieg ist nicht schön", sagte Elsie. „Aber sobald die Deutschen weg sind, kommen wir zurück. Vielleicht dauert es nicht lange. Vielleicht müssen wir nur ganz kurz bei Mina bleiben. Vielleicht sind wir im Sommer schon wieder zu Hause."

Es waren so viele Vielleichts, dass Elsie selbst keinen Mut daraus schöpfen konnte, aber das durfte sie Albert nicht verraten. Albert musste fest daran glauben, dass alles gut werden würde.

„Wenn Thierry nicht wäre", dachte sie, „und ich ganz allein Albert über die Grenze schmuggeln müsste, wäre es viel schwieriger. Eigentlich ist es doch ein Glück, dass er mit diesen Spionen zu tun hat." Sie beschloss, es ihm nicht länger vorzuwerfen.

„Vielleicht schon übermorgen", hörte sie Albert neben sich hoffnungsvoll sagen. „Vielleicht sind wir morgen bei Mina und übermorgen wieder zu Hause. Es ist nur ein kleiner, kurzer Besuch. Keine große Sache. Oder, Elsie? Keine große Sache?"

„Keine große Sache", wiederholte Elsie automatisch, während sie das Boot beobachtete.

Kein Licht brannte. Keine Bewegung war wahrzunehmen. Sie packte Alberts Hand.

„Sei jetzt still und komm mit. Da ist keiner", sagte sie.

Am nächsten Morgen schlich sich Thierry lange vor Tagesanbruch aus dem Haus. Eigentlich durfte sich kein Belgier um diese Uhrzeit auf den Straßen zeigen, es sei denn mit einer Sondergenehmigung. Aber es war neblig und es nieselte, sodass man das Gefühl hatte, in ein feuchtes Tuch eingewickelt zu sein. Thierry hoffte, dass bei so einem Wetter auch die Deutschen keine große Lust verspürten, auf den Straßen zu patrouillieren. Dennoch wählte er, wie Elsie am Vorabend, nicht den schnellsten Weg über die Straßen Richtung Mol, sondern rannte über die Äcker und Weiden. Der Beutel, den er mit Lebensmitteln aus Klaras Speisekammer gefüllt hatte, schlug gegen seinen Rücken. Ihm war längst aufgefallen, dass Klara nun öfters abends die Kammer nicht zusperrte, und einmal hatte er Zschoke heimlich dabei beobachtet, wie er nach Mitternacht mit einem Stück Brot und Käse die Treppe heraufgeschlichen kam. Es würde ihn nicht wundern, wenn Klara absichtlich etwas für ihn auf die Regale legte. Mehr als einmal hatte er sie schimpfen hören, dass der arme Kerl viel zu wenig zu essen bekam.

„Der Leutnant schlemmt, und Zschoke bekommt drei Mal am Tag einen Blechnapf voll Suppe oder Eintopf, so schlecht gekocht, dass es bei uns nicht einmal die Hunde auffressen würden. Mager wie ein Skelett ist er schon."

Ja, Klara würde bestimmt ein Auge zudrücken und den Diebstahl nicht ihrer Vorgesetzten melden, weil sie die verschwundenen Lebensmittel in Zschokes Bauch vermutete.

Als Thierry die Schleuse erreichte, lag der Schleppkahn verwaist da, von Teunis noch keine Spur. Thierry balancierte über die schmale Planke. An Bord pfiff er leise. Sofort tauchte Elsies Gesicht unter der Plane auf, die die Särge abdeckte.

„Endlich", sagte sie.

Thierry zog das Geld unter seiner Jacke hervor. Das Kuvert war feucht, aber als er es öffnete, stellte er erleichtert fest, dass die Scheine nicht aneinanderklebten.

„Hier, damit kannst du die Fahrt bezahlen. Aber warte, bis ihr wirklich unterwegs seid. Und gib ihm nicht gleich das Ganze, sondern zuerst eine Anzahlung und den Rest, wenn er euch den Weg über die Grenze gezeigt hat."

Elsie schaute auf die Geldscheine in ihrer Hand und dann auf Thierry.

„Was meinst du?“

„Vielleicht will er euch ja reinlegen.“

„Nein, warum sagst du ‚euch‘. Du gehst mit, oder?“

Thierry wich ihrem Blick aus.

„Einer muss doch deine Eltern beruhigen.“

„Du warst gestern nicht mehr bei ihnen?“

„Nein.“

„Aber ...“ Elsie verschlug es die Sprache. Sie war davon ausgegangen, dass sie gemeinsam Albert über die Grenze schmuggeln würden.

„Schau“, sagte Thierry, und er wusste genau, dass es eine lahme Rechtfertigung war. „Ich gehe jetzt von Bord und warte bis Knochenteunis auftaucht. Dann erzähle ich ihm ...“ Er verstummte.

„Was erzählst du ihm?“

Irgendetwas war hier ganz und gar nicht in Ordnung, das spürte Elsie.

„Was genau hast du gestern mit Knochenteunis besprochen?“, fragte sie.

„Eigentlich gar nichts“, gestand Thierry, als er die eingetretene Stille nicht mehr aushielt.

„Gar nichts? Und woher hast du überhaupt das Geld? Hast du etwa deine Großtante beklaut?“

„Nein, also ... na ja. Mir ist ein besserer Plan einge...“, druckste Thierry herum.

„Jetzt raus mit der Sprache!“, unterbrach ihn Elsie aufgebracht.

„Also gut“, gestand er. „Gestern konnte ich überhaupt nicht mit Knochenteunis reden, weil plötzlich ein anderer Mann auftauchte. Ein feiner Herr. Er bot dem Knochenteunis ein Geschäft an: Petroleum soll er für ihn schmuggeln. Der Herr bot ihm Geld dafür. Aber Knochenteunis lehnte ab, weil er seinen Gewinn nicht teilen wollte. Und dann ...“ Thierry stockte.

Lügen haben kurze Beine. Warum fiel ihm jetzt ausgerechnet einer von Großvaters bedächtig vorgetragen sonntäglichen Sprüchen ein? Thierry verscheuchte den Gedanken. Manchmal war es einfach notwendig zu lügen.

„Die Wahrheit ist immer noch das beste Pferd, auf das du setzen kannst." Das hatte sein Vater immer gesagt, wenn er Thierry beim Lügen ertappte und die Wahrheit aus ihm herauskitzeln wollte. Aber sein Vater war seit mehr als einem Jahr in Deutschland und musste Sachen tun, für die ein aufrechter Belgier sich schämen sollte. „Warum soll ich dann auf seine Ratschläge hören?", dachte Thierry trotzig.

Seine Mutter hingegen hatte das mit der Wahrheit und der Lüge nicht allzu ernst genommen. Sie hatte ihm das Buch mit der hölzernen Marionette vorgelesen, ihm hie und da auf die Nase gestupst und gemeint, dass er nur aufpassen solle, dass seine Nase nicht auch ganz schrecklich in die Länge wachse. Er hatte sich ein bisschen geschämt. Sie aber hatte ihn an sich gezogen und ihm zugeflüstert, dass ein kleines bisschen niemandem auffallen würde.

An Mama zu denken, tat weh. Thierry schluckte. Die richtige, echte Wahrheit war mittlerweile so verworren, dass er nicht wusste, wo er anfangen sollte. Deshalb sagte er hastig: „Ich dachte, dass Knochenteunis trotzdem Geld brauchen kann, um das Petroleum zu bezahlen. Also habe ich es mir besorgt."

„Besorgt?" Elsie schaute ihn entsetzt an. „Woher besorgst du dir eine so große Summe Geld?! Was meinst du überhaupt mit ‚besorgt'?"

„Großvater schickt Großtante Sidonia Geld für meinen Unterhalt. Das letzte Kuvert habe ich vom Briefträger in Empfang genommen und es nicht abgegeben. Großtante Sidonia glaubt jetzt, dass das Geld unterwegs verloren gegangen ist. Heutzutage weiß doch keiner mehr genau, ob die Post ankommt oder nicht." Sogar in seinen eigenen Ohren klang das unglaubwürdig. Niemand würde so viele Geldscheine in einen Umschlag stopfen und mit der Post verschicken.

„Das ist klauen", flüsterte Elsie.

Thierry errötete. Am liebsten hätte er ihr gesagt, dass er sich diese Geschichte nur ausgedacht hatte, aber dann müsste er ihr die Wahrheit sagen. Und dafür war einfach keine Zeit. Er musste schleunigst von hier verschwinden.

„Ja, aber es geht hier immerhin um Alberts Leben. Wenn ich

Großvater darum bitten könnte, würde er mir das Geld sicherlich geben, verstehst du?"

Elsie betrachtete nochmals die Scheine. Sie wollte nicht ohne Thierry zur Grenze aufbrechen. Was, wenn Albert vor lauter Panik plötzlich seltsame Dinge machte? Was, wenn ihm alles zu viel würde? Wie sollte sie damit allein fertig werden? In Geel gab es immerhin die Anstalt. Wenn notwendig, kam ein Arzt vorbei, und im schlimmsten Fall würde dieser Albert für eine Weile nach Drinnen bringen. Aber wirklich nur im schlimmsten Fall. Drinnen war Albert todunglücklich. Drinnen wollte Albert aus dem Fenster springen. Sie mussten wirklich weg von hier. Sie hatten keine andere Wahl. Elsie hob den Kopf.

„Ich habe Mama ja einen Brief hinterlassen. Also ist es nicht wirklich notwendig, dass du sie besuchst. Außerdem ...", sie holte Luft, „habe ich geschrieben, dass du wahrscheinlich mitgehen wirst, weil wir zu zweit besser auf Albert aufpassen können."

Das war eine Notlüge; aber Notlügen waren nicht so verwerflich. Sie würde gleich bei Mina angekommen zur Beichte gehen.

„Was?" Thierry glaubte, sich verhört zu haben.

„Ja", legte Elsie noch ein Schäufelchen nach, „Mama hat den Brief bestimmt gestern Abend dem Leutnant gezeigt, und der wird nun wissen, dass du Bescheid weißt. Es wundert mich eigentlich, dass sie nicht gestern schon zu dir gekommen sind, um dich zu befragen."

Sie senkte schuldbewusst den Kopf.

„Du lässt mich nach Hause gehen, obwohl du weißt, dass die Deutschen kommen könnten?!" Jetzt war es an Thierry, entsetzt zu sein.

„Machen wir das Beste daraus", sagte Elsie rasch.

„Das Beste, das Beste", rief Thierry mit unterdrückter Stimme. Wie sollten sie aus diesem Schlamassel jemals wieder heil herauskommen? Knochenteunis erwartete ihn ja. Er konnte sich nicht mit Elsie an Bord verstecken und so tun, als kenne er ihn nicht. Nein, er musste seinen Plan durchziehen und später Elsie alles ganz ehrlich erklären.

„Jetzt musst du mir vertrauen", sagte er. „Ich habe dir noch etwas verschwiegen, aber wenn der Plan gelingen soll, musst du genau das machen, was ich sage."

Elsie hörte den Ernst in seiner Stimme. Was auch immer Thierry ihr verschwieg, es musste warten.

„Aber du gehst mit uns mit", forderte sie.

„Ja", versprach Thierry. „Ehrenwort." Komischerweise fühlte er sich plötzlich erleichtert, als hätte sich ein Knoten, der sein Innerstes zusammengeschnürt hatte, gelöst.

Auf einmal hätte er sich gerne mit ihr und Albert in aller Ruhe ins Gras am Ufer des Kanals gesetzt und alles erzählt, was ihm in Geraardsbergen widerfahren war. Albert hätte bestimmt verstanden, warum er solche Angst davor hatte, wieder eingesperrt zu werden. Albert hätte ihn keinen Feigling genannt, weil er den anderen Jungen nicht hatte helfen können. Und Elsie? Da war er sich nicht ganz so sicher. Sie würde zuerst wütend sein und ihn vielleicht sogar verachten. Aber nach dem ersten Ärger? Einen ehrlichen Feigling mochte sie bestimmt lieber als einen mutigen Lügner.

Er holte tief Luft und sagte entschlossen: „Elsie, wir zwei retten Albert. Es wird uns gelingen, wenn du mir jetzt vertraust."

Elsie kaute auf ihrer Unterlippe und kratzte mit dem Zeigefingernagel an der Innenseite ihres Daumens, bis es weh tat. Konnte sie ihm glauben? Was verschwieg er ihr eigentlich alles? Dass es nichts war, worauf er stolz war, konnte sie ihm ansehen. Wer weiß, welche Lügen er über sich erzählt hatte? Aber sie hatte keine andere Wahl, als ihm jetzt trotz allem zu vertrauen.

„Was soll ich tun?", fragte sie.

„Du versteckst dich wieder mit Albert zwischen den Särgen. Ich passe Knochenteunis vor dem Schiff ab, rede mit ihm und komme dann gemeinsam mit ihm an Bord. Erst wenn wir unterwegs sind, darfst du mit Albert unter der Plane hervorkriechen. Du bietest ihm das Geld an, damit er euch beide über die Grenze schmuggelt."

Elsie öffnete den Mund.

„Nein, lass mich ausreden. Du musst dann so tun, als würdest du überrascht sein, mich hier zu sehen. Alles andere musst du mir überlassen. Einverstanden?"

Elsie zögerte.

Thierry streckte seine Hand aus. „Bitte, Elsie. Es ist ein guter Plan. Er wird gelingen."

„Also gut. Aber ab jetzt keine Lügen mehr, versprochen?" Elsie schlug ein.

Thierry nickte froh. Komisch, dass ein Handschlag so gut tun konnte.

„Keine Lügen mehr!", versprach er. „Und sobald wir in Ruhe miteinander reden können, erzähle ich dir die ganze Wahrheit, auch wenn du danach böse auf mich sein wirst."

Bevor Elsie darauf noch etwas erwidern konnte, stand Thierry bereits auf der Planke. Er musste mit den Armen rudern, um nicht ins Wasser zu fallen, so schnell querte er sie.

Auf Schmuggelfahrt

Unweit der Schleuse stellte sich Thierry hinter einen Baum. Von hier aus konnte er das Schiff und die Schleuse gut beobachten. Er musste nicht lange warten, bis er die leicht gebeugte Gestalt des Totengräbers auf den Schleppkahn zukommen sah. An einem Strick führte er ein Pferd. Thierry kam hinter dem Baum hervor und rannte auf ihn zu.

„Soll ich Ihnen mit dem Pferd helfen?", bot er an.

„Lass es. Gib mir lieber den Umschlag." Teunis streckte seine Hand aus.

„Ich habe keinen", sagte Thierry.

„Was?"

„Ich soll Ihnen nur etwas ausrichten." Thierry hatte gerade genug Zeit gehabt, sich einen neuen Plan zu überlegen.

„Die Quelle sprudelt woanders", sagte er.

„Was soll das denn?"

„Keine Ahnung." Thierry mimte den Ahnungslosen. „Herr Kortemann hat mir bloß aufgetragen, Ihnen diesen Satz zu sagen: ‚Die Quelle sprudelt woanders.'" Er zuckte bedauernd mit den Schultern.

„So ein Schwein, so ein elendes Schwein“, knurrte der Totengräber.

„Ist etwas schiefgelaufen?“, fragte Thierry unschuldig.

„Schiefgelaufen!“ Teunis spuckte auf den Boden. „Zuerst drängt er sich mir auf, will unbedingt mit mir ins Geschäft kommen. Ich lasse mich weichklopfen, und plötzlich meint der Herr, dass er es woanders billiger bekommen kann. Weiß Gott, wie ich jetzt das Geld so rasch auftreiben soll.“ Eine Reihe von Flüchen folgte, die Thierry noch nie gehört hatte.

Plötzlich dämmerte es Teunis, dass er womöglich im ersten Ärger viel zu redselig gewesen war. In Zeiten wie diesen war es wirklich nicht klug, über solche Geschäfte zu reden. Aber er war zu aufgebracht gewesen.

„Was erzähle ich dir das überhaupt. Lauf nach Hause und vergiss, was ich da gerade gesagt habe“, fuhr er Thierry an.

Thierry rührte sich nicht. Im Gegenteil, er schaute dem Totengräber direkt in die Augen.

„Ich kann den Mund halten, und für den Fotografen werde ich sicher keine Botengänge mehr erledigen. So einer kann mir gestohlen bleiben“, sagte er.

Teunis spuckte abermals auf den Boden.

„Verrecken kann er. Das kannst du ihm noch ausrichten.“

„Fahren Sie jetzt gar nicht?“, fragte Thierry.

„Ich muss ja fahren, ich habe Särge zu liefern. Für nichts und wieder nichts habe ich das alles eingefädelt. Auf dem Geld für Boot und Pferd bleibe ich wohl auch sitzen. Der Mistkerl!“

„Ich könnte Ihnen helfen, das Pferd zu führen“, bot Thierry an. „Dann können Sie bequem im Boot sitzen bleiben.“

„Hast nichts Besseres zu tun? Muss so einer wie du nicht die Schulbank drücken?“ Teunis beäugte das Gewand des Jungen. Keine Flicken, nicht zu lang und nicht zu kurz. Sogar Lederschuhe hatte er an den Füßen.

„Nein. Die Schule kann mir gestohlen bleiben. Was lernt man da heutzutage überhaupt noch? Aber wenn Sie keine Hilfe brauchen, gehe ich“, erwiderte Thierry genauso unwirsch.

Teunis kniff die Augen misstrauisch zusammen. Das, was der

Junge sagte, passte überhaupt nicht zu dem, wonach er aussah: ein Kind aus der Stadt, behütet und wohlerzogen.

„Dass deine Eltern mir die Gendarmerie hinterherschicken, würde mir gerade noch fehlen."

„Keine Sorge. Ich habe keine Eltern mehr, und meine Großtante ist höchstens erleichtert, wenn sie mir ab heute keinen Teller mit Essen mehr hinstellen muss. Die missgönnt mir jeden Bissen."

„Aha." Teunis schob die Kappe nach hinten und kratzte sich am Kopf.

Die Aussicht, stundenlang neben dem Pferd her zu trotten, hatte ihm nie behagt, und wenn der Bengel ihn nicht anlog, würde also keiner nach ihm suchen.

„Willst du etwa weglaufen?", mutmaßte er.

Thierry nickte.

Teunis kratzte sich nochmals, dann rückte er die Kappe wieder zurecht.

„Einer, der wegläuft, will nicht gefunden werden", dachte er. „Und jetzt, wo die Deutschen wie die biblische Heuschreckenplage Richtung Frankreich drängen, haben die Gendarmen alle Hände voll damit zu tun, für Ruhe und Ordnung zu sorgen. Um einen kleinen Ausreißer werden sich die nicht großartig kümmern."

„Zahlen werde ich dir nichts", warnte er. „Keinen einzigen Centime."

„Ist mir auch recht. Hauptsache, ich komme fort von hier", antwortete Thierry gleichmütig und unterstrich seine Worte, indem er wie Teunis vor sich auf den Boden spuckte.

„Kannst du überhaupt ein Pferd führen?"

„Klar", sagte Thierry zuversichtlich. Er hatte oft genug zusammen mit Elsie das Pferd von der Weide in den Stall gebracht. Der Gaul hatte, sobald er zum Stillstand gekommen war, den Kopf gesenkt und rupfte nun das Unkraut neben dem Kanalpfad. Seine Kiefer mahlten methodisch und langsam. Nichts schien ihn aus der Ruhe bringen zu können. Der Strick hing lose auf den Boden herab. Teunis wischte sich mit dem Handrücken über die Nase, während er geräuschvoll den Rotz hochzog.

„Einen Versuch ist es wert. Aber wenn du nichts taugst, versohle ich dir den Hintern, dass du fünf Tage lang auf keinem Stuhl sitzen kannst“, drohte er.

In weniger als einer Viertelstunde hatte Teunis dem Pferd das Geschirr angelegt und die Taue des Schleppkahns von den Bollern gelöst.

„Los!“, rief er Thierry zu. „Und nicht zu langsam! Wenn du unbedingt mitwillst, musst du dich anstrengen.“

Thierry nickte, nahm den kurzen Strick, der am Halfter befestigt war, und zerrte den Kopf des Pferdes in die Höhe.

„Jetzt ist Schluss mit der Fresserei“, sagte er. „Jetzt wird gearbeitet.“

Einen Augenblick lang schüttelte das Pferd widerwillig den Kopf, aber Thierry gab nicht nach. Er zog ein wenig fester an dem Strick und machte einen Schritt nach vorne. Das Pferd folgte und das dicke Seil, das zum Schiff führte, straffte sich.

„Nur weiter so“, redete Thierry dem Pferd zu.

Das Schiff setzte sich langsam in Bewegung.

„Immer am Kanal entlang bis zur vierten Schleuse. Achte darauf, dass der Gaul nicht ständig stehen bleibt“, rief Teunis vom Schiffsdeck aus hinüber. Thierry hob die Hand, ohne sich umzudrehen. Das Pferd neben ihm schnaubte kurz, als verstünde es die Aufforderung, und verfiel in einen langsamen, aber gleichmäßigen Trott.

Teunis schaute ein paar Minuten lang zu und kam zu dem Schluss, dass der Junge das Pferd im Griff hatte. Gegen ein Nickerchen im Laderaum gab es nun nichts einzuwenden.

Unter der Plane zwischen den Särgen versteckt, spürte Elsie die Bewegung des Schiffes und hörte Teunis‘ Worte. Es gab also jemanden, der das Pferd führte. Dass es Thierry war, konnte sie nur hoffen. Sie beschloss, noch eine Weile zu warten, bis sie sich mit Albert zeigen würde. Das Schaukeln des Schiffes machte sie schläfrig. Neben ihr erging es Albert nicht anders.

Als sie mit einem Ruck erwachte, wusste sie nicht, wie lange sie geschlafen hatte. Aber plötzlich glaubte sie, unter der Plane ersticken zu müssen. Schlimmer noch, sie hatte das beklemmende Gefühl, dass sich die Särge bewegten. Sie schienen nicht nur zu schwanken, sondern Millimeter um Millimeter näher zu rücken.

Elsie weckte Albert und deutete ihm, ihr zu folgen. Sie krabbelten unter der Plane hervor und sahen, dass die Sonne die Nebeldecke aufgelöst hatte. Elsie richtete sich auf und blickte nach vorne. Sie war erleichtert zu sehen, dass Thierry das Pferd am Strick führte. Er hatte sein Wort gehalten.

Aber wo war Teunis? An Deck konnte sie ihn nicht ausmachen. Achtern hinter den Särgen befand sich der Zugang zum Laderaum.

„Du wartest hier", sagte sie zu Albert. „Du kannst dich da hinsetzen und den Rücken an den vordersten Sarg lehnen."

Albert machte protestierende Geräusche.

„Du brauchst dich nicht aufzuregen. Ich gehe nur unser Fahrgeld bezahlen", sagte Elsie betont unbekümmert und klang zuversichtlicher, als sie es war.

„Nur zahlen", murmelte Albert.

„Genau. Es ist nichts dabei. Außerdem kannst du da vorne besser sehen, wie Thierry das Pferd führt. Du kannst ihm auch zuwinken."

Weil Albert zögerte, packte sie seine Hand und brachte ihn zu der Stelle, die sie als Sitzplatz für ihn bestimmt hatte. Dort drückte sie ihn hinunter, bis er saß.

„Ich bin gleich wieder da", versprach sie und ließ ihn sitzen.

Es war nicht so einfach, an den Särgen vorbeizugehen. Das Deck war nicht flach, sondern bestand aus Ladelukendeckeln, die sich vom Mittelbalken auf beiden Seiten hinunter zum Rand des Schiffes wölbten. Teunis hatte sich nicht die Mühe gemacht den Laderaum abzudecken, um die Särge unten zu verstauen, sondern er hatte sie mit Seilen aneinander festgebunden und sie so auf den Ladelukendeckeln platziert, dass sie sich auf Grund ihres Eigengewichts links und rechts vom Mittelbalken gegenseitig in Balance hielten. Zwischen den Särgen und dem Rand des Schiffes war dadurch allerdings nur mehr der schmale Umlauf frei, kaum breiter als ein Männerfuß. Sich mit beiden Händen an der Plane festkrallend, setzte Elsie Fuß vor Fuß. Sie musste höllisch aufpassen, nicht vom Schiff zu fallen. Erst als sie an den Särgen vorbei war und das Ende des Schiffes erreicht hatte, schnappte sie nach Luft. Sie hatte nicht gemerkt, dass sie den Atem angehalten hatte.

Die Tür, die den Eingang in den Laderaum freigab, stand einen Spalt breit offen. Elsie beugte sich vor, schob mit der Hand die Tür weiter auf und spähte hinein. Unterhalb der kurzen, steilen Holztreppe konnte sie im Halbdunkel eine Matratze ausmachen und darauf eine ausgestreckte Gestalt.

Elsie räusperte sich und rief leise in den Laderaum hinunter: „Entschuldigung, Herr Teunis?"

Sie stockte. Der Knochenteunis war doch kein Herr. Aber wie sollte sie ihn anreden? Jeder, der über ihn sprach, nannte ihn nur den Knochenteunis. Seinen Nachnamen kannte sie gar nicht.

„Herr Teunis?", wiederholte sie deshalb etwas lauter. „Herr Teunis!"

Mit einem Ruck kam Bewegung in die Gestalt auf der Matratze.

Teunis setzte sich auf und schaute die Treppe hinauf. Er musste gegen das Licht schauen, und glaubte im ersten Augenblick, nicht recht zu sehen. Was machte ein Kind, ein Mädchen noch dazu, an Bord?

„Entschuldigung. Ich möchte meine Fahrt bezahlen."

Jetzt glaubte Teunis, sich verhört zu haben. Er rappelte sich von der Matratze auf und rückte seine Kappe zurecht.

„Was willst du?!", fragte er heiser.

„Albert und ich wollen mitfahren. Ich kann auch bezahlen. Ich habe Geld."

Elsie tastete ungeschickt nach dem Briefumschlag unter ihrer Weste.

„Jetzt wart mal", grummelte Teunis. „Ich hab da gerade keinen Durchblick. Wer zum Teufel ist Albert? Wie bist du überhaupt an Bord gekommen?"

Elsie setzte zu einer Antwort an, aber Teunis fuchtelte mit der Hand.

„Lass mich zuerst an die frische Luft."

Elsie wich zurück und sah zu, wie Teunis die steilen Stufen

überwand und seinen Kopf nach draußen streckte. Gleich darauf stand er neben ihr.

„Was ist es, was du willst?“, fragte er. „Mitfahren?“

Elsie nickte und sagte tapfer: „Albert und ich, wir brauchen eine Fahrt zur Grenze. Ich weiß, dass Sie so was machen. Ich kann auch zahlen.“ Wieder fasste sie mit der Hand unter ihre Weste.

„Dass ich was mache?“, herrschte Teunis sie an.

„Schmuggeln“, flüsterte Elsie eingeschüchtert.

Teunis stieß ein kurzes Lachen aus.

„Schmuggeln?! Wie kommst du auf so eine Idee? Ich habe ein paar Särge in Ravels abzuliefern. Ein ehrliches Geschäft. Ich habe nichts zu verbergen. Schmuggeln! Dass ich nicht lache.“

„Aber Sie erzählen doch Frans und den anderen Jungs immer ...“ Elsie verstummte und schaute ihn bestürzt an. In ihren Gedanken war der Plan so einfach gewesen. „Ich kann auch gut bezahlen.“

Ihre Hand steckte noch immer unter der Weste, und weil sie nicht wusste, was sie sonst noch sagen konnte, zog sie stattdessen die Geldscheine aus dem Kuvert hervor.

Teunis starrte darauf. In seinem Kopf überschlug er den Betrag. Das Mädchen hielt mindestens vierhundert Franken in der Hand. Damit könnte er wenigstens einen Teil des Petroleums doch noch einkaufen.

„Vielleicht kann ich mal eine Ausnahme machen“, brummte Teunis. „Ich habe schon ein paar nützliche Verbindungen. Aber ob da vierhundert Franken ausreichen?“

Zufrieden stellte er fest, dass das Mädchen nochmals unter ihre Weste langte und weitere Geldscheine hervorholte.

„Mehr hab ich nicht, ehrlich. Reicht das?“ Sie schaute ihn mit ängstlichem Gesicht an.

„Das wird sich zeigen.“

Er streckte die Hand aus, aber Elsie schüttelte den Kopf und steckte die Geldscheine rasch wieder unter ihre Weste. „Erst wenn wir wissen, wie wir über die Grenze kommen“, sagte sie entschieden.

„Ganz schön durchtrieben für dein Alter“, schimpfte Teunis.

Er könnte sich das Geld nehmen und das Mädchen in den Laderaum sperren. Aber bestimmt würde es schreien und der Junge würde es hören. Und wer war eigentlich dieser Albert, von dem es sprach und der mit ihm über die Grenze musste? Womöglich war das ein Bär von einem Mannsbild, und dieser hatte das kleine Mädchen vorausgeschickt, um den Preis zu drücken. Gut, dass er auf das erste Angebot nicht hereingefallen war.

„So", sagte er deshalb. „Wo ist dieser Albert? Wir besprechen das gemeinsam. Keine krummen Sachen, verstanden?"

Langer Franz

Als Thierry die vierte Schleuse erreichte, ließ er das Pferd anhalten. Immer wieder hatte er sich in den letzten Stunden nach dem Schleppkahn umgedreht. Auch vom Kanalpfad aus hatte er mitbekommen, dass Elsie und Albert ihr Versteck verlassen und mit Teunis geredet hatten. Dass dieser ihm nicht zugebrüllt hatte, das Schiff zu stoppen, ließ Thierry hoffen, dass Elsie und der Totengräber sich geeinigt hatten.

Sobald das Pferd den Zug des Strickes nicht mehr spürte, senkte es den Kopf und fing an, Gras zu rupfen. Thierry wandte sich um.

„Die vierte Schleuse", rief er zum Schiff hinüber.

Teunis kam nach vorne. Mit einer langen Stange, an der ein Haken befestigt war, angelte er nach einem Eisenring in der Kanalmauer. Er zog an, bis das Schiff längs der Mauer lag. Aus seinem Häuschen trat der Schleusenwärter.

„Tag", grüßte er.

„Ja, auch. Nach Ravels. Ich möchte vor dem Abend ankommen."

„Nach Ravels." Der Schleusenwärter schaute zu den Planen hinüber.

„Särge", sagte Teunis und hob einen Zipfel der Plane hoch, um die Ware zu zeigen. „Sechs Stück. Gestorben wird nicht nur an der Front."

„Sonst nichts?“, fragte der Schleusenwärter misstrauisch.

„Zwei Passagiere, die müssen auch nach Ravels.“

„Und der Junge dort?“ Der Schleusenwärter nickte mit dem Kinn Richtung Thierry.

„Der Bengel hilft mir heute. Das ist ja nicht verboten, oder?“

Der Schleusenwärter kicherte.

„Verboten sind andere Dinge. Wie du und ich beide ganz gut wissen.“

„Jetzt mach deine Schleuse auf. Ich habe keine Zeit für Plaudereien.“

Der Schleusenwärter kicherte wieder.

„Auf dem Rückweg wirst du wohl ein wenig mehr Zeit für mich haben müssen“, warnte er. „Eine Hand wäscht die andere, vergiss das nicht.“

„Werde sehen“, knurrte Teunis. „Werde sehen.“

Dann herrschte er Thierry an: „Steh da nicht wie blöd herum! Löse das Zugseil und wirf es an Bord. Dann führst du den Gaul um die Schleuse herum. Wir biegen hier nach Norden in den Desselkanal ab.“

Und wieder zum Schleusenwärter gewandt: „Wenn man dem nicht sagt, dass er atmen soll, vergisst er sogar darauf.“

Ab der Schleuse gingen Elsie und Albert zu Fuß mit Thierry, und Albert nahm den Strick.

„Nicht trödeln und tratschen“, rief Teunis. vom Schleppkahn zu ihnen hinüber. „Es sind noch gute zwanzig Kilometer bis Ravels.“

„Noch zwanzig“, dachte Thierry. „Das sind mindestens noch vier oder fünf Stunden Fußmarsch.“

„Bist du sehr müde?“, fragte Elsie, die froh war, sich die Beine vertreten zu können.

„Es geht“, brummte Thierry. „Hauptsache, wir sind zur Grenze unterwegs. Was hast du mit Knochenteunis ausgehandelt?“

„Bei Ravels stehen Pferd und Wagen bereit für die Särge. Der Mann, dem der Wagen gehört, ist einer, der über die Grenze geht. Mehr hat er nicht gesagt.“

„Weißt du, wie weit es von Ravels bis zur Grenze ist?“

„Zehn, zwölf Kilometer, schätze ich“, sagte Elsie. „Als wir das letzte Mal Mina besucht haben, sind wir allerdings mit dem Zug gefahren. Das war noch vor dem Krieg. Ich kann mich nur an den Bahnhof erinnern. Der war riesig. Dutzende Gleise lagen nebeneinander, und das Stationsgebäude war bestimmt doppelt so lang wie Sankt Dymphna. Wir sind nach der Frühmesse aufgebrochen und zuerst mit der Straßenbahn nach Turnhout und von dort mit dem Zug nach Baarle gefahren. Zum Mittagessen waren wir schon bei Mina. Also kann es von Ravels auch nicht so weit sein. Das liegt doch näher an der Grenze.“

„Aber mit Zug und Straßenbahn fährt man viel schneller“, warf Thierry ein. „Was ist, wenn wir es heute nicht bis zur Grenze schaffen und irgendwo übernachten müssen?“

„Jetzt sei nicht so pessimistisch“, rügte Elsie ihn. „Knochenteunis wird uns schon nicht reinlegen. Er muss doch wissen, dass wir ihn verraten können, wenn er uns betrügt.“

„Aber es kann noch so viel schiefgehen und wenn sie uns erwischen, dann ...“ Er stockte. Jetzt sollte er von den Steinen auf den Gleisen, von dem Kellerverlies und dem Verhör erzählen. Er spürte, wie Elsie ihn anschaute.

„Bevor ich nach Geel kam, war ich im Gefängnis“, fing er an. „Nur eine Nacht und dann ...“

Er ließ nichts aus und er beschönigte nichts.

Und Elsie war nicht wütend geworden, nicht einmal, als ihr klar wurde, wie oft er gelogen hatte. Sie gingen eine ganze Weile schweigend nebeneinander und hörten zu, wie Albert das Pferd mit den ewigen selben munteren Worten vorwärts führte.

„Wegen Hotte wollte Frans ein Gewehr packen und Deutsche erschießen“, sagte Elsie schließlich leise. „Papa hat ihm dafür Prügel angedroht und ich ... ich ...“ Sie stockte kurz. „Ich dachte mir, dass es den Deutschen recht geschehe. Ich weiß natürlich, dass man sich das nicht denken darf. Aber gefühlt habe ich es trotzdem. Und bei dir war es kein Hund, sondern deine Mama.“ Sie seufzte. „Ich hasse den Krieg. Ich hasse ihn so sehr.“

Elsie griff nach seiner Hand und drückte fest zu.

„Wir sind Freunde", sagte sie. „Und überhaupt, wie soll man noch wissen, was richtig und was falsch ist? Den Leutnant hasse ich, aber den Koch nicht. Verstehst du?"

Thierry nickte. „Am liebsten würde ich mich jetzt irgendwo hinsetzen und warten, bis alles vorüber ist", gestand er. Seine Beine fühlten sich auf einmal bleischwer an und er spürte, wie die Tränen hochkamen.

Elsie ließ seine Hand nicht los. „Ich auch, aber das geht jetzt nicht. Wir beide müssen Albert retten. Der Krieg soll ihn nicht kaputt machen."

Sie erreichten Ravels erst gegen Abend.

Wie angekündigt, wartete dort ein breiter Wagen mit zwei Pferden auf die Sarglieferung. Als Teunis den Schleppkahn am Ufer vertäut hatte, streckte er seine Hand aus.

„Das Fahrgeld", verlangte er.

Elsie schüttelte den Kopf. „Erst, wenn wir wissen, wie es weiter geht."

Teunis fluchte leise, bevor er auf den Wagen zeigte.

„Wie ausgemacht. Dort steht der Lange Franz, der euch helfen kann, über die Grenze zu kommen."

„Erst, wenn Sie mit ihm geredet haben", sagte Elsie beharrlich.

„Genau", pflichtete Thierry ihr bei. „Zuerst brauchen wir seine Zusage, dass er uns über die Grenze schmuggeln kann."

„Was heißt hier wir?" Teunis starrte ihn an. Dann verzog er das Gesicht zu einem Grinsen.

„Du fängst früh an", sagte er anzüglich. „Du gehst ein paar Stunden mit einem Mädchen und schon hat sie dich bezirzt? Na ja. Geht mich ja nichts an, oder?" Er wieherte heiser. „So und jetzt das Geld. Eigentlich müsste ich nun für drei Passagiere den Preis berechnen."

„Erst, wenn alles geregelt ist." Elsie gab nicht nach.

Teunis warf ihr einen bösen Blick zu.

„Na, gut, komm mit. Wenn hier in meiner Brust nicht ein gutes Herz für die Verrückten schlüge, würde ich mich überhaupt nicht um dich scheren", brummte er, aber er stieg vom Boot ans Ufer und ging auf den Karren zu.

„Dieser Albert und du", rief er Thierry über die Schulter zu. „Ihr könnt inzwischen die Plane abdecken. Aber passt auf, dass die Särge nicht baden gehen. Kein Toter liegt gerne nass!"

Er wieherte wieder sein heiseres Lachen.

„Was soll ich?" Langer Franz schaute vom Bock herab auf Teunis und Elsie.

„Diese drei müssen über die Grenze", erklärte Teunis nochmals. „Es war nicht meine Idee. Die haben mich überrumpelt. Aber der kleine Mann da ist einer aus der Kolonie von Geel. Der hat sich mit den Deutschen angelegt, behauptet das Mädchen hier. So übel, dass sie ihn an die Wand stellen wollen, wenn sie seiner habhaft werden."

Das war gelogen. Aber Elsie hatte gefunden, dass aus dem Fenster in den Tod zu springen letztendlich dasselbe Ergebnis brachte.

„Sie versteckten sich unter der Plane und als sie sich zeigten, habe ich sie nicht an Land gesetzt, sondern hierher mitgenommen. Ich kann das ja nicht zulassen, oder? Erschießen!" Teunis gab den selbstlosen Helfer.

„Und was soll ich tun?", fragte Langer Franz abweisend.

„Sie zur Grenze bringen und ihnen zeigen, wie sie durch den Draht kommen. Oder willst du so einen armen Teufel auf dem Gewissen haben? Du weißt doch, den Armen im Geiste, denen muss man helfen. Das ist Christenpflicht. Das kann dir jeder Pfarrer vorbeten. Man versündigt sich, wenn man es nicht tut."

„Du hast leicht reden, Teunis. Deine Bootsfahrt war ja eher beschaulich als gefährlich. Durch den Draht gehen ist eine ganz andere Sache."

„Du hast Mittel und Wege. Das weiß ich genau."

„Da müssen Vorbereitungen getroffen werden, die nicht ganz billig sind."

„Christenpflicht. Was soll so einer schon besitzen? Außer Hemd und Hose."

Elsie wurde es zu bunt, und bevor Teunis sie stoppen konnte, mischte sie sich ein: „Wir zahlen selbstverständlich. Sechshundert Franken habe ich dabei."

„Willst du wohl!", fuhr Teunis sie an und hob die Hand zum Schlag. Elsie duckte sich, sagte aber trotzdem: „Sechshundert Franken, wenn wir drei über die Grenze kommen. Wie ihr beide das untereinander aufteilt, bleibt euch überlassen." Ihre Stimme zitterte.

Langer Franz kniff die Augen zusammen.

„So ist das also. Du wolltest mir meinen Anteil vorenthalten", stellte er fest.

Teunis warf Elsie einen wütenden Blick zu. „Alle Weibsbilder sind gleich", murmelte er, dann aber fügte er sich in das Unvermeidliche.

„Also gut, wir teilen uns das Geld. Die sechshundert Franken überlasse ich dir zur Gänze für das Petroleum, und vom Gewinn beim Verkauf bekommst du nochmals dreißig Prozent."

„Sechzig. Schließlich riskiere ich hier bei dieser Sache Kopf und Kragen."

„Vierzig, mein Kopf rollt leichter. Es braucht nur einer meiner Kunden sich verplappern oder unvorsichtig sein, und ich bin dran. Und du weißt, dass von mir keiner je erfahren wird, woher ich die Ware beziehe. Nicht einmal, wenn sie drohen, mich zu erschießen."

„Das kannst du leicht behaupten. Sie haben dich noch nie erwischt. Manch einer hat gleich beim ersten Verhör sogar seine Großmutter verraten. Fünfzig. Das ist mein letztes Angebot."

Langer Franz stieg vom Wagen. Erst jetzt sah Elsie, wie groß er in Wirklichkeit war. Er überragte Teunis um drei Kopflängen und sie selbst reichte ihm gerade mal bis zum Bauch.

„Kommen wir ins Geschäft?", fragte er und streckte Teunis seine Hand entgegen.

Dieser schlug widerwillig ein. Elsie kam sich vor wie ein Stück Vieh. Genauso feilschte ihr Vater am Markt, wenn er die überzähligen Kälber und Ferkel verkaufte.

„Dann steigt mal auf den Wagen", sagte Langer Franz, als Teunis und er die Särge aufgeladen und das Geld aus dem Kuvert seinen

Besitzer gewechselt hatte. „Unterwegs werden wir alles Weitere besprechen. Du kannst vorne bei mir sitzen."

Elsie kletterte auf den Kutschbock. Langer Franz nickte ihr zu.

„Wenn uns jemand anhält, bist du meine Nichte, und ich habe dich mitgenommen, weil es dein Geburtstag ist." Er kniff Elsie in die Wange. „Du kannst mich Onkel Meeuwis nennen und dich mit einem Kuss bedanken."

Elsie rückte so weit wie möglich von ihm weg.

„Und ihr", Langer Franz drehte sich nach hinten um, wo Albert und Thierry rittlings auf einem Sarg saßen. „Euch habe ich zum Helfen mitgenommen, weil mich der Rücken wieder mal plagt. Verstanden? Und haltet euch fest. Wenn einer von euch runterfällt, bleibe ich nicht stehen, um euch aufzuklauben. Mit einem gebrochenen Bein gelangt niemand über die Grenze. Verstanden?"

Thierry nickte, und Albert ließ sich vom Sarg hinuntergleiten, bis er am Boden des Karren saß.

Langer Franz zog an den Zügeln und die beiden Pferde setzten sich in Bewegung.

So einer ist kein Gauner

Langer Franz brachte Elsie, Thierry und Albert bis zu seinem Bauernhof, der abgelegen inmitten von Weiden lag. Sie hatten in Ravels noch die Särge abgeladen und erreichten den Hof erst, als es bereits finster war. Elsie war gegen Langer Franz gelehnt eingeschlafen, und auch Thierry und Albert musste er wachrütteln.

„Sind wir bei der Grenze?", fragte Elsie und rieb sich verschlafen die Augen.

„Nee, junge Dame. Aber es ist nicht mehr weit. Hier ist zunächst einmal Endstation. Während ich die Pferde versorge, könnt ihr ins Haus in die Küche gehen. Frau Mutter sitzt dort. Sag ihr, dass ihr aus dem Dorf kommt, um ihr morgen bei der Wäsche zu helfen."

„Aber ...", protestierte Elsie.

„Keine Bange. Sie ist an die neunzig und seit Jahren wirr im

Kopf. Sie vergisst alles gleich wieder. Sie weiß nicht einmal, dass Krieg ist. Also lasse ich sie in dem Glauben, dass die Welt noch immer so ist, wie sie immer war."

In der Küche, in der es nach gekochter Milch roch, glaubten sie zuerst, dass niemand da war, so klein und verhutzelt war die alte Frau, die in einem großen Lehnstuhl zwischen dicken Kissen halb begraben unter Decken saß. Erst als die Katze aufgescheucht von dem unerwarteten Besuch von ihrem Schoß sprang und fauchend einen Katzenbuckel machte, entdeckten sie die kleine Gestalt.

„Bist du es, Franz?"

Elsie und Thierry schauten sich an. Albert bückte sich zu der Katze hinunter, die sofort aufhörte zu fauchen und sich an seine Beine schmiegte, als er sie streichelte.

„Franz?" Die alte Frau starrte aus milchigen Augen in den Raum hinein. Ihr Blick streifte die Kinder und Albert, ohne sie wirklich zu sehen.

„Du bist spät dran heute. Hast du noch im Wirtshaus vorbeigeschaut?", tadelte sie milde.

Als sie keine Antwort erhielt, schüttelte sie unsicher ihren Kopf. „Franz?"

Elsie trat vor, als Thierry keine Anstalten machte, etwas zu sagen. Sie beugte sich über den Lehnstuhl und legte ihre Hand auf die Hände der alten Frau. Diese zuckte erschrocken zusammen.

„Wer ist es? Wer ist es?"

„Keine Sorge", sagte Elsie. „Franz hat uns aus dem Dorf mitgenommen. Wir sollen Ihnen morgen bei der Wäsche helfen."

„Was sagst du?"

Die alte Mutter richtete sich ein wenig auf, zog ihre Hand unter Elsies Hand weg und legte sie an das Ohr.

„Ich höre schlecht. Warum hat Franz euch mitgenommen?"

„Wir kommen aus Ravels. Wir helfen Ihnen morgen bei der Wäsche", wiederholte Elsie lauter.

„Aus dem Dorf?"

„Ja."

„Besuch? Das ist schön. Ich kann leider nicht aufstehen und euch was richten. Aber mein Sohn kommt bald. Er ist ein guter Junge. Warum habe ich Besuch, hast du gesagt?"

„Wir sollen bei der Wäsche helfen."

Die alte Frau schloss die Augen.

„Ah ja, viel Wäsche", murmelte sie. „Immer viel Wäsche. Das macht mich ganz müde." Ihr Kinn sank auf die Brust, und sie fing an leise zu schnarchen. Die Katze sprang wieder auf ihren Schoß und rollte sich zusammen. Albert, Thierry und Elsie setzten sich an den Küchentisch und warteten.

Als Langer Franz die Küche betrat und die Tür so fest zuzog, dass sie schepperte, wachte die alte Frau wieder auf.

„Tag, Mutter", rief Langer Franz und mit drei Schritten war er beim Lehnstuhl und küsste sie auf die Stirn. „Die Arbeit für heute ist getan. Hast du mir was Gutes gekocht? Ich habe einen Bärenhunger."

„Ah, ich sehe schon!" Langer Franz rieb sich die Hände. „Eine Suppe, und wie sie heute wieder duftet. Du bist die allerbeste Mutter."

Sie lachte.

„Ich muss den Tisch noch decken, oder?", fragte sie und versuchte unter den Decken hervorzukommen.

„Nein, lass nur. Ich bin dran." Langer Franz drückte seine Mutter wieder sanft zwischen die Kissen. „Du hast für heute genug gemacht. Du bist ja immer so fleißig. Jetzt hast du es verdient, ein wenig auszuruhen. Ich habe dir die Enkel von Trine mitgebracht und auch einen Knecht. Die Kinder helfen dir morgen bei der großen Wäsche und der Knecht kann mir den Stall ausmisten."

„Die Enkel von Trine. Wie geht es Trine?"

„Oh gut. Ich soll dich grüßen lassen. Sie kommt bald wieder mal vorbei."

„Schön, schön. Trine, oder?"

„Genau Trine. Das sind ihre Enkel. Sie helfen dir morgen bei der Wäsche."

„Gut, gut", murmelte sie.

Während Langer Franz seine Mutter ununterbrochen beschwatzte, legte er Kohle in den Herd und fachte mit einem Blasbalg das Feuer wieder an. Dann schnitt er dicke Brotscheiben ab. Mit einem Nicken beauftragte er Elsie, die Suppe umzurühren. Ein zweites Nicken zu Thierry sorgte dafür, dass dieser aus einem Schrank tiefe Teller auf den Tisch stellte und Löffel aus einer Lade holte. Die ganze Zeit über redete Langer Franz dabei unaufhörlich mit seiner betagten Mutter, die wie ein Echo zusammenhangslos einzelne Wörter wiederholte.

Als die Suppe warm war und ihr Duft den abgestandenen Geruch in der Küche vertrieb, hob Langer Franz seine Mutter aus dem Lehnstuhl heraus. Sie schien federleicht zu sein. Er setzte sie auf einen seltsamen Sessel, den er ganz offensichtlich selbst gezimmert hatte. Thierry erkannte, dass es sich dabei um ein halbiertes und vorne aufgeschnittenes Fass handelte, das Langer Franz auf einem Schemel festgenagelt und mit einem dicken Polster als Sitzkissen versehen hatte. Thierry, Albert und Elsie nahmen ebenfalls Platz. Alberts Bauch knurrte laut und er zog erschrocken eine entschuldigende Grimasse. Obwohl Langer Franz so nett zu seiner Mutter war, fühlte sich Albert unsicher. Wäre die Katze nicht gewesen, die nun wieder um seine Beine strich, wäre er davongelaufen.

„Mir knurrt der Magen auch schon“, beruhigte Elsie ihn.

Langer Franz beachtete seine Gäste nicht weiter. Seine ganze Aufmerksamkeit galt seiner Mutter.

„Sitzt du auch wirklich gut?“, fragte er besorgt und stopfte für alle Fälle noch links und rechts von ihr ein paar Kissen in das Fass, bevor er es an den Tisch heranschob.

Er band ihr eine große Serviette um den Hals und wies Elsie an, die Suppe in die Teller zu schöpfen.

„Gott sei Dank für Speis und Trank“, sagte er, während er gleichzeitig eine Brotscheibe in den Teller seiner Mutter zerkrümelte. Er rührte mit dem Löffel um und blies auf den Suppenbrei, bis er ausgekühlt war. Dann fütterte er seine Mutter sorgfältig.

Erst als die alte Frau satt war, und Langer Franz sie wieder in den Lehnstuhl verfrachtet und mit der Decke zugedeckt hatte, aß er selbst schweigend drei Teller Suppe und eine Unmenge Brot. Dann wischte er sich den Mund mit dem Handrücken ab und sagte: „So, ich versorge Mutter, währenddessen könnt ihr den Abwasch machen und die Küche aufräumen. Lasst das Feuer nicht ausgehen, aber seid sparsam mit der Kohle."

Sie nickten und sahen zu, wie Langer Franz seine Mutter in die Arme nahm und aus der Küche hinaustrug.

„Er ist lieb zu seiner Mutter", sagte Albert unvermittelt, als sie unter sich waren. „Sehr lieb. Das ist gut, oder? Er ist ein guter Mann, oder?" Er schaute Elsie und Thierry fragend an.

„Ja, so einer ist bestimmt kein Gauner. Du wirst sehen, der bringt uns sicher über die Grenze", sagte Elsie zuversichtlich. „Morgen sind wir bei Mina, Albert. Das verspreche ich dir."

Das Loch

„So", sagte Langer Franz und setzte sich an den Küchentisch. „Mutter ist im Bett. Jetzt zu uns. Das hier ist kein Kinderspiel."

„Das wissen wir selbst." Elsies Stimme klang ungewollt schnippisch. „Wir machen das nicht zum Spaß."

„Das habe ich auch nicht gesagt. Ich möchte nur feststellen, dass jede Menge schiefgehen kann. Es gibt keinen einfachen Weg über die Grenze. Es ist nicht mehr so wie früher, als Teunis und ich alles Mögliche schmuggelten. Da waren nur die Zollbeamten hinter uns her. Katz und Maus haben wir mit denen gespielt, Schmuggeln war nichts Schlimmes. Als ich in eurem Alter war, hat Mutter sich ein hübsches Sümmchen dazuverdient, indem sie jede Woche Salz über die Grenze schmuggelte. Sie zog ihre selbstgenähten Schmuggelunterhosen an, die hatten große Taschen. Ein paar Kilo Salz konnte sie locker darin verstauen. Mit dem Gebetsbuch in der Hand und Salz unter ihrem weiten Rock marschierte sie über die Grenze, um in Baarle zu beten. Die fromme Marie nannten die Zollbeamten sie. Manch einer steckte ihr ein paar

Centimes mit der Bitte zu, doch für dieses oder jenes Anliegen eine Kerze vor der Jungfrau anzuzünden. ‚Auf dich wird sie mehr hören', sagten sie, aber Mutter meinte immer, dass wir Kinder das Kerzenlicht abends für die Schulaufgaben besser gebrauchen konnten als die Heiligen. Um auf den Punkt zu kommen: Heutzutage ist es anders. Habt ihr schon mal vom Totendraht gehört?"

„Ja!", sagten Elsie und Thierry gleichzeitig. Über den Totendraht wusste wirklich jeder Bescheid.

„Er auch?" Langer Franz nickte zu Albert hinüber, der steif neben Elsie saß.

„Da darf man nicht ankommen. Das tut bös weh, wenn man ankommt", sagte Albert nervös.

„Weh!", spöttelte Langer Franz. „Wer da ankommt, spürt nie wieder etwas. Der hat eine Fahrkarte in den Himmel oder in die Hölle, je nachdem."

Albert zuckte zusammen.

„Mach ihm keine Angst", schimpfte Elsie. „Wir passen auf ihn auf. Er macht keine Dummheiten."

„Das will ich hoffen", murmelte Langer Franz. „Also gut. Ich bringe euch zur Grenze. Ich weiß eine Stelle, wo es ein Loch gibt. Ein Loch mit einem Tunnel unter dem Draht. Beide sind verdammt schmal, aber ihr seid, wie ich, dünn genug, um durchzukriechen."

„Das hat noch keiner entdeckt?", fragte Thierry, dem das unwahrscheinlich erschien.

„Niemand. Es ist ja auch gut getarnt und schaut aus wie ein stinknormales Mauseloch. Ist aber keines. So ein Fässchen ..." Langer Franz zeigte auf seinen Fasssessel, „kann man vielseitig verwenden. Den Boden und den Deckel habe ich mit einem Mauseloch versehen. Diese Holzscheiben verschließen den Eingang und den Ausgang des Tunnels. Greift man in das Loch hinein, kann man die Scheibe hochheben und den Tunnel freilegen."

„Aber so einen Fassdeckel sieht man doch", warf Thierry besorgt ein.

„Nicht, wenn man ihn ordentlich mit Erde und Gras tarnt."

„Und du zeigst uns das Loch auf unserer Seite?", fragte Elsie nach.

„Nee, ich sage euch, wo ihr es finden könnt."

Elsie biss sich auf die Lippen, und Thierrys Gefühl, dass die Sache einen Haken hatte, war bestätigt.

„Wir haben dich bezahlt", sagte Elsie, und ihre Stimme zitterte. „Du hast viel Geld bekommen."

„Ja, deswegen erfahrt ihr auch, wo das Loch zu finden ist. Aber wenn euch das zu wenig ist, könnt ihr ja immer noch die Nacht hier verbringen und morgen wieder nach Hause gehen."

„Kommt nicht in Frage", sagte Elsie. „Albert muss nach Baarle. Die Deutschen erschießen ihn, wenn sie ihn erwischen."

„So einen erschießt man doch nicht."

„Doch", sagte Elsie stur.

Langer Franz zuckte mit den Schultern.

„Mehr kann ich euch nicht bieten. Wollt ihr über die Grenze oder umkehren? Mir ist es gleich."

„Umkehren", dachte Thierry.

„Über die Grenze", stellte Elsie klar.

„Ihr könnt euch auf dem Heuboden schlafen legen. Ich gebe euch ein paar Decken."

Kurz nach Mitternacht weckte Langer Franz Elsie, Thierry und Albert.

„Es geht los. Zwischen drei und vier Uhr müsst ihr bei der Grenze sein. Dann können die Soldaten kaum noch ihre Augen offenhalten. Dann patrouillieren sie im Halbschlaf. Das ist die beste Zeit, um die Grenze zu überqueren. Ihr habt Glück, dass es regnet. Bei so einem Sauwetter ist es am sichersten."

Thierry fröstelte vor Müdigkeit, als er im Regen hinter Langer Franz her stolperte, der mit großen Schritten über Schleichwege in Richtung Grenze lief. Elsie hielt Albert an der Hand und die beiden hasteten neben Thierry her. Innerhalb einer halben Stunde waren sie bis auf die Knochen nass. Albert fing an, leise Pfeifgeräusche zu machen.

Langer Franz drehte sich ohne stehen zu bleiben um und knurrte: „Schau, dass er still bleibt."

Elsie drückte Alberts Hand.

„Keine Angst. Es wird alles gut gehen. Aber du darfst keinen Mucks machen. Nicht einmal ein Muckschen“, flüsterte sie ihm zu.

Nach zwei Stunden blieb Langer Franz abrupt stehen. „So, ab hier ist es nicht mehr weit bis zur Grenze. Da vorne wachsen ein paar Kopfweiden. Die müsst ihr umrunden. Dahinter ist ein schmaler Wasserlauf, geht ihn rechts entlang bis zu einem schiefen Holzpflock, an dem noch ein paar Reste von Stacheldraht hängen. Dort liegt im Gras ein Brett, das ihr als Brücke verwenden könnt. Auf der anderen Seite geht ihr nach links, bis ihr vor euch am Ende einer Kuhweide wieder eine schnurgerade Reihe Kopfweiden seht. Bevor ihr die Kuhweide quert, vergewissert euch, dass kein Soldat in der Nähe ist. Unmittelbar vor den Bäumen verläuft ein Fußpfad, auf dem müsst ihr nach rechts bis zu einer Weggabelung gehen. Aber passt auf, denn die Soldaten patrouillieren auch hier. Ein paar Meter nach der Gabelung müsst ihr den Pfad verlassen und zwischen den Bäumen durchgehen, dahinter verlaufen ein schmaler Wassergraben und der Totendraht. Wenn ihr nun am Draht entlang nach rechts ein gutes Stückchen weiter geht, müsst ihr auf einen Grenzstein achten. Genau dort befindet sich die Stelle mit dem Mauseloch. Wenn ihr aber zur verbrannten Scheune gelangt, habt ihr den Stein übersehen. Verstanden?“

Sie nickten stumm.

Langer Franz holte aus dem Sack, den er am Rücken getragen hatte, eine Taschenlampe.

„Hier. Die ist im Preis inbegriffen. Hat ein Deutscher liegen lassen. Aber erst einschalten, wenn ihr direkt beim Zaun nach dem Loch sucht, und achtet darauf, dass ihr den Lichtkegel immer nur nach unten richtet.“ Er hielt ihnen die Taschenlampe entgegen und als sie nicht reagierten, drückte er sie Thierry in die Hand.

„Funktioniert tadellos“, versprach er.

„Was, wenn wir den Grenzstein nicht finden?“, fragte Elsie zitternd vor Kälte und Nässe. Wenn Langer Franz wirklich ihr Onkel wäre, würde er sie gewiss nicht allein losschicken. „Kannst du ...“

Langer Franz fiel ihr ins Wort. „Genau hinter den Weiden.

Nicht zu verfehlen, wenn man weiß, dass er da ist. Ihr schafft das und jetzt ab mit euch. Zum Frühstück seid ihr in Baarle.“

Ohne noch auf eine Antwort zu warten, eilte er davon. Sie schauten ihm nach, bis seine Gestalt mit dem Schwarz der Nacht verschmolzen war.

„Wir gehen rasch zu Mina“, murmelte Albert unsicher. „Ganz rasch“, wiederholte er ängstlich, als es in der Ferne lange und dumpf donnerte.

„Ja“, sagte Thierry. Er versuchte mutig zu klingen, obwohl alles in ihm drängte, dem Langen Franz nachzulaufen. Dass nun ein Gewitter aufzog, machte es nicht einfacher. Auch Elsie konnte den Blick nicht von dem Punkt lösen, an dem sie zuallerletzt noch die schemenhaften Umrisse des Langen Franz hatte ausmachen können.

Es grollte wieder und dieses Mal sahen sie auch, wie der Himmel, dort wo Geel liegen musste, aufleuchtete.

Elsie drehte sich um.

„Gehen wir“, sagte sie schroff. „Gehen wir, bevor uns das Gewitter einholt.“

Langer Franz hatte den Weg tatsächlich genau beschrieben. Sie umrundeten die Weiden und stießen auf den schiefen Holzpflock und das Brett, das sie als Brücke über den Wassergraben legen konnten. Elsie spürte, wie sie langsam zuversichtlicher wurde und auch Thierry flüsterte: „Jetzt nur noch die Weide und der Grenzstein.“

Trotzdem wurden sie nicht leichtsinnig. Bevor sie die Kuhweide querten, warteten sie, horchten in die Dunkelheit hinein und jedes Mal, wenn ein Blitz alles erhellte, spähten sie zu der Reihe Kopfweiden am anderen Ende, wo der Fußpfad entlangführte. Sie konnten keine Gestalten erkennen und hörten nur das Prasseln des Regens.

„Nach dem nächsten Blitz“, bestimmte Elsie, „laufen wir.“ Sie packte Alberts Hand, und als ein paar Minuten später das helle Zickzack eines Blitzes, jetzt schon deutlich näher, aufleuchtete, rannten sie geduckt los. Sie erreichten den Pfad und hasteten sofort weiter.

Erst als sie bei der Weggabelung abgebogen waren, den zweiten Wassergraben erreicht hatten und dahinter den Totendraht ausmachen konnten, blieben sie stehen. Sie lauschten kurz, dann schaltete Thierry die Taschenlampe ein und richtete den Lichtschein vor seinen Füßen auf den Boden.

„Jetzt bloß noch den Grenzstein und das Mauseloch, und wir haben es geschafft", flüsterte er mit leisem Triumph in der Stimme.

„Erst wenn wir auf der anderen Seite sind", mahnte Elsie, aber auch sie konnte sich ein Grinsen nicht verkneifen.

„Besser wir kriechen vorwärts, damit wir den Grenzstein nicht übersehen", schlug Thierry vor. Er ließ sich auf alle viere fallen und kroch entlang des Wassergrabens. Mit der Taschenlampe leuchtete er alle paar Meter sorgfältig den Boden zwischen sich und dem Wassergraben ab.

Sie kamen nur langsam vorwärts, und Thierry versuchte, sich an die genaue Wegbeschreibung zu erinnern. Aber sie fiel ihm nicht mehr ein. Er war sich plötzlich unsicher, ob sie wirklich in die richtige Richtung gingen.

Er hielt an, wartete bis Elsie und Albert aufgeschlossen hatten, und flüsterte: „Wie lange müssen wir den Zaun entlanggehen?"

„Weiß ich nicht mehr. Aber wenn wir zu dieser abgebrannten Scheune gelangen, sind wir zu weit. Suchst du auch sorgfältig genug?"

„Wenn du glaubst, dass ich es nicht richtig mache, kannst du gerne vorne sein", erwiderte Thierry gekränkt.

„Nein, das meine ich nicht so. Ich glaube nur, dass wir ihn vielleicht übersehen haben."

„Sollen wir lieber gleich umdrehen?", fragte Thierry, der auch das Gefühl hatte, dass sie längst an der Stelle vorbeigekrochen waren.

„Nein, bis zur Scheune und dann zurück", sagte Elsie. „Vielleicht sind wir noch gar nicht so weit gekommen. Kriechen ist schließlich nicht gehen."

Thierry nickte und setzte sich wieder in Bewegung.

Als sie die abgebrannte Scheune erreichten, wechselten sie wortlos die Richtung, und Thierry gab Elsie die Taschenlampe in die Hand.

„Vielleicht hat sie mehr Glück", dachte er.

Aber so sehr Elsie auch jeden Meter auf dem Rückweg ausleuchtete, sie konnten keinen Grenzstein entdecken. Manchmal dachten sie, dass vielleicht ein großes Grasbüschel oder ein moosbewachsenes Aststück den Grenzstein verdeckte. Dann querten Thierry oder Elsie den schmalen Graben und krochen unter dem ersten Zaun durch, nur um festzustellen, dass sie kein Loch entdecken konnten.

„Sind wir nicht schon längst an der Stelle vorbei, wo wir zwischen den Bäumen durchgekommen sind?", sagte Thierry schließlich.

„Ich weiß nicht. Wir hätten sie irgendwie markieren sollen."

Elsie richtete den Lichtkegel auf Thierry. Er war von Kopf bis Fuß mit Schlamm verschmiert. Schaute sie selbst auch so aus? Der Regen hatte nicht nachgelassen, sondern war immer dichter geworden, und das Gewitter war nun so nahe, dass zwischen Blitz und Donner kaum einen Atemzug lang Pause lag.

„Da ist kein Loch", flüsterte Thierry verzagt. Wenn Langer Franz sie wegen des Grenzsteins belogen hatte, dann gab es auch keinen vergrabenen Fassdeckel mit Mauseloch und folgerichtig auch keinen Tunnel darunter. Es hatte also gar keinen Sinn, weiterzusuchen.

„Wir müssen hinüber", sagte Elsie beharrlich.

Eine Nacht im April 1918: An der Grenze

Wenn wir doch nur reden könnten

„Wenn wir doch nur miteinander reden könnten“, dachte Karl und schaute auf seine drei Gefangenen, die noch immer auf dem Bauch im Schlamm lagen.

Nach dem Tod von Sjowke und Towke hatte er sich fest vorgenommen, genug Flämisch zu lernen, um sich verständigen zu können. Aber weiter als bis zum Kauf eines Wörterbuches war er nicht gekommen.

Karl griff in seine Umhängetasche. In einer Blechbüchse trug er das kleine Buch immer bei sich, als ob es ein Talisman wäre. Aber bei diesem Regen konnte er unmöglich darin nach den Worten suchen, die er bräuchte. Er bückte sich stattdessen und berührte das Mädchen. Es zuckte zusammen.

„Ik gut“, wiederholte er hastig. „Ik gut.“ Er zog das Mädchen in die Höhe. „Ik nicht schießen. Versprochen.“

Elsie starrte den Soldaten an, und als ein weiterer Blitz alles in ein grelles Licht tauchte, sah sie, dass er ein gutmütiges Gesicht hatte.

Der Soldat zeigte auf Albert und Thierry.

„Ik gut. Alle aufstehen.“

Er machte eine Aufwärtsbewegung mit seiner freien Hand.

„Bitte“, fügte er hinzu.

Elsie nickte, beugte sich über Albert und Thierry und sagte: „Ich glaube, er will uns nichts Böses. Wir sollen aufstehen.“

Karl lachte erleichtert auf, als seine drei Gefangenen vor ihm standen. Dann hängte er sich, um ihnen seine Gutmütigkeit zu beweisen, das Gewehr über die Schulter. Wenn Hans noch da gewesen wäre, hätte dieser ihn deswegen bestimmt vor das Standgericht gezerrt.

„Ik gut“, wiederholte er nochmals, dann legte er beide Hände demonstrativ vor seine Augen. Wie er das später Hans und seinem Vorgesetzten erklären sollte, wusste er nicht.

„Ich denke, der will uns laufen lassen“, flüsterte Thierry.

„Ich auch. Aber wir können nicht zurück. Wir müssen über die Grenze.“

„Das geht nicht. Es gibt kein Loch, und wenn wir es so versuchen, sterben wir.“

Sie schauten sich betreten an.

Als Karl meinte, lange genug gewartet zu haben, öffnete er wieder die Augen. Die Gefangenen standen noch immer vor ihm. Er zog eine enttäuschte Grimasse, und mit einem Arm zeigte er von der Grenze weg.

„Lauf, Kinder. Lauf“, forderte er sie unmissverständlich auf. „Lauf zu Mama.“

Sie rührten sich nicht.

Verstanden sie nicht, dass sie von ihm nichts zu befürchten hatten? Glaubten sie, dass er sie hinterrücks erschießen würde? So einer war er nicht. Niemals.

„Ik gut. Ik wirklich gut!“ Er merkte, dass er den Tränen nahe war.

„Ja, gut. Aber ...“ Elsie machte einen Versuch, es zu erklären. „Wir müssen hinüber. Da hinüber. Nach Baarle. Baarle-Hertog.“ Sie zeigte auf den Totendraht.

„Nein!“, rief Karl erschrocken. „Kinder, das geht nicht. Verboten!“

Elsie beachtete seinen Einwurf nicht, und deutete in die andere Richtung.

„Wenn wir nach Hause gehen zu Mama“, sagte sie langsam, „schießen sie Albert tot.“ Sie imitierte mit ihren Händen eine Pistole und richtete diese auf Albert. „Paff!“

Karl schaute sie entsetzt an. Wollte das Mädchen sagen, dass jemand diesen kleinen, kindlichen Mann töten würde?

„Tot?“ fragte er vorsichtig nach.

„Tot. Albert tot!“, bestätigte Elsie und nickte heftig.

Alberts Briefmarken lügen nicht

Sie saßen im Schalthäuschen, das die Deutschen neben der abgebrannten Scheune gebaut hatten, um den Totendraht in diesem Abschnitt aus- und einschalten zu können. Der Soldat hatte sie dorthin gebracht und nun saßen sie drinnen im Trocknen nebeneinander auf einer kleinen Bank und schauten zu, wie der Soldat aus seiner Tasche eine Blechbüchse holte, sie öffnete und ein kleines Buch hervorzog. Er schlug es auf und blätterte darin herum, bis er offensichtlich die Stelle gefunden hatte, die er suchte. Mit dem Daumen auf ein Wort deutend, drehte er das Buch zu Thierry und Elsie.

„Waarom", las Elsie.

„Warum was?", fragte sie.

Der Soldat blätterte wieder, und wenig später lasen Elsie und Thierry: „Grens."

„Warum wir über die Grenze müssen? Das habe ich doch schon erklärt", sagte Elsie. „Albert tot. Albert wird sonst erschossen von den deutschen Soldaten."

„Nein, ich glaube, das meint er nicht. Er will wissen, warum wir das wollen. Wir müssen ihm erklären, was passiert ist", sagte Thierry.

„Wir können ihm doch nicht sagen, dass du Albert zu einem Spion gemacht hast. Dann wird er wütend. Außerdem ist diese ganze Geschichte viel zu kompliziert. Das können wir nicht Wort für Wort in seinem Wörterbuch suchen und ihm zeigen. Wir haben nicht so viel Zeit. Der andere Soldat kehrt bestimmt bald zurück."

Sie schauten sich ratlos an, und als der Soldat ihnen das Wörterbuch wieder hinhielt, schüttelte Elsie den Kopf und sagte: „Zu viel. Zu schwer."

Albert hatte sich die ganze Zeit nicht eingemischt, aber er hatte fasziniert beobachtet, wie der Soldat aus seiner Tasche eine Blechbüchse gezogen hatte. Noch nie hatte er jemanden getroffen, der auch Blechbüchsen dabeihatte. Leider steckten in dieser Blechbüchse, wie er ein wenig enttäuscht feststellte, keine Blätter mit Zeichnungen, sondern nur ein Buch. Bücher interessierten ihn nicht.

Aber der Soldat erinnerte Albert an den zeichnenden Soldaten beim Wachposten an der Straße. Er hatte selbstverständlich nicht vergessen, dass all diese Soldaten böse waren, aber es gab ganz böse und nur ein bisschen böse, fand er, und vielleicht sogar Soldaten, die fast gar nicht böse waren, die nur böse ausschauten, weil sie dieselbe Kleidung tragen mussten wie die anderen. Vielleicht wurden sie hineingesteckt, wie es Gert Jan Drinnen mit der weißen Jacke passiert war. Er lächelte den Soldaten vorsichtig an. Dieser bemerkte es und lächelte so rasch zurück, dass Albert keine Zeit hatte, seinen Kopf wegzudrehen.

„Ik gut", sagte der Soldat wieder. „Ik gut."

Albert zupfte an Elsies Mantelärmel.

„Soll ich ihm meine Briefmarken zeigen?", fragte er flüsternd. Er war nicht dumm. Elsie wollte, dass der Soldat sie zu Mina weiterreisen lassen sollte. Wenn sie Freunde wären, würde er das bestimmt erlauben.

Elsie schaute Albert konsterniert an.

„Ich kann ihm meine Briefmarken zeigen", sagte Albert eifrig.

„Warum?"

„Er hat auch eine Blechbüchse", antwortete Albert.

„Und?"

„Er ist vielleicht nur böse, weil er die Soldatenjacke und den Soldatenhelm tragen muss", versuchte Albert, es besser zu erklären.

„Albert, sei jetzt still. Du verstehst das nicht", wies ihn Elsie zurecht. „Lass uns das machen."

Aber Thierry fand Alberts Idee gar nicht so schlecht. Dieser sollte natürlich nicht seine Briefmarken herzeigen und schon gar nicht solche, die die Wachposten oder die Dicke Bertha zeigten. Das wäre wirklich leichtsinnig. Aber Alberts Vorschlag war nicht dumm, man müsste es nur ein bisschen anders verpacken. Ein harmloser Vorfall, der plötzlich schreckliche Folgen gehabt hatte.

Fabiola fiel ihm ein. Mit der Brieftaube hatte doch alles angefangen.

„Warte mal“, sagte er zu Elsie. „Lass es mich kurz durchdenken.“

„Was durchdenken? Wir müssen schleunigst weg von hier.“

Thierry schüttelte den Kopf und überlegte.

„Ja, so könnte es gehen“, dachte er kurz darauf.

„Also, wenn Albert nun zeichnet, wie er statt mir im Garten eine verletzte Brieftaube mit einer Kamera findet? Und dann, wie der Leutnant ihn dabei erwischt, als er die Taube unter seinem Hemd nach Hause trägt? Naja, dann ist es doch naheliegend, dass dieser zu Unrecht glaubte, dass Albert ein Frank...“

„Sag das Wort nicht. Das versteht der bestimmt“, unterbrach ihn Elsie, aber sie musste zugeben, dass Thierrys Idee nicht schlecht war. Sich um eine verletzte Taube kümmern zu wollen war kein Verbrechen, und dass Albert nicht durchschauen konnte, was die Kamera bedeutete, musste diesem Soldaten auch klar sein, so gutmütig wie er Albert angelächelt hatte.

Sie drehte sich zu Albert.

„Kannst du dem Soldaten etwas zeichnen?“

„Ja! Ich kann gut zeichnen.“

„Aber ich sage dir, was du zeichnen sollst, und du darfst nur das zeichnen. Keine eigenen Sachen!“, warnte Elsie ihn.

Albert nickte unsicher. Er verstand nicht ganz, was sie wollte. Er zeichnete doch immer nur das, was er gesehen hatte.

Elsie streckte ihre Hand nach dem Wörterbuch aus und erhielt es. Sie blätterte so lange, bis sie am Ende des Ypsilons eine halbleere Seite fand. Sie legte das Buch Albert auf den Schoß. Dieser hatte schon einen Bleistiftstummel aus seiner Umhängetasche hervorgekramt.

„Zeichne, wie du eine Taube in einem Garten findest.“

„Aber ich habe keine Taube gefunden“, widersprach Albert.

„Das ist jetzt nicht wichtig. Stell es dir einfach nur vor. Eine Taube unter einem Busch. Du bückst dich gerade und hebst sie hoch. Sie hat einen kaputten Flügel.“

„Ich bücke mich?“

„Ja, du kannst das.“

Albert machte unsicher einen winzigen Strich auf das Blatt, betrachtete es, schüttelte den Kopf und sagte: „Elsie, ich habe keine Taube gefunden.“

So sehr Elsie ihm auch zuredete, Albert konnte nicht verstehen, warum er etwas zu Papier bringen sollte, was er gar nicht gesehen hatte.

„Meine Briefmarken lügen nicht“, murmelte er schließlich stur.

„Nur ein einziges Mal“, bettelte Elsie. Aber Albert ließ sich nicht umstimmen.

„Der König würde das auch nicht wollen“, sagte er. „Ganz bestimmt nicht. Und deine Mama auch nicht. Die schon gar nicht.“

„Gut“, sagte Thierry. „Dann gib mir das Buch und den Bleistift.“

„Du willst doch nicht zeichnen, dass du die Taube gefunden hast? Kannst du überhaupt zeichnen?“, fragte Elsie.

Thierry beachtete sie nicht und zeichnete, so gut er konnte, Albert – er gab ihm einen sehr großen Kopf und malte auch die Bartstoppeln, damit der Soldat sofort wüsste, wen er da vor sich hatte – und daneben eine Taube mit einem Kästchen vor die Brust geschnallt. Dann ließ er ein wenig Abstand und zeichnete einen Soldaten mit einem wütenden Gesicht und einem Gewehr. Er reichte das Buch dem Soldaten, der geduldig zugeschaut hatte.

„Da“, sagte er. „Das ist Albert. Das ist eine Taube. Albert hat diese Taube gefunden.“

Um es deutlicher zu machen, imitierte er, wie er etwas suchte und fand.

„Verstehen Sie?“

Der Soldat nickte.

„Gut. Die Taube“, Thierry zeigte wieder auf die Zeichnung, „hat eine Kamera.“ Er hoffte, dass das auch das deutsche Wort war. „Kamera, Foto.“

Der Soldat nickte wieder.

„Und da“, Thierrys Daumen berührte den gezeichneten Soldaten. „Das ist der Leutnant. Der Leutnant ist wütend, böse. Der glaubt, dass das Alberts Taube ist.“

Der Soldat runzelte die Stirn, und sein Blick wanderte von Albert zur Zeichnung und wieder zurück.

„Er hat mich nicht verstanden“, dachte Thierry.

„Wir spielen es ihm vor“, sagte Elsie. „Du bist der Leutnant und ich Albert und das Buch ist die Taube.“

Der Blitzschlag

„Das ist also passiert“, dachte Karl, als er verstand, was die Kinder ihm mitteilen wollten. „Der kindliche Mann wollte sich bloß um eine verletzte Taube kümmern und ein Leutnant hat das missverstanden und ihn für einen Franktireur gehalten. Kein Wunder, dass die Kinder, die so ein gutes Herz haben und sich offensichtlich sehr um diesen Albert sorgen, mit ihm auf und davon sind.“

„Über die Grenze, nach Baarle zu Mina“, sagte das Mädchen wieder. „Bitte. Albert ist sonst tot.“

Karl nickte. Er verstand nicht genau, was sie sagte. Mina war ein Name, vielleicht eine Verwandte und Baarle lag in Holland, obwohl es zu Belgien gehörte.

„Dort werden wir sie nicht erwischen können“, dachte Karl unwillkürlich. Aber drohte diesem Albert wirklich der Tod? Es stimmte, dass man mit Franktireurs keine Gnade kannte, und wenn dieser Leutnant so einer wie Hans Loos war, würde er die Sache nicht genauer untersuchen, sondern Albert ...

Er kam nicht dazu weiterzudenken, denn begleitet von einem gewaltigen Donnerschlag, so laut, dass die Ohren schmerzten, schlug neben dem Schalthäuschen ein greller Blitz ein. Das Licht der Glühbirne verlosch.

„Stromausfall“, dachte Karl. Er musste das melden, allerdings ...

Er schaltete seine Taschenlampe ein. Ihm gegenüber hielten sich dic beiden Kinder und Albert verschreckt die Ohren zu.

„Kommt“, sagte er einen plötzlichen Entschluss fassend. „Kommt schnell. Schnell!“ Er sprang auf und scheuchte sie aus dem Schalthäuschen hinaus. Vor dem Totendraht blieb er mit ihnen stehen.

„Kein Strom“, sagte er. „Kein Strom!“

„Ich glaube, er will uns sagen, dass der Draht nach dem Blitzeinschlag nicht unter Strom steht“, sagte Thierry.

Karl zeigte auf den Zaun.

„Nach Baarle“, sagte er. „Schnell. Ik gut.“

Thierry und Elsie blickten sich an.

„Sollen wir ihm glauben?“, fragte Elsie.

Thierry nickte.

Als sie jedoch gehen wollten, hielt der Soldat sie zurück.

„Bitte“, sagte Karl.

Er hielt dem verblüfften Thierry das Gewehr hin.

„Bitte!“

Mit seiner Hand schlug Karl sich selbst auf den Kopf. Er schwankte, verdrehte die Augen und tat so, als würde er zu Boden sinken.

„Bitte!“

„Du sollst ihm mit dem Gewehr auf den Kopf schlagen“, flüsterte Elsie.

Thierry starrte auf die Waffe in seinen Händen. Er konnte niemandem, aber schon gar nicht diesem Soldaten, eine Waffe ins Gesicht schlagen.

„Warum?“, fragte er.

Karl verstand ihn.

Er zeigte auf sich selbst und tat so, als ob man ihn erschießen würde.

„Nicht Albert tot, sondern ik tot“, sagte er ernst. „Verstehst du? Mein Leutnant wird mich für einen Verräter halten, wenn ich euch nach Baarle entkommen lasse. Ich will nicht sterben. Ich will, dass dieser Krieg endlich vorbei ist. Ich will auch nach Hause.“

Er machte ein unglückliches Gesicht.

Elsie hatte nur einen Bruchteil verstanden, aber sie ahnte, was er ihnen so eindringlich erklären wollte.

„Thierry, du musst ihn mit dem Gewehr niederschlagen. Dann kann er nachher behaupten, dass wir ihn angegriffen haben und so entkommen konnten.“

„Ich habe das auch verstanden“, sagte Thierry. Er erinnerte sich auf einmal an seine Wut, die er auf alle Deutschen gehabt hatte. Wie er in Geraardsbergen behauptet hatte, dass es ihm nur recht wäre, wenn möglichst viele sterben würden. Hundertvierzig Soldaten hätten krepieren sollen für seine Mutter und die dreizehn anderen belgischen Opfer des Bombenabwurfs. Er hatte davon geträumt, sie eigenhändig zu töten. Er hatte gedacht, dass es ihm nicht schwerfallen würde. Er hatte sogar gedacht, dass er es gerne tun würde.

Warum zögerte er jetzt? Er biss sich auf die Unterlippe.

„Ich kann das nicht“, flüsterte er.

„Du sollst ihn ja nicht töten, sondern ihm nur eine ordentliche Beule verpassen“, sagte Elsie, aber sie bot ihm nicht an, es für ihn zu übernehmen.

„Bitte“, wiederholte Karl, und weil er glaubte, dass der Junge ihn nicht verstanden hatte, deutete er nochmals einen Schlag an. „Bitte! Schnell. Sonst ist der Strom wieder da.“

„Für Mama und die anderen“, dachte Thierry. „Dieser deutsche Soldat ist doch auch schuld daran, dass sie tot sind.“ Er hob das Gewehr und ließ es wieder sinken.

Er atmete zittrig aus.

„Mach schon“, drängte Elsie.

Thierry hob das Gewehr wieder. Er durfte nicht an Mama denken. Er durfte auch nicht diesen deutschen Soldaten, der ihnen helfen wollte, anschauen. „Ich muss“, dachte er „an böse Menschen denken.“ Charles Kortemann fiel ihm zuerst ein, dann Ramdohr und Zahn. Ja, wenn er an die dachte, konnte er Wut fühlen.

Karl beugte seinen Kopf tief nach unten, um es dem Jungen leichter zu machen. Thierry schloss die Augen, holte aus – er erinnerte sich an den Keller, das Verhör, die Schmerzen – und schlug zu.

Als er die Augen wieder öffnete, lag Karl am Boden.

„Ich habe ihn doch nicht ...“, schoss es Thierry durch den Kopf. Er ließ das Gewehr fallen, kniete neben dem Soldaten nieder und fasste ihn am Arm. Der Soldat stöhnte, öffnete die Augen und sah in das entsetzte Gesicht des Jungen.

„Ik gut", flüsterte Karl und verzog das Gesicht zu einem Grinsen. Sein Kopf tat höllisch weh. Der Junge hatte seine Sache gut gemacht. Hans Loos würde ihn für einen Versager halten und sich bei jeder Gelegenheit über ihn lustig machen. Aber das war es wert. Er hatte Sjowke und Towke nicht retten können. Aber diese beiden Kinder und ihren Albert würde er nicht auf dem Gewissen haben.

„Lauft, lauft nach Baarle", flüsterte er.

Sie nickten und gingen auf den Zaun zu.

Die weltwichtigste Briefmarke

„Dann sind wir durch den Zaun gekrochen. Wir haben die Drähte auseinandergebogen und sind durchgeschlüpft. Auf der anderen Seite sind wir, so schnell wir konnten, weitergelaufen", erzählte Elsie, eingewickelt in warme, trockene Decken.

„Ihr habt großes Glück gehabt", meinte Mina und füllte die Tassen ein weiteres Mal mit heißem Tee. „Wenn die holländischen Soldaten Grenzgänger erwischen, bringen sie diese zurück zur Grenze und übergeben sie den Deutschen. Und wenn einer auf Zuruf nicht stehen bleibt, schießen sie scharf."

Mina konnte es noch immer nicht fassen, dass ihre Schwester und dieser fremde Junge Albert über die Grenze geschmuggelt hatten. Jedes Mal, wenn sie Elsie anschaute, krampfte sich ihr Herz zusammen. Wie leicht hätte ihre kleine, impulsive Schwester jetzt auch tot im Draht hängen können! Und Albert erst und dieser fremde Junge, der offensichtlich auch nicht nachdachte, bevor er handelte. Albert in Spionagesachen zu verwickeln! Sie sollte wütend auf ihn sein, aber sie konnte es nicht.

Mina schaut zu Albert hinüber, der sich nach der ersten Tasse Tee mit seiner Blechbüchse zum Küchentisch gesetzt hatte. Vorsichtig hatte er sie geöffnet und alle Briefmarken daraus auf der Tischplatte verteilt. Er hatte sie lange betrachtet und dann gesagt: „Ich brauche Papier." Sein Tonfall hatte etwas Dringliches. Mina war aufgestanden, hatte aus einer Lade ein Blatt Papier geholt und es ihm gegeben.

Jetzt zeichnete Albert. Mit seiner Hand verdeckte er die Sicht auf das Bild. Er zeichnete und zeichnete.

Während Mina einen Zuber mit warmem Wasser füllte, während Elsie und Thierry sich nacheinander sauber schrubbten und in viel zu große Pullover und Hosen gekleidet auf der Küchenbank vor Müdigkeit im Sitzen gegeneinander gelehnt einschliefen, konnte Albert nicht aufhören zu zeichnen und die winzigen Bilder mit einer Schere auszuschneiden.

Erst als Mina sich weigerte, ein weiteres Blatt Papier herauszurücken, bevor er nicht selbst sauber war, gab er nach. Er steckte alles in seine Blechbüchse und verstaute diese wieder in der Umhängetasche.

„Dass mir keiner da reinschaut", warnte er, bevor er Hose und Hemd abstreifte.

Erst am dritten Tag erinnerte sich Elsie, dass Albert gleich nach ihrer Ankunft wie besessen gezeichnet hatte.

„Willst du es uns nicht zeigen?", fragte sie ihn.

Albert machte eine verschwörerische Miene.

„Weiß nicht", sagte er.

„Ach komm. Was hast du gezeichnet?"

„Du darfst aber nicht schimpfen und auch nicht sagen, dass es Thierrys Idee war", warnte Albert sie. „Das habe ich mir ganz allein ausgedacht. Das musst du mir glauben."

„Versprochen", sagte Elsie.

„Umdrehen und erst schauen, wenn ich es euch erlaube", bestimmte Albert.

Elsie und Thierry stellten sich zum Fenster. Dass da draußen keine fremden Soldaten auftauchen konnten und kein Krieg war, konnten sie immer noch nicht so richtig fassen.

Albert holte aus seiner Blechbüchse die neuesten Briefmarken und reihte sie sorgfältig aneinander, wie einen langen Zug mit vielen Waggons.

„Jetzt könnt ihr schauen", sagte er.

Elsie und Thierry betrachteten die Briefmarken. Wie in einem Film sahen sie ihre Flucht: Den Schleppkahn mit den Särgen und Teunis, Langer Franz auf seinem Wagen und wie er seine Mutter fütterte, sich selbst, wie sie mitten in der Nacht hinter ihm her hasteten, die vergebliche Suche nach dem Grenzstein und den jungen Soldaten, der das Gewehr auf sie richtete. Der Hass war in seinem Gesicht deutlich zu sehen und ließ Elsie und Thierry von Neuem erschaudern. Das Schalthäuschen beim Totendraht und wie sie darin zusammen mit dem älteren Soldaten saßen. Die allerletzte Briefmarke hatte Albert mit der Rückseite nach oben hingelegt.

Thierry wusste, was darunter sein würde. Er selbst, wie er mit dem Gewehr den Soldaten niederschlug. Er wollte diese Marke nicht sehen. Er war nicht so.

Elsie wollte danach greifen, aber Albert stoppte sie: „Nein, die nicht."

„Warum nicht?"

Thierry schaute Albert dankbar an. Der kleine, seltsame Albert hatte plötzlich viel mehr Verstand, als Thierry ihm zugetraut hätte.

„Er muss es uns nicht zeigen", sagte Thierry. „Das ist in Ordnung, Elsie."

Elsie verzog das Gesicht.

„Albert hat keine Geheimnisse vor mir. Oder?", sagte sie.

Albert schüttelte den Kopf.

„Es ist kein Geheimnis", sagte er.

Er drückte seine Brust nach vorne und holte tief Luft.

„Ich glaube, das ist die weltwichtigste Briefmarke", sagte er stolz. „Die weltwichtigste!"

„Die weltwichtigste Briefmarke?" Elsie starrte ihn an.

Albert nickte.

Elsie staunte. „Aber du hast es doch noch nie geschafft, die weltwichtigste Briefmarke zu zeichnen!"

„Dieses Mal schon", sagte Albert entschieden. „Das ist die beste, die weltwichtigste."

Der Stolz in seiner Stimme war nicht zu überhören.

„Das kann er doch nicht ernst meinen“, dachte Thierry. „Ich wollte dem Soldaten nicht weh tun. Ich musste es tun, aber ich wollte es nicht. So etwas sollte nicht wichtig sein.“

„Und nur der König darf sie sehen?“, fragte Elsie enttäuscht.

Albert überlegte und sagte dann: „Nein, du und Thierry auch.“

Und bevor Thierry es verhindern konnte, drehte er die Marke um und trat einen Schritt zurück.

Elsie und Thierry starrten sprachlos darauf. Wie konnte Albert so etwas zeichnen?

„Vielleicht ist es doch nicht die weltwichtigste Marke“, sagte Albert ängstlich, als keiner der beiden ihn lobte.

Auf dem kleinen Stück Papier mit der feinen Zickzacklinie stand ein kleiner, rundlicher deutscher Soldat, seine Hand ausgestreckt durch den Totendraht. Auf der anderen Seite des Drahtes stand ein kleiner Mann mit einem Kindergesicht, der auch seine Hand ausstreckte. Wenn man genau schaute, sah man, dass die Fingerspitzen sich berührten.

„Elsie? Ist es nicht gut?“

„Doch!“ Elsie verstand es nur nicht. Albert hatte sich noch nie selbst gezeichnet. Das ging auch gar nicht. Er malte doch nur das, was er sehen konnte.

„Du hast dich selbst gezeichnet.“

Albert nickte.

„Aber“ Elsie schüttelte verwirrt den Kopf, „so war es doch gar nicht. Der Soldat lag am Boden, als wir gingen, und der Zaun ist viel breiter und höher. Das stimmt so nicht, Albert.“

„Du hast versprochen, dass du nicht schimpfen wirst“, sagte Albert vorwurfsvoll.

„Ja, aber warum zeichnest du etwas, was nicht wahr ist? Deine Briefmarken lügen nicht. Das hast du selbst gesagt.“

Albert schaute auf seine Füße.

„Sie lügen auch nicht“, murmelte er eigensinnig. „Der Soldat hätte mir die Hand gegeben. Ganz bestimmt, und ich hätte sie genommen. Und du hast auch gewollt, dass ich etwas zeichne, das man sich vorstellen kann.“

Er wandte sich Thierry zu.

„Und du hast einmal gesagt, dass alle deutschen Soldaten böse sind. Aber das stimmt nicht. Oder?"

Thierry nickte betreten. Albert hatte recht. Es stimmte nicht. Es wäre vielleicht am einfachsten, das zu denken. Aber es stimmte nicht.

„Dann muss das der König auch wissen. Damit er keinen dummen Fehler macht", sagte Albert ernst.

„Keinen dummen Fehler", begehrte Elsie auf. „Du und Albert, ihr wolltet dem König helfen, die Deutschen fortzujagen. Willst du ihm jetzt etwa sagen, dass die Deutschen bleiben sollen, dass der Krieg bleiben soll?"

„Nein", antwortete Albert unglücklich und enttäuscht über Elsies Reaktion. Er packte die Briefmarke. „Es ist vielleicht doch nicht die weltwichtigste, es ist vielleicht eine albertdümmste Marke", schimpfte er. „Vielleicht muss man sie zerreißen."

„Das darfst du nicht!", rief Thierry und er sah Albert fest in die Augen. „Das ist die weltwichtigste Marke. Vielleicht nicht für alle. Vielleicht auch nicht für den König."

Er stockte und fügte dann leise, aber mit fester Stimme hinzu: „Aber für mich ist sie es."

Was ist wahr an dieser Geschichte?

Diese Geschichte spielt 1917/18 in Belgien. Kurz nach Beginn des Ersten Weltkrieges wurde das neutrale Belgien von Deutschland besetzt. Die deutsche Armee plante durch Belgien zu marschieren, um dann Frankreich von Norden her zu besiegen. Das gelang nicht, und in den darauffolgenden vier Jahren des Krieges befand sich die Frontlinie im Grenzgebiet zwischen Frankreich und Belgien. Die Soldaten auf beiden Seiten lagen einander in schlammigen Schützengräben gegenüber. Immer wieder kam es zu blutigen Kämpfen, bei denen einmal die deutsche Armee, ein anderes Mal die Alliierten (Frankreich, Großbritannien und die USA) ein paar Kilometer, manchmal auch nur ein paar Meter, Landfläche gewannen.

Belgien selbst wurde in drei Zonen aufgeteilt: Das Operationsgebiet an der Front, in dem sich Zivilisten nicht aufhalten durften, das Etappengebiet unmittelbar hinter der Front und das Generalgouvernement. Das Etappengebiet unterstand der Deutschen Armee und es galten strenge Regeln für die Zivilisten. Das Generalgouvernement umschloss die übrigen Teile Belgiens. Hier waren die Regeln weniger streng.

Thierry und Elsie sind von mir frei erfunden. Das, was sie erlebten, entspricht aber den Erfahrungen, die Kinder in dieser Zeit gemacht haben. Ich habe mir allerdings erlaubt, die zeitliche Reihenfolge mancher Fakten zu ändern, damit diese in meine erfundene Geschichte passen. So fielen die Bomben auf Geraardsbergen in Wahrheit erst am 30. Oktober 1918 und nicht wie in meiner Geschichte schon 1917.

Jene Bande von Jungen, die versucht haben, einen Transportzug entgleisen zu lassen, gab es wirklich, ebenso Ramdohr, Zahn und Zwarte Lieske.

Der Sabotageversuch misslang, die Kinder wurden verhaftet und monatelang eingesperrt. Nach Kriegsende wollte man in Europa die Kriegsverbrechen im Ersten Weltkrieg aufarbeiten. Dazu fanden in Leipzig Prozesse statt, wo jedes kriegsbeteiligte Land ein paar besonders schlimme Fälle vor Gericht bringen durfte.

Der Staat Belgien wählte dafür die Gefangennahme und die unmenschliche Behandlung dieser Kinder als Beispiel aus. Ramdohr und Zahn mussten sich vor Gericht verantworten. Trotz vieler belastender Zeugenaussagen wurden sie freigesprochen.

Die Ortschaft Geel ist tatsächlich seit dem Mittelalter dafür bekannt, dass Menschen mit psychiatrischen Erkrankungen dort auf diese besondere Art und Weise Teil der Gesellschaft sind.

1917 betrug die Einwohnerzahl von Gheel 17.863 Menschen, davon waren 2.444 als psychiatrische Patienten registriert. Das sind knapp 14% der damals dort wohnenden Bevölkerung.

Der Todesdraht hieß offiziell Grenzhochspannungshindernis. Er wurde von den Deutschen errichtet, um die dreihundert Kilometer lange Grenze nach den neutralen Niederlanden abzusperren. Viele Belgier flohen nämlich, weil sie sich den Alliierten anschließen oder nicht als Arbeitskräfte nach Deutschland verschleppt werden wollten. Auch der Schmuggel zwischen den Niederlanden und Belgien sollte so verhindert werden. Ebenso hatten die Deutschen Angst, dass über eine offene Grenze Spione ins Land kommen und geheime Nachrichten aus Belgien herausgeschmuggelt werden könnten.

Es gab lediglich fünfundzwanzig Durchlässe, wo Zivilisten, ausgestattet mit einem Passierschein und streng kontrolliert, die Grenze zwischen Belgien und den Niederlanden überschreiten durften.

Der tragische Tod der beiden Schwestern Towke und Sjowke vor den Augen des deutschen Soldaten mit dem Spitznamen „dicker Karl“ hat sich wirklich so zugetragen.

Mehr über den Totendraht erfährst du auf dieser Website https://www.dodendraad.org/ubersetzung

Glossar

Cher Ami: Das bedeutet auf Französisch „lieber Freund" und war der Name einer berühmten Brieftaube, die von der amerikanischen Armee in Frankreich eingesetzt wurde, um Nachrichten zu übermitteln. Auf ihrem letzten Flug im Oktober 1918 wurde sie von der deutschen Armee beschossen, konnte aber trotz schwerer Verletzung ihre Nachricht erfolgreich abliefern und rettete dadurch das Leben von 194 amerikanischen Soldaten, die von deutschen Truppen umzingelt waren. Für den zeitlichen Ablauf meiner Geschichte musste ich diesen Flug früher stattfinden lassen.

Einquartierung: In einem besetzen Gebiet erwartet die Besatzungsmacht, dass ihre Truppen von der Bevölkerung vor Ort mit Unterkunft und oft auch mit Verpflegung versorgt werden. In Belgien wurden die einfachen deutschen Soldaten während des Ersten Weltkrieges oft auf Bauernhöfen in Scheunen untergebracht, aber auch Klöster und Schulgebäude wurden für Einquartierungen genutzt. Offiziere und ihre „Burschen" (Diener) wurden in der Regel in Privathaushalten untergebracht, wo sie ein schönes Zimmer verlangten.

Feldgerichte/Standgerichte: Außerordentliche Gerichte, die das Militär in einem besetzten Gebiet oder auch bei Unruhen im eigenen Land einsetzte. Das Besondere an einem solchen außerordentlichen Gericht war, dass die Angeklagten nicht gegen das Urteil dieses Gerichts berufen konnten und Urteile sofort vollstreckt wurden. In Belgien gab es während des Ersten Weltkrieges in den wichtigsten Städten deutsche Feldgerichte. Überall dort, wo die Sicherheit des deutschen Militärs gefährdet schien (z.B. durch Spionage) oder wo gegen Verordnungen verstoßen wurde (wie das Halten von Brieftauben oder der heimliche Verkauf von Kartoffeln), kam es zu einer Anklage vor einem Feldgericht.

In Deutschland, Österreich und in vielen anderen Demokratien sind außerordentliche Gerichte heute verboten.

Franktireur: Ursprünglich war das der Name eines französischen Freikorps (eine Einheit von freiwilligen Kämpfern), das im Deutsch-Französischen Krieg (1870/71) ohne Uniformen aus dem Hinterhalt gegen deutsche Soldaten kämpfte. Im Ersten Weltkrieg überfiel und besetzte die deutsche Armee das neutrale Belgien. Das stellte eine klare Verletzung des internationalen Völkerrechts dar. Um die Kampfbereitschaft der deutschen Soldaten in Belgien, aber auch um eine breitere Zustimmung für diese Besetzung des neutralen Landes in Deutschland zu erhalten, schürten die deutschen Befehlshaber das Gerücht, dass belgische Zivilisten (also keine Soldaten, sondern Bürger) sich bewaffneten. Männer, Frauen und sogar Kinder würden als Terroristen heimtückisch wehrlose deutsche Soldaten in Fallen locken und töten. In Anlehnung an das französische Freikorps wurden sie Franktireurs genannt. Die Furcht vor solchen Franktireurs bewirkte bei den deutschen Soldaten, dass sie oft besonders misstrauisch und rücksichtslos gegen die belgische Bevölkerung vorgingen. Die Besetzung Belgiens sollte damit in den Augen der deutschen Bevölkerung gerechtfertigt und die Belgier insgesamt als Feinde dargestellt werden, die man bekämpfen musste. Wissenschaftliche Untersuchungen nach dem Ersten Weltkrieg zeigten jedoch, dass nur in ganz wenigen Fällen belgische Zivilisten tatsächlich solche terroristischen Taten verübt hatten.

Kommandantur: Bezeichnet sowohl das Gebäude einer größeren militärischen Dienststelle als auch diese Dienststelle selbst. Die Kommandantur wird geleitet von einem Kommandanten. In Geraardsbergen und den anderen besetzten Städten überwachten diese deutschen Kommandanturen die belgischen Einwohner.

Kriegszitterer: So wurden jene Soldaten im Ersten Weltkrieg genannt, die durch die schrecklichen Erlebnisse an der Front, z.B. durch den Dauerbeschuss in den Laufgräben, die Kontrolle über ihren Körper verloren. Solche Soldaten zitterten am ganzen Körper, konnten oft nicht mehr gehen, alleine essen und fürchteten sich z.B. auch vor Gegenständen wie Stiefeln und Uniformen, oder sogar vor Worten, die sie an den Krieg erinnerten. Ärzte glaubten damals, dass das Hirn dieser Soldaten durch die Druckwellen explodierender Granaten von innen gegen die Schädelknochen gepresst und dadurch beschädigt wurde, und dass diese Verletzung das Zittern und andere Symptome auslöste. Heute weiß man, dass diese Krankheit entsteht, wenn Menschen durch besonders schreckliche Erlebnisse traumatisiert werden.

Latrine: Eine behelfsmäßige Toilette, z.B. eine Grube, über die ein Sitzbrett mit einem oder mehreren Löchern gelegt wird.

Laufgräben: An der Westfront (Belgien–Frankreich) kam der Vorstoß der Deutschen Armee bald zum Erliegen. Die Soldaten hoben deshalb auf beiden Seiten der Front ein Gangsystem aus, um vor feindlichem Feuer geschützt die Stellung halten zu können. Von Zeit zu Zeit versuchten sie, aus diesen Gräben heraus feindliches Gebiet zu erobern. Oft waren es nur wenige Meter, die bald wieder aufgegeben werden mussten, weil die andere Seite einen Gegenangriff durchführte. In diesen Laufgräben waren die Soldaten Kälte, Regen, Schlamm, Ungeziefer, dem ständigen Gefechtslärm, Granateneinschlägen etc. ausgesetzt.

Mark, Franken und Centimes: Zur Zeit des Ersten Weltkrieges (1914–1918) hatte jeder Staat seine eigene Währung. In Deutschland war das die Mark (unterteilt in 100 Pfennige), in Belgien zahlte man mit belgischen Franken (ein Franc unterteilt in 100 Centimes). Während der deutschen Besatzung Belgiens mussten die meisten Strafen, zu denen die belgische Bevölkerung verurteilt wurde, in deutschen Mark bezahlt werden.

Operationsgebiet, Etappengebiet und Generalgouvernement: In diese drei Gebiete wurde Belgien im Ersten Weltkrieg von der deutschen Besatzung unterteilt. Im Operationsgebiet wurde gekämpft. Dort war der Aufenthalt von Zivilisten verboten. Menschen, die dort wohnten, wurden vertrieben. Das Etappengebiet, auch Etappe genannt, grenzte an dieses Gebiet. Hier gab es Lazarette für verwundete Soldaten und Lager für die Vorräte und die Munition, die das deutsche Militär an die Front schaffen wollte. Die Zivilbevölkerung durfte weiterhin im Etappengebiet wohnen, wurde aber mittels vieler Verordnungen streng überwacht. Alle übrigen Gebiete Belgiens wurden von den deutschen Besatzern zu einem Generalgouvernement zusammengefasst und von deutschen Behörden verwaltet. In diesem Gebiet gab es weniger Einschränkungen für die Zivilbevölkerung als in der Etappe.